www.nanumant.com

최신

이해하고 적용하는

# 회계원리

박기석 · 이연희 공저

NANUM A&T 나눔

## ▶▶ 머리말

우리가 새로운 무언가를 배운다는 것은 늘 낯설지만 신선한 충격이기도 하고, 그만큼 의미가 있는 일이기도 하다. 하지만 새로운 언어를 배우는 일만큼은 결코 쉽지 않으며, 상당한 시간과 노력이 필요함을 경험하고 있다. 영어나 일본어, 중국어를 처음 배울 때, 알파벳이나 문자부터 익히고 문법과 어휘를 쌓아 가며 표현을 확장해 나가듯, "기업의 언어"라 불리는 회계 역시 처음 접하는 학생들에게는 또 하나의 낯선 외국어처럼 느껴질 것이다.

회계를 이해한다는 것은 단순히 숫자를 다루는 기술과 지식의 학습을 넘어, 기업의 경영과 의사결정의 과정을 읽고 해석하는 능력을 기르는 일이다. 이를 위해서는 한글의 자음과 모음, 영어의 알파벳처럼 회계의 기본 개념과 규칙을 정확히 이해하고, 꾸준한 반복 학습을 통해 체득하며, 나아가 다양한 상황에 적용하는 과정이 필수적이라 할 수 있다.

이 책 『이해하고 적용하는 회계원리』는 회계학을 처음 시작하는 전공 학생들이 기초 개념을 명확히 이해하고, 이를 실제 문제 상황에 적용할 수 있도록 돕는 것을 목표로 하였다. 각 장은 다음과 같이 구성되어 있다.

1장 사회와 회계, 2장 회계의 이론구조와 재무제표, 3장 회계기록의 원리와 절차, 4장 재무제표의 작성, 5장 재고자산(Ⅰ) - 수량의 결정, 6장 재고자산(Ⅱ) - 재고자산의 평가, 7장 유동자산, 8장 비유동자산, 9장 부채, 10장 자본

각 장마다 기초 개념과 기본 이론을 바탕으로 객관식 문제로의 연결을 통해 체계적인 복습이 가능하도록 구성하였으며, 각 장의 마지막에는 최근 3년간의 FAT, 전산세무, 전산회계 기출문제를 수록하여, 기초학습 뿐만 아니라 향후 자격증 대비에도 활용할 수 있도록 하였다.

회계는 단기간에 끝낼 수 있는 공부가 아니지만 기본기를 튼튼히 다지고, 이론과 실무를 꾸준히 연결하여 학습한다면 회계는 더 이상 '어려운 외국어'가 아니라 '자신 있게 구사할 수 있는 나의 언어'가 될 것이다. 여러분이 회계라는 새로운 언어를 이해하고, 나아가 자신 있게 적용하는 데 이 책이 든든한 안내서가 되기를 바란다.

이 책은 재무회계 분야의 가장 기본적인 원리에 관한 내용들로만 구성되어 있어 금융자산이나 현금흐름표, 재무제표 분석 등의 내용을 모두 담고 있지는 못한 것이 저자로서는 상당히 아쉬운 부분이다. 기회와 여건이 허락한다면 부족한 부분을 수정하고, 보완하여 좀 더 완성도 높은 교재가 될 수 있도록 지속적으로 개선하고자 한다.

나눔 A&T의 이윤근 대표님, 무한열정으로 편집작업을 해 주신 편집부 관계자 한 분 한 분께 진심으로 감사의 말씀을 드린다

2025년 7월
저자들 씀

## ▶▶ 이 책의 차 례

# 01
# 사회와 회계

# 제1장 사회와 회계

## 제1절 사회와 기업

인류가 삶을 영위하는 데에는 수많은 종류와 엄청난 양의 재화와 서비스(goods and services)를 필요로 하며, 이들 대부분의 재화와 서비스는 기업이라고 하는 조직체에 의하여 공급된다. 재화를 직접 생산하여 판매하는 제조기업(manufacturers)이 있는가 하면, 상품매매기업(merchandiser)은 다른 기업이 생산, 판매한 재화를 구입하여 다시 판매하며, 서비스기업(service firms)은 우리가 필요로 하는 다양한 서비스를 공급해 준다. 특별한 경우를 제외하고 개인이 이러한 재화와 서비스의 생산과 판매를 자유롭게 할 수 있는 자유기업제도(free enterprise system)는 사유재산제도(private property system)와 더불어 우리가 살고 있는 자본주의사회의 가장 중요한 특징이라 할 수 있다.

자유기업제도하에서는 누구나 자유롭게 기업을 소유하고 운영할 수 있으므로 당연히 기업 간에 치열한 경쟁이 존재하게 마련이다. 개인이 경쟁의 위험(risk)을 무릅쓰고 기업에 자금을 투자하는 것은 투자한 자금보다 더 많은 자금을 회수(return)하게 될 것이라는 경제인으로서의 본능적인 욕구가 또한 존재하기 때문이다. 기업이 많이 벌어야 하는 근본적인 이유가 바로 여기에 있고, 그런 점에서 일반적으로 기업을 영리조직(for-profit organization)이라고 부르는 것이다.

제조, 상품매매 혹은 서비스 제공을 막론하고 개인이 독자적으로 그러한 사업에 투자하고 자신이 주체적으로 그 사업을 운영하기 위하여 설립한 기업을 개인기업(single proprietorship)이라고 한다. 일반적으로 개인기업에 투자한 사람은 그 기업의 주인이 됨과 동시에 자신의 이름으로 그 사업의 운영에 대한 책임도 함께 지고 있으므로, 개인기업에서는 소유와 경영의 분리가 이루어지지 않는다. 말하자면, 개인이 소유주(owner)이면서 동시에 경영자(management)가 되는 것이다. 개인기업의 소유경영자는 기업을 조직하고 운영하는 것이 용이하고 단순하지만, 자신이 영위하는 사업에 대한 무한책임(unlimited liability) 때문에 그만큼 더 큰 위험을 부담하게 된다.

기업의 규모가 커지게 되면 기업의 설립과 운영에 막대한 자금이 소요될 것이 분명하다. 특정한 개인이 혼자서 그러한 자금을 투자하는 데에는 한계가 있으므로, 다수의 사람들로부터 거대한 자금을 모아서 기업을 설립할 수밖에 없게 된다. 이러한 기업들은 여러 가지 점에서 국가의 경제와 사회에 크나큰 영향을 미치기 때문에, 기업의 설립과 운영을 나라의 법으로 엄격하게 규정하고 있다. 이러한 법에 따라 설립된 인위적 실체(artificial being) 혹은 법적 실체(legal entity)로서의 기업을 회사기업이라고 하는데, 가장 전형적인 회사형태의 기업이 바로 주식회사(corporation)이다.

주식회사에 있어서 기업 투자자들(investors)은 자신들이 투자한 몫 또는 지분(equity)을 주식(stock or share)으로 나누어 가지고, 보유한 주식에 따라 소유권(ownership)을 행사하는 주주(stockholders or shareholders)가 된다. 주주들은 자신의 투자지분 만큼 기업의 주인으로 행세하게 되므로, 기업에 대한 책임의 한계가 분명하여(limited liability) 개인기업의 소유경영자에 비해서 상대적으로 작은 위험을 부담하는 소유주가 된다. 또한 주식회사의 경우 모든 주주들이 기업의 경영에 참여하는 것이 현실적으로 어렵거나 주주들의 경영능력이 부족하기 때문에, 사업의 운영을 유능한 전문경영인에게 맡김으로써 기업의 소유와 경영이 나누어지게 된다. 주식회사의 경영자들은 주주들이 위탁한 자원을 안전하게 보호하여야 함은 물론 효과적이면서도 효율적으로 자금을 활용하여 주주들이 투자한 자금을 늘려주어야 하는 수탁책임(stewardship)을 성실하게 이행하여야 한다.

한편 정부는 국가 경제에서 차지하는 기업의 비중을 고려하여 다양한 법규와 지원을 통하여 기업 활동을 육성하고 보호하여 준다. 일반 대중은 기업이 공급하는 재화와 서비스의 소비를 통하여 자신의 삶을 보다 풍요롭고 행복하게 영위할 수 있는 것이다.

기업은 자본주의 사회의 꽃이다. 기업은 국가가 마련해준 기름진 토양에서 자양분을 충분히 섭취하여 오랫동안 주변을 풍요롭게 하면서 건강한 열매를 사회에 공급하여야 한다. 이를 통해 기업은 국가 부(national wealth)의 증대에 온전하게 이바지할 뿐 아니라 사회적 책임(social responsibility)의 완수를 통하여 더욱 아름답고 풍요로운 세상을 만들어 가는 선순환 고리에서 가장 중요한 생산경제 주체로서의 역할을 담당하고 있는 것이다.

## 제2절 회계의 사회적 역할

### 1. 기업과 이해관계자

소유경영자와 전문경영인을 막론하고 경영자는 기업 활동에 자신의 모든 능력과 시간을 투입한다. 경영자는 소유주가 투자한 자금을 이용하여 기업의 목적 달성에 필요한 물적 자원(physical resources)과 인적 자원(human resources)으로 기업을 조직하고 운영한다. 결국 기업의 성패는 경영성과(management performance)에 의해서 좌우된다고 해도 지나침이 없고, 경영성과에 따라 경영자에 대한 보상과 처벌이 이루어지는 것은 당연하다. 그러므로 경영자는 자신의 생존과 기업을 분리할 수 없는 가장 중요한 직접 이해관계자(interested parties, interested groups or stakeholders) 중 하나가 되는 것이다.

아무리 탁월한 능력의 경영자라고 하더라도 소유주의 기업투자가 없으면, 경영자 자신의 능력 발휘 기회를 가질 수 없음은 물론이다. 말하자면, 기업 성립과 경영의 대전제가 되는 것은 소유주의 투자라 할 수 있다. 소유주가 자신이 가진 자금의 다른 용도가 분명히 있음에도 불구하고, 희소한 자금을 특정 기업에 투자하는 것은 투자이익(return on investment, ROI)의 극대화(maximization)를 노리기 때문이다. 이렇듯 자금이 거듭 모여서 기업이 만들어지고, 경영자는 소유주의 그러한 기대를 충족시켜 주어야 하는 소명을 가진다. 경영성과, 나아가 기업성과는 기업 투자자인 소유주 개인의 살림살이와 직결된다는 점에서 소유주도 기업의 중요한 직접 이해관계자가 되는 것이다.

경영자가 사업을 운영하는 과정에서 여러 가지 이유와 목적으로 추가적인 자금이 소요된다. 자금이 필요할 때마다 소유주에게 추가적인 투자를 요구할 수도 있지만, 그렇게 하는 것이 곤란하거나 비효율적인 경우가 있다. 이 때 경영자는 금융기관(financial institutions) 등으로부터 금전을 차입하거나 공급자들(suppliers)에게 필요한 자원을 미리 구입하고 그 대금의 지급을 연기할 수도 있다. 어떤 경우든 기업은 빚을 지게 되는 것이고, 모름지기 빚이라는 것은 갚아야 되는 것이다. 빚을 준 채권자(creditors)는 채무자인 기업으로부터 빌려준 원금은 물론 대부분의 경우 이자(interest)를 현금으로 회수하는 과정을 통하여 기업과 직접적인 관계를 가지게 되는 또 다른 주요 이해관계자가 되는 것이다.

기업의 경영자는 투자자와 채권자들로부터 조달한 자금으로 다양한 인적 · 물적 자원을 획득하고 투입하여 기업 목적에 부합하는 재화와 서비스를 만들거나 사들여서 시장에 내다 판다. 인적 자원으로서의 근로자들(employees)은 다양한 기업활동에 자신의 노동력을 투입하여 기업의 목적달성에 기여함과 동시에 기업으로부터 그 노동의 대가를 근로소득으로 획득하고 나아가 안정적인 일자리를 통하여 생계를 유지하는 또 다른 기업의 이해관계자가 된다.

한편 시장의 수요자들은 기업이 공급하는 재화와 서비스에 대하여 적정한 가격으로 구매하여 이를 소비함으로써 궁극적으로 자신의 효용을 증대시킨다. 경쟁시장에서 기업은 소비자들이 자신의 재화와 서비스를 구매할 수 있도록 하기 위하여 치열한 노력을 하여야 한다. 즉, 고객들이 요구하는 재화와 서비스를 생산하여 판매하는 과정을 통하여 다양하고 중요한 기업 자원의 가치가 필연적으로 흘러나가(outflow) 소멸(expiration)되는 것이다. 판매된 재화와 서비스로 소멸된 기업 자원의 가치보다 구매자들이 더 높게 치른 대가(price)가 다시 기업으로 흘러들어올(inflow) 때, 비로소 기업의 이익이 창출된다고 할 수 있다. 이것이 기업과정(course of business) 또는 이익과정(earning process)의 핵심이다. 고객은 이러한 기업과정의 최종점에서 자신이 구매한 재화와 서비스의 소비를 통하여 만족을 극대화시키고, 기업은 고객이 치른 대가를 통하여 기업가치(firm value)를 증대시킬 수 있으므로, 고객과 기업 간에 매우 중요한 직접적인 이해관계가 존재한다고 할 수 있다.

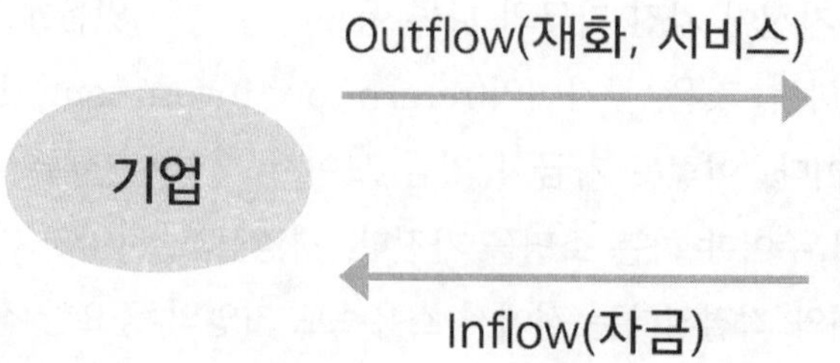


〈그림 1-1〉 이익과정(earning process)

또 다른 기업의 주요 이해관계자로는 정부가 있다. 정부는 불특정 다수 기업들의 자유로운 기업 활동 여건을 마련해주기 위하여 기업 관련 법규와 제도를 정비할 뿐 아니라 도로와 철도, 항만, 공항의 건설, 상하수도 공급, 전기, 통신 등 각종 사회간접자본(social overhead capital, SOC)에 투자한다. 이처럼 정부가 기업 친화적인(business friendly) 정책과 제도를 확립한다고 하여 특정의 기업 집단을 염두에 두는 것이 아님은 물론이다. 그러므로 경영자, 투자자, 채권자, 근로자, 소비자와는 달리 정부는 기업의 간접 이해관계자라고 할 수 있다. 한편 모든 기업은 납세의무를 완수함으로써 정부의 재정을 확보하는 데 중대하게 공헌함과 동시에 기업의 사회적 및 윤리적 책무의 이행을 통하여 정부 활동을 직·간접적으로 지원한다.

지금까지 기업의 주요 이해관계자들을 살펴보았고, 그 외에도 재무분석 및 투자자문기관, 대중매체, 연구 및 교육기관 등 수많은 이해관계자들이 존재한다. 투자자와 채권자를 비롯한 기업외부에 존재하는 이해관계자들을 외부이해관계자라고 하고, 경영자를 내부이해관계자라고 한다.

요컨대, 기업과 이해관계자 관계의 본질은 상극(lose-lose)이 아니라 상생(win-win)에 있음은 두말할 나위가 없다. 즉, 기업의 성공은 투자자와 채권자들 뿐 아니라 근로자와 소비자들을 행복하게 하고 나아가 정부의 재정과 국가의 부를 증진시키면서 궁극적으로 국가 복리(national welfare)를 개선하는 데 기여한다고 할 수 있는 것이다.

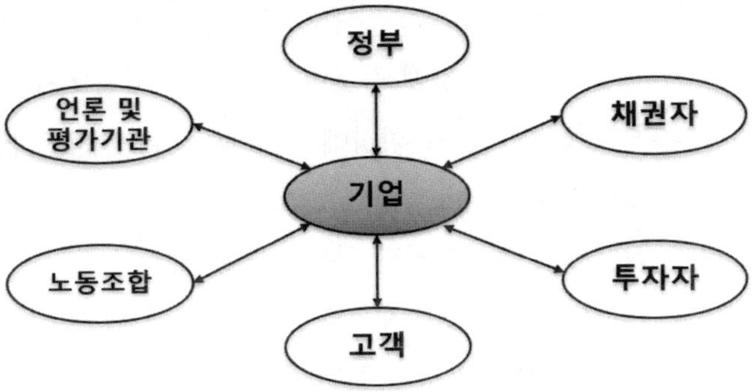


〈그림 1-2〉 기업과 이해관계자

## 2. 이해관계자의 의사결정과 정보

이해관계자와 기업의 관계가 중요한 것은 이해관계자의 의사결정(decision making)이 이해관계자 뿐만 아니라 기업과정과 기업성과에 중대한 영향을 미친다는 데 있다. 따라서, 이해관계자들을 의사결정자(decision makers)로 부르기도 하는 것이다. 의사결정은 특정한 목적을 달성하기 위하여 둘 이상의 대안(alternatives) 중 하나를 선택하는 과정이다. 기업과 이해관계를 가지고 있는 집단은 의사결정의 미래 결과를 기대하고 그 기업과 관련되는 다양하고 중요한 의사결정을 내리게 된다. 경영자를 비롯한 모든 이해관계자들은 자신이 활용할 수 있는 한정된 자원으로 최대한의 성과를 얻고자 하기 때문에, 이들의 의사결정은 주먹구구식이 아니라 여러 가지 지식에 바탕을 둔 경제적(economic)이고 합리적(rational)인 것이 되어야 한다.

이해관계자들이 현명한 의사결정을 내리는 데 필요한 지식을 총체적으로 정보(information)라고 한다. 그러한 정보에는 세계 경제 전반에 관한 지식을 비롯하여 국가의 경제, 산업 및 사회에 관한 다양한 지식이 포함되지만, 무엇보다도 관련 기업에 관한 지식, 즉 기업정보가 가장 중요한 정보가 될 것임이 틀림없다.

경영자는 수탁책임을 이행하기 위하여 기업 본연의 사업 운영에 요구되는 계획을 수립하고, 계획을 실행하며, 실행의 결과를 평가한다. 이러한 경영자의 계획과 통제(planning and control) 활동을 경영의사결정(management decision making)이라고 한다. 기업의 성패를 결정짓는 주요 키(key)는 경영자의 손에 있으며, 그것이 최선의 경영의사결정 결과에 좌우됨을 부인하는 사람은 아무도 없다. 그러므로 경영자들은 합리적이고 체계적인 경영의사결정을 위하여 다양한 기업정보를 필요로 하게 되는 것이다.

앞서 언급한 바와 같이, 기업의 소유주 혹은 주주들은 투자이익의 극대화를 기대하고 특정한 기업에 대한 투자의사결정(investment decision)을 내린다. 예컨대, 주주의 경우 특정 회사의 주식을 취득하는 것은 물론 자신이 소유하고 있는 특정 기업의 주식을 계속 보유할 것인가 아니면 자본시장(capital market)에 내다 팔 것인가 등을 결정하여야 한다. 이들의 합리적인 의사결정에도 당연히 기업정보가 필요하다. 기업의 입장에서 보면, 소유주의 투자의사결정 결과에 따라 기업 설립에 필요한 자금뿐 아니라 지속적인 사업 확장에 요구되는 추가적인 자금조달(financing)이 원활하게 이루어질 수 있는 것이다.

기업 자금조달의 또 다른 원천으로 채권자들의 신용의사결정(credit decision)이 중요하다. 채권자들이 기업에 자금을 빌려주거나 신용으로 재화와 서비스를 공급하여 주는 것은 빌려준 원금과 이자가 안정적으로 회수되거나 기업과의 지속적인 수급관계가 유지될 것을 굳게 믿고 기대하기 때문이다. 기업은 정보의 공시(disclosure)를 통하여 채권자에게 그러한 믿음을 확실하게 보장하여 줌으로써 필요한 자금과 자원을 정상적으로 공급받을 수 있게 된다.

무엇보다도 지속적인 사업을 영위하고 있는 기업에 있어서 가장 중요하고 정상적인 자금유입의 원천은 계속기업의 과정을 통하여 기업이 창출한 재화와 서비스의 판매로 인한 현금유입(cash inflows)이다. 고객들은 기업이 공급하는 재화와 서비스를 소비함으로써 자신의 만족과 가치가 증대될 것을 기대하고 그것의 구매에 대가를 치른다. 기존의 고객뿐만 아니라 새로이 유입된 고객들이 꾸준하게 기업의 재화와 서비스를 구매하고자 하는 의사결정은 기업의 원활한 현금유입뿐 아니라 기업의 생존과 성장의 가장 중요한 원천이 되는 것이다. 이러한 고객들의 구매의사결정(buying decision)에 기업정보가 필요함은 물론이다.

기업활동에 종사하는 근로자들은 자신의 노동에 대하여 기업이 충분하게 보상해 줄 것을 기대하고 기업의 여러 기능, 이를테면 연구개발, 구매, 생산, 마케팅, 재무 등의 업무에 자신의 노동력을 투입한다. 근로자들은 자신의 적성과 능력에 맞는 직업과 기업의 선택은 물론 노동에 대한 보상의 적정성 판단을 통한 임금협상 등에 기업정보를 이용한다.

국민의 경제활동을 지원하고 사회복지를 책임져야 하는 정부는 기업이 국민의 생활을 윤택하게 해줄 것이라고 기대하고 기업과 관련된 다양한 의사결정을 한다. 다양한 경제 및 산업정책, 재정과 조세정책 등을 수립하여 실행하고, 무엇보다도 국가재정수입의 중대한 부분을 차지하고 있는 세금을 기업으로부터 확보한다. 이처럼 국가의 경제를 운용하는 정부의 각종 의사결정과정에서도 기업정보가 중요하게 활용되고 있다. 기업으로부터 거두어들인 세수의 일부는 다시 사회간접자본의 투자를 통하여 원활한 기업 활동을 지원하는 데 투입되면서 선순환 과정이 반복되는 것이다.

그 외에도 언론기관은 경제와 산업 전반에 대한 국민의 알 권리를 충족시켜주기 위하여 기업정보를 활용하고, 투자자문 및 재무분석기관은 일반 대중의 기업 관련 의사결정에 도움이 되는 추가 정보를 제공하기 위하여 기업활동에 관한 자료를 수집하고 분석, 평가하여 가공한 정보를 제공함으로써 이들의 기업 관련 정보요구 충족에 도움을 준다. 기업 이해관계자들의 의사결정을 〈표 1-1〉과 같이 나타낼 수 있다.

〈표 1-1〉 기업 이해관계자들의 의사결정

| 이해관계자 | 의사결정 |
|---|---|
| 주주, 투자자 | 투자의사결정 |
| 채권자 | 신용의사결정 |
| 고객 | 구매의사결정 |
| 정부 | 경제 및 산업, 재정, 조세정책 |
| 근로자 | 취업 및 임금협상 |
| 언론 및 재무분석기관 | 기업 관련 정보의 분석과 평가 |
| 경영자 | 계획 및 통제의사결정 |

## 3. 기업정보와 회계

경영자를 비롯한 투자자와 채권자, 소비자, 근로자, 정부 등 이해관계자들의 의사결정이 이해관계자 뿐만 아니라 이해관계에 있는 기업에도 중대한 영향을 미치고, 이들의 합리적인 의사결정에는 무엇보다도 관련 기업의 정보가 중요하다는 사실을 살펴보았다. 이해관계 기업에 관한 정보의 대부분을 제공하는 기업의 중요한 기능(function)을 회계(accounting)라고 부르는데, 회계에 의하여 제공되는 기업정보를 우리는 회계정보(accounting information)라고 한다. 회계를 나타내는 'accounting'의 중요한 사전적 정의는 '누구에게 무엇을 설명해 주는 것'이므로, 회계는 기업의 이해관계자들에게 기업에서 일어난 일(affairs of business)을 설명하여 주는 것으로 이해할 수 있다. 즉, 회계는 기업의 이해관계자들이 좋은 의사결정을 내리는 데 도움이 되는 기업정보를 성실하게 알려주는 사회적 역할을 담당하고 있다고 할 수 있다. 이해관계자들이 특정 기업과 관련되는 의사결정을 내릴 때 그 기업의 회계정보에 중요하게 의존한다는 점에서 회계에서는 이해관계자들을 정보이용자(information users)라고 부른다.

투자자들은 자신이 기대한 투자이익의 극대화가 이루어졌는가를 확인하거나 미래에 대한 기대를 예정하는 데 회계정보를 이용한다. 경영자들은 투자자들이 맡긴 자원이 안전하게 보호·유지되고 있는지는 물론 효과적이고 효율적으로 활용되어 얼마만큼의 증가가 이루어졌는가를 이들에게 투명하게 설명해 주어야 한다. 이를 경영자의 회계책임(accountability)이라고 하는데, 말하자면 전술한 경영자들의 수탁책임은 회계책임을 통하여 완성된다고 할 수 있다. 기존의 투자자들뿐만 아니라 새로운 투자자들도 회계정보를 이용하여 기업에 대한 투자의사결정을 내릴 수 있음은 물론이다.

기업의 또 다른 주요 자금원천으로서의 채권자들도 회계정보를 제공받음으로써 기업에게 빌려준 돈이 이자와 함께 상환될 수 있는가 혹은 지속적으로 기업과의 수급관계가 유지될 수 있는가에 대한 판단을 내릴 수 있고, 새로운 신용의사결정을 내리는 근거를 확보할 수 있다.

고객은 필요한 재화와 서비스를 기업이 계속하여 제공할 수 있는가 혹은 그러한 재화와 서비스에 정당한 가격을 지급하고 있는가에 대한 판단을 내리는 데 회계정보를 이용한다. 근로자들은 직장의 안정성과 보상의 적정성을 판단하는 데 회계정보를 우선적으로 활용한다. 정부도 기업이 지속적으로 국가의 발전과 국민의 복리에 이바지할 수 있는가를 확인하고 경제와 조세정책을 수립하는 데 회계정보를 이용할 뿐 아니라, 사회간접자본(SOC) 투자 의사결정을 내리는 데 기업 회계정보의 도움을 받는다.

한편 경영자들은 투자자와 채권자들로부터 조달한 자금을 이용하여 기업과정에 필요한 인적 및 물적 자원을 획득하고 기업의 목적을 달성하기 위하여 이들 자원을 계획하고 통제하는 데 정보를 이용한다. 경영자들은 특정한 기간에 걸쳐 정상적인 기업과정을 통하여 고객들에게 판매하기 위하여 얼마의 제품을 어떻게 생산하고 얼마만큼의 상품을 구매할 것인가, 상품이나 제품의 판매가격은 얼마로 결정할 것인가 등과 관련된 의사결정을 내려야 한다. 장기적으로는 공장의 건설, 새로운 기계와 장치의 취득을 통한 자동화, 그러한 투자에 필요한 자금의 조달 등과 같은 계획의사결정을 내린다. 뿐만 아니라 특정 기간의 제품과 상품의 생산, 구입 및 판매가 계획대로 실행되었는가의 여부를 확인하고 다음 기간의 계획에 이를 반영하는 경영통제의사결정도 수행한다.

# 제3절 회계의 정의와 내용

## 1. 회계의 정의

앞 절에서는 인간의 사회 및 경제생활에서 회계가 왜 필요하며, 그것이 어떠한 기능과 역할을 담당하는가에 대하여 개괄적으로 살펴보았다. 여기서는 우리가 앞으로 배우게 되는 회계학(accounting)이라는 학문으로서 회계의 정의를 보다 구체적으로 살펴보기로 한다.

회계학은 회계를 공부하는 사회과학의 한 분야이다. 자연과학이 자연에 속하는 모든 대상을 다룸으로써 궁극적으로 자연과 인간의 관계를 연구하는 학문이라면, 사회과학은 서로 협력하여 공동생활을 하는 인간집단의 사회 현상, 즉 인간과 인간의 관계에 대한 학문이라고 할 수 있다. 역사적으로 사회과학은 사회 현상의 변화에 따라 발전을 거듭해왔는데, 회계학도 예외가 아니었음은 물론이다. 다른 사회과학과 마찬가지로 회계학도 회계와 관련되어 있는 사회 현상, 다시 말하여 회계를 둘러싸고 있는 환경의 산물로서 진화되고 변천되어온 것이다.

과거 농경사회에서도 회계의 존재는 미미하지만 발견된다. 만물의 영장인 인간에게는 기록의 본능이 있고, 더욱이 자신이 소유한 부를 기록하는 것은 동서고금을 막론하고 종족 보존과 자손 번창이라는 인간 본연의 욕구를 충족시켜주는 수단이라고 믿었기 때문이다. 따라서, 세계문명발상지를 연구한 고고학자들이 아득한 옛날 원시적인 형태의 회계기록 존재에 관한 유물과 유적의 발견을 보고하는 것은 그리 놀랄 일이 아니다.

인류 역사상 인간의 생활모습에 가장 큰 영향을 미친 사건은 산업혁명이다. 산업혁명은 자본주의를 중심으로 다양한 사상적 측면의 발전을 가져왔을 뿐 아니라, 경제적으로는 기계와 증기기관 등의 동력을 이용한 전대미문의 대량생산 가능성을 열어주었다. 근대적 의미의 회계는 그 이전인 이탈리아 르네상스시대에 기원을 두고 있지만(수학자인 Luca Pacioli의 1494년 저서, Summa de Arithmetica, Geometria, Proportione et Proportionalite에 거래를 기록할 수 있는 복식부기의 원리가 기술되어 있다), 회계의 기본원리와 회계 발전의 기초가 정립된 계기는 산업혁명시대에 마련되었다고 할 수 있다. 산업혁명에 즈음하여 기업의 규모가 증가하고 기업활동에 거액의 자금이 소요됨과 동시에 기업의 이해관계자들이 등장하게 되면서 이들의 기업정보에 대한 요구가 증대되었다.

이후 본격적인 산업화 시대를 거치면서 기업과 회계의 중요성이 더욱 강조되었고 학문으로서 회계학의 자리매김을 위한 노력도 시작되었으며, 이러한 노력은 미국에서 가장 먼저 일어나게 되었다. 산업자본주의의 무분별한 자원 남용으로 초래된 경제공황의 큰 고통을 겪은 미국이 경제상황을 극복하고 경제질서를 확립하는 데 있어서 회계제도의 정비와 회계학의 학문적 정착을 우선적인 과제의 하나로 삼았던 것이다. 그러한 과정에서 1941년 미국공인회계사회(American Institute of Certified Public Accountants)는 회계에 대해 다음과 같은 정의를 내리게 되었다.

"회계는 재무적 성격의 거래와 사건을 화폐단위에 의해 의미 있는 방식으로 기록 · 분류 · 요약하고 그 결과를 해석하는 기술이다(Accounting is the art of recording, classifying and summarizing in a significant manner and in terms of money, transactions and events which are in part at least of a financial character, and interpreting the results thereof)."

위의 정의는 당시 전통적인 회계의 관점과 현상을 반영하여 정보생산자의 입장에서 일정한 원리에 따라 기록 · 분류 · 요약하는 기술(art)로 회계를 정의하고 있다. 그러나 이러한 정의는 정보이용자의 관점을 반영하지 않았을 뿐 아니라 그 후 복잡하고 다양화된 산업사회의 경제상황에 부합하는 회계의 적절한 기능과 역할을 포괄하지는 못하였다. 그리하여 1966년에 미국회계학회(American Accounting Association)가 학문적 대상으로서 회계의 본질을 파악하여 회계이론 정립의 기초를 구축하려는 노력의 일환으로 발표한 "기초적 회계이론에 관한 보고서(A Statement of Basic Accounting Theory, ASOBAT)"에서 다음과 같은 회계의 정의를 내렸다.

"회계는 정보이용자가 현명한 판단과 의사결정을 할 수 있도록 하는 경제적 정보를 식별하고 측정하여 전달하는 과정이다(Accounting is the process of identifying, measuring and communicating economic information to permit informed judgements and decisions by users of the information)."

오늘날 회계이론의 전개와 회계실무(accounting practice)의 발전을 위하여 널리 적용되고 있는 이 정의에 포함된 회계의 목적과 구체적인 과정을 좀 더 살펴보기로 하자.

### (1) 회계의 목적

미국회계학회(AAA)의 정의는 회계의 목적이 이해관계자들의 의사결정에 유용한 정보를 제공하는 데 있다는 것을 분명히 밝히고 있다. 앞 절에서 살펴본 것과 같이 기업의 이해관계자들은 한정된 자원으로 미래 최선의 결과를 기대하고 의사결정을 내려야 한다. 회계의 목적은 정보이용자가 현명한 판단을 하고 의사결정을 내리는 데 도움이 되는 정보를 제공하는 것이다.

일반적으로 의사결정과 정보가 중요한 것은 자원의 희소성(scarcity)과 미래의 불확실성(uncertainty)으로 설명할 수 있다. 시간과 능력을 포함하여 우리가 가지고 있는 유·무형의 자원이 우리의 모든 욕구를 충족시킬 정도로 무한하고 풍부하다면 어떠한 의사결정을 내리더라도 그 결과의 중요성이 없을 것이므로 의사결정 자체가 무의미할 것이다. 한편, 유한한 자원을 전제하는 경우라도 미래가 확실하면 정보의 역할은 없어진다. 즉, 의사결정의 결과에 불확실성이 없다면 가장 바람직한 결과를 가져다주는 대안을 선택하면 그만이다. 그러나 미래는 누구도 알 수 없으므로 의사결정으로 인한 행위의 결과가 확실하게 알려질 수가 없다. 미래에 의사결정자의 의도대로 결과가 나타날 수도 있겠지만 그렇지 않은 경우가 훨씬 더 많은 것이다. 이처럼 의사결정자가 의도한 결과가 나타나지 않을 가능성을 위험(risk)이라고 한다. 위험이 높다는 것은 그만큼 의도한 결과를 얻기가 힘들다는 것을 의미한다. 미래는 불확실하므로 모든 의사결정에는 위험이 따르게 마련이고, 의사결정자는 당연히 이러한 위험을 줄이기 위해서 온갖 노력을 다할 것이다. 회계는 한정된 자원으로 의사결정을 내려야 하는 기업 이해관계자들에게 불확실한 미래에 대한 위험을 감소시켜 주는 정보를 제공하기 위하여 존재하는 기업의 기능이라고 할 수 있다. 이해관계자들이 회계정보를 이용하여 현명하고 경제적인 의사결정을 내리게 되면, 궁극적으로 사회 전체적으로도 희소한 자원이 효율적으로 배분될 것임은 두말할 나위가 없다.

### (2) 회계의 과정

기업 이해관계자들의 의사결정에 유용한 정보는 어떠한 정보인가? AAA의 정의에서는 그러한 정보를 경제적 정보라고 밝히고 있다. 경제적 정보는 기업의 경제활동에 관한 정보를 말한다. 보다 구체적으로 말하자면, 경제적 정보는 기업의 재화와 서비스의 생산 및 분배 활동에서 발생되는 여러 가지 사건, 즉 기업의 경제적 사건(economic events)에 관한 정보가 되는데, 회계에서는 기업의 경제적 사건을 거래(transactions)라고도 한다. 앞의 정의에서 회계는 이러한 경제적 정보를 식별하고 측정하여 전달하는 과정이라고 하였는데, 그 과정을 좀 더 살펴보면 다음과 같다.

식별(identifying)은 기업활동을 수행하는 과정에서 발생하는 여러 가지 행위 중에서 회계의 대상이 되는 사건과 그렇지 않은 것을 구별하여 회계의 대상이 되는 사건, 즉 거래를 확인하는 것을 말한다. 다시 말하면, 기업이 거래를 식별한다는 것은 그 기업이 자신과 관련된 경제적 사건을 선택하는 것을 의미한다.

측정(measuring)은 회계대상으로 식별된 거래를 화폐단위로 표현하는 것인데, 식별되어 측정되지 않은 거래는 회계장부(books of account)에 기록될 수 없다. 말하자면, 식별과 측정은 거래 기록의 필수적인 과정을 구성한다고 할 수 있다. 일반적으로 측정이라는 것은 표현하고자 하는 대상에 수치를 부여하는 것을 의미한다. 측정을 위해서는 반드시 측정단위(unit of measure)가 필요한데, 신장과 체중을 표현하기 위한 cm와 kg, 지능지수를 나타내기 위한 IQ 등이 측정단위의 예가 될 수 있다. 전통적으로 회계정보가 의미를 가지기 위해서는 경제적 사건을 화폐단위(unit of money)로 측정하는 것이 가장 바람직한 것으로 인정되어 왔다. 화폐단위로 측정한 회계정보를 재무정보(financial information)라고 하는데, 최근에 와서는 회계정보에 대한 이해관계자들의 다양한 요구를 충족시키기 위하여 비재무정보(non-financial information)를 제공하는 방향으로 회계의 영역이 확장되고 있다.

마지막으로 전달(communicating)이라는 것은 식별과 측정의 과정을 통하여 회계장부에 기록된 경제적 사건들을 기업의 이해관계자인 정보이용자들에게 통지하거나 보고하는 과정이다. 의사결정에 유용한 회계정보의 전달을 위해서는 기록된 자료들을 요약하고 정리하여 표준화된 양식으로 보고하여야 하는데, 그러한 일반적인 회계정보의 보고 수단을 재무제표(financial statements)라고 한다. 회계의 전달과정은 기업이 재무제표라고 하는 회계보고서(accounting reports)를 통하여 이해관계자들에게 회계정보를 보고하는 것을 이르는 말이다. 재무제표에 의한 회계정보의 보고는 수많은 기업의 거래를 단순화시켜 요약함으로써 다양한 기업활동을 이해할 수 있도록 함과 동시에 회계정보가 의사결정에 유익하게 활용될 수 있도록 해준다.

이처럼 회계는 기업의 거래를 기록하여 보고하는 과정을 통하여 기업과 이해관계자들 간에 중요한 소통의 장치를 마련하여 준다. 회계를 기업의 언어(language of business)라고 하는 것은 이와 같은 회계의 의사소통 기능을 강조하기 위함이다. 회계를 공부하는 과정은 보편적 의사소통 수단으로서의 말과 글을 배우는 것과 같다. 말과 글에는 기본적으로 단어 및 문법과 그에 대한 사회적 약속이 있는 것과 마찬가지로, 회계라고 하는 기업의 언어에도 언어의 기본요소와 언어 사용의 원리가 존재한다. 회계의 학습은 기업 혹은 경영자와 기업 이해관계자들 간의 자유로운 의사소통을 위하여 기업 언어에 대한 필수지식을 배우고 익히는 과정이라고 할 수 있다.

또한 기업의 거래를 식별하고 측정하여 전달하는 과정으로 정의되는 회계는 현대의 지식정보사회에 기업정보를 처리하여 제공하는 주요 정보시스템의 하나로 이해되고 있다. 시스템의 기본 모형에는 투입(input), 처리과정(process), 산출(output)의 요소가 포함되는데, 정보시스템은 자료(data)를 투입하고 처리하여 정보(information)로 가공하는 시스템을 말한다. 회계는 기업의 거래를 자료로 투입하고 이를 처리하여 이해관계자들의 요구에 적합한 정보를 산출하여 제공하는 정보시스템으로서의 사회적 기능을 담당하고 있는 것이다.

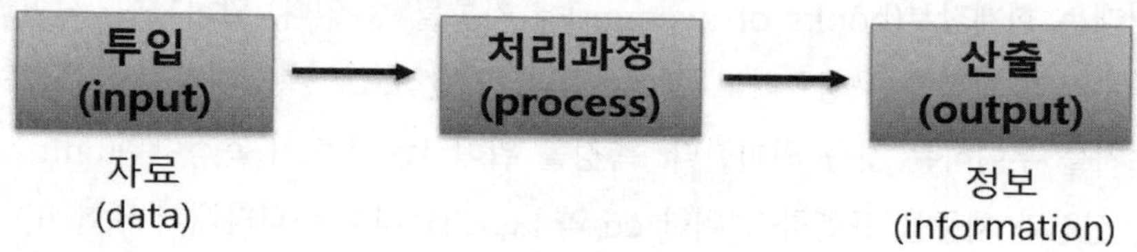


〈그림 1-3〉 정보시스템

## 2. 회계의 구분

회계는 기업 이해관계자들이 의사결정을 내리는 데 유용한 정보를 제공하기 위하여 기업의 경제적 사건을 식별, 측정, 전달하는 정보시스템으로서, 기업과 이해관계자들 간 의사소통의 도구로 기능한다는 것을 살펴보았다. 이해관계자집단에 따라 의사결정의 유형과 내용이 다르므로 이들의 기업에 대한 정보요구(information needs)가 서로 다를 것임은 두말할 나위가 없다. 의사결정에 유용한 정보의 제공이라는 회계의 목적을 달성한다는 것은 궁극적으로 회계가 이해관계자집단의 다양한 정보요구를 충족시켜 주어야 한다는 것을 의미한다. 이러한 이유로 회계에서는 우선 이해관계자들을 기업 외부이해관계자와 내부이해관계자로 크게 나누어 이들 집단의 서로 다른 정보요구를 충족시켜 줄 수 있도록 회계를 구분하는데, 외부이해관계자들을 위한 회계를 재무회계, 내부이해관계자들을 위한 회계를 관리회계라고 한다.

모든 과학이 그러하듯이 환경이 변화하고 학문이 성숙하게 되면 시대와 사회적 요구에 따라 학문의 전문화 과정이 불가피하게 진행된다. 역사적으로 재무회계가 회계학의 주된 대상이었고 지금도 여전히 그러하지만, 현대 회계학에서 관리회계의 중요성이 점점 더 강조되고 있고 또한 학문의 전문화 과정에 따라 재무회계와 관리회계도 세분화되어 세무회계, 회계감사, 원가회계, 국제회계, 회계정보시스템 등이 회계학의 주요 구성분야로 자리잡게 되었다.

### (1) 재무회계

투자자와 채권자, 고객, 정부 등의 이해관계자집단은 기업 외부에서 회계정보를 이용하는 외부 이용자들이다. 이들 외부이해관계자의 의사결정에 유용한 회계정보를 제공하기 위한 회계를 재무회계(financial accounting)라 한다.

기업의 설립은 물론 사업규모의 확장과 신제품의 개발 등을 통하여 기업은 지속적으로 성장하게 되는데, 어떠한 경우이건 막대한 자금을 필요로 한다. 이러한 자금들은 기업 외부이해관계자들의 의사결정을 통하여 조달된다. 주식회사의 경우 주주들이 투자자로서 우선적인 자금조달의 원천이 되지만, 필요에 따라 금융기관 등의 채권자들로부터 자금이 조달될 수 있음은 물론이다. 무엇보다도 기업의 고객들에게 기업이 생산한 제품과 서비스를 판매함으로써 기업활동에 필요한 자금을 조달하는 것이야말로 건강한 기업의 가장 정상적인 자금조달 경로라고 할 수 있다. 정부가 제공하는 사회간접자본은 기업활동에 필요한 도로와 항만 등의 설비에 대한 기업의 투자를 절감시켜 다른 용도에 활용할 수 있도록 해준다는 의미에서 정부도 기업의 또 다른 자금조달 원천으로 평가될 수 있다.

재무회계는 이러한 외부이해관계자들의 의사결정에 도움이 되는 정보를 제공하는 회계이다. 이들의 의사결정을 통하여 기업은 자신의 활동에 필요한 자금을 원활하게 조달할 수 있으므로, 기업의 입장에서 재무회계는 궁극적으로 지속적인 자금조달을 위한 회계라고 할 수 있다. 특히 기업이 어떠한 원천으로부터 얼마만큼의 자금을 조달하여 어떠한 자원에 얼마나 투자하고 있는가에 관한 재무상태(financial position)의 정보와 경영자들이 기업의 목적을 달성하는 과정에서 그러한 자원을 활용하여 얼마만큼의 이익을 창출하였는가에 대한 경영성과(management performance)의 정보는 외부이해관계자들이 의사결정을 내리는 데 가장 중요하게 사용하는 회계정보가 된다.

외부이해관계자들 가운데서 투자자와 채권자들은 기존의 투자 및 신용의사결정의 좋고 나쁨을 확인하거나 미래의 의사결정 결과를 예측하는 데 거의 전적으로 기업의 회계정보에 의존한다. 한편 고객들도 회계정보의 주요 이용자이지만, 이들의 구매의사결정에는 성능과 품질, 가격 등과 같은 제품과 서비스 자체의 정보가 회계정보보다 더 결정적인 영향을 미친다. 또한 정부도 여러 가지 정책적인 의사결정을 내리는 데 기업의 회계정보를 이용하지만, 전반적인 경제와 사회적인 여건을 고려함으로써 회계정보에만 전적으로 의존하지는 않는다. 그러므로 재무회계에서는 외부이해관계자들 가운데 특히 투자자와 채권자들을 주된 정보이용자들로 간주하고, 이들의 의사결정에 유용한 정보를 우선적으로 제공하게 된다.

회계정보를 기초로 한 외부이해관계자들의 의사결정은 기업활동에 중대한 영향을 미칠 뿐만 아니라 나아가 사회 전체적으로 희소한 자원의 효율적인 배분을 통하여 국가경제에 이바지한다는 점에서 더 큰 중요성을 가진다. 기업마다 회계처리가 투명하지 못하거나 서로 다른 회계처리와 정보산출이 이루어져서 그릇된 회계정보가 이해관계자들에게 제공된다면, 이들의 의사결정이 왜곡될 수밖에 없을 뿐 아니라 회계의 사회경제적 역할도 심각한 타격을 받게 될 것이다. 이러한 이유로 재무회계에서는 무엇보다도 회계정보에 대한 믿음을 증대시키고 다양한 기업들의 회계과정에 통일성을 부여하여 회계정보의 비교가능성을 제고시키는 데 필요한 공통적인 회계기준(accounting standards)이 구축되어 있다. 이처럼 재무회계정보의 산출과정에서 일반적으로 인정되어 보편적으로 실천되는 공통의 회계기준을 '일반적으로 인정된 회계원칙(generally accepted accounting principles; GAAP)'이라고 부르는데, 모든 기업은 반드시 GAAP를 준수하여 회계정보를 공시하여야 한다. 우리나라에서는 한국회계기준원에 설치된 회계기준위원회가 심의, 의결하는 K-IFRS, 기업회계기준이 대표적인 GAAP라고 할 수 있다.

### (2) 회계감사

이처럼 GAAP에 따라 기업의 다양한 외부 이해관계자들에게 회계정보를 제공하는 것을 '일반목적의 외부 재무보고(general-purpose external financial reporting)'라고 하고, 중요한 보고수단이 되는 재무제표 혹은 회계보고서를 '일반목적의 재무제표(general-purpose financial statements)'라고 한다. 외부이용자에게 공시되는 회계정보는 무엇보다도 신뢰성이 중요하며, 회계정보의 신뢰성을 확보하기 위해서 전문가의 회계감사(auditing)를 받도록 강제 규정하고 있다. 즉, 직전 회계연도 말 총자산이 100억 이상인 주식회사는 주식회사의 외부감사에 관한 법률에 따라 외부감사인, 즉 공인회계사로부터 감사기준에 근거하여 회계감사를 받아야 한다.

외부감사인(공인회계사)은 다음 네 가지 감사의견(audit opinions) 중 하나의 의견표명으로 감사결과를 보고하게 된다.

① 적정의견(unqualified opinion) : 재무제표가 감사범위(의견표명에 필요한 충분한 증거의 수집)의 중요(material)한 제한이나 회계기준의 중요한 위배 없이 적정하게 작성되었음

② 한정의견(qualified opinion) : 감사인과 경영자 간의 의견불일치(회계기준 위배)나 감사범위의 제한에 따른 영향이 중요할 경우, 이러한 사항을 제외하고는 적정하게 작성되었음

③ 부적정의견(adverse opinion) : 감사인과 경영자 간의 의견불일치(회계기준 위배)의 영향이 매우 중요하고 전반적이어서, 한정의견으로는 재무제표의 오도나 불완전성을 나타내기에 부적절하다고 판단됨

④ 의견거절(disclaimer of opinion) : 감사범위 제한의 영향이 매우 중요(highly material)하고 전반적이어서 충분하고 적합한 감사증거를 획득 할 수 없었고, 따라서 재무제표 전체에 대한 감사의견을 표명할 수 없어 의견을 거절함

### (3) 세무회계

세무회계(tax accounting)란 국가와 지방자치단체에 기업이 부담해야 할 세금을 계산하여 세금신고에 필요한 세무정보를 산출하는 회계를 말한다. 오늘날 기업에 대해 부과되는 세금은 법인세법과 같은 특정 법령에 따라 결정되는 것이 원칙이며, 이는 일반적으로 재무회계상의 이익을 기초로 결정되므로 재무회계에 포함시키지만 독특한 영역의 회계분야로 볼 수 있다.

세금을 부과하기 위해 세무관련 법령에서 규정하고 있는 기업의 이익은 그 구성요소나 계산방법에 있어 일반적인 재무회계의 경우와 반드시 일치하는 것은 아니다. 왜냐하면 재무회계는 일반적으로 인정된 회계원칙(GAAP)에 의해서 기업의 재무상태와 경영성과를 적정하게 나타내고자 이루어지지만 세무회계는 관련법령에 의해서 공평과세, 세원확보 등의 목적으로 수행되므로 두 분야에는 차이가 있을 수밖에 없다. 즉, 세무회계의 주된 기능은 관련 법령의 규정에 따라 기업이 납부해야 할 세금을 산정하는 분야라고 할 수 있다.

### (4) 관리회계

기업을 비롯한 조직에서는 경제적 자원을 조달하여 운영함으로써 이익을 산출하여 조직을 번성하게 하고 지속적인 존립을 도모하게 된다. 이를 위한 활동에는 계획 및 실행과 통제, 의사결정, 성과평가 등 다양한 활동들이 이루어지게 되는데 관리회계는 이러한 다양한 활동들을 올바르게 수행하는 데 필요한 정보를 제공하기 위한 분야이다. 이러한 활동들은 경영자에 의해서 결정되며 경영자는 조직에 대한 자신의 책임을 다하기 위하여 다양한 경영의사결정을 내리게 되는데, 관리회계(management accounting)는 이러한 경영자의 의사결정에 유용한 회계정보를 제공하는 회계의 한 분류이다. 즉, 경영자가 내부 활동에 대한 의사결정에 활용하기 위한 회계 분야인 것이다. 경영활동에는 다양한 종류의 의사결정이 필요하기 때문에 관리회계는 재무회계처럼 일정한 규칙이나 절차 없이 경영자가 직면한 각각의 의사결정 문제에 가장 적합한 방법을 사용하여 회계정보를 산출한다는 특징을 가지고 있다. 경영활동에는 다양한 문제해결 방법이 존재하므로 최근에는 전략론, 조직행위론 등 경영학 분야와 경제학, 심리학을 비롯한 다른 인접 학문과의 교류도 빈번하게 이루어지고 있는 분야이다. 이처럼 기업내부 경영자들의 장·단기 경영의사결정에 필요한 정보를 제공하기 위한 회계를 관리회계(management accounting)라고 하는데, 기업의 관점에서 관리회계는 기업의 경영을 위한(in order to manage) 회계라고 할 수 있다.

### (5) 원가회계

원가회계(cost accounting)는 제품과 서비스의 원가를 산정하기 위한 회계의 한 분야이다. 원가회계를 관리회계의 한 분야로 보는 것은 적절한 원가정보를 기업의 경영활동에 사용함으로써 의사결정을 올바르게 할 수 있기 때문이다. 즉, 가격의 설정문제는 내부 경영의사결정이므로 관리회계분야에 포함되지만 적절한 가격을 설정하기 위해서는 원가를 정확하게 산정하여야 하므로 관리회계에 포함되는 것으로 본다. 최근에는 원가회계와 관리회계를 합쳐서 원가관리회계(cost management accounting)로 보는 것이 일반적인 추세이다.

한편, 원가회계의 출발은 재무회계의 정보전달 수단인 재무제표산출을 위한 목적으로 시작되었다고 보는 것이 일반적이다. 왜냐하면 재무제표의 가장 큰 목적 중 하나는 이익을 산출하는 것이고, 이익을 산출하기 위해서는 매출에 대응되는 원가가 반드시 필요하기 때문이다. 따라서 원가회계의 목적은 재무회계에서의 이익산정에 필요한 원가정보와 관리회계의 다양한 의사결정 목적에 적합한 원가정보의 산출과 제공으로 보는 것이 합리적이다.

### (6) 회계정보시스템

회계정보시스템(AIS : accounting information system)은 정보기술(IT : information technology)을 이용하여 회계시스템의 설계 및 운용을 기술적으로 다루고자 하는 회계의 분야이다. 기업의 재무 및 회계 데이터를 수집, 저장, 처리, 분석하여 경영자와 외부 이해관계자가 의사결정을 내리는 데 필요한 정보를 제공하는 정보기술 기반 시스템으로, 단순한 회계 업무의 자동화를 넘어, 기업의 모든 정보 흐름과 의사결정 과정을 지원하는 중요한 도구로 활용되고 있다.

**〈표 1-2〉 재무회계와 관리회계**

| | 재무회계 | 관리회계 |
|---|---|---|
| 대상 | 경영자를 제외한 모든 이해관계자<br>(외부 정보이용자) | 경영자<br>(내부 정보이용자) |
| 목적 | 외부 정보이용자의 의사결정에 유용한 정보 제공 | 경영자의 경영의사결정에 유용한 정보 제공 |
| 작성기준<br>또는 원칙 | GAAP에 따라 기업간, 기간별 비교가 가능한 회계정보 작성 | 객관적이고 공통적인 기준 없음 |
| 보고형식 | GAAP에서 정하는 통일된 형식에 따라 재무제표 및 기타 정보 작성 | 통일된 형식이 없고 필요에 따라 적절한 형식으로 작성하여 경영자에게 제공 |
| 보고시기 | 정기적으로(분기, 반기 또는 회계연도말) 작성하여 공시 | 경영자가 필요한 경우에 수시로 작성하여 신속하게 제공 |
| 중요<br>정보속성 | 의사결정에의 유용성(신뢰성 및 목적적합성)<br>검증 가능한 과거정보가 핵심 | 의사결정 적합성과 적시성<br>미래 예측정보가 매우 중요 |
| 외부감사 | 대부분 외부감사를 받음 | 외부감사를 받지 않음 |

## 제4절 우리나라의 회계제도

1950년대 후반 우리나라는 한국 전쟁 이후 경제 재건 및 산업화가 시작되던 시기로, 외국 원조 및 차관에 대한 의존도가 높았는데, 이를 유치하기 위해서는 국제적으로 통용될 수 있는 투명한 회계시스템이 필요하게 되었다. 1958년 재무부장관의 자문기구인 「재정금융위원회」에서 「기업회계원칙」 및 「재무제표규칙」을 제정하게 되었으며, 이는 재무제표작성에 필요한 기본적인 원칙과 회계처리방법을 규정한 최초의 회계기준이라고 할 수 있다.

이후 1970년대 초 본격적인 경제성장을 추구하면서 산업화가 활발해지고, 자본시장의 육성을 통한 기업의 원활한 자금조달이 필요해짐에 따라 투자자, 채권자, 정부 등 다양한 이해관계자들이 신뢰성 있는 기준에 따라 기업의 재무상태와 경영성과에 관한 회계정보를 투명하고 객관적으로 파악할 필요성을 인식하게 되면서 1974년 「상장법인 등 회계처리에 관한 규정」, 1975년에는 「상장법인 등의 재무제표에 관한 규칙」등이 제정되었다. 그리고, 1981년에는 다양한 규정과 규칙을 한데 묶어 「기업회계기준」으로 통합하여 제정함으로써 회계기준의 체계적인 기반이 마련되었다.

그 후, 「기업회계기준」은 1980년대와 1990년대를 거치면서 경제환경 변화에 따라 아홉 차례에 걸쳐 개정이 되었으며, 1997년 IMF사태로 인해 「기업회계기준」은 국제적 기준과의 합치를 요구받게 되었고, 1998년 국제회계기준의 규정을 대폭 수용하여 「기업회계기준」을 전면 개정하게 되었다.

이러한 변천과정을 거친 우리나라 기업회계기준의 법적근거는 「주식회사의 외부감사에 관한 법률」(이하 외감법)에 그 바탕을 두고 있다. 즉, 자산규모가 100억 이상의 주식회사는 「외감법」의 적용을 받아야 하고 이들 기업은 「기업회계기준」에 근거해서 재무제표를 작성하고 외부감사인으로부터 신뢰성을 인정받아야 한다는 것이다.

한편, IMF사태로 인해 1998년에 우리나라는 세계개발은행(IBRD)으로부터 회계정보의 신뢰성과 기업경영의 투명성을 제고하기 위한 방안으로 정부로부터 독립적인 민간 회계기준제정기구의 설립을 요구받았다. 이에 우리나라는 1999년 9월, 「한국회계기준원」(Korea Accounting Instiute : KAI)을 개원하여 정부의 주도 하에 이루어지던 회계기준에 관한 제정과 개정업무를 민간기구인 「한국회계기준원」(Korea Accounting Instiute : KAI) 산하 「회계기준위원회」(Korea Accounting Standards Board : KASB)에서 담당하게 하였다. KASB는 「기업회계기준」을 존속시키면서 국제회계기준에 근거한 「기업회계기준서」를 제정하여 공포하였으며, 이를 "현행의 기업회계기준(K-GAAP)"이라고 하여 제정된 순서에 따라 제1호에서 제25호까지가 제정되었다.

이후 우리나라 회계제도는 또 한번의 중요한 국면을 맞게 되는데 바로 국제회계기준의 채택이다. 세계경제는 국제적인 자본시장의 발전으로 인한 자금의 이동과 경제의 블록화 등 경제환경이

글로벌화를 지향함으로써 국제적인 신뢰성을 갖춘 회계기준의 필요성이 제기되면서, 이를 전면적으로 실시하고자 하는 국가들이 증가하게 되었다. 이에 우리나라는 2007년 3월 국제회계기준의 전면 도입을 공포하였고, 2011년에는 모든 상장기업이 국제회계기준을 의무적으로 적용하도록 하였다. 이에 따라 「한국회계기준원」은 IAS(International Accounting Standards)에서 제정한 국제회계기준인 IFRS(International Financial Reporting Standards)을 한글로 번역하여 이를 "한국채택국제회계기준(K-IFRS)"으로 명명하고, 2011년부터 상장기업을 중심으로 "한국채택국제회계기준"이 전면 도입되어 중소기업으로까지 확대됨으로써 기존의 기업회계기준과 K-GAAP은 한국채택국제회계기준(K-IFRS)으로 대체되어 적용되고 있다.

〈표 1-3〉 시기별 한국 회계기준의 도입

| 시 기 | 주요 내용 | 특 징 |
|---|---|---|
| 1960~1990 | 기업회계기준 제정 | 국내 중심, 규제 목적 |
| 1990~2006 | 기준 정비 및 국제화 준비 | 외환위기 이후 투명성 강화 |
| 2007~2011 | IFRS 도입 결정 및 준비 | 글로벌 회계기준으로의 전환 |
| 2011~현재 | K-IFRS 전면 적용 | 국제기준에 부합, 정보이용자 중심 회계 |

본 서에서는 모든 상장기업과 코스닥기업으로 확대되는 한국채택국제회계기준(K-IFRS)을 학습하기 위해 필요한 회계의 기초이론과 재무제표의 작성원리를 중심으로 설명하고자 한다.

## 연습문제

**01 회계의 본질에 관한 다음 설명 중 옳지 않은 것은?**

① 회계는 기업이 이해관계자들과 의사소통을 하기 위한 기업의 언어이다.
② 회계는 정보를 필요로 하는 사람들에게 회계정보를 전달하는 정보시스템이다.
③ 회계는 회계정보이용자들이 합리적인 의사결정을 하는 데 도움을 주는 서비스 활동이다.
④ 회계는 기업의 이해관계자인 투자자와 채권자의 의사결정에 도움을 주기 위한 두 가지 유형의 회계정보를 제공하고 있다.

**02 다음 중 회계의 기능이 아닌 것은?**

① 회계정보의 기록　② 회계정보의 측정
③ 회계정보의 전달　④ 경제적 의사결정

**03 기업을 중심으로 기업외부의 정보이용자에게 유용한 정보를 제공하기 위한 회계시스템을 무엇이라고 하는가?**

① 재무회계　② 세무회계
③ 원가회계　④ 관리회계

**04 다음 중 기업의 관리회계 정보를 주로 이용하는 정보이용자는?**

① 투자자와 채권자　② 금융기관
③ 기업내부의 경영자　④ 세무당국

**05 관리회계에 관한 설명 중 옳은 것은?**

① 외부정보이용자에게 보고하기 위한 회계
② 내부 경영의사결정을 목적으로 하는 회계
③ 주주나 채권자, 정부 등에 보고하기 위한 회계
④ 재무제표를 작성하고 전달하는 회계

**06** **다음 중 재무회계 및 재무회계정보에 관한 설명으로 옳지 않은 것은?**

① 일반목적의 재무제표를 작성한다.
② 회계보고서 작성시 일반적으로 인정된 회계원칙을 따른다.
③ 주로 과거의 재무적 정보를 중심으로 작성되며, 투자자와 채권자 등이 주요 이용자이다.
④ 재무회계보고서는 정보이용자의 필요에 따라 수시로 작성이 가능하다.

**07** **정보이용자를 기준으로 회계를 분류할 경우, 가장 적절하게 분류된 것은?**

① 관리회계와 정부회계　② 영리회계와 비영리회계
③ 재무회계와 관리회계　④ 기업회계와 정부회계

**08** **회계주체인 기업실체가 기업을 청산하거나 경영활동을 중단할 의도를 가지고 있지 않으며, 예상가능한 기간동안 영업을 계속할 것이라는 회계의 기본가정은 무엇인가?**

① 계속기업　② 발생주의
③ 경제적 실체　④ 수익비용대응

**09** **일정기간 동안의 경영성과를 적정하게 보고하기 위해서 현금의 유입이나 유출과는 관계없이 수익과 비용을 인식하는 것과 관련이 있는 내용은 어느 것인가?**

① 현금주의　② 기간별 보고
③ 발생주의　④ 기간대응

**10** **기업의 경제활동이 이루어지는 특정기간을 무엇이라고 하는가?**

① 회계실체　② 회계기간
③ 회계단위　④ 회계보고

## 기출문제

**01 다음에서 설명하고 있는 회계정보의 질적특성은 무엇인가?** (FAT1급 80회, 2025)

> • 회계정보에 대한 오류나 미리 의도된 편견없이 객관적이고 검증 가능하며, 나타내고자 하는 바를 충실하게 표현해야 한다는 정보의 특성을 말한다.

① 신뢰성　② 목적적합성
③ 비교가능성　④ 예측가치

**02 회계정보가 갖추어야 할 주요 질적특성은 목적적합성과 신뢰성이다. 다음 중 목적적합성의 하위 질적특성으로 옳은 것은?** (FAT1급 71회, 2024)

① 표현의 충실성　② 예측가치
③ 이해가능성　④ 검증가능성

**03 회계분야 중 재무회계에 대한 설명으로 적절한 것은?** (전산회계1급 109회, 2023)

① 관리자에게 경영활동에 필요한 재무정보를 제공한다.
② 국세청 등의 과세관청을 대상으로 회계정보를 작성한다.
③ 법인세, 소득세, 부가가치세 등의 세무 보고서 작성을 목적으로 한다.
④ 일반적으로 인정된 회계원칙에 따라 작성하며 주주, 투자자 등이 주된 정보이용자이다.

# 02
# 회계의 이론구조와 재무제표

제1절 회계의 이론적 구조

제2절 재무제표

# 제2장 회계의 이론구조와 재무제표

## 제1절 회계의 이론적 구조

### 1. 회계정보와 일반적으로 인정된 회계원칙

#### (1) 회계정보의 특성

1장에서 기술한 것처럼 회계학은 크게 두 분야 즉, 재무회계와 관리회계로 나눌 수 있다. 재무회계는 조직의 외부에 존재하는 불특정 다수의 이해관계자들이 투자와 신용분석, 세금 결정 등의 의사결정에 도움이 되는 정보를 제공하는 것을 목적으로 하고, 관리회계는 기업내부의 이해관계자 즉, 경영자들이 기업 자원의 활용 및 사업 계획의 수립, 과정의 통제, 결과의 평가 등 조직의 목적을 달성하기 위한 일련의 의사결정에 도움이 되는 정보를 제공하는 것을 목적으로 한다. 이렇듯 회계는 조직의 내부와 외부에 존재하는 이해관계자들의 의사결정에 유용한 정보를 제공하는 데 그 목적이 있다. 정보로서의 회계는 자원의 유한성 관점에서 볼 때 이해관계자들이 보유하고 있는 희소한 자원이 이들의 의사결정을 통하여 효율적으로 배분되도록 하는 데 궁극적인 목적이 있는 것이다.

재무회계 정보이용자가 불특정 다수인 반면에 관리회계 정보이용자는 조직의 내부에 존재하는 한정된 이용자들이다. 관리회계 정보이용자는 특정한 내부의 이용자들로 구성되어 있으므로 서로 간의 약속에 의해서 관리정보를 산출해 낸다. 예를 들어, 자동차회사에서 새로 개발된 자동차의 판매가격을 결정해야 하는 의사결정에 직면해 있다고 하자. 이러한 의사결정에는 자동차의 생산원가 및 판매관리비 분석, 경쟁자동차의 가격 및 원가, 동일 업종의 환경 및 시장분석 등 다양한 정보가 필요하다. 그리고 이러한 정보는 외부에 알려져서는 안 되는 기밀정보로 분류된다. 즉, 관리회계정보는 내부에 특정한 조직구성원들만이 공유하고 의사결정에 사용함으로써 내부구성원들만의 합의와 약속에 의해서 생산되는 정보이다.

하지만 재무회계정보는 관리회계정보와는 다른 성격을 가지고 있다. 여기서 정보의 가치에 대해서 살펴보자. 정보는 일반적인 재화와 용역처럼 매매가 가능하다. 모든 의사결정에는 정보가 필요하며, 이러한 정보의 확보는 합리적인 의사결정을 가능하게 함으로써 위험을 낮추게 된다는 것은 앞에서 언급하였다. 즉, 의사결정의 위험으로부터 발생하게 될 비용보다 정보의 생산 및 획득에 소요되는 비용이 적다면 그 정보는 충분히 가치를 지니고 있다고 할 수 있다. 따라서, 의사결정자는 당연히 그 정보를 생산 및 구입하여 의사결정에 활용하고자 할 것이다. 실제로 기업에 관한 내부정보를 빼돌려 구매자에게 판매를 한다거나 대가를 지불하여 구입한 정보를 이용하여 정보비대칭의 효과로 정보우위를 점함으로써 의사결정에서 수익을 보장받는 투자자들이 존재한다는 것은 익히 알고 있는 사실이다. 따라서 정보는 하나의 상품으로 취급될 수 있으며, 매매가 가능한 재화와 용역을 사적재화(private goods)라 한다. 반대로 대가를 지불하지 않고 누구나 다 이용할 수 있는 재화와 용역을 공공재(public goods)라고 한다. 공공재의 경우 직접적으로 대가를 지불하지 않고 사용이 가능한 이유는 이미 그 대가를 간접적으로 지불하였거나 그럴 필요가 없기 때문이다. 시내 도로의 경우 아무런 대가의 지급 없이 사용할 수 있는 공공재이지만 사실을 들여다보면 시내 도로는 국민이 납부한 세금으로 건설이 되었으므로 이미 그 대가를 지불하였다고 볼 수 있는 것이며, 우리가 숨쉬는 공기의 경우 그 대가를 지불할 대상도 필요도 없기 때문이다.

그렇다면 회계정보의 성격에 대해서 알아보자. 회계정보는 일반 재화나 용역과는 달리 공공재(public goods)의 성격을 가지고 있다. 대부분의 경우, 회계정보이용자는 회계정보의 획득과 이용에 대하여 반대급부를 지급하지 않고 무료로 이용이 가능하다. 사적재화로 취급된다면 회계정보의 이용에 반드시 반대급부를 지급하여야 하지만 그렇지 않다는 것은 공공재임을 의미하는 것으로 볼 수 있다.

### (2) 일반적으로 인정된 회계원칙

조직에서 회계정보를 산출하고 공시하는 데에는 비용이 발생함에도 불구하고 이를 이용하는데 비용이 들지 않는 공공재로 취급하는 것은 자원의 유한성으로 설명이 가능하다. 어느 사회든 그 사회가 가지고 있는 자원은 유한할 수밖에 없다. 유한한 자원의 이해관계자는 그 사회의 구성원이라면 누구나 이해관계자일 수밖에 없다. 유한한 자원의 일부를 조직에서 사용하므로 당연히 그 사용에 대한 책임이 따르게 되고, 이러한 사용의 과정과 결과를 회계정보로 전환하여 이해관계자에게 보여줄 필요성이 존재한다. 이러한 점에서 회계정보는 공공재의 성격을 가지게 되는 것이다. 여기서 공공재로서의 회계정보는 두 가지 문제에 직면하게 되는데 하나는 조직이 회계정보를 생산, 공급하는 데 비용이 들지만 이를 회수할 방법이 없기 때문에 회계정보의 공급 자체를 중단할 가능성이고, 다른 하나는 어떤 회계정보를 공급할 것인가의 문제이다.

첫 번째 문제인 회계정보의 공급 중단 가능성에 대해서는 정부의 규제를 통해 이를 방지하고 있다. 만약에 회계정보가 공개되지 않는다면 의사결정의 오도로 인해 사회자원의 효율적 배분에 악영향을 미치게 되므로 정부는 기업의 회계정보 작성과 공급 및 회계감사를 법규에 의거하여 강제하고 있는 것이다. 일반적으로 기업이 매 사업년도마다 재무제표를 작성 및 공시하도록 규제하고 있을 뿐만 아니라(상법) 회계정보의 신뢰성을 높이기 위한 노력을 강화하고 있는 것이다. 즉, 자산규모가 100억 이상의 기업은 외부감사인의 감사를 받아서 공시하도록 하며(주식회사의 외부감사에 관한 법률), 자산규모가 1조원 이상인 기업은 반기보고서 및 분기보고서를 감사인의 검토의견을 첨부하여 공시하도록(증권거래법) 하는 등 다양한 방법을 통해서 규제하고 있다. 여기서 기업은 회계정보를 작성 · 공급할 때 회계기준에 준거해야 한다. 그리고 회계감사인(공인회계사)은 회계기준과 감사기준에 따라 감사를 실시하여 기업의 회계처리가 제대로 되었는지를 회계기준에 근거하여 판단하고, 회계감사를 실시하고 감사의견을 표명함에 있어서 감사기준은 준거하여야 할 절차에 관한 기준이 된다.

두 번째 문제인 어떤 회계정보를 공급할 것인가에 대해서 알아보자. 회계정보는 공공재임을 앞에서 언급하였는데 공공재의 이해관계자는 수없이 많을 수밖에 없다. 이러한 불특정 다수의 이해관계자 모두를 만족시키는 회계정보의 공급은 현실적으로 불가능하다고 할 수 있다. 즉, 이해관계자들이 필요로 하는 회계정보는 다를 수 있으며 개별적인 이해관계자를 만족시키기 위한 회계정보의 산출에는 사회적 비용과 시간, 노력이 많이 발생하게 되고, 불특정 다수 전체를 한꺼번에 만족시킬 수 있는 회계정보의 산출 또한 어렵다. 따라서, 다수의 이해관계자들이 일반적으로(공통적으로) 필요할 것으로 예상되는 회계정보를 산출하여 제공함으로써 이해관계자의 욕구를 충족시킬 필요성이 발생하게 된다. 이에 회계정보의 생산과 제공에 대해 필요한 기준을 정하여 이에 따라 회계정보를 제공하게 되는데 이를 회계기준(accounting standards)이라 한다. 즉, 다수의 이해관계자들이 필요로 할 것으로 예상되는 회계정보를 산출하는 회계실무와 재무제표의 작성을 지도하는 일반원칙을 "일반적으로 인정된 회계원칙(generally accepted accounting principles : GAAP)"이라고 한다[1]. 회계원칙 중 많은 부분은 회계원칙제정기관에 의하여 공식적으로 제정되거나[2] 일부는 실무에서 관습적으로 수용되면서 일반적인 원칙으로 인정받고 있는 것이 있다. 회계정보의 중요한 전달 수단이 되는 것을 재무제표(Financial Statement)라고 하며, "일반적으로 인정된 회계원칙(generally accepted accounting principles : GAAP)"에 의해서 작성 및 공

---

1) "일반적으로 인정되었다"는 말을 "절대적으로 확정되었다"는 말과 비교해 보면 그 의미를 명확히 알 수 있다. 회계학은 사회과학이고 사회과학은 시대의 흐름을 반영하게 된다. 즉, 시대의 흐름에 따라서 변화하게 되는 것이다. 따라서 자연과학에서처럼 불변의 진리를 추구하기보다는 보편타당성을 추구하게 되는데 이를 나타낸 것으로 이해할 수 있다.

2) 미국의 경우에는 1970년대 초부터 민간기구인 재무회계기준위원회(Financial Accounting Standards Board : FASB)가 이를 맡아왔고, 국제회계기준위원회(Internationgal Accounting Standards Board : IASB)는 2002년부터 전세계에서 통용되는 단일의 회계기준 제정을 목표로 국제재무보고기준서(International Financial Reporting Standards : IFRS)를 발표하고 있다. 일본은 민간기구인 일본회계기준위원회(Accounting Standards Board of Japan : ASBJ)가, 중국은 중앙정부인 재정부 내의 중국회계기준위원회(China Accounting Standards Committee : CASC)가 회계기준제정업무를 담당하고 있다. 우리나라의 기업회계기준은 금융위원회가 증권선물위원회의 심의를 거쳐 정하도록 하고 있다. 금융위원회는 이러한 회계기준제정업무를 민간공공단체인 한국회계기준원에 위탁하고 있으며, 한국회계기준원 내 회계기준위원회(Korean Accounting Standards Board : KASB)의 심의 · 의결을 거쳐 회계기준이 제정되고 있나.

시되는 재무제표를 일반목적의 재무제표라고 하는데, 재무상태표, 포괄손익계산서, 자본변동표, 현금흐름표, 주석을 일반목적의 재무제표로 규정하고 있다. 일반목적의 재무제표라는 의미는 불특정 다수의 이해관계자들에 대한 회계정보욕구를 채워주기 위한 회계정보를 의미한다고 할 수 있다. 일반적으로 인정된 회계원칙은 경제환경과 기업실무의 변화에 따라 지속적인 변화와 수정을 거듭하고 있다.

## 2. 회계의 기본가정

기업의 경영활동을 기록하고 보고하는 중요한 수단인 재무제표를 작성하는 데 있어서 이해해야 할 몇 가지 기본가정(assumptions)이 있다. 가정이란 이후의 논리 전개를 위해서 필요한 서로 간의 약속이다. 즉, 실제로 회계정보를 산출하기 위해 수행되는 회계처리를 위한 가장 기본적인 서로 간의 약속이며 회계 공준·회계 전제 등으로 불리기도 한다. 이러한 가정이 전제되지 않으면 회계정보의 생산자와 이용자간의 이해가능성이 떨어지고 유용성이 저하된다.

### (1) 경제실체의 가정

경제실체(economic entity)의 가정이란 기업을 그 소유주와 분리하여 독립적으로 존재하는 실체로 인정하여 경제활동에 대한 재무정보를 측정·보고하는 회계단위(unit of accountability)가 될 수 있음을 말한다. 즉, 기업실체는 소유주로부터 독립된 단위로서 독자적으로 자산을 소유할 수도 있고 채무를 질 수도 있으므로, 경제활동으로 인한 회계정보에 대한 책임이 귀속된다는 것이다. 예를 들어, 여러분들이 현대자동차㈜로부터 자동차를 구입하였다고 가정해 보자. 여러분이 거래를 통해 자동차를 구입한 대상은 현대자동차㈜의 소유주가 아니라 현대자동차㈜라는 경제실체와 거래를 한 것이다. 이때 여러분과 현대자동차㈜는 각각의 독립된 경제실체로서 경제행위를 하였으며 현대자동차㈜에서는 이를 매출로 기록하게 되는 회계단위가 되는 것이다. 따라서, 기업이 재무상태와 경영성과를 나타내고자 재무상태표와 포괄손익계산서를 공시하였다면 이는 기업소유주 개인의 재무상태나 경영성과를 나타내고자 하는 것이 아니라 일정기간 동안 기업실체에서 발생한 경제활동에 대한 결과를 나타낸 것이다. 따라서, 기업의 소유주들이 소유한 재산이나 보유하고 있는 채무가 재무제표에 반영되어서는 안 된다.

경제실체는 경제적 의미의 단위로서 법적 실체(legal entity)와 반드시 일치하지는 않는다. 법적 실체란 법에 의해서 인격이 부여되어 권리와 의무의 주체가 되는 것을 말하는데 주식회사의 경우에는 일반적으로 기업실체와 법률상의 실체가 일치하지만, 경제실체는 법적실체보다 포괄적인 개념으로 사용된다. 예를 들면, 학과, 협회, 동창회, 동호회 같은 단체도 법적실체는 아니지만 경제실체가 될 수 있으며, 모회사가 자회사를 지배할 경우 법적 실체는 다르지만 지배와 종속이라는 특수관계에 있으므로 경제활동을 통합하여 보고하도록 하는 연결재무제표(consolidated financial statement)를 작성하도록 하는 것이다.

### (2) 계속기업의 가정

계속기업(going concern)의 가정이란 기업실체는 그 목적과 의무를 이행하기에 충분할 정도로 장기간 존속한다고 가정하는 것으로, 기업은 계속하여 영업활동을 수행하고 있으며, 조만간 청산되지 않을 것이라는 가정이다. 실제로 무한히 영속적으로 존재하는 실체는 없다. 하지만 계속기업의 가정은 회계처리에 있어 여러 가지 의미를 가지게 한다. 즉, 이러한 가정에 근거하여, 재무제표의 여러 항목들을 취득시에 지급한 대가인 취득원가로 표시하게 된다. 만약 미래 특정 시점에 기업이 청산할 것이라고 가정한다면 청산시의 가치로 평가하는 것이 유용성이 더 높을 것이다. 하지만 영속성을 가정하기 때문에 취득원가가 의미를 가질 수 있다. 그리고 취득원가로 기록된 후에 미래에 실제로 영업활동에 사용된 부분만큼을 비용으로 계상할 수 있게 하는 회계처리가 가능해지는 것이다. 그리고 경제실체가 무한한 영속성을 가지므로 존속기간 동안 회계정보 이용자가 필요로 하는 회계정보는 회계기간을 분리해서 회계정보를 공시하는 기간의 구분이 발생하게 된다.

### (3) 기간별 보고의 가정

기간별 보고(periodicity)의 가정이란 기업실체의 존속기간을 일정한 기간단위로 분할하여 각 기간단위를 기준으로 재무제표를 작성하는 것을 말한다. 계속기업의 가정에서 기술한 것처럼 특별한 징후가 없는 한 기업은 계속 존속할 것이라는 가정에 따라 회계처리를 하게 되는데, 회계정보 이용자들은 의사결정을 위하여 기업의 회계정보를 필요로 하므로 임의적인 기간을 설정하여 재무보고를 할 필요가 있다. 일반적으로 기업에서는 1년의 회계기간(accounting period)을 설정하여 회계정보를 작성하지만 분기단위, 반기단위, 또는 월별로 재무제표를 작성하기도 한다.

기간별 구분은 회계처리에 있어 여러 가지 의미를 가지게 한다. 예를 들어, 장기간 사용을 목적으로 구입한 자산이 앞으로 몇 년간 사용될 것인지에 대한 추정이 이루어져야 각 기간에 배분할 비용이 결정될 수 있다거나 당기의 수익으로 귀속시킬지 다음 기로 이월시켜야 할지 등에 대한 회계기준이 설정되어야 하는 등 여러 문제가 발생하게 된다.

### (4) 발생기준

경제실체의 재무상태와 경영성과를 나타내는 방법에는 현금주의(cash basis)와 발생기준

(accrual basis)이 있다. 현금주의란 현금의 유입과 유출이 일어난 시점을 기준으로 모든 회계처리가 이루어지는 것이다. 즉, 현금을 받고 판매를 하였을 때 이를 수익으로 기록하고, 현금으로 임차료를 지급했을 때 비용이 발생한 것으로 기록하는 방식이다. 하지만 모든 경제적인 활동이 현금을 수반하지는 않을 뿐만 아니라 발생시점에 차이가 있을 수 있다. 예를 들어, A사가 판매를 목적으로 보유한 재고자산의 가격이 급격히 하락하였다면 현금이 수반되지는 않았지만 A사의 재무상태에 변화가 발생하였으며, 외상으로 판매하고 대금을 다음에 받기로 하거나 할부로 판매한 경우 판매시점과 현금회수시점의 차이가 발생하게 된다. 이러한 경우 현금주의를 사용하게 되면 기록이 누락되거나 현금회수시점에 회계처리를 함으로써 판매가 일어난 기간이 아닌 현금회수시점에 회계처리가 이루어지므로 기업의 재무상태와 경영성과를 적정하게 나타낼 수 없게 된다.

즉, 발생기준은 현금의 유입 · 유출과 상관없이 재무상태와 경영성과에 영향을 미치는 경제적 활동이 발생한 시점을 기준으로 회계처리가 이루어지는 것을 말한다. 예를 들어, 외상으로 판매하였을 경우 현금의 유입에 상관없이 판매한 시점에 매출이라는 수익으로 기록한다거나 혹은 지급해야 할 이자를 지급하지 못하였을 경우 지급해야 할 의무가 발생한 시점을 기준으로 회계처리하거나 1년분의 임차료를 지급하였을 경우 기간경과에 따라서 비용으로 인식하는 등이 이에 속한다.

현행 회계제도는 발생기준에 의해서 재무상태와 경영성과에 관한 정보를 제공하고 있다. 현금주의에 비해서 발생주의는 회계처리를 매우 어렵게 하고 있다. 발생기준으로 인해서 수익에서의 실현주의(realization principle), 비용에서의 수익 · 비용대응원칙(matching principle) 등 여러 기준들이 만들어지고, 이에 따라 판단과 추정의 문제 등 여러 문제가 발생하게 된다. 그렇다면 왜 이처럼 까다로운 발생기준을 채택하는지를 생각해 보자. 회계의 목적이 의사결정에 유용한 정보를 제공하기 위함이라는 것을 앞에서 언급하였다. 따라서 발생기준으로 인한 회계정보가 의사결정에 유용하기 때문이라는 이유가 자연스럽게 도출될 수 있을 것이다. 이는 많은 학자들이 연구를 통해서 밝히고 있는 사실이지만, 발생주의로 인한 재무제표가 완벽할 수는 없으므로 현금의 중요성과 의사결정에 좀 더 유용한 정보를 제공하기 위해서 발생기준으로 인한 회계정보를 보완할 목적으로 현금주의에 의한 현금흐름표가 작성되고 있다.

## 제2절 재무제표

### 1. 재무보고와 재무제표

기업은 다양한 이해관계자들과 지속적인 관련을 맺고 있음을 앞에서 서술하였다. 투자자들은 투자의사결정의 타당성 즉, 기업의 지속적인 이익창출 여부에 관심이 있을 것이고, 은행을 비롯한 채권자들은 대출의사결정에 대한 원리금의 상환여부에 관심이 있을 것이며, 정부는 세원포착과 세금의 안정적 확보에, 원재료 공급자는 안전한 대금의 회수 등 이해관계자들은 저마다 다른 의사결정과 관심사항을 가지고 있다. 이러한 의사결정에는 반드시 기업의 과거와 현재에 대한 광범위한 정보를 필요로 하게 되며, 기업이 속한 업종의 시장상황, 국내·외의 경제상황, 최고경영자의 자질, 업종의 성장가능성, 과거의 이익추세, 현금보유액 등 많은 정보를 바탕으로 해서 의사결정을 내리게 된다. 이러한 정보들 중 의사결정에 직접적인 영향을 미칠 수 있는 정보는 기업의 자금에 관한 정보, 즉 재무정보(financial information)이다. 이해관계자들의 의사결정은 대부분 직·간접적으로 돈과 관련이 있게 되며 돈과 관련된 정보를 필요로 하게 된다.

기업의 입장에서 보면 기업은 이해관계자들의 의사결정에 크게 영향을 받게 된다. 즉, 외부 이해관계자들의 의사결정은 기업의 존속에 영향을 미치게 되므로 스스로 사업을 건전하게 유지하고 있음을 나타낼 필요성이 존재하게 되며, 이러한 이유로 기업에서는 외부 이해관계자들의 의사결정을 돕기 위해 돈과 관련된 정보 즉, 재무정보를 제공할 유인이 발생하게 되는데, 이를 재무보고(financial reporting)라고 한다.

이에 따라 재무보고를 위한 도구, 즉 수단을 필요로 하게 되는데, 보고수단으로 기업의 시장상황에 대한 전망, 뉴스보도, 투자설명회 등 다양한 매체와 방법이 동원될 수 있다. 이 중 가장 대표적으로 사용되는 것이 기업의 경영활동을 일반적으로 인정된 회계원칙에 따라 간결하게 축약하여 표시한 재무제표(financial statements)이다.

재무제표에는 어떤 유형의 재무정보를 제공하느냐에 따라서 그 종류가 결정되는데, 현재 우리나라에서 채택한 "한국채택국제회계기준"에서는 재무제표를 재무상태표, 포괄손익계산서, 자본변동표, 현금흐름표와 이를 작성하는데 기준이 되는 중요한 회계정책의 요약 및 그 밖의 설명 등 재무제표를 설명하기 위한 도구인 주석을 포함하여 규정하고 있다. 재무상태표는 기업의 자금 조달(부채와 자본)과 운용(자산)에 관한 정보를 제공하며, 포괄손익계산서는 이익의 창출에 관한 정보를, 자본변동표는 기업의 소유를 나타내는 자본의 변동에 관한 정보를, 현금흐름표는 일정기간 동안 기업에서 나타난 현금의 유입과 유출에 관한 정보를 나타내게 된다. 다음에서 각 재무제표가 어떠한 구조와 정보를 가지고 있는지를 살펴보자.

## 2. 재무상태표

재무상태표(statement of financial position)는 일정시점에 기업이 보유하고 있는 자산, 부채, 자본의 상태를 나타내기 위해 작성되는 재무제표이다. 재무상태표는 자금의 조달과 운용을 나타내게 되는데, 부채는 외부로부터의 자금 유입이고, 자본은 주주들로부터의 자금 조달이며, 자산은 조달된 자금을 어떻게 운용하고 있는지를 나타내게 된다. 이러한 재무상태는 시시각각 변하게 되므로, 재무상태표는 반드시 일정시점에서 기록, 작성하도록 하고 있다.

### (1) 자산, 부채, 자본

#### 1) 자산

자산(assets)은 과거 거래나 사건의 결과로서 현재 기업실체에 의해 지배되고 있으며, 미래에 경제적 효익을 창출할 수 있을 것으로 기대되는 자원으로 정의된다. 즉, 자산은 현재 기업이 통제하고 있는 경제적 자원으로서 기업의 미래 수익창출 활동에 공헌할 수 있는 잠재능력을 보유하고 있는 자원을 화폐로 측정하여 나타낸 것이다.

자산에 내재된 미래 경제적 효익이란 직접 혹은 간접적으로 기업이 미래 현금 및 현금성자산으로 전환시킬 수 있는 능력을 말한다. 이 능력은 재화나 용역의 생산에 투입됨으로써, 다른 자산과 교환됨으로써 혹은 부채를 상환하는 데 사용됨으로써 다양한 형태로 기업에 공헌하게 된다. 이러한 자산은 여러 가지 형태로 존재할 수 있다. 토지, 건물, 기계와 같이 쉽게 식별할 수 있는 물리적 형체가 있거나 혹은 외상으로 상품을 판매함으로써 미래 현금을 받을 수 있는 권리가 발생하거나 미래에 제공받을 효익에 대한 대가를 미리 지급한 선급비용과 같이 미래 효익에 대한 권리를 나타내는 자산도 있다.

재무상태표에 표시되는 자산에는 매우 많은 항목들이 있으므로 이를 배열하는데 기준이 필요하다. 1년을 기준으로 현금화가 가능한 자산을 먼저 배열하고, 1년 이후에나 현금화가 가능한 자산을 배열하게 된다. 따라서, 현금, 매출채권, 소모품과 같이 1년 이내의 기간에 현금화될 자산(유동자산)을 먼저 배열한 다음에 비유동자산을 배열하는데, 여기에는 투자부동산, 장기대여금 등 장기투자목적으로 보유하는 자산(투자자산)과 토지, 건물, 기계 등과 같이 단기간에 현금화되지 아니하는 것으로 물리적 형태가 있는 자산(유형자산) 및 영업권, 특허권 등 장기간 수익창출 활동에 공헌하면서 물리적 형체가 없는 자산(무형자산) 등의 순으로 나열한다. 이러한 배열법을 유동성배열법이라고 한다.

#### 2) 부채

부채(liabilities)는 과거 거래나 사건의 결과로 기업실체가 현재 부담하고 있으며, 의무이행에 미래 자원의 유출 또는 사용이 예상되는 의무이다. 즉, 부채는 기업이 미래의 특정 시점에 다른 실체에게 현금을 지급하거나 재화나 용역을 제공해야 할 의무를 나타내며, 그 이행방법으로 미래에 현금으로 지급하거나, 현금 이외의 다른 자산으로 대체시키거나, 용역을 제공하거나 다른 의무를 대체시키는 등 다양한 방법이 존재한다.

기업이 일반적인 상거래의 목적으로 재화나 용역을 외상으로 매입하여 발생하는 매입채무, 기타의 거래에서 발생하는 채무인 미지급금, 다른 사람이나 금융기관으로부터 현금을 빌릴 경우 발생하는 차입금에 대한 이행은 현금의 지급으로 나타나며, 재화와 용역을 제공해 주기로 하고 계약금을 받은 경우에는 재화와 용역의 제공으로 의무를 이행하게 된다.

부채에는 다양한 항목이 있으므로 이를 나타내기 위한 기준이 필요한데 자산과 마찬가지로 유동성배열법을 사용하게 된다. 즉, 1년 이내의 기간에 상환해야 할 의무를 나타내는 유동부채(매입채무, 미지급금, 단기차입금, 미지급비용 등)를 먼저 나열하고, 다음에 1년 이후에 상환하기로 예정되어 있는 비유동부채(사채, 장기차입금, 퇴직급여부채 등)를 나중에 표시한다.

### 3) 자본

자본(capital, owner's equity)은 기업의 자산에서 모든 부채를 차감한 후에 남는 금액으로 정의한다. 이를 순자산(net worth)이라고도 부르는데, 이는 총자산으로부터 부채를 차감한 잔액이라는 의미이다. 또한 자본을 잔여지분(residual equity)이라고도 부르는 이유는 자산에 대한 우선적 청구권을 가진 채권자지분을 차감한 후에 남는 잔여금액이라는 데 있다. 재무상태표에 자본을 표시하는 방법은 기업의 출자형태에 따라 조금씩 차이가 있을 수 있으나 자본주의 경제체제에서 대표적인 기업형태라 할 수 있는 주식회사(corporation)[3]의 경우, 주식을 발행하여 자본을 조달하게 되는데, 이를 자본금이라 한다. 자본금은 액면가액과 발행주식수의 곱으로 결정되지만, 주식의 발행시에 액면가액으로 발행되는 경우는 거의 없고 대부분 액면가 이상으로 발행가액이 결정된다. 그러한 경우, 주식회사에서는 주식을 발행함으로써도 잉여금이 발생하게 되는데 이를 분리하여 나타낼 필요가 있다. 왜냐하면 기업의 정상적인 영업활동으로 인한 잉여금이 아니라 자본거래에서 발생한 잉여금이므로 자본금과는 분리하여 자본잉여금으로 나타낸다. 즉, 발행시에 액면가액 이상의 금액으로 발행이 되었다면, 그 이상의 금액은 자본잉여금으로 분리하고 자본금과 자본잉여금을 합해서 납입자본으로 나타낸다. 기업에서는 납입자본을 이용하여 영업활동을 하게 되고, 영업활동을 통해 이익을 창출하게 되는데 이를 이익잉여금으로 표시하게 된다. 즉, 이익잉여금이란 영업활동으로부터 발생한 이익 중에서 소유주에게 지급한 배당금을 제외하고 기업 내부에 누적된 유보이익을 나타낸다. 즉, 자본은 납입자본과 이익잉여금으로 구성된다고 볼 수 있다.

---

3) 주식회사의 경우 자금조달이 유리하고, 주주는 투자한 금액 내에서만 책임을 지며, 소유주식의 양도 및 양수가 자유롭다. 이러한 자금조달의 용이성과 유한책임, 소유권의 자유로운 양수 및 양도의 장점 때문에 주식회사는 현대사회에서 가장 일반적인 형태의 기업이다.

## (2) 재무상태표의 구조와 주요항목

재무상태표(statement of financial position)는 일정시점 현재 기업의 영업활동에 투자되어 있는 경제적 자원인 자산과 이러한 투자를 위해 조달된 자금의 원천을 부채와 자본으로 표시하여 재무상태를 나타내는 보고서이다. 재무상태표는 기업의 특정시점 재무상태를 알려주는 보고서이므로 특정시점을 나타내는 일자가 항상 붙어 다닌다. 〈표 2-1〉은 재무상태표의 구조를 나타내고 있다.

**〈표 2-1〉 재무상태표의 구조**

재무상태표

주식회사○○○ 20x1년 12월31일 현재 (단위:원)

<table>
<tr><th colspan="3">자산</th><th colspan="3">부채와 자본</th></tr>
<tr><td rowspan="2">유동자산</td><td>당좌자산</td><td>즉시 현금화가 가능한 자산</td><td rowspan="2">부채</td><td>유동부채</td><td>1년 이내 상환해야 하는 채무</td></tr>
<tr><td>재고자산</td><td>제조와 판매를 통해 1년 이내 현금화가 가능한 자산</td><td>비유동부채</td><td>1년 이후 상환하는 채무</td></tr>
<tr><td rowspan="4">비유동자산</td><td>투자자산</td><td>유휴자금을 장기간 투자할 목적으로 취득한 자산</td><td rowspan="4">자본</td><td>자본금</td><td>발행주식수×액면금액으로 표시되는 금액</td></tr>
<tr><td>유형자산</td><td>장기간 영업에 사용할 목적으로 보유하는 구체적인 형체를 가진 자산</td><td>자본잉여금</td><td>자본거래에서 발생한 잉여금</td></tr>
<tr><td>무형자산</td><td>형체를 가지고 있지 않으나 기업의 이익창출에 기여하는 자산</td><td>자본조정</td><td>자본을 조정하기 위한 항목</td></tr>
<tr><td>기타비유동자산</td><td>어디에도 속하지 않으나 자산성을 가진 자산</td><td>이익잉여금</td><td>기업의 영업활동에서 발생한 이익 중 사내에 유보된 부분</td></tr>
</table>

자금의 운용 = 자금의 조달

재무상태표의 구조에서 알 수 있듯이 타인자본(부채)과 자기자본(자본)을 통해서 조달된 자금은 기업의 목적을 달성하기 위해 다양하게 사용된다. 일부는 현금으로 보유하기도 하고 장기적인 투자를 하기도 하는 등 다양하게 사용된다. 여기서 중요한 것은 조달된 금액과 자금의 운용금액은 반드시 일치되어야 한다는 것이다. 조달된 자금이상으로 자금이 운용되거나 사용될 수는 없기 때문이다. 이 식을 재무상태표 등식 또는 회계등식이라 하고, 다음과 같이 표현할 수 있다.

**재무상태표 등식 : 자산 = 부채 + 자본**
**(회계등식)**

경영활동을 통하여 수시로 자산, 부채, 자본에 변화가 발생하지만 회계등식은 항상 성립한다. 예를 들어 설명해 보자.

1월 1일, ㈜미래는 은행에서 1년 간 차입한 50만원과 주주가 출자한 현금 50만원을 합한 100만원으로 컴퓨터 1대를 30만원에 구입해서 사업을 시작했다고 하자. 은행에서 차입한 현금은 단기차입금으로 유동부채에 속하고, 주주가 투자한 현금은 자본의 한 구성항목인 '자본금', 구입한 컴퓨터는 형체가 있는 자산이므로 유형자산으로 표시하고, 나머지 현금보유 금액은 현금으로 표시한다. 사업시작일의 재무상태표를 작성하면 다음과 같다.

재무상태표

㈜미래 20x1년 1월 1일 현재 (단위:원)

| 자산 | | 금액 | 부채 및 자본 | | 금액 |
|---|---|---|---|---|---|
| 자산 : | 현 금 | 70만원 | 부채 : | 차 입 금 | 50만원 |
| | 유형자산 | 30만원 | 자본 : | 자 본 금 | 50만원 |
| | 합 계 | 100만원 | | 합 계 | 100만원 |

㈜미래가 1월 15일에 판매를 위하여 현금 50만원으로 상품을 매입하였다면 1월 15일의 재무상태표는 다음과 같이 표시된다. 즉, 현금으로 상품을 구입하였으므로 현금은 20만원이 되고, 판매를 목적으로 구입한 상품은 재고자산이 되어 50만원으로 표시되며, 부채와 자본에는 변동이 없다.

재무상태표

㈜미래 20x1년 1월 15일 현재 (단위:원)

| 자산 | | 금액 | 부채 및 자본 | | 금액 |
|---|---|---|---|---|---|
| 자산 : | 현 금 | 20만원 | 부채 : | 차 입 금 | 50만원 |
| | 재고자산 | 50만원 | | | |
| | 유형자산 | 30만원 | 자본 : | 자 본 금 | 50만원 |
| | 합 계 | 100만원 | | 합 계 | 100만원 |

㈜미래가 1월 31일에 재고자산 50만원 중 30만원을 현금 50만원에 판매하였다면 20만원의 이익이 발생하게 되어 1월 31일 시점의 재무상태표는 다음과 같이 표시된다. 즉, 자산의 현금이 70만원으로 증가하고, 재고자산은 20만원으로 감소하며, 판매가 50만원과 재고자산원가 30만원의 차이인 20만원은 영업활동을 통해서 벌어들인 이익이 되므로 자본에서 이익잉여금으로 표시된다.

재무상태표

| ㈜미래 | 20x1년 1월 31일 현재 | | (단위:원) |
|---|---|---|---|
| 자산 : 현 금 | 70만원 | 부채 : 차 입 금 | 50만원 |
| 재고자산 | 20만원 | 자본 : 자 본 금 | 50만원 |
| 유형자산 | 30만원 | 이익잉여금 | 20만원 |
| 합 계 | 120만원 | 합 계 | 120만원 |

간략하게 예를 들어서 설명하였지만 일반적인 거래는 매우 다양하고 복잡하게 나타난다. 하지만 어떠한 경우에라도 차변과 대변이 항상 일치하게 되어 자산=부채+자본의 등식은 항상 성립한다.

재무상태표를 보고하는 방식으로는 계정식과 보고식이 있다. 계정식은 지면을 T자 형태로 나누어 왼쪽에는 자산을, 오른쪽에는 부채와 자본을 열거하는 방식이고, 보고식은 기업의 자산, 부채, 자본을 위에서 아래로 순차적으로 나열하는 방식이다.

### (3) 자산의 의의 및 주요 항목

자산은 '과거 거래나 사건의 결과로서 현재 기업실체에 의해 지배되고 미래에 경제적 효익을 창출할 것으로 기대되는 자원'으로 가치가 있는 물건 또는 권리를 말한다. 자산에는 여러 가지 종류가 있으나 여기에서는 일반적으로 많이 사용되는 자산의 항목을 간략히 설명한다.

#### 1) 현금 및 현금성자산

현금은 통용되는 지폐, 주화와 더불어 현금과 동일하게 사용될 수 있도록 인정된 통화대용증권(자기앞수표, 당좌수표 등) 등을 말한다.

#### 2) 매출채권

기업이 주된 영업활동(main business)의 일환으로 상품이나 서비스를 외상으로 판매하고 그 대금을 받을 수 있는 권리로서, 외상매출금과 받을어음을 합해서 지칭한다.

#### 3) 대여금

다른 실체에 현금을 빌려 주고 미래에 현금으로 받을 수 있는 권리를 나타낸다. 1년 이내에 돌려받을 것으로 예상되면 '단기대여금'으로, 1년 이후에 돌려받을 것으로 예상되면 '장기대여금'으로 분류한다.

#### 4) 금융자산

여유자금을 활용하기 위해서 투자한 다른 회사의 주식, 사채 등의 유가증권과 금융기관에서 취급하는 정기예금, 정기적금, 양도성예금증서(CD) 등을 투자를 목적으로 매입하였을 경우 이를 통칭하여 금융자산이라고 한다.

#### 5) 재고자산

기업의 주된 영업활동(main business)에서 판매를 위하여 보유하고 있는 상품, 제품과 제품의 생산에 사용되는 원재료, 저장품 등을 재고자산이라고 한다.

#### 6) 유형자산

영업활동을 위하여 사용할 목적으로 보유하고 있는 물리적 실체가 있는 자산을 말한다. 여기에는 건물, 토지, 비품, 차량운반구, 기계장치 등 다양한 항목들이 있다.

### (4) 부채의 의의 및 주요 항목

부채는 '과거의 거래나 사건의 결과로 현재 기업실체가 부담하고 있고 미래에 자원의 유출(또는 사용)이 예상되는 의무'로써 현금으로 갚거나, 상품을 인도하거나, 용역을 제공해 주어야 할 의무, 즉 빚을 말한다.

#### 1) 매입채무

기업의 주된 영업활동(main business)의 일환으로 판매를 목적으로 재고자산을 외상으로 매입함으로써 나중에 갚아야 할 의무가 발생하는데, 이를 매입채무라고 한다. 매입채무는 외상매입금과 지급어음을 포함한다.

#### 2) 금융부채

거래상대방에게 현금 및 현금성자산이나 금융자산을 인도해 주어야 하는 계약상의 의무를 말하며, 여기에는 차입금과 사채 등이 포함된다. 차입금은 타인으로부터 빌린 금액을 말하며, 나중에 현금으로 갚아주어야 할 의무를 나타낸다. 상환기간의 장단에 따라 '단기차입금'과 '장기차입금'으로 각각 구분한다.

#### 3) 미지급금

재고자산 이외의 자산을 구입하고 그 대금을 지불하지 않았을 경우 발생한다. 즉, 건물이나 기계장치 등을 외상으로 구입했을 경우 발생하며, 미래에 갚아야 할 의무를 나타낸다.

### (5) 자본의 의의 및 주요 항목

자본(owner's equity, capital)이란 주주가 출자한 금액과 영업활동을 통해 벌어들인 순이익을 합한 순수한 자기 몫을 말한다. 결국 기업의 주인인 주주가 자신이 출자한 기업에 대한 '몫'을 나타내고, 총자산에서 총부채를 차감하고 남은 기업에 대한 잔여청구권으로, 소유자 지분을 의미하므로 다음과 같이 나타낼 수 있다.

**자본등식 : 자본 = 자산 – 부채**

주식회사의 자본계정은 주식발행을 통한 납입자본(자본금과 자본잉여금)과 영업활동을 통해 창출된 이익 중 기업 내에 유보된 이익(이익잉여금), 그리고 자본조정 및 기타포괄손익누계액으로 구성된다.

발행주식에는 보통주(common stock)와 우선주(preferred stock)의 두 가지 형태가 있다. 보통주 주주에게는 주주로서의 의결권이 부여되지만, 우선주 주주의 경우에는 의결권이 없는 반면, 배당금을 우선적으로 받을 수 있는 권리와 회사 청산시 잔여재산분배에 우선적으로 참여할 수 있는 권리가 주어지게 된다.

**〈표 2-2〉 자본의 구성**

| | | |
|---|---|---|
| 자본 | 자본금 | 보통주자본금 : 보통주 발행주식수×보통주 액면금액 |
| | | 우선주자본금 : 우선주 발행주식수×우선주 액면금액 |
| | 자본잉여금 | 자본납입, 증자와 감자 등 자본거래로부터 발생한 잉여금<br>(주식발행초과금, 감자차익, 자기주식처분이익 등) |
| | 자본조정 | 자본거래에 해당하나 최종 납입된 자본으로 볼 수 없거나 자본의 가감 성격으로 자본금이나 자본잉여금으로 분류할 수 없는 항목<br>(자기주식, 주식할인발행차금, 감자차손, 자기주식처분손실 등) |
| | 기타포괄손익누계액 | 손익계산서에 보고되지 않는 손익항목<br>(유형자산재평가손익, 해외사업환산손익등) |
| | 이익잉여금 | 영업활동으로부터 발생한 이익의 사내유보 금액<br>(이익준비금, 재무구조개선적립금, 배당평균적립금 등) |

## 3. 포괄손익계산서

재무상태표가 일정한 시점을 기준으로 작성되는 정태적인 보고서라면 포괄손익계산서는 일정기간을 대상으로 작성되는 동태적인 보고서이다. 즉, 일정한 기간동안의 영업성과를 나타내기 위해 작성되므로 기업의 명칭, 대상이 되는 회계기간이 반드시 표시된다.

### (1) 포괄손익계산서의 구조

포괄손익계산서(income statement)는 일정기간 동안의 영업성과를 측정하는 보고서로서, 그 기간 동안의 수익과 비용으로 이익을 산출한다. 즉, 손익계산서는 기본적으로 「수익 - 비용 = 순이익」의 구조를 가지고 있으며, 이러한 수익과 비용의 특성에 따라 여러 단계로 나누어 표시하는 다단계손익계산서로 작성된다.

매출액에서 매출원가를 차감하면 매출총이익이 되고, 여기에서 판매비와관리비를 차감하면 영업손익이 산출되는데, 이 영업손익은 주된 활동인 영업활동에서의 성과를 나타낸다. 기업은 크게 제조부문, 판매부문, 관리부문으로 나눌 수 있다. 제조부문에서 제품 생산시 발생한 원가 또는 외부로부터 구입한 상품의 원가는 매출원가, 판매부문과 관리부문에서 발생한 비용은 판매비와 관리비로 분류한다. 즉, 원가를 기능별로 나누어 작성하는 보고서이다.

영업손익에서 영업외수익(이자수익 등)을 더하고 영업외비용(이자비용 등)을 차감하면 법인세비용차감전계속사업손익이 된다. 영업외수익과 영업외비용은 기업의 주된 활동은 아니지만 정상적인 활동으로 볼 수 있으므로 계속사업손익에 포함된다. 법인세비용차감전계속사업손익에서 계속사업손익법인세비용을 차감하면, 계속사업손익이 산출된다. 이 계속사업손익은 기업의 정상적인 사업의 결과로 나타난 성과를 의미한다.

기업에서는 중간에 일부 영업을 중단하는 경우가 있는데, 이처럼 중단된 영업부문에서 발생한 손익이 중단사업손익으로, 이 금액은 법인세 등을 차감한 순액으로 표시한다. 계속사업손익에서 중단사업손익을 가감하면 기업의 최종적 성과인 당기순이익이 산출된다. 마지막으로 주당순이익은 당기순이익을 유통보통주식수로 나누어 산출한다. 손익계산서의 기본구조를 나타내면 다음과 같다.

〈표 2-3〉 포괄손익계산서의 기본구조

포괄손익계산서

주식회사○○○ 20x1년 1월 1일~20x1년 12월31일 (단위:원)

|  | |  |  | |  |
|---|---|---|---|---|---|
| 계속사업활동 | 영업활동 | 매 출 | ① | → | 상품·제품·서비스를 고객에게 제공하여 발생한 수익 |
| | | (-) 매출원가 | ② | → | 매출에 대응하는 제조원가 또는 매입원가 |
| | | 매출총손익 | ③ | → | ③=①-② |
| | | (-) 판매비와관리비 | ④ | → | 판매 및 일반관리에 소요되는 비용으로 매출원가에 속하지 않는 것 |
| | | 영업손익 | ⑤ | → | ⑤=③-④ |
| | 영업외활동 | (+) 영업외수익 | ⑥ | → | 영업활동 이외의 부수적 활동에서 반복적으로 발생하는 수익 |
| | | (-) 영업외비용 | ⑦ | → | 영업활동 이외의 부수적 활동에서 반복적으로 발생하는 비용 |
| | | 법인세비용차감전계속사업손익 | ⑧ | → | ⑧=⑤+⑥-⑦ |
| | | (-) 계속사업손익법인세비용 | ⑨ | → | 법인의 계속사업소득에 대한 세금으로, 법인세와 주민세를 포함 |
| | | 계속사업손익 | ⑩ | → | ⑩=⑧-⑨ |
| 중단활동 | | (±) 중단사업손익 | ⑪ | → | 중단된 영업부문에서 발생한 손익으로 법인세 등을 차감한 금액 |
| | | 당기순이익 | ⑫ | → | ⑫=⑩-⑪ |
| | | 주당순이익 | ⑬ | → | 당기순이익/유통보통주식수 |

## (2) 포괄손익계산서의 주요항목

### 1) 수익

수익(revenues)은 재화를 판매하거나 고객 또는 의뢰인을 위해 용역을 제공한 대가로 발생하는 경제적 효익의 유입이다. 기업이 획득하는 수익은 주된 영업활동으로 재화 또는 용역의 판매 및 공급으로부터 얻어지는 매출수익, 용역수익, 수수료수익, 임대료수익 등이 포함되며, 이자수익 등 영업외수익으로부터 얻어지는 항목들도 포함한다. 수익의 발생은 현금계정이나 매출채권계정의 증가를 수반하게 되고 궁극적으로는 자본의 증가를 가져오게 된다.

### 2) 비용

비용(expenses, costs)은 기업이 수익을 창출하기 위해서 희생된 경제적 효익의 유출로, 수익을 창출시키기 위해서 발생한다. 비용에는 매출원가, 판매비와관리비, 영업외비용, 법인세비용 등이 있다.

### 3) 순이익(순손실)

순이익(net income)은 이익(profit 또는 earning)이라고도 부르며, 특정 기간 동안의 총수익이 총비용을 초과하는 금액을 말한다. 순손실은 이와는 반대로 총비용이 총수익을 초과하는 금액을 말한다.

## 4. 자본변동표

자본은 유·무상증자와 감자 등의 자본거래와 영업활동의 결과에 따라 발생하는 당기순손익으로 인하여 변화하게 된다. 자본변동표는 자본의 변동에 관한 정보를 나타내기 위해서 작성된다. 재무상태표는 자산과 부채, 자본의 내역을 표시하고 있는데 이 중 자본을 따로 분리하여 일정기간 동안의 변동내용을 상세히 보여주는 보고서를 자본변동표(statement of changes in equity)라고 한다.

기업이 최초로 설립되어 주식을 발행하면 주주들이 발행가액에 해당하는 현금 등을 납입하게 되는데 이때 주식의 액면금액에 해당하는 금액은 자본금으로, 액면금액을 초과하는 금액은 자본잉여금으로 분류된다. 이후 유·무상증자, 감자 등을 통하여 자본금과 자본잉여금이 변화하게 된다. 그리고 영업활동의 결과로 인하여 발생하는 순이익은 이익잉여금을 증가시키며, 배당금을 지급하면 이익잉여금이 그만큼 감소하게 된다. 이와 같은 자본금, 자본잉여금 및 이익잉여금 등 자본의 변동내역을 표시한 보고서를 자본변동표라 한다.

**〈표 2-4〉 자본변동표의 기본구조**

자본변동표

주식회사○ ○ ○ 20x1년 1월 1일~20x1년 12월31일 (단위:원)

| 구 분 | 자 본 금 | 자본잉여금 | 자본조정 | 기타포괄손익누계액 | 이익잉여금 | 총계 |
|---|---|---|---|---|---|---|
| 20x1. 1. 1(보고금액) | x x x | x x x | x x x | x x x | x x x | x x x |
| 중간배당 | | | | | (x x x) | (x x x) |
| 유상증자 | x x x | x x x | | | | x x x |
| 당기순이익 | | | | | x x x | x x x |
| 자기주식취득 | | | (x x x) | | | (x x x) |
| 해외사업환산손실 | | | | (x x x) | | (x x x) |
| 20x1. 12. 31(보고금액) | x x x | x x x | x x x | x x x | x x x | x x x |

## 5. 현금흐름표

현금흐름표(cash flow statement)는 일정기간 동안 기업의 현금흐름 변동내용을 표시하는 재무보고서이다. 현금흐름표에서는 현금에 영향을 미치는 활동을 크게 영업활동, 투자활동 및 재무활동으로 구분한다. 영업활동은 재화의 판매 또는 용역을 제공함에 따라 발생하는 수익의 창출활동을 말하고, 투자활동은 영업활동을 가능하게 하기 위하여 필요한 자산을 취득하거나 처분하는 활동을, 재무활동은 투자자나 채권자로부터 자금을 조달 또는 상환하는 활동을 포함한다.

**〈표 2-5〉 현금흐름표의 기본구조**

현금흐름표

| 주식회사○○○ | 20x1년 1월 1일~20x1년 12월31일 | (단위:원) |
| --- | --- | --- |
| **영업활동 현금흐름** | | |
| 고객으로부터의 현금유입 | x x x | |
| 공급자에 대한 현금유출 | (x x x) | x x x |
| **투자활동 현금흐름** | | |
| 대여금의 회수 | x x x | |
| 유형(무형)자산의 취득 | (x x x) | x x x |
| **재무활동 현금흐름** | | |
| 사채의 발행 | x x x | |
| 장기차입금의 상환 | (x x x) | x x x |
| **현금의 증가** | | x x x |
| **기초의 현금** | | x x x |
| **기말의 현금** | | x x x |

## 연습문제

**01 다음 중 회계상의 거래가 아닌 것은?**

① 거래처와 상품매매계약을 체결하다.
② 종업원에게 급여를 지급하다.
③ 주식을 발행하다.
④ 거래처의 파산으로 외상매출금의 회수가 불가능하게 되다.

**02 다음 중 하나의 거래에서 동시에 나타날 수 없는 것은?**

① 자산의 증가와 부채의 증가
② 비용의 발생과 부채의 증가
③ 수익의 발생과 부채의 감소
④ 자산의 감소와 자본의 증가

**03 거래의 결과 자산이 감소하였다. 다음 중 이 거래와 동시에 발생할 수 있는 거래는?**

① 부채계정이 동일한 금액만큼 증가한다.
② 다른 자산계정이 동일한 금액만큼 증가한다.
③ 자본이 동일한 금액만큼 증가한다.
④ 수익이 동일한 금액만큼 발생한다.

**04 비용의 발생이 재무제표 구성요소에 미치는 영향으로 적절한 것은?**

① 자산의 증가
② 부채의 증가
③ 자본의 증가
④ 수익의 발생

**05 다음 중 수익이나 비용이 발생하는 손익거래로 볼 수 없는 것은 어느 것인가?**

① 고객에게 현금을 받고 상품을 판매하다.
② 종업원에게 급여를 지급하다.
③ 대금을 선불한 거래처에 상품을 발송하다.
④ 은행으로부터 설비구입자금을 차입하다.

## 06 다음 중 재무상태표 구성항목에만 영향을 미치는 교환거래가 아닌 것은?

① 건물사용에 대한 대금을 지급하다.
② 비품을 현금으로 구입하다.
③ 주주들에게 배당금을 지급하다.
④ 영업용 차량을 외상으로 구입하다.

## 07 다음 거래 중 자본의 변동과 관련이 없는 것은?

① 주식의 발행
② 당기순손익 발생
③ 토지의 취득
④ 배당금 지급

## 08 회계등식을 통해 계산이 가능한 항목으로 옳지 않은 것은?

① 자산 - 부채 = 자본
② 자산 - 자본 = 부채
③ 부채 - 자산 = 자본
④ 부채 + 자본 = 자산

## 09 다음 설명 중 옳지 않은 것은?

① 차변에 자산증가
② 차변에 자본감소
③ 대변에 부채증가
④ 대변에 비용발생

## 10 다음 거래의 결합관계 중 옳은 것은?

① (차변) 자산의 감소 (대변) 자산의 증가
② (차변) 자본의 감소 (대변) 자산의 증가
③ (차변) 부채의 증가 (대변) 자본의 증가
④ (차변) 자산의 증가 (대변) 자본의 증가

## 11 차변금액의 합계와 대변금액의 합계가 일치하는 것을 무엇이라고 하는가?

① 계정기입의 법칙
② 거래요소의 결합관계
③ 대차평균의 원리
④ 거래의 이중성

**12** ㈜미래의 기초자산은 ₩5,000,000이었으며, 기말자산은 ₩2,000,000이 증가하였다. 기말부채는 ₩3,250,000이고, 총수익 ₩3,120,000, 총비용 ₩2,500,000이었다. ㈜미래의 기초자본은 얼마인가?

① ₩3,130,000
② ₩3,000,000
③ ₩2,000,000
④ ₩3,870,000

**13** K-IFRS에서 규정하고 있는 기본재무제표가 아닌 것은?

① 재무상태표
② 포괄손익계산서
③ 이익잉여금처분계산서
④ 현금흐름표

**14** 다음 중 재무제표에 관한 내용으로 옳지 않은 것은?

① 재무제표는 기업에 관한 내용 중 화폐단위로 측정할 수 있는 항목만을 나타낸다.
② 재무제표는 일반적으로 인정된 회계원칙에 의해 작성된다.
③ 재무제표는 주로 과거의 거래나 사건에 관한 정보를 객관적으로 측정하여 제공한다.
④ 재무제표는 현금주의에 따라 모두 일정한 기간 동안 측정된 정보만을 제공한다.

**15** 재무상태표에 관한 다음의 설명 중 옳지 않은 것은?

① 재무상태표는 일정한 기간의 경영성과에 관한 정보를 제공하는 재무보고서이다.
② 재무상태표는 자산과, 부채, 자본으로 구분하여 보고한다.
③ 재무상태표는 기업의 유동성이나 재무구조를 파악하는 데 유용한 정보를 제공한다.
④ 재무상태표는 일정한 시점의 재무상태에 관한 정보를 제공하는 재무보고서이다.

**16** 다음은 재무상태표의 구성항목이다. 분류가 다른 항목은 어느 것인가?

① 매출채권
② 선급금
③ 미수수익
④ 선수수익

## 17 포괄손익계산서에 관한 다음의 설명 중 옳지 않은 것은?

① 포괄손익계산서는 일정한 기간의 경영성과에 관한 정보를 제공하는 재무보고서이다.
② 포괄손익계산서에 보고되는 당기순이익은 발생주의에 의해 작성되는데 이는 현금주의에 의해 작성되는 금액보다 항상 낮게 보고된다.
③ 포괄손익계산서는 성격별 또는 기능별로 구분하여 작성한다.
④ 포괄손익계산서에 보고되는 비용은 수익·비용 대응의 원칙에 따라 보고된다.

## 18 다음 중 포괄손익계산서에 보고될 수 없는 항목은 어느 것인가?

① 감가상각비
② 미지급비용
③ 매출원가
④ 보험료

## 19 다음 중 발생주의에 따라 작성되는 재무제표가 아닌 것은?

① 포괄손익계산서
② 자본변동표
③ 현금흐름표
④ 재무상태표

# 기출문제

**01** **다음은 도소매업을 영위하는 ㈜한공의 2025년도 기말 재무제표 계정과목과 금액의 일부이다. 이 자료를 토대로 손익계산서상 영업이익을 계산하면 얼마인가?** (FAT1급 82회, 2025)

| | | | |
|---|---|---|---|
| •매 출 액 | 2,000,000원 | •퇴직급여 | 90,000원 |
| •기초상품재고액 | 800,000원 | •이자비용 | 30,000원 |
| •세금과공과 | 40,000원 | •당기상품매입액 | 500,000원 |
| •기 부 금 | 100,000원 | •기말상품재고액 | 250,000원 |

① 690,000원　　② 790,000원
③ 820,000원　　④ 1,050,000원

**02** **다음 중 ㈜한공의 재무상태표에 대한 설명으로 옳지 않은 것은?** (FAT1급 82회, 2025)

재무상태표

㈜한공　　20x1년 1월 31일 현재　　(단위:원)

| | | | |
|---|---|---|---|
| 현금및현금성자산 | 500,000 | 매입채무 | 600,000 |
| 매출채권 | 900,000 | 임대보증금 | 1,000,000 |
| 상 품 | 400,000 | 퇴직급여충당부채 | 300,000 |
| 토 지 | 200,000 | 자 본 금 | 100,000 |
| 건 물 | 400,000 | 이익잉여금 | 400,000 |
| | 2,400,000 | 합 계 | 2,400,000 |

① 유동자산은 1,800,000원이다.　　② 유형자산은 600,000원이다.
③ 비유동부채는 1,600,000원이다.　　④ 자본은 500,000원이다.

**03** **다음 중 회계의 기본가정(전제조건)에 해당하지 않는 것은?** (FAT1급 81회, 2025)

① 발생주의 회계　　② 기간별 보고의 가정
③ 계속기업의 가정　　④ 기업실체의 가정

**04** **다음 중 도매업을 영위하는 기업의 손익계산서상 영업이익에 영향을 미치지 않는 계정과목은?** (FAT1급 81회, 2025)

① 영업부 업무용 컴퓨터의 감가상각비
② 상품매출에 대한 상품매출원가
③ 미수금에 대한 기타의 대손상각비
④ 거래처 직원 경조사비에 대한 기업업무추진비(접대비)

**05** **다음 중 재무제표에 대한 설명으로 옳지 않은 것은?** (FAT1급 81회, 2025)

① 재무상태표는 일정 시점 현재 기업실체가 보유하고 있는 경제적 자원인 자산과 경제적 의무인 부채, 그리고 자본에 대한 정보를 제공하는 재무보고서이다.
② 손익계산서는 일정 시점 현재 기업실체의 경영성과에 대한 정보를 제공하는 재무보고서이다.
③ 자본변동표는 기업실체에 대한 자본의 크기와 그 변동에 관한 정보를 제공하는 재무보고서이다.
④ 현금흐름표는 일정 기간 동안 기업실체에 대한 현금유입과 현금유출에 대한 정보를 제공하는 재무보고서이다.

**06** **다음 중 자본변동표에 대한 설명으로 옳은 것은?** (FAT1급 80회, 2025)

① 기업실체에 대한 자본의 크기와 그 변동에 관한 정보를 제공하는 재무보고서이다.
② 일정 시점 현재 기업실체가 보유하고 있는 경제적 자원인 자산과 경제적 의무인 부채, 그리고 자본에 대한 정보를 제공하는 재무보고서이다.
③ 일정 기간 동안 기업실체의 경영성과에 대한 정보를 제공하는 재무보고서이다.
④ 일정 기간 동안 기업실체에 대한 현금유입과 현금유출에 대한 정보를 제공하는 재무보고서이다.

**07** **2025년 1월 1일 1,500,000원을 출자하여 설립된 ㈜한공의 2025년 12월 31일 재무상태표의 자산·부채 계정과목은 다음과 같다. 2025년 당기순이익은 얼마인가?** (FAT1급 80회, 2025) **(단, 당기순이익 이외의 자본변동은 없었다.)**

| | | | | | |
|---|---|---|---|---|---|
| •현 금 | 500,000원 | •지급어음 | 200,000원 | •상 품 | 600,000원 |
| •외상매입금 | 300,000원 | •외상매출금 | 500,000원 | •기계장치 | 900,000원 |
| •임차보증금 | 200,000원 | •미지급금 | 420,000원 | | |

① 80,000원
② 280,000원
③ 330,000원
④ 420,000원

**08** **다음 중 소매업을 영위하는 ㈜한공의 영업손익에 영향을 미치는 거래만 고른 것은?** (FAT1급 80회, 2025)

가. 종업원 급여를 지급하다.
나. 불특정 다수인을 대상으로 제품 등 판매촉진홍보물 제작비를 지출하다.
다. 불우이웃돕기단체에 성금을 납부하다.
라. 차입금에 대한 이자를 지급하다.

① 가, 나
② 가, 라
③ 가, 나, 다
④ 가, 나, 라

**09** **다음은 도소매업을 영위하는 ㈜한공의 자료이다. 판매비와관리비의 합계액을 계산하면 얼마인가?** (FAT1급 79회, 2025)

| | | | |
|---|---|---|---|
| •도서인쇄비 | 5,000,000원 | •수 선 비 | 500,000원 |
| •교육훈련비 | 500,000원 | •대손상각비 | 400,000원 |
| •재고자산감모손실 | 1,000,000원 | •이자비용 | 1,000,000원 |

① 6,000,000원
② 6,400,000원
③ 6,500,000원
④ 7,400,000원

## 10 다음 중 영업외비용에 해당하는 것은? (FAT1급 79회, 2025)

① 주식할인발행차금 ② 기타의대손상각비
③ 경상개발비 ④ 교육훈련비

## 11 다음 중 도매업을 영위하는 ㈜한공의 손익계산서와 관련된 설명으로 옳지 않은 것은? (FAT1급 74회, 2024)

① 영업외수익은 배당금수익, 임대료, 접대비 등을 포함한다.
② 판매비와관리비는 상품 등의 판매활동과 기업의 관리활동에서 발생하는 비용으로서 복리후생비, 급여, 통신비 등을 포함한다.
③ 매출액은 총매출액에서 매출할인, 매출환입, 매출에누리를 차감한 금액으로 한다.
④ 상품매출원가는 '기초상품재고액+당기상품매입액-기말상품재고액'이다.

## 12 다음 중 손익계산서상 영업이익에 영향을 미치지 않는 계정과목은? (FAT1급 74회, 2024)

① 본사 건물의 감가상각비
② 영업팀에서 사용하는 업무용 핸드폰에 대한 통신비
③ 단기대여금의 기타의대손상각비
④ 본사 직원의 복리후생비

## 13 다음 중 재무제표의 작성과 표시에 대한 설명으로 옳지 않은 것은? (FAT1급 73회, 2024)

① 자산은 원칙적으로 1년을 기준으로 유동자산과 비유동자산으로 분류한다.
② 재무제표는 재무상태표, 손익계산서, 현금흐름표, 자본변동표로 구성되며 주석을 포함한다.
③ 손익계산서는 일정 시점의 재무상태에 대한 정보를 제공하는 재무보고서이다.
④ 일반적으로 인정되는 회계원칙에 따라 재무제표를 작성하면 회계정보의 기간별·기업간 비교가능성이 높아진다.

## 14 다음 중 손익계산서에 반영되어야 할 내용으로 옳은 것은? (FAT1급 73회, 2024)

① 재고자산을 매입하면서 발생하는 부대비용
② 특허권을 취득하기 위해 지급한 금액
③ 유형자산에 대한 감가상각비
④ 매도가능증권의 평가손익

## 15 다음 중 손익계산서에 대한 설명으로 옳지 않은 것은? (FAT1급 72회, 2024)

① 손익계산서는 재무상태를 나타낼 뿐 아니라 기업의 미래현금흐름과 수익창출능력 등의 예측에 유용한 정보를 제공한다.
② 수익과 비용은 그것이 발생한 기간에 정당하게 배분하도록 처리한다.
③ 손익계산서 등식은 '수익-비용=이익'이다.
④ 수익과 비용은 각각 총액으로 보고하는 것을 원칙으로 한다.

## 16 다음은 도소매업을 영위하는 ㈜한공의 손익계산서의 계산구조이다. ( 다 )에 적합한 것은? (FAT1급 71회, 2024)

| 매 출 액<br>- ( 가 ) |
|---|
| = ( 나 ) |
| - 판매비와관리비 |
| = ( 다 ) |
| + 영업외수익<br>- 영업외비용 |
| = ( 라 ) |
| - 법인세비용 |
| = 당기순이익 |

① 영업이익
② 매출총이익
③ 매출원가
④ 법인세비용차감전순이익

## 17 다음 중 재무상태표에 관한 설명으로 옳지 않은 것은? (FAT1급 71회, 2024)

① 유동자산 중 당좌자산에는 보통예금, 선급금, 미수금 등이 있다.
② 임대보증금은 비유동자산으로 구분한다.
③ 유형자산에는 토지, 건물, 건설중인자산 등이 있다.
④ 자본은 자본금, 자본잉여금, 자본조정, 기타포괄손익누계액 및 이익잉여금(또는 결손금)으로 구분한다.

## 18 다음 자료를 토대로 도소매업을 영위하는 ㈜한공의 판매비와관리비를 계산하면 얼마인가? (FAT1급 71회, 2024)

| | | | |
|---|---|---|---|
| •여비교통비 | 4,000,000원 | •복리후생비 | 500,000원 |
| •개 발 비 | 3,000,000원 | •단기매매증권평가손실 | 400,000원 |
| •감가상각비 | 550,000원 | •접 대 비 | 1,100,000원 |
| •기 부 금 | 1,000,000원 | •이자비용 | 1,500,000원 |

① 4,500,000원 ② 5,050,000원
③ 6,150,000원 ④ 7,150,000원

## 19 다음 중 손익계산서에 대한 설명으로 옳지 않은 것은? (FAT1급 70회, 2024)

① 손익계산서는 경영성과에 대한 유용한 정보를 제공한다.
② 매출액은 총매출액에서 매출할인, 매출환입, 매출에누리를 차감한 금액으로 한다.
③ 매출원가는 매출액에 대응하는 원가로서, 매출원가의 산출과정을 재무상태표 본문에 표시하거나 주석으로 기재한다.
④ 포괄손익은 일정 기간 주주와의 자본거래를 제외한 모든 거래나 사건에서 인식한 자본의 변동을 말한다.

## 20 다음 중 재무제표의 표시에 대한 내용을 잘못 설명하고 있는 사람은? (FAT1급 70회, 2024) (FAT1급 65회, 2023)

> 영미 : 재무제표에는 기업명, 보고기간종료일 또는 회계기간, 보고통화 및 금액단위를 기재해야 합니다.
> 철수 : 자산과 부채는 원칙적으로 상계하여 표시해야 하고 예외적으로 상계하지 않을 수 있습니다.
> 지호 : 재무제표 이용자에게 오해를 줄 염려가 없는 경우에는 금액을 천원이나 백만원 단위 등으로 표시할 수 있습니다.
> 윤서 : 재무제표의 기간별 비교가능성을 높이기 위하여 전기 재무제표의 정보를 당기와 비교하는 형식으로 표시해야 합니다.

① 영미 ② 철수
③ 지호 ④ 윤서

## 21 다음은 ㈜한공의 손익계산서 일부와 추가자료이다. 이를 토대로 계산한 ( 가 )의 금액으로 옳은 것은? (FAT1급 70회, 2024)

자료 1.

**손익계산서**

(주)한공 2024년 1월 1일부터 2024년 12월 31일까지 (단위: 원)

| 과목 | 제 5 기 | |
|---|---|---|
| 매출액 | | 7,000,000 |
| 매출원가 | | 5,000,000 |
| 기초상품재고액 | 1,000,000 | |
| 당기상품매입액 | 6,000,000 | |
| 기말상품재고액 | 2,000,000 | |
| 매출총이익 | | ××× |
| 판매비와관리비 | | ××× |
| ⋮ | | |
| 영업이익 | | ( 가 ) |

자료 2. 추가자료

| | | | | | |
|---|---|---|---|---|---|
| • 급여 | 500,000원 | • 복리후생비 | 50,000원 | • 광고선전비 | 40,000원 |
| • 접대비 | 10,000원 | • 수도광열비 | 15,000원 | • 기부금 | 5,000원 |

① 1,360,000원 ② 1,385,000원
③ 1,410,000원 ④ 1,500,000원

## 22 다음 중 재무제표의 작성과 표시에 대한 설명으로 옳지 <u>않은</u> 것은? (FAT1급 69회, 2024)

① 경영진은 재무제표를 작성할 때 계속기업으로서의 존속가능성을 평가해야 한다.
② 재무제표의 작성과 표시에 대한 책임은 외부감사인에게 있다.
③ 재무제표는 경제적 사실과 거래의 실질을 반영하여 공정하게 표시하여야 한다.
④ 일반기업회계기준에 따라 적정하게 작성된 재무제표는 공정하게 표시된 재무제표로 본다.

## 23 다음 자료를 토대로 당기순이익을 계산하면 얼마인가? (FAT1급 69회, 2024)

| | | | |
|---|---|---|---|
| •기초자산 | 6,000,000원 | •기초부채 | 3,000,000원 |
| •기말자산 | 10,000,000원 | •기말부채 | 4,000,000원 |
| •당기 추가출자금액 | 2,000,000원 | | |

① 1,000,000원　　② 1,500,000원
③ 2,000,000원　　④ 3,000,000원

## 24 다음 중 손익계산서상의 영업이익에 영향을 미치는 계정과목으로 옳지 <u>않은</u> 것은? (FAT1급 69회, 2024)

① 복리후생비　　② 잡손실
③ 임차료　　④ 접대비

## 25 다음은 도매업을 영위하는 ㈜한공의 손익 분석에 대한 대화장면이다. (가)에 들어갈 수 있는 계정과목은? (FAT1급 68회, 2023)

영업이익이 전기보다 증가하였는데 당기순이익이 크게 감소한 원인이 무엇인가요?
네, 당기순이익의 감소는 (가)의 증가가 원인입니다.

① 매출원가　　② 임차료
③ 이자수익　　④ 유형자산처분손실

## 26 다음 회계처리에 대한 설명 중 옳지 않은 것은? (FAT1급 68회, 2023)

① 직원의 가족동반 야유회비는 복리후생비로 회계처리한다.
② 직원 업무역량 강화를 위한 영어학원 지원비는 교육훈련비로 회계처리한다.
③ 거래처 직원의 결혼축의금은 접대비로 회계처리한다.
④ 회사부담분 건강보험료는 예수금으로 회계처리한다.

## 27 다음에서 설명하는 재무제표의 기본가정은 무엇인가? (FAT1급 67회, 2023)

> 기업을 소유주와 독립적으로 존재하는 회계단위로 간주하고, 이 단위의 관점에서 그 경제활동에 대한 재무정보를 측정, 보고한다고 가정한다.

① 기간별 보고의 가정
② 발생주의의 가정
③ 기업실체의 가정
④ 계속기업의 가정

## 28 다음 중 손익계산서에 나타나지 않는 계정과목은? (FAT1급 67회, 2023)

① 상품매출원가
② 단기매매증권평가이익
③ 매도가능증권처분이익
④ 자기주식처분이익

## 29 다음 자료를 토대로 ㈜한공의 판매비와관리비를 계산하면 얼마인가? (FAT1급 67회, 2023)

| | | | | | |
|---|---|---|---|---|---|
| •급 여 | 600,000원 | •수도광열비 | 50,000원 | •이자비용 | 30,000원 |
| •접 대 비 | 300,000원 | •세금과공과 | 80,000원 | •잡 손 실 | 20,000원 |

① 1,020,000원
② 1,030,000원
③ 1,060,000원
④ 1,080,000원

## 30 다음 중 재무상태표 구성항목에 대한 설명으로 옳지 않은 것은? (FAT1급 66회, 2023)

① 자산과 부채는 총액으로 표시하는 것이 원칙이다.
② 자산과 부채는 유동성이 큰 항목부터 배열한다.
③ 자산은 유동자산과 비유동자산으로 구분한다.
④ 잉여금은 주주와의 거래에서 발생한 이익잉여금과 영업활동에서 발생한 자본잉여금으로 구분한다.

**31** 다음 자료를 토대로 도소매업을 영위하는 ㈜한공의 판매비와관리비를 계산하면 얼마인가? (FAT1급 66회, 2023)

| | | | |
|---|---|---|---|
| •급 여 | 2,000,000원 | •퇴직급여 | 500,000원 |
| •복리후생비 | 600,000원 | •대손상각비 | 300,000원 |
| •임 차 료 | 100,000원 | •이자비용 | 250,000원 |
| •기 부 금 | 200,000원 | •접 대 비 | 270,000원 |

① 3,770,000원 ② 3,970,000원
③ 4,020,000원 ④ 4,220,000원

**32** 다음 중 손익계산서의 당기손익으로 보고되지 않는 것은? (FAT1급 66회, 2023)

① 단기매매증권평가손익 ② 단기매매증권처분손익
③ 매도가능증권평가손익 ④ 매도가능증권처분손익

**33** 다음 중 매도가능증권에 대한 평가이익이 재무제표에 미치는 영향으로 옳은 것은? (FAT1급 65회, 2023)

| | |
|---|---|
| 가. 자본의 증가 | 나. 영업이익의 증가 |
| 다. 영업외수익의 증가 | 라. 기타포괄손익누계액의 증가 |

① 가, 다 ② 나, 다
③ 가, 라 ④ 다, 라

**34** 다음 중 회계상 거래가 아닌 것은? (전산회계1급 120회, 2025)

① 상점에서 상품 10만원을 외상으로 구매하였다.
② 지난달의 직원 급여를 회사 사정으로 급여일에 지급하지 못하였다.
③ 거래처에 전화를 걸어 다음달 5일에 구입할 물건을 예약하였다.
④ 창고 화재로 상품 일부가 소실되었다.

**35** **다음 중 재무제표에 대한 설명으로 틀린 것은?** (전산회계1급 120회, 2025)

① 재무상태표, 손익계산서, 제조원가명세서, 현금흐름표, 자본변동표, 주석으로 구성된다.
② 재무상태표의 자산, 부채는 유동성이 큰 항목부터 배열한다.
③ 손익계산서는 발생주의에 따라 수익과 비용을 인식한다.
④ 재무제표는 기업실체의 가정, 계속기업의 가정, 기간별 보고의 가정하에 작성된다.

**36** **다음은 회계상 거래의 결합관계를 표시한 것이다. 옳지 않은 것은?** (전산회계1급 119회, 2025)

| 거 래 | 분개 결합관계 |
|---|---|
| ① 현금으로 100만원의 상품을 구입하였다. | 자산의 증가 - 자산의 감소 |
| ② 직원의 커피음료 대금 10만원을 현금으로 지급하였다. | 비용의 발생 - 자산의 감소 |
| ③ 업무용 화물차량을 5천만원에 대출로 구입하였다. | 자산의 증가 - 부채의 증가 |
| ④ 매입 예정인 상품의 계약금 100만원을 현금으로 지급하였다. | 비용의 증가 - 자산의 감소 |

**37** **다음 중 일반기업회계기준에 의한 수익 인식기준으로 틀린 것은?** (전산회계1급 119회, 2025)

① 선적지 인도조건 재화의 판매 : 판매회사가 재화를 선적하는 시점
② 상품권 판매 : 상품권을 판매한 시점
③ 위탁판매 : 수탁자가 제3자에게 판매한 시점
④ 할부판매 : 재화가 인도되는 시점

**38** **다음 중 손익계산서가 제공할 수 있는 재무정보로 가장 적절한 것은?** (전산회계1급 118회, 2025)

① 타인자본에 대한 정보
② 자기자본에 대한 정보
③ 자산총액에 대한 정보
④ 경영성과에 대한 정보

## 39 다음의 설명 중 옳지 않은 것은? (전산회계1급 118회, 2025)

① 자산은 과거의 거래나 사건의 결과로서 현재 기업 실체에 의해 지배되고 미래에 경제적 효익을 창출할 것으로 기대되는 자원을 말한다.

② 기업의 자금조달방법에 따라 타인자본과 자기자본으로 구분된다. 부채는 자기자본에 해당되며, 타인으로부터 빌린 빚을 말한다.

③ 자본은 기업실체의 자산 총액에서 부채 총액을 차감한 잔여액 또는 순자산을 말한다.

④ 비용은 기업실체의 경영활동과 관련된 재화의 판매 또는 용역의 제공 등에 따라 발생하는 자산의 유출이나 사용 또는 부채의 증가이다.

## 40 다음 중 재무상태표에 기재되지 않는 것은? (전산회계1급 117회, 2024)

① 개발비(무형자산의 인식요건을 충족함)
② 영업권(기업인수에 따른 평가금액)
③ 연구비(연구단계에서 발생한 지출)
④ 선급비용

## 41 다음 중 당좌자산에 해당하지 않는 것은? (전산회계1급 117회, 2024)

① 외상매출금
② 받을어음
③ 현금 및 현금성자산
④ 단기차입금

## 42 다음 중 영업외수익에 해당하지 않는 것은? (전산회계1급 117회, 2024)

① 외환차익
② 자산수증이익
③ 채무면제이익
④ 매출액

## 43 다음 중 회계순환과정에 있어 기말결산정리의 근거가 되는 가정으로 적절한 것은? (전산회계1급 115회, 2024)

① 발생주의 회계
② 기업실체의 가정
③ 계속기업의 가정
④ 기간별 보고의 가정

## 44 다음 중 당좌자산에 포함되지 않는 것은 무엇인가? (전산회계1급 115회, 2024)

① 선급비용
② 미수금
③ 미수수익
④ 선수수익

## 45 다음 중 일반기업회계기준에 따른 부채가 아닌 것은 무엇인가? (전산회계1급 115회, 2024)

① 임차보증금
② 퇴직급여충당부채
③ 선수금
④ 미지급배당금

## 46 다음 중 거래내용에 대한 거래요소의 결합관계를 바르게 표시한 것은? (전산회계1급 114회, 2024)

| 거래요소의 결합관계 | 거래내용 |
|---|---|
| ① 자산의 증가 : 자산의 증가 | 외상매출금 4,650,000원을 보통예금으로 수령하다. |
| ② 자산의 증가 : 부채의 증가 | 기계장치를 27,500,000원에 구입하고 구입대금은 미지급하다. |
| ③ 비용의 발생 : 자산의 증가 | 보유 중인 건물을 임대하여 임대료 1,650,000원을 보통예금으로 수령하다. |
| ④ 부채의 감소 : 자산의 감소 | 장기차입금에 대한 이자 3,000,000원을 보통예금에서 이체하는 방식으로 지급하다. |

## 47 다음 중 재무상태표에 관한 설명으로 가장 옳은 것은? (전산회계1급 110회, 2023)

① 일정 시점의 현재 기업이 보유하고 있는 자산과 부채 및 자본에 대한 정보를 제공하는 재무보고서이다.
② 일정 기간 동안의 기업의 수익과 비용에 대해 보고하는 보고서이다.
③ 일정 기간 동안의 현금의 유입과 유출에 대한 정보를 제공하는 보고서이다.
④ 기업의 자본변동에 관한 정보를 제공하는 재무보고서이다.

**48** **㈜수암골의 재무상태가 다음과 같다고 가정할 때, 기말자본은 얼마인가?** (전산회계1급 110회, 2023)

| 기초 | | 기말 | | 당기 중 추가출자 | 이익 배당액 | 총수익 | 총비용 |
|---|---|---|---|---|---|---|---|
| 자산 | 부채 | 부채 | 자본 | | | | |
| 900,000원 | 500,000원 | 750,000원 | (　　　) | 100,000원 | 50,000원 | 1,100,000원 | 900,000원 |

① 500,000원　　② 550,000원
③ 600,000원　　④ 650,000원

**49** **다음 중 손익계산서에 대한 설명으로 옳지 않은 것은?** (전산회계1급 109회, 2023)

① 매출원가는 제품, 상품 등의 매출액에 대응되는 원가로서 판매된 제품이나 상품 등에 대한 제조원가 또는 매입원가이다.
② 영업외비용은 기업의 주된 영업활동이 아닌 활동으로부터 발생한 비용과 차손으로서 기부금, 잡손실 등이 이에 해당한다.
③ 손익계산서는 일정 기간의 기업의 경영성과에 대한 유용한 정보를 제공한다.
④ 수익과 비용은 각각 순액으로 보고하는 것을 원칙으로 한다.

**50** **다음 중 재무제표에 대한 설명으로 가장 올바른 것은?** (전산회계1급 107회, 2023)

① 자산은 현재 사건의 결과로 기업이 통제하고 있고 미래경제적효익이 기업에 유입될 것으로 기대되는 자원이다.
② 부채는 과거 사건에 의하여 발생하였으며, 경제적효익이 기업으로부터 유출됨으로써 이행될 것으로 기대되는 미래의무이다.
③ 수익은 자산의 유입 또는 부채의 감소에 따라 자본의 증가를 초래하는 특정 회계기간 동안에 발생한 경제적효익의 증가로서 지분참여자에 대한 출연과 관련된 것은 제외한다.
④ 비용은 자산의 유출 또는 부채의 증가에 따라 자본의 감소를 초래하는 특정 회계기간 동안에 발생한 경제적효익의 감소로서 지분참여자에 대한 분배를 제외하며, 정상영업활동의 일환이나 그 이외의 활동에서 발생할 수 있는 차손은 포함하지 않는다.

**51** **다음 중 수익과 비용의 인식기준에 대한 설명으로 옳지 않은 것은?** (전산세무1급 120회, 2025)

① 수강료에 대한 수익은 강의기간에 걸쳐 인식한다.
② 수익은 재화의 판매 등에 대하여 받았거나 또는 받을 대가의 공정가치로 측정한다.
③ 용역제공거래의 성과를 신뢰성 있게 추정할 수 없고 발생한 원가의 회수가능성이 낮은 경우에는 수익과 발생원가 모두 인식하지 않는다.
④ 위탁판매의 경우 위탁자는 수탁자가 제3자에게 해당 재화를 판매한 시점에 수익을 인식한다.

**52** **다음 중 재무제표에 대한 설명으로 옳지 않은 것은?** (전산세무2급 120회, 2025)

① 재무상태표는 일정시점의 재무상태를 보고하는 보고서이다.
② 손익계산서는 일정시점의 경영성과를 보고하는 보고서이다.
③ 현금흐름표는 일정기간동안 영업활동, 투자활동, 재무활동으로 나누어서 현금의 유출과 유입에 관한 정보를 보고하는 보고서이다.
④ 자본변동표는 일정기간동안 소유주의 투자와 분배에 관한 정보를 보고하는 보고서이다.

**53** **다음 중 일반기업회계기준에 따른 수익의 인식에 대한 설명으로 옳지 않은 것은?** (전산세무1급 119회, 2025)

① 재화의 소유에 따른 위험과 효익을 가지지 않고 타인의 대리인 역할을 수행하여 재화를 판매하는 전자쇼핑몰의 경우에는 판매대금 총액을 수익으로 인식한다.
② 상품권을 판매한 경우 상품권을 회수하고 재화를 인도한 시점에 수익으로 인식한다.
③ 건설형 공사계약은 장단기 구분 없이 진행기준에 따라 수익을 인식한다.
④ 할부판매한 경우 장단기 구분 없이 재화를 인도한 시점에 수익으로 인식한다.

**54** **다음 중 재무상태표의 분류가 나머지와 다른 하나는 무엇인가?** (전산세무2급 119회, 2025)

① 보통예금
② 우편환증서
③ 배당금지급통지서
④ 당좌차월

## 55 다음 중 일반기업회계기준상 거래형태별 수익 인식시점으로 가장 옳지 않은 것은? (전산세무2급 119회, 2025)

① 입장권 판매 : 입장권을 판매하는 시점에 수익으로 인식한다.
② 수강료 수익 : 강의 기간에 걸쳐 수익으로 인식한다.
③ 배당금 수익 : 배당금을 받을 권리와 금액이 확정된 날 수익으로 인식한다.
④ 설치 및 검사조건부판매 : 구매자에게 재화가 인도되고 설치와 검사가 완료되었을 때 수익으로 인식한다.

## 56 회계정보의 질적특성 중 목적적합성과 신뢰성의 사례로 옳지 않은 것은? (전산세무2급 119회, 2025)

| 구 분 | 목적적합성 | 신 뢰 성 |
|---|---|---|
| ① 수익인식방법 | 진행기준 | 완성기준 |
| ② 자산의 평가방법 | 시 가 법 | 원 가 법 |
| ③ 손익인식방법 | 발생주의 | 현금주의 |
| ④ 정보의 보고시점 | 결산재무제표 | 분기, 반기재무제표 |

## 57 다음 중 재무제표 작성과 표시의 일반원칙에 대한 설명으로 옳지 않은 것은? (전산세무1급 117회, 2024)

① 경영진은 재무제표를 작성할 때 계속기업으로서의 존속가능성을 평가해야 한다.
② 재무제표가 일반기업회계기준 에 따라 작성된 경우에 그 사실을 주석으로 기재하여야 한다.
③ 재무제표의 항목은 구분하여 표시하여야 하기 때문에 중요하지 않은 항목은 성격이나 기능이 유사한 항목으로 통합하여 표시할 수 없다.
④ 재무제표는 전기 재무제표의 모든 계량정보를 당기와 비교하는 형식으로 표시한다.

## 58 다음 중 자산, 부채의 분류가 잘못 연결된 것은? (전산세무2급 117회, 2024)

① 임차보증금 - 비유동자산　　② 사채 - 유동부채
③ 퇴직급여충당부채 - 비유동부채　　④ 선급비용 - 유동자산

**59** **회계정보의 질적특성인 목적적합성과 신뢰성은 서로 상충될 수 있고, 상충되는 질적특성간의 선택은 재무보고의 목적을 최대한 달성할 수 있는 방향으로 이루어져야 한다. 다음 중 상충되는 질적특성간의 선택의 성격이 나머지와 다른 것은 무엇인가?** (전산세무1급 116회, 2024)

① 자산의 평가방법을 원가법이 아닌 시가법으로 선택하는 경우
② 수익인식방법을 진행기준이 아닌 완성기준으로 선택하는 경우
③ 순이익의 인식방법을 현금주의가 아닌 발생주의로 선택하는 경우
④ 정보의 보고시점을 결산기가 아닌 분기나 반기로 하여 재무제표를 작성하는 경우

**60** **다음 중 수익과 비용의 인식기준에 대한 설명으로 옳지 않은 것은?** (전산세무1급 115회, 2024)

① 로열티수익은 관련된 계약의 경제적 실질을 반영하여 발생기준에 따라 인식한다.
② 수익은 재화의 판매, 용역의 제공이나 자산의 사용에 대하여 받았거나 또는 받을 대가의 공정가치로 측정한다.
③ 용역제공거래에서 이미 발생한 원가와 추가로 발생할 것으로 추정되는 원가의 합계액이 총수익을 초과하는 경우에는 그 초과액과 이미 인식한 이익의 합계액을 전액 당기손실로 인식한다.
④ 용역제공거래의 성과를 신뢰성 있게 추정할 수 없고 발생한 원가의 회수가능성이 낮은 경우에는 수익을 인식하지 않으며 발생한 원가도 비용으로 인식하지 않는다.

**61** **다음 중 재무제표의 기본가정에 해당하지 않는 것은?** (전산세무2급 115회, 2024)

① 기업실체를 중심으로 하여 기업실체의 경제적 현상을 재무제표에 보고해야 한다.
② 기업이 계속적으로 존재하지 않을 것이라는 반증이 없는 한, 기업실체의 본래 목적을 달성하기 위하여 계속적으로 존재한다.
③ 기업실체의 지속적인 경제적 활동을 인위적으로 일정 기간 단위로 분할하여 각 기간마다 경영자의 수탁책임을 보고한다.
④ 회계정보가 유용하기 위해서는 그 정보가 의사결정에 반영될 수 있도록 적시에 제공되어야 한다.

## 62 다음 중 재무상태표의 목적을 설명한 것으로 옳지 않은 것은? (전산세무2급 114회, 2024)

① 일정시점 현재 기업이 보유하고 있는 경제적 자원에 대한 정보를 제공한다.
② 회계정보이용자들이 기업의 유동성, 재무적 탄력성, 수익성과 위험을 평가하는데 정보를 제공한다.
③ 기업이 보유하고 있는 자산과 부채, 그리고 자본에 대한 정보를 제공한다.
④ 종업원의 실적을 측정하여 근무태도를 평가한다.

## 63 다음 중 재무제표 작성과 표시의 일반원칙에 대한 올바른 설명이 아닌 것은? (전산세무1급 110회, 2023)

① 재무제표의 작성과 표시에 대한 책임은 회계감사인에게 있다.
② 기업을 청산하거나 경영활동을 중단할 의도가 있지 않은 한 일반적으로 계속기업을 전제로 재무제표를 작성한다.
③ 중요한 항목은 재무제표의 본문이나 주석에 그 내용이 잘 나타나도록 구분하여 표시한다.
④ 기간별 비교가능성을 제고하기 위하여 전기 재무제표의 모든 계량 정보를 당기와 비교하는 형식으로 표시한다.

## 64 다음 중 재무제표의 작성과 표시에 관한 설명으로 틀린 것은? (전산세무2급 110회, 2023)

① 자산과 부채는 유동성이 낮은 항목부터 배열하는 것을 원칙으로 한다.
② 재무제표는 재무상태표, 손익계산서, 현금흐름표, 자본변동표로 구성되며, 주석을 포함한다.
③ 자산과 부채 및 자본은 총액에 의하여 기재함을 원칙으로 하고, 자산 항목과 부채 항목 또는 자본 항목을 상계하여 그 전부 또는 일부를 재무상태표에서 제외하면 안된다.
④ 자본거래에서 발생한 자본잉여금과 손익거래에서 발생한 이익잉여금을 구분하여 표시한다.

**65** **다음 중 일반기업회계기준의 재무제표의 작성과 표시에 대한 설명으로 틀린 것은?** (전산세무1급 108회, 2023)

① 자산, 부채, 자본 중 중요한 항목은 재무상태표 본문에 별도 항목으로 구분하여 표시한다. 다만 중요하지 않은 항목은 성격 또는 기능이 유사한 항목에 통합하여 표시할 수 있으며 통합할 적절한 항목이 없는 경우에는 기타항목으로 통합할 수 있다.
② 자산과 부채는 원칙적으로 상계하여 표시하지 않는다. 다만, 기업이 채권과 채무를 상계할 수 있는 법적 구속력 있는 권리를 가지고 있고, 채권과 채무를 순액기준으로 결제하거나 채권과 채무를 동시에 결제할 의도가 있다면 상계하여 표시한다.
③ 정상적인 영업주기 내에 판매(소멸)되거나 사용되는 재고자산과 회수(지급)되는 매출채권(매입채무) 등은 보고기간 종료일로부터 1년 이내에 실현되지 않으면 유동자산(유동부채)으로 분류하여 표시할 수 없다.
④ 자산과 부채는 현금화 가능성이 높은 순서(유동성이 큰 항목)로 배열하는 것이 원칙이며, 잉여금은 자본거래(자본잉여금)와 손익거래(이익잉여금)로 구분표시 한다.

**66** **다음 중 일반기업회계기준에 따른 수익 인식기준으로 옳은 것은?** (전산세무1급 108회, 2023)

① 상품권 수익은 상품권을 판매한 시점에 수익으로 인식한다.
② 수강료는 용역제공 완료시점, 즉 강의종료일에 수익을 인식한다.
③ 장기할부판매의 경우에는 기간에 걸쳐 수익으로 인식한다.
④ 수출업무를 대행만 하는 종합상사는 판매수수료만을 수익으로 인식한다.

**67** **비용의 인식이란 비용이 귀속되는 보고기간을 결정하는 것을 말하며, 관련 수익과의 대응 여부에 따라 수익과 직접대응, 합리적인 기간 배분, 당기에 즉시 인식의 세 가지 방법이 있다. 다음 중 비용인식의 성격이 나머지와 다른 하나는 무엇인가?** (전산세무2급 108회, 2023)

① 감가상각비
② 급여
③ 광고선전비
④ 접대비

# 03 회계기록의 원리와 절차

# 제3장 회계기록의 원리와 절차

## 제1절 회계기록의 원리

### 1. 회계거래의 정의

기업은 이익을 창출하기 위해 다양한 경영활동을 수행한다. 기업이 회계정보를 제공하기 위해 가장 먼저 해야 할 일은 경영활동의 결과로 발생하는 경제적 사건(economic events)을 식별하는 일이다. 식별(identification)이란 경제적 사건 중에서 어떤 사건을 장부에 기록하고 어떤 사건을 기록하지 말아야 할 것인가를 구분하는 일이다.

회계에서는 회계기록의 대상이 되는 경제적 사건을 거래라고 한다. 즉, 회계거래(accounting transactions)란 회계기록의 대상이 되는 모든 경영활동과 경제적 사건(events)을 말한다. 일반적으로 거래란 기업이 외부의 제3자와 계약의 체결, 상품의 교환 등을 수행하는 영업활동의 개념이다. 이러한 거래는 외부거래뿐만 아니라 내부거래도 회계기록의 대상이 되는 거래로 인식한다. 내부거래란 기업 내부에서 발생한, 재무상태에 영향을 미치는 경제적 사건으로, 종업원의 고용, 화재나 천재지변으로 인한 손실, 기업이 보유하고 있는 자산의 사용 등을 예로 들 수 있다. 이러한 기업의 경영활동 또는 경제적 사건은 기업의 자산, 부채 및 자본의 변화를 가져온다. 이런 의미에서 회계거래란 기업의 자산, 부채 및 자본의 변화를 가져오는 모든 사건을 의미한다. 그러나 기업의 특정 거래에 따른 자산, 부채 및 자본에 발생하는 변화의 크기를 화폐단위로 측정할 수 없다면 기록을 하고 싶어도 할 수가 없다. 따라서 특정한 거래가 회계거래로 인식되기 위해서는 그 거래가 기업의 자산, 부채 및 자본에 변화를 가져오는 사건이면서, 그 변화의 크기를 합리적인 방법에 의해 객관적으로 측정할 수 있어야 한다.

회계에서 사용되는 거래라는 용어는 일상생활에서 사용되는 거래의 개념과 반드시 일치하지는 않는다. 따라서 일반적인 의미에서 거래가 아니더라도 기업의 자산, 부채 및 자본에 변화를 미쳐 회계기록의 대상이 되면 회계거래이고, 반면에 일반적인 의미에서의 거래라도 자산, 부채 및 자본에 변화를 가져오지 않으면 회계거래가 아니다. 예를 들면 창고의 화재로 인해 상품의 일부가 소실되었거나 회사가 현금을 도난당한 경우에 일상생활에서는 '거래'라고 하지 않지만, 화재나 도난은 기업의 재무상태인 자산, 부채 및 자본에 변화를 초래하게 되므로 회계거래로 보아 이에 대한 회계기록을 해야 한다. 또한 경영활동을 위하여 자동차나 기계장치 등을 사용하는 경우 일반적으로는 이를 거래라고 하지 않으나 이를 사용함으로써 그 가치가 변화하기 때문에 회계상으로는 거래가 된다. 반면에 계약의 체결이나 상품주문의 접수 등은 그 자체로는 기업의 재무상태인 자산, 부채 및 자본에 변화를 가져오지 않으므로 회계거래가 아니다. 다만 계약금을 수취하거나 상품을 인도함으로써 자산, 부채 및 자본에 변동을 가져올 경우에는 회계거래로 인식한다.

회계는 거래를 재무회계의 원칙에 따라 인식하고 측정하여 회계장부에 기록하고, 이 기록을 근거로 하여 재무제표를 중심으로 하는 재무정보를 만들어 낸다. 그러므로 회계기록은 거래를 인식하는 것으로부터 시작된다고 할 수 있다. 결국 회계거래로 인식하기 위해서는 첫째, 기업의 자산, 부채 및 자본에 증가나 감소를 가져오고, 둘째 그것이 화폐금액으로 측정, 객관적으로 표시될 수 있는 사건이어야 하며, 이와 같은 거래는 모두 회계기록의 대상이 된다.

## 2. 계정과 계정과목

### (1) 계정의 의미와 형식

거래가 증가하고 거래내용이 복잡해지는 상황에서 기업이 재무제표를 정확하게 작성하기 위해서는 가장 먼저 거래를 체계적으로 기록할 수 있어야 한다. 복식부기제도에서는 거래를 체계적으로 기록하기 위해 계정을 만들어 사용하고 있다. 회계거래의 경제적 사건은 자산, 부채 및 자본의 증감으로 나타난다. 계정(account)이란 회계상의 거래를 기록하도록 표준화된 분류항목이다. 즉, 재무제표의 구성요소인 자산, 부채, 자본, 수익, 비용에 속하는 여러 항목들을 각기 구분하여 증가와 감소를 기록하는 장소이다. 예를 들면, 상품을 구입하면서 현금을 지급한 거래는 상품을 증가시킴과 동시에 현금을 감소시킨다. 따라서 상품의 증감상황을 기록하기 위하여 상품계정을 설정하고, 현금의 증감상황을 기록하기 위하여 현금계정을 설정한다. 즉 계정은 재무제표의 구성요소를 개별적으로 설정하여 기록함으로써 수많은 거래를 기록한다고 하더라도 각각의 계정을 찾아봄으로써 특정 항목의 발생내역과 잔액을 쉽게 파악할 수 있다. 이는 복식부기의 원리인 거래의 이중성에 의해 거래내용이 각 계정에 기록되기 때문이다.

위에서 예시한 두 계정은 현금과 상품이라는 명칭을 사용하고 있는데, 이를 계정과목(title of accounts)이라고 한다. 계정과목은 항목별로 그 종류가 무척 다양하다. 기업은 체계적인 방법으로 계정과목과 계정번호를 설정하여 일관성 있게 사용할 수 있도록 계정과목표를 운용한다. 계정과목은 자산, 부채, 자본, 수익, 비용으로 분류하고, 계정번호는 기업의 규모나 회계시스템의 복잡성의 정도에 따라 두 자릿수부터 아홉 자릿수까지 사용한다.

계정의 양식은 표준식과 잔액식이 있으며, 현행 회계실무에서는 잔액식을 많이 이용하고 있다. 표준식은 계정을 중앙의 선을 기준으로 하여 왼쪽과 오른쪽으로 구분하는데, 회계에서는 왼쪽을 차변(debit), 오른쪽을 대변(credit)이라 부른다. 현금계정(자산)을 예로 들면, 현금의 증가는 표준식 왼쪽 계정에 기록하고, 현금의 감소는 표준식 오른쪽 계정에 기록한다. 부채 및 자본에 속하는 계정인 경우에는 자산에 속하는 계정과는 반대로 기록한다. 계정의 일반적인 양식은 〈표 3-1〉과 같으나, 이것은 일종의 표준식을 예시한 것이기 때문에 기업의 선택에 따라 얼마든지 변형하여 사용할 수 있다. 표준식은 정해져 있지 않지만 계정은 일반적으로 최소한의 형식을 가지고 있는데, 〈표 3-1〉에서 보는 바와 같이 반드시 계정과목명과 차변기입란 및 대변기입란이 있어야 하고, 이 밖에 거래일자 및 거래의 내역을 간단히 기입할 수 있는 적요란(description)이 있다.

**〈표 3-1〉 계정의 양식**

표준식 계정

**계정과목명**

| 일자 | | 적 요 | 분면 | 금 액 | 일자 | | 적 요 | 분면 | 금 액 |
|---|---|---|---|---|---|---|---|---|---|
| | | | | | | | | | |

잔액식 계정

**계정과목명**

| 일자 | | 적 요 | 분면 | 차 변 | 대 변 | 잔 액 |
|---|---|---|---|---|---|---|
| | | | | | | |

학교에서의 회계학 교육이나 실무에서의 편의를 위해서는 위의 계정 형식을 간단히 표시하기 위하여 계정의 형식 중 반드시 필요한 차변과 대변만을 표시하여 다음과 같이 간단하게 사용할 수 있는데, 이러한 계정은 그 형태가 T자와 비슷하기 때문에 통상적으로 T-계정(T-accounts)이라고 한다. T-계정에는 거래가 발생한 일자와 내용을 설명하는 적요 등에 대한 기입을 일반적으로 생략한다.

**〈표 3-2〉 T-계정**

**계정과목명**

| 왼쪽<br>(차변) | 오른쪽<br>(대변) |
|---|---|

### (2) 차변과 대변

일상적인 계산에서 특정 계정금액의 증가와 감소는 플러스(+)와 마이너스(-)의 부호로 기록한다. 그러나 회계에서는 증감부호를 대신하여 계정을 이용해 계정금액의 증가와 감소를 왼쪽과 오른쪽으로 구분하여 기록하는 독특한 방식을 사용함으로써, 특정 계정의 증가와 감소에 대한 거래를 일목요연하게 확인할 수 있다. 계정에서 왼쪽은 차변(debit)을, 계정의 오른쪽은 대변(credit)을 의미한다. 여기에서 차변과 대변 그 자체는 특별한 의미를 가지는 것이 아니라 단순히 계정의 왼쪽과 오른쪽을 의미하는 것이다. 회계에서는 항상 왼쪽을 차변이라 하고 오른쪽을 대변이라고 한다고 이해하면 된다. 여기에서 중요한 것은 모든 계정과목은 반드시 차변과 대변이 있어야 하고, 모든 거래는 그 내용에 따라 계정의 차변 또는 대변에 기록되어야 한다는 점이다. 그리고, 어떤 계정에 무엇을 기록하든지 계정의 왼쪽에 기록하는 것을 차변기입(debit entry)이라 하고, 계정의 오른쪽에 기록하는 것을 대변기입(credit entry)이라 한다.

**〈표 3-3〉 차변과 대변**

| 현 금 | |
|---|---|
| 차변기입 | 대변기입 |

〈표 3-3〉에서 보는 바와 같이 현금계정에서는 차변에 현금의 증가를 기록하고 현금의 감소를 대변에 구분하여 기록하는데, 그 이유는 현금계정이 자산에 속하는 계정이기 때문이다. 이와 반대로 부채와 자본은 대변에 증가를 기록하고, 차변에는 감소를 기록하면 된다.

이와 같이 차변과 대변을 이용한 회계시스템에서는 회계거래가 발생하여 계정에 기록할 때 반드시 두 개 이상의 계정에 기록된다. 이때 한 회계거래에 대하여 기록된 차변의 금액과 대변의 금액은 항상 일치한다. 따라서, 모든 계정의 차변 금액 합계와 대변 금액의 합계는 일치하고, 모든 계정의 차변 잔액의 합계는 모든 계정의 대변 잔액의 합계와 일치한다. 이와 같은 장부기록법을 복식부기시스템(double-entry bookkeeping)이라고 한다.

앞에서 공부한 재무상태표 및 포괄손익계산서의 양식을 계정식으로 나타내면 다음과 같이 표시할 수 있다.

| 재무상태표 | |
|---|---|
| 자 산 | 부 채<br>자 본 |

| 포괄손익계산서 | |
|---|---|
| 비 용<br>당기순이익 | 수 익 |

재무상태표 계정에서 자산의 증가는 차변에 기록하고 감소는 대변에 기록한다. 반면에 부채와 자본의 증가는 대변에 기록하고 감소는 차변에 기록한다. 즉, 계정의 감소는 증가하는 쪽의 반대편에 기록하고, 어떤 계정이든 잔액은 증가가 기입되는 쪽에 나타난다. 또한 포괄손익계산서 계정에서 수익의 발생은 대변에 기록하고 비용의 발생은 차변에 기록하게 되는데, 그 이유는 수익의 발생은 자본의 증가를 초래하기 때문에 자본의 증가가 나타나는 대변에 기록하고, 비용의 발생은 자본의 감소를 초래하기 때문에 자본의 감소가 나타나는 차변에 기록한다.

### (3) 총계정원장

기업의 경제활동은 복잡하고 방대하여 수많은 거래가 반복적으로 발생하며, 회계는 이 거래를 분석하여 해당되는 계정에 기록해야 한다. 그러므로 기업은 현금, 단기매매증권, 매입, 매출, 상품, 매출채권, 자본금, 차입금, 이자비용, 이자수익 등 많은 종류의 계정과목을 필요로 하게 된다. 기업에서 회계기록을 위하여 사용되는 계정을 모아놓은 장부를 원장(ledger) 또는 총계정원장(general ledger)이라고 한다. 즉, 총계정원장은 자산, 부채 및 자본 등 계정 잔액의 변화에 대한 모든 정보를 한곳에 모아서 관리하는 장부를 의미한다.

총계정원장은 분개장과 함께 회계에서 없어서는 아니되는 필수적인 회계장부(accounting books)이다. 이 두 개의 장부를 회계에서는 주요장부(main books of accounting)라고 한다. 총계정원장에는 자산, 부채 및 자본의 모든 계정이 기록된다. 보통 총계정원장은 자산, 부채 및 자본으로 구분한 후, 각각의 항목에 포함되는 계정을 다시 세분화해서 관리한다. 총계정원장의 일부를 제시하면 〈표 3-4〉와 같다.

**〈표 3-4〉 총계정원장**

| 현 금 | | | | | | 계정번호 111 |
|---|---|---|---|---|---|---|
| 일자 | | 적 요 | 분면 | 차변 | 대변 | 잔액 |
| 9월 | 1일 | 주식의 발행 | 1 | 250,000 | | 250,000 |
| | 5일 | 비품의 구입 | 1 | | 50,000 | 200,000 |
| | 9일 | 은행 차입 | 1 | 100,000 | | 300,000 |

| 차 입 금 | | | | | | 계정번호 211 |
|---|---|---|---|---|---|---|
| 일자 | | 적 요 | 분면 | 차변 | 대변 | 잔액 |
| 9월 | 9일 | 은행 차입 | 1 | | 100,000 | 100,000 |

총계정원장에는 계정과목, 계정번호, 거래일자, 적요, 분면 및 금액을 기록한다. 분면이란 총계정원장으로 전기된 각 거래내역이 기록된 분개장 페이지를 의미하며, 이를 통해 본 거래가 분개장의 어디에서 옮겨온 것인지를 알 수가 있다. 위에서 현금과 차입금은 원천기록이 모두 분개장의 1페이지에서 왔다는 것을 의미한다.

## 3. 계정의 분류

계정은 재무상태표에 속하는 계정과 포괄손익계산서에 속하는 계정으로 분류한다. 재무상태표 계정은 다시 자산에 속하는 계정, 부채에 속하는 계정, 자본에 속하는 계정으로 분류하고, 포괄손익계산서 계정은 수익에 속하는 계정과 비용에 속하는 계정으로 분류한다. 어떠한 계정과목을 사용할 것인가 하는 것은 기업의 특성과 그 기업의 경제활동 내용에 따라 기업이 결정하게 된다.

## 4. 거래의 이중성

기업의 경제활동을 회계시스템에 입력하여 회계정보를 생성하기 위해서는 가장 먼저 회계기록의 대상이 되는 거래를 식별·결정한 후, 이 거래를 분석하여 분개를 해야 한다. 분개를 하기 위해 거래를 분석해 보면 어떤 거래든지 반드시 차변에 미치는 요인과 대변에 미치는 요인으로 분리되며, 동시에 각 계정의 차변에 미치는 영향과 대변에 미치는 영향이 동일하다는 것을 알 수 있다. 이와 같은 거래의 특성을 거래의 이중성(duality of transactions)이라고 한다. 즉, 거래의 이중성이란 어떤 거래이든지 자산, 부채 및 자본에 변화를 초래하는 원인과 결과라는 두 가지 속성이 함께 나타나는 것을 말한다. 회계에서는 거래의 이중성에 따라 모든 거래를 원인과 결과로 나누어 이중으로 기록하는데, 이처럼 하나의 거래를 이중으로 기록하는 회계기록방법을 복식부기(double entry book-keeping)라고 한다. 복식부기는 원인과 결과를 함께 기록하므로 기록하는데 노력이 요구되지만, 사건의 원인을 파악할 수 있게 해준다는 측면에서 장점이 있다. 또한 원인에 의해 기록된 금액과 결과에 의해 기록된 금액이 서로 일치하는 대차평형의 원리(principle of equilibrium)에 의해 스스로 오류를 점검해 주는 자기검증(self-verifiability) 기능이 작용하게 된다.

거래의 이중성과 분개의 법칙이 서로 어떠한 관계로 나타나는지를 예로 들어 설명하면 다음과 같다.

### [거래 1] 소유주에 의한 투자

| | |
|---|---|
| 거 래 | 5월 1일<br>㈜미래는 광고와 관련한 용역제공 사업을 목적으로 주주들로부터 ₩10,000을 투자받아 설립되었다. |
| 거래의 분석 | 주주들의 현금 출자로 인하여 현금 ₩10,000이 유입되고, ㈜미래의 자본금이 ₩10,000 증가하다. |
| 대·차변의 영향 | 현금의 유입으로 자산의 증가 → 차변 : 현 금 ₩10,000<br>주주의 투자로 자본의 증가 → 대변 : 자본금 ₩10,000 |
| 거래의 기록 | (차) 현 금 10,000 (자산의 증가) (대) 자본금 10,000 (자본의 증가) |

거래의 결과

| | 자산 | = 부채 | + 자본 |
|---|---|---|---|
| | 현 금 | | 자본금 |
| 거래 전 | ₩ 0 | | ₩ 0 |
| 거래 | +10,000 | | +10,000 |
| 거래 후 | ₩10,000 | | ₩10,000 |

### [거래 2] 사무실 비품의 구입

| | |
|---|---|
| 거 래 | 5월 1일<br>㈜미래는 사무실에서 사용할 비품을 외상으로 구입하고 대금 ₩5,000은 1개월 후에 지급하기로 하였다. |
| 거래의 분석 | 비품 구입으로 비품이 ₩5,000 증가하고, 그 대금을 1개월 후에 지급하기로 하였으므로 미지급금 ₩5,000이 증가하다. |
| 대·차변의 영향 | 비품의 구입으로 자산의 증가 → 차변 : 비 품 ₩5,000<br>외상 구입으로 부채의 증가 → 대변 : 미지급금 ₩5,000 |
| 거래의 기록 | (차) 비 품 5,000 (자산의 증가) (대) 미지급금 5,000 (부채의 증가) |

거래의 결과

| | 자산 | | = 부채 | + 자본 |
|---|---|---|---|---|
| | 현 금 | 비 품 | 미지급금 | 자본금 |
| 거래 전 | ₩10,000 | ₩ 0 | ₩ 0 | ₩10,000 |
| 거래 | | +5,000 | +5,000 | |
| 거래 후 | ₩10,000 | ₩5,000 | = ₩5,000 | + ₩10,000 |

### [거래 3] 용역제공에 따른 현금 수령

| | |
|---|---|
| 거 래 | 5월 10일<br>㈜미래는 거래처에 용역을 제공하고 현금 ₩1,200을 수령하였다. |
| 거래의 분석 | 거래처에 용역을 제공하였으므로 용역매출(수익)이 ₩1,200 발생하고, 그 대가로 현금 ₩1,200이 유입되다.<br>용역매출은 영업활동으로 인한 순자산의 증가로 자본의 증가를 가져온다. |
| 대차변의 영향 | 용역 제공의 대가로 자산의 증가 → 차변 : 현 금 ₩1,200<br>용역 제공으로 수익의 발생 → 대변 : 용역매출 ₩1,200 |
| 거래의 기록 | (차) 현 금 1,200 (자산의 증가) / (대) 용역매출 1,200 (수익의 발생) |

거래의 결과

| | 자산 | | = | 부채 | + | 자본 | |
|---|---|---|---|---|---|---|---|
| | 현 금 | 비 품 | | 미지급금 | | 자본금 | 수 익 |
| 거래 전 | ₩10,000 | ₩5,000 | | ₩5,000 | | ₩10,000 | ₩ 0 |
| 거래 | +1,200 | | | | | | +1,200 |
| 거래 후 | ₩11,200 | ₩5,000 | = | ₩5,000 | + | ₩10,000 | + ₩1,200 |

### [거래 4] 사무실 임차료의 현금 지급

| | |
|---|---|
| 거 래 | 5월 15일<br>㈜미래는 임차하기로 한 사무실 건물에 대하여 5월분 임차료 ₩900을 현금으로 지급하였다. |
| 거래의 분석 | 임차료를 지급하였으므로 비용이 발생하고, 현금 ₩900의 지급으로 현금이 감소하다.<br>비용의 발생은 순자산의 감소로 자본의 감소를 가져온다. |
| 대차변의 영향 | 임차료 지급으로 비용의 발생 → 차변 : 임차료 ₩900<br>현금 지급으로 자산의 감소 → 대변 : 현 금 ₩900 |
| 거래의 기록 | (차) 임 차 료 900 (비용의 발생) / (대) 현 금 900 (자산의 감소) |

거래의 결과

| | 자산 | | = | 부채 | + | 자본 | | |
|---|---|---|---|---|---|---|---|---|
| | 현 금 | 비 품 | | 미지급금 | | 자본금 | 수 익 | 비 용 |
| 거래 전 | ₩11,200 | ₩5,000 | | ₩5,000 | | ₩10,000 | ₩1,200 | ₩ 0 |
| 거래 | -900 | | | | | | | -900 |
| 거래 후 | ₩10,300 | ₩5,000 | = | ₩5,000 | + | ₩10,000 | + ₩300 | |

## [거래 5] 은행으로부터 현금 차입

**거래**

5월 16일
㈜미래는 은행으로부터 현금 ₩1,000을 차입하였다. 차입금의 이자율은 연 12%이며, 만기는 1년이다.

**거래의 분석**

은행으로부터 현금을 차입하였으므로 현금이 ₩1,000 증가하고, 1년 후 차입금의 상환의무가 있으므로 부채가 ₩1,000 증가하다.

**대차변의 영향**

| | | |
|---|---|---|
| 현금 차입으로 자산의 증가 | → | 차변 : 현 금 ₩1,000 |
| 단기차입금으로 인한 부채의 증가 | → | 대변 : 단기차입금 ₩1,000 |

**거래의 기록**

| | | | |
|---|---|---|---|
| (차) 현 금<br>(자산의 증가) | 1,000 | (대) 단기차입금<br>(부채의 증가) | 1,000 |

**거래의 결과**

| | 자산 | | | 부채 | | | 자본 | | | |
|---|---|---|---|---|---|---|---|---|---|---|
| | 현 금 | 비 품 | | 미지급금 | 단기차입금 | | 자본금 | | 수 익 | 비 용 |
| 거래 전 | ₩10,300 | ₩5,000 | | ₩5,000 | ₩ 0 | | ₩10,000 | | ₩1,200 | ₩900 |
| 거래 | + 1,000 | | | | + 1,000 | | | | | |
| 거래 후 | ₩11,300 | ₩5,000 | = | ₩5,000 | ₩1,000 | + | ₩10,000 | + | ₩300 | |

## [거래 6] 소모품의 구입

**거래**

5월 17일
㈜미래는 사무실에서 사용할 소모품을 구입하고, 대금 ₩2,500을 현금으로 지급하였다.

**거래의 분석**

소모품을 구입하였으므로 자산이 증가하고, 소모품 구입대금을 현금으로 지급하였으므로 현금 ₩2,500이 감소하다.

**대차변의 영향**

| | | |
|---|---|---|
| 소모품 구입으로 자산의 증가 | → | 차변 : 소모품 ₩2,500 |
| 현금 지급으로 자산의 감소 | → | 대변 : 현 금 ₩2,500 |

**거래의 기록**

| | | | |
|---|---|---|---|
| (차) 소 모 품<br>(자산의 증가) | 2,500 | (대) 현 금<br>(자산의 감소) | 2,500 |

**거래의 결과**

| | 자산 | | | | 부채 | | | 자본 | | | |
|---|---|---|---|---|---|---|---|---|---|---|---|
| | 현 금 | 소모품 | 비 품 | | 미지급금 | 단기차입금 | | 자본금 | | 수 익 | 비 용 |
| 거래 전 | ₩11,300 | ₩ 0 | ₩5,000 | | ₩5,000 | ₩1,000 | | ₩10,000 | | ₩1,200 | ₩900 |
| 거래 | - 2,500 | + 2,500 | | | | | | | | | |
| 거래 후 | ₩8,800 | ₩2,500 | ₩5,000 | = | ₩5,000 | ₩1,000 | + | ₩10,000 | + | ₩300 | |

## [거래 7] 신입사원의 채용

**거래**

5월 19일
㈜미래는 6월 1일부터 근무할 신입사원 4명을 채용하였다.
각 사원의 급여는 월 ₩2,000이고 급여일은 매월 20일이다.

**거래의 분석**

㈜미래는 신입사원과 6월 1일부터 근무할 채용계약을 맺었을 뿐 5월 19일 현재 회계상의 거래로 인식할 경제적 사건은 발생하지 않았다. 따라서, 차변과 대변의 어떠한 계정과목에도 영향을 미치지 않으므로 회계기록의 대상이 아니다.

## [거래 8] 임직원 급여의 현금 지급

| | |
|---|---|
| 거 래 | 5월 20일<br>㈜미래는 임직원들의 급여 ₩4,000을 현금으로 지급하였다. |
| 거래의 분석 | 5월분 급여가 현금으로 지급되었으므로 현금이 ₩4,000 감소하고, 비용이 발생하다.<br>비용의 발생은 순자산의 감소로 자본의 감소를 가져온다. |
| 대차변의 영향 | 급여의 지급으로 인한 비용의 발생 → 차변 : 급 여 ₩4,000<br>급여의 현금 지급으로 자산의 감소 → 대변 : 현 금 ₩4,000 |
| 거래의 기록 | (차) 급 여 4,000 (비용의 발생) (대) 현 금 4,000 (자산의 감소) |

거래의 결과

| | 자산 | | | = | 부채 | | + | 자본 | | |
|---|---|---|---|---|---|---|---|---|---|---|
| | 현 금 | 소모품 | 비 품 | | 미지급금 | 단기차입금 | | 자본금 | 수 익 | 비 용 |
| 거래 전 | ₩8,800 | ₩2,500 | ₩5,000 | | ₩5,000 | ₩1,000 | | ₩10,000 | ₩1,200 | ₩900 |
| 거래 | -4,000 | | | | | | | | | -4,000 |
| 거래 후 | ₩4,800 | ₩2,500 | ₩5,000 | = | ₩5,000 | ₩1,000 | + | ₩10,000 | + | -₩3,700 |

## [거래 9] 제공할 용역에 대한 현금 수령

| | |
|---|---|
| 거 래 | 5월 25일<br>㈜미래는 거래처에 광고 관련 용역을 제공하기로 하고, 6월분 용역제공 대가로 ₩10,000을 미리 현금으로 수령하였다. |
| 거래의 분석 | 용역 제공 대가의 현금 수령으로 현금이 ₩10,000 증가하다. 현금에 대한 용역 제공은 6월에 이루어질 예정이므로 수익이 발생한 것이 아니며, 용역 제공의 의무가 증가하므로 부채가 증가하다. |
| 대차변의 영향 | 제공할 용역의 대가로 인한 자산의 증가 → 차변 : 현 금 ₩10,000<br>용역 제공의 의무로 인한 부채의 증가 → 대변 : 선수금 ₩10,000 |
| 거래의 기록 | (차) 현 금 10,000 (자산의 증가) (대) 선 수 금 10,000 (부채의 증가) |

거래의 결과

| | 자산 | | | = | 부채 | | | + | 자본 | | |
|---|---|---|---|---|---|---|---|---|---|---|---|
| | 현 금 | 소모품 | 비 품 | | 미지급금 | 단기차입금 | 선수금 | | 자본금 | 수 익 | 비 용 |
| 거래 전 | ₩4,800 | ₩2,500 | ₩5,000 | | ₩5,000 | ₩1,000 | ₩ 0 | | ₩10,000 | ₩1,200 | ₩900 |
| 거래 | +10,000 | | | | | | +10,000 | | | | |
| 거래 후 | ₩14,800 | ₩2,500 | ₩5,000 | = | ₩5,000 | ₩1,000 | ₩10,000 | + | ₩10,000 | + | -₩3,700 |

[거래 10] 미지급금의 지급

| | |
|---|---|
| 거 래 | 5월 30일<br>㈜미래는 5월 1일 외상으로 구입한 비품 대금 ₩5,000을 현금으로 지급하였다. |
| 거래의 분석 | 외상으로 구입한 비품 대금을 상환하였으므로 부채가 ₩5,000 감소하고, 현금의 지급으로 자산이 감소하다. |
| 대차변의 영향 | 미지급금의 상환으로 부채의 감소 → 차변 : 미지급금 ₩5,000<br>현금 지급으로 자산의 감소 → 대변 : 현 금 ₩5,000 |
| 거래의 기록 | (차) 미지급금 5,000 (부채의 감소) (대) 현 금 5,000 (자산의 감소) |

거래의 결과

| | 자산 | | | = | 부채 | | | + | 자본 | | | |
|---|---|---|---|---|---|---|---|---|---|---|---|---|
| | 현 금 | 소모품 | 비 품 | | 미지급금 | 단기차입금 | 선수금 | | 자본금 | | 수 익 | 비 용 |
| 거래 전 | ₩14,800 | ₩2,500 | ₩5,000 | | ₩5,000 | ₩1,000 | ₩ 10,000 | | ₩10,000 | | ₩1,200 | ₩900 |
| 거래 | -5,000 | | | | -5,000 | | | | | | | |
| 거래 후 | ₩9,800 | ₩2,500 | ₩5,000 | = | ₩ 0 | ₩1,000 | ₩10,000 | + | ₩10,000 | + | -₩3,700 | |

이상에서 본 바와 같이 모든 거래는 차변에 영향을 미치는 요인과 대변에 영향을 미치는 요인으로 구분되며, 항상 차변과 대변에 똑같은 금액만큼 영향을 미친다는 것을 알 수 있다. 기업에서 거래가 발생할 때마다 차변에 영향을 미치는 요인과 대변에 영향을 미치는 요인을 분석하여 이를 분개의 법칙에 따라 분개하는 것이 바로 회계시스템에서 사용되는 독특한 기록의 원리이다.

## 5. 거래의 추정

거래가 발생하면 일정한 규칙에 따라 분개가 이루어지는 것처럼, 이를 역으로 이용하면 분개된 내용을 보고 어떠한 거래가 발생하였는지 추정이 가능하다. 예를 들어, 다음과 같은 분개가 이루어졌다고 하자.

(차) 현 금 1,000,000 (대) 단기차입금 1,000,000

현금계정이 차변에 기록되어 있으므로 자산(현금계정)의 증가를 의미하고, 단기차입금계정이 대변에 기록되어 있으므로 부채(단기차입금계정)의 증가를 의미한다. 따라서, 위의 분개는 은행으로부터 단기로 현금 ₩1,000,000을 차입한 거래를 분개한 것으로 추정할 수 있다. 이와 같이 분개된 내용을 보고 발생한 거래를 추정할 수 있는데, 몇 가지 예를 들어보기로 하자.

**예제 3-1** 다음 분개에 대한 거래 내용을 추정하라.

① (차) 현 금 500,000 (대) 용역매출 500,000

현금계정이 차변에 기록되어 있으므로 현금(자산)이 증가하고, 용역매출계정이 대변에 기록되어 있으므로 수익이 발생한 거래이다. 따라서, 용역을 제공한 대가로 ₩500,000을 현금으로 수령한 거래임을 알 수 있다.

② (차) 차량운반구 7,000,000 (대) 미지급금 7,000,000

차량운반구라는 자산이 증가하고, 미지급금이라는 부채가 증가한 거래이다. 따라서, ₩7,000,000의 차량을 외상으로 매입하고 그 대금을 미래에 상환하기로 한 거래임을 알 수 있다.

## 제2절 회계기록의 절차

### 1. 분개와 분개장

#### (1) 분개의 의의

이미 설명한 바와 같이 회계거래는 복식부기의 방식으로 계정을 이용하여 기록한다. 회계기록은 분개로부터 시작되기 때문에 분개가 무엇인지 모르면 회계기록의 시작부터가 어렵게 된다. 따라서, 분개가 무엇인지, 분개는 어떤 원리에 의해 이루어지는지를 정확하게 이해하는 것이 회계원리 과정에서 가장 중요한 부분이다.

분개(journalizing)란 각 거래에서의 원인과 결과를 명확하게 구분하여 차변과 대변에 각각 기록하는 행위를 말한다. 즉, 기업에서 매일 발생하는 거래를 식별하여 이를 기록할 금액과 계정과목을 결정하고, 해당 계정의 차변 또는 대변에 기록하는 절차를 말한다. 예를 들면, "은행으로부터 6개월 만기로 현금 ₩2,000,000을 차입하였다"는 거래가 발생하면 현금계정의 차변에 ₩2,000,000, 단기차입금계정의 대변에 ₩2,000,000을 기록해야 한다. 이와 같은 회계기록 절차를 회계에서는 분개라고 한다. 분개를 하기 위해서는 다음과 같은 사항을 먼저 결정하여야 한다.

첫째, 회계기록의 대상이 될 거래를 식별한다.

둘째, 거래를 기록할 계정과목을 결정한다.

셋째, 각 계정에 기록할 금액을 결정한다.

넷째, 각 계정의 차변에 기록할 것인가, 대변에 기록할 것인가를 결정한다.

회계기록은 분개로부터 시작되기 때문에 분개는 회계에 있어서 원시기입(original entry)이라고 할 수 있다. 따라서 분개를 모르면 회계기록을 시작할 수 없을 뿐만 아니라, 분개가 잘못되면 분개 이후의 모든 회계절차에 착오가 발생하면서 잘못된 회계정보가 산출된다. 또한 분개는 계정과목을 결정하고 기록대상 금액을 결정하기 때문에 회계에 대한 전문적 지식을 지니고 있는 사람의 전문적 판단에 의해 이루어진다. 회계정보의 산출은 분개로부터 시작하여 최종적인 산물인 재무제표의 작성으로 끝나기 때문에, 분개는 회계시스템에 있어서 가장 중요하고 기본적인 과정이라고 할 수 있다.

분개의 과정은 분개장(journal)이라고 하는 회계장부에 기록한다. 분개장은 분개를 기록하는 주요 장부로 거래의 내용을 거래의 이중성에 따라 차변과 대변으로 구분하여 기록한다. 분개장과 총계정원장은 회계시스템에 있어서 반드시 필요한 회계장부라는 점은 앞에서 설명한 바 있다. 분개장의 양식은 다음의 〈표 3-5〉와 같다.

**〈표 3-5〉 분개장의 양식**

**분 개 장**

| 일 자 | | 적 요 | 원면 | 차 변 | 대 변 |
|---|---|---|---|---|---|
| | | | | | |

분개장에서 가장 중요한 부분은 역시 차변란과 대변란이다. 모든 회계장부는 반드시 차변과 대변이 있어야 한다. 분개장의 일자는 거래의 발생일자를 기입하고, 적요란에는 계정과목명 및 거래의 내용을 요약하여 기록한다. 원면은 해당계정이 총계정원장의 어디에 있는지를 나타낸다.

분개장은 분개의 내용을 기록하기 위한 형식이기 때문에 거래발생 일자와 거래의 내역을 기록할 수 있고, 차변과 대변을 표시하면 되기 때문에 기업 고유의 특성에 맞도록 얼마든지 변형하여 사용할 수 있다.

본 서에서는 분개를 일일이 분개장에 기입하지 않고 다음과 같이 차변과 대변만을 표시함으로써 약식으로 분개를 나타내고자 한다. "은행으로부터 6개월 만기로 현금 ₩2,000,000을 차입하였다"의 분개를 다음과 같이 표시할 수 있다.

(차) 현　　　금　2,000,000　　　　　(대) 단기차입금　2,000,000

또는 현　　　금　2,000,000　　　/　　　단기차입금　2,000,000

분개는 회계기록의 대상이 되는 거래를 식별하여 기록할 금액과 계정과목을 결정하고 각 계정의 차변에 기록할 것인가 대변에 기록할 것인가를 결정하는 과정으로 설명하였다. 그러므로 거래를 식별하기 위해서는 거래와 관련된 자료, 즉 청구서, 영수증, 세금계산서, 송장, 검수보고서, 품의서류 등과 같은 거래의 근거가 되는 증빙서류(source documents)를 먼저 획득해야 한다. 이와 같은 증빙서류는 거래가 발생한 현장으로부터 회계담당부서에 보내지고, 회계담당부서는 이 증빙서류를 근거로 하여 거래를 식별하고 분개를 하게 된다. 실제 기업에서는 거래와 관련된 모든 자료를 회계담당부서로 전달되도록 하고 있으며, 백화점이나 대형마트 또는 호텔과 같은 기업에서는 거래가 이루어지는 현장(point of sales)에서 온라인을 통하여 직접 회계담당부서에 필요한 자료가 전송되도록 회계시스템을 구축하고 있다.

### (2) 거래의 분개

회계에서 분개가 차지하는 비중은 매우 크다. 최종적으로 작성하고자 하는 재무상태표나 포괄손익계산서는 수많은 분개가 요약되고 정리된 것이므로, 실제 회계업무를 담당하는 회계담당자가 아니더라도 재무제표를 잘 이해하고, 의사결정에 유용하게 활용하기 위해서는 반드시 분개를 정확하게 이해할 필요가 있다. ㈜미래컨설팅의 사례를 이용하여 거래의 기록과 분개를 익히도록 하자.

**예제 3-2** ㈜미래컨설팅의 사례

[거래 1] 20×1년 6월 1일, 7명의 주주들이 현금 ₩2,000,000을 출자하여 컨설팅 서비스 제공을 목적으로 ㈜미래컨설팅을 설립하였다. ㈜미래컨설팅은 주주들에게 주식(보통주, 액면 ₩2,000) 1,000주를 발행하였다.

[거래 2] 20×1년 6월 2일, 은행으로부터 ₩500,000을 차입하였다. 차입금의 이자율은 연 12%로 매월 ₩5,000의 이자를 지급하고, 1년 후에 원금을 상환하기로 하였다.

[거래 3] 20×1년 6월 4일, 사무실에서 사용할 복사기 등의 비품을 ₩250,000에 구입하고, 구입대금 중 ₩100,000은 현금으로 지급하였으며, 나머지는 3개월 후 지급하기로 하였다.

[거래 4] 20×1년 6월 7일, 신문 등의 매체를 통한 광고 홍보활동에 대한 대가로 현금 ₩200,000을 지급하였다.

[거래 5] 20×1년 6월 10일, A사에 컨설팅 서비스를 제공하고 현금 ₩1,000,000을 수령하였다.

[거래 6] 20×1년 6월 15일, 사무실에서 사용할 복사용지 등의 소모품을 구입하고, 구입 대금 ₩50,000은 15일 후에 지급하기로 하였다.

[거래 7] 20×1년 6월 16일, B사에 컨설팅 서비스를 제공하고 서비스 대금 ₩300,000은 외상으로 하였다.

[거래 8] 20×1년 6월 20일, 사무실 건물의 6월분 임차료 ₩200,000을 현금으로 지급하였다.

[거래 9] 20×1년 6월 25일, B사로부터 외상용역대금 ₩100,000을 현금으로 회수하였다.

[거래 10] 20×1년 6월 25일, 임직원 급여 ₩500,000을 현금으로 지급하였다.

[거래 11] 20×1년 6월 30일, 소모품 구입으로 인한 외상대금 ₩30,000과 차입금 이자비용 ₩5,000을 현금으로 지급하였다.

**① 재무상태표 계정 관련 거래**

재무상태표 계정에만 영향을 미치는 거래의 분개, 즉 기업의 자산, 부채 및 자본에 직접적으로 변화를 일으키는 거래로서 수익이나 비용계정이 사용되지 않는다. 예를 들면, 기계장치의 현금구입 또는 외상구입, 은행으로부터의 현금차입, 차입금의 만기상환, 재고자산의 현금 또는 외상구입 등이 있다.

[거래 1] 20×1년 6월 1일, 7명의 주주들이 현금 ₩2,000,000을 출자하여 컨설팅 서비스 제공을 목적으로 ㈜미래컨설팅을 설립하였다. ㈜미래컨설팅은 주주들에게 주식(보통주, 액면 ₩2,000) 1,000주를 발행하였다.

| 20×1년 6월 1일 | (차) 현 금 | 2,000,000 | (대) 자 본 금 | 2,000,000 |
|---|---|---|---|---|

■ 거래분석 : 주주들이 현금을 납입하여 자산인 현금 ₩2,000,000이 증가하므로 현금계정 차변에 기록한다(자산의 증가). 그리고, 주식이 발행되면서 자본 ₩2,000,000이 증가하므로 자본금계정의 대변에 기록한다(자본의 증가). 자본금은 주주가 출자한 금액을 의미한다. 포괄손익계산서의 당기순이익에는 영향을 미치지 않는 거래로서 재무상태표의 자산과 자본에 직접적으로 영향을 미치는 거래이다.

[거래 2] 20×1년 6월 2일, 은행으로부터 ₩500,000을 차입하였다. 차입금의 이자율은 연 12%로 매월 ₩5,000의 이자를 지급하고, 1년 후에 원금을 상환하기로 하였다.

20×1년 6월 2일 (차) 현 금 500,000 (대) 단기차입금 500,000

■ 거래분석 : 은행으로부터의 차입으로 인하여 현금 ₩500,000이 증가하므로 현금계정의 차변(자산의 증가)에 기입하고, 1년 후 상환을 해야 하는 부채 ₩500,000이 증가하므로 단기차입금계정의 대변(부채의 증가)에 기입된다. 자산과 부채가 동시에 증가하는 거래로서 포괄손익계산서 계정에는 영향을 미치지 않는 거래이다.

[거래 3] 20×1년 6월 4일, 사무실에서 사용할 복사기 등의 비품을 ₩250,000에 구입하고, 구입 대금 중 ₩100,000은 현금으로 지급하였으며, 나머지는 3개월 후 지급하기로 하였다.

| | | | | | |
|---|---|---|---|---|---|
| 20×1년 6월 4일 | (차) 비 품 | 250,000 | (대) 현 금 | 100,000 |
| | | | | 미지급금 | 150,000 |

■ 거래분석 : 현금과 비품은 모두 자산으로, 자산의 증가는 차변에 자산의 감소는 대변에 기입한다. 이 거래의 결과로 비품이 ₩250,000 증가하므로 비품계정의 차변(자산의 증가)에 기입하고, 현금이 ₩100,000 감소되었으므로 현금계정의 대변(자산의 감소)에 기입한다. 그리고 외상 구입대금 ₩150,000은 미지급금으로 부채 계정이므로 대변에 기록한다(부채의 증가). 자산과 부채에 영향을 미치는 거래로 당기순이익에 영향을 미치지 않는 거래이다.

[거래 6] 20×1년 6월 15일, 사무실에서 사용할 복사용지 등의 소모품을 구입하고, 구입 대금 ₩50,000은 15일 후에 지급하기로 하였다.

20×1년 6월 15일 (차) 소 모 품 50,000 (대) 미지급금 50,000

■ 거래분석 : 복사용지 등의 구입으로 소모품이 ₩50,000 증가하므로 소모품계정의 차변(자산의 증가)에 기입하고, 구입대금 ₩50,000은 15일 후에 지급하기로 함에 따라 미지급금계정의 대변(부채의 증가)에 기입힌다. 자산과 부채가 동시에 증가하는 거래로서 포괄손익계산서 계정에 영향을 미치지 않는 거래이다.

[거래 9] 20×1년 6월 25일, B사로부터 외상용역대금 ₩100,000을 현금으로 회수하였다.

20×1년 6월 25일 (차) 현 금 100,000 (대) 매출채권 100,000

■ 거래분석 : 서비스 용역을 외상으로 제공한 결과로 미래에 현금을 받을 권리인 매출채권 ₩100,000을 현금으로 회수하는 거래이다. 현금 ₩100,000의 회수로 인해 자산이 증가하였

으로 현금계정의 차변에 기입하고, 매출채권 ₩100,000이 감소하였으므로 매출채권계정의 대변에 기입한다. 동일한 금액의 자산이 증감하므로 자산의 종류가 바뀌었을 뿐 포괄손익계산서의 당기순이익 계정에는 영향을 미치지 않는 거래이다.

② **재무상태표와 포괄손익계산서 계정 관련 거래**

수익·비용의 발생과정을 거쳐 순자산이 증감하고, 이로 인해 자산, 부채 및 자본에 변화를 일으키는 거래이다. 예를 들면, 급여의 지급, 감가상각비의 인식 등이다.

[거래 4] 20×1년 6월 7일, 신문 등의 매체를 통한 광고 홍보활동에 대한 대가로 현금 ₩200,000을 지급하였다.

| 20×1년 6월 7일 | (차) 광 고 비 | 200,000 | (대) 현 금 | 200,000 |
|---|---|---|---|---|

■ 거래분석 : 광고 홍보활동으로 인하여 비용 ₩200,000이 발생하였으므로 광고비계정의 차변(비용의 발생)에 기입하고, 광고비 ₩200,000을 현금으로 지급하였으므로 현금계정의 대변(자산의 감소)에 기입한다. 광고 홍보활동을 위한 비용의 발생으로 순이익이 감소하였고, 이로 인해 순자산이 감소하는 거래이다.

[거래 5] 20×1년 6월 10일, A사에 컨설팅 서비스를 제공하고 현금 ₩1,000,000을 수령하였다.

| 20×1년 6월 10일 | (차) 현 금 | 1,000,000 | (대) 용역매출 | 1,000,000 |
|---|---|---|---|---|

■ 거래분석 : 컨설팅 서비스의 제공으로 수익 ₩1,000,000이 발생하였으므로 용역매출계정 대변(수익의 발생)에 수익을 기입하고, 수익금액의 현금 수령액은 현금계정 차변(자산의 증가)에 기입한다. 서비스의 제공으로 수익이 발생하면서 순이익이 증가하였고, 이로 인해 순자산이 증가하는 거래이다.

[거래 7] 20×1년 6월 16일, B사에 컨설팅 서비스를 제공하고 서비스 대금 ₩300,000은 외상으로 하였다.

| 20×1년 6월 16일 | (차) 매출채권 | 300,000 | (대) 용역매출 | 300,000 |
|---|---|---|---|---|

■ 거래분석 : 컨설팅 서비스의 제공으로 수익 ₩300,000이 발생하였으나, 대금은 외상으로 한 거래이다. 수익이 발생하였으므로 대변에 용역매출(수익의 발생)을 기입하고, 미래에 현금을

회수할 권리가 확보되었으므로 차변에 매출채권(자산의 증가)을 기입한다. 서비스의 제공으로 수익이 발생하면서 순이익이 증가하였으며, 이로 인해 순자산이 증가하는 거래이다.

[거래 8] 20×1년 6월 20일, 사무실 건물의 6월분 임차료 ₩200,000을 현금으로 지급하였다.

| | | | | |
|---|---|---|---|---|
| 20×1년 6월 20일 | (차) 임 차 료 | 200,000 | (대) 현 금 | 200,000 |

■ 거래분석 : 사무실 건물의 임차료 ₩200,000을 현금으로 지급하였으므로 현금계정의 대변(자산의 감소)에 기입하고, 건물 임차비용이 발생하였으므로 임차료계정 차변(비용의 발생)에 기입한다. 비용의 지출로 순이익이 감소하였으며, 이로 인해 순자산이 감소하는 거래이다.

[거래 10] 20×1년 6월 25일, 임직원 급여 ₩500,000을 현금으로 지급하였다.

| | | | | |
|---|---|---|---|---|
| 20×1년 6월 25일 | (차) 급 여 | 500,000 | (대) 현 금 | 500,000 |

■ 거래분석 : 임직원 급여 ₩500,000의 지급으로 인해 비용이 발생하였으므로 급여계정 차변(비용의 발생)에 기입하고, 현금 ₩500,000이 감소하였으므로 현금계정의 대변(자산의 감소)에 기입한다. 비용의 발생으로 순이익이 감소하였으며, 이로 인해 순자산이 감소하는 거래이다.

[거래 11] 20×1년 6월 30일, 소모품 구입으로 인한 외상대금 ₩30,000과 차입금 이자비용 ₩5,000을 현금으로 지급하였다.

| | | | | |
|---|---|---|---|---|
| 20×1년 6월 30일 | (차) 미지급금 | 30,000 | (대) 현 금 | 35,000 |
| | 이자비용 | 5,000 | | |

■ 거래분석 : 외상으로 구입한 소모품의 구입대금 ₩30,000을 현금으로 지급하였으므로 미지급금계정의 차변(부채의 감소)에 기입하고, 차입금에 대한 이자비용 ₩5,000이 발생하였으므로 이자비용계정의 차변(비용의 발생)에 비용을 인식한다. 그리고, 미지급금 및 이자비용 ₩35,000을 현금으로 지급하였으므로 현금계정의 대변(자산의 감소)에 기입한다. 비용의 발생으로 인한 순이익의 감소와 부채와 자산의 감소로 인해 순자산의 변화에 영향을 미치는 거래이다.

지금까지 ㈜미래컨설팅의 20×1년 6월의 거래를 분개하였다. 여기에서 분개는 거래의 유형별로 설명하였지만 분개장에는 거래순서로 기록한다. 이 거래를 분개장에 정리하면 다음의 〈표 3-6〉과 같다.

**〈표 3-6〉 분개장**

| 일 자 | | 적 요 | 원면 | 차변 | 대변 |
|---|---|---|---|---|---|
| 6 | 1 | 현 금 | 11 | 2,000,000 | |
| | | 자 본 금 | 16 | | 2,000,000 |
| | | 현금 ₩2,000,000 출자로 회사 설립 | | | |
| | 2 | 현 금 | 11 | 500,000 | |
| | | 단기차입금 | 14 | | 500,000 |
| | | 은행으로부터 ₩500,000 차입 | | | |
| | 4 | 비 품 | 13 | 250,000 | |
| | | 현 금 | 11 | | 100,000 |
| | | 미지급금 | 15 | | 150,000 |
| | | 비품 ₩100,000 현금구입, ₩150,000 외상구입 | | | |
| | 7 | 광 고 비 | 18 | 200,000 | |
| | | 현 금 | 11 | | 200,000 |
| | | 광고비 ₩200,000 현금 지급 | | | |
| | 10 | 현 금 | 11 | 1,000,000 | |
| | | 용역매출 | 17 | | 1,000,000 |
| | | 서비스 제공으로 현금 ₩1,000,000 수령 | | | |
| | 15 | 소 모 품 | 12 | 50,000 | |
| | | 미지급금 | 15 | | 50,000 |
| | | 소모품 ₩50,000 외상 구입 | | | |
| | 16 | 매출채권 | 12 | 300,000 | |
| | | 용역매출 | 17 | | 300,000 |
| | | 서비스 제공하고 대금 ₩300,000 추후 수령 | | | |
| | 20 | 임 차 료 | 19 | 200,000 | |
| | | 현 금 | 11 | | 200,000 |
| | | 사무실 임차료 ₩200,000 현금 지급 | | | |
| | 25 | 현 금 | 11 | 100,000 | |
| | | 매출채권 | 12 | | 100,000 |
| | | 매출채권 ₩100,000 현금 회수 | | | |
| | 25 | 급 여 | 18 | 500,000 | |
| | | 현 금 | 11 | | 500,000 |
| | | 임직원 급여 ₩500,000 현금 지급 | | | |
| | 30 | 미지급금 | 15 | 30,000 | |
| | | 이자비용 | 19 | 5,000 | |
| | | 현 금 | 11 | | 35,000 |
| | | 미지급금과 이자비용 ₩35,000 현금 지급 | | | |
| | | 합 계 | | 5,135,000 | 5,135,000 |

분개장상의 원면은 해당되는 계정이 원장의 어느 페이지에 있는가를 표시한다. 분개장은 첫째, 기업의 경제적 활동을 분개의 법칙에 따라 회계시스템에 최초로 입력한 것이며, 둘째, 기업의 경제적 활동을 그 발생순서에 따라 회계적 방법으로 기록한 역사적 기록(historical recording)이라는 의미를 가진다.

### (3) 분개의 법칙과 거래의 결합관계

회계거래란 회계주체의 자산, 부채 및 자본의 변화를 가져오는 경제적 사건이라는 점은 이미 설명한 바 있으며, 이 거래를 해당하는 계정과목의 차변 또는 대변에 기록하는 절차를 분개라고 설명하였다. 그러면 분개는 어떠한 원리에 따라 이루어지는가? 분개를 하면서 따라야 할 법칙이 있는데, 이것을 분개의 법칙이라고 한다. 분개의 법칙을 요약하면 다음과 같다.

① 자산에 해당하는 계정은 증가하면 그 계정의 차변에, 감소하면 대변에 기입한다.
② 부채에 해당하는 계정은 증가하면 그 계정의 대변에, 감소하면 차변에 기입한다.
③ 자본에 해당하는 계정은 증가하면 그 계정의 대변에, 감소하면 차변에 기입한다.
④ 수익이 발생하면 대변에 기입한다.
⑤ 비용이 발생하면 차변에 기입한다.

분개의 법칙은 제2장에서 학습한 다음의 회계등식과 일치하는 것을 알 수 있다.

자 산 = 부 채 + 자 본

위의 회계등식에서 자산은 차변에, 부채와 자본은 대변에 위치하며, 자산의 증가액 또는 감소액(차변의 증감)은 반드시 부채 및 자본의 증가액 또는 감소액(대변의 증감)과 일치해야 한다. 결국 분개는 항상 차변의 금액과 대변의 금액이 일치하여야 한다. 그러므로 분개장의 차변합계액과 대변합계액은 반드시 서로 일치해야 하는 것이다.

분개의 법칙은 회계학을 처음 배우는 학생들에게는 매우 생소할 뿐만 아니라 복잡하고 혼란스럽다는 생각이 들 수 있다. 그러나 제2장에서 설명한 재무상태표의 구조 및 회계등식을 기억하면 혼동되지 않고 기억하기도 쉬울 것이다. 분개의 법칙을 기억할 때 회계등식과 재무상태표의 구조를 이용하여 자산의 증가는 차변, 부채와 자본의 증가는 대변으로 기억하면 이해가 쉽다. 수익은 자본을 증가시키므로 대변에, 비용이 발생하면 자본을 감소시키기 때문에 자본의 감소를 나타내는 차변에 기록한다는 것을 기억하면 분개의 법칙을 암기하려고 애쓰지 않아도 쉽게 기억할 수 있을 것이다.

또한 거래가 발생하면 재무상태표 항목인 자산, 부채 및 자본 중 최소한 하나 이상은 변동하게 되며, 포괄손익계산서 항목인 수익이나 비용이 발생할 수도 있다. 기업에서 거래가 발생하면 자산의 증가, 자산의 감소, 부채의 증가, 부채의 감소, 자본의 증가, 자본의 감소, 수익의 발생, 비용의 발생이라는 8가지 요소로 구성되는데, 이와 같이 거래를 이루는 결합항목을 거래의 8요소라고 한다. 거래 8요소의 결합관계를 그림으로 표시하면 다음의 〈그림 3-1〉과 같다.

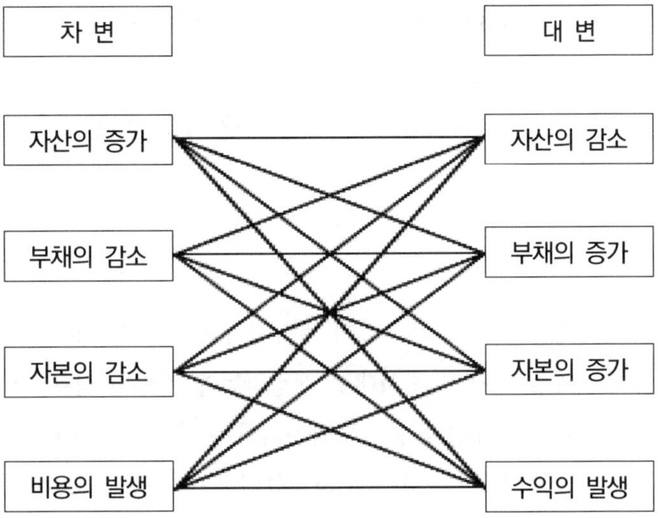


**〈그림 3-1〉 거래 8요소의 결합관계**

자산은 차변항목이므로 증가하면 차변에 기록하고 감소하면 대변에 기록한다. 반대로 부채와 자본은 대변항목이므로 증가하면 대변에 기록하고 감소하면 차변에 기록한다. 수익은 발생하면 대변에 기록하고 비용이 발생하면 차변에 기록한다. 즉, 원래 차변항목인 계정은 증가하면 차변에 기록하고 감소하면 대변에 기록한다. 반면에 원래 대변항목인 계정은 증가하면 대변에 기록하고 감소하면 차변에 기록한다. 따라서 원래의 위치가 어디인지, 증가인지 감소인지를 구분하는 것이 중요하다. 그리고 회계등식은 항상 유지되는 것이기 때문에, 차변항목에 기록하는 것이 있으면 반드시 대변항목에 동일한 금액이 기록되어야 한다. 예를 들면, 차변에 자산의 증가 내용이 기록되면 반드시 대변에도 이와 동일한 금액의 내용이 기록되어야 하는데, 자산의 감소, 부채의 증가, 자본의 증가, 수익의 발생 등이 기록될 수 있다. 거래요소의 결합과 관련하여 다음과 같은 예를 들 수 있다.

① 건물을 현금 ₩500,000에 구입하였다.

건물(자산)의 증가 ₩500,000 / 현금(자산)의 감소 ₩500,000

② 은행에서 현금 ₩1,000,000을 차입하였다.

현금(자산)의 증가 ₩1,000,000 / 차입금(부채)의 증가 ₩1,000,000

③ 임차료 ₩50,000을 현금으로 지급하였다.

임차료(비용)의 발생 ₩50,000 / 현금(자산)의 감소 ₩50,000

④ 급여 ₩80,000을 현금으로 지급하다.

급여(비용)의 발생 ₩80,000 / 현금(자산)의 감소 ₩80,000

⑤ 이자수익 ₩10,000을 현금으로 받았다.

현금(자산)의 증가 ₩10,000 / 이자수익(수익)의 발생 ₩10,000

## 2. 전기와 원장

분개는 각 계정에 거래내용을 기록함에 있어 누락이나 중복이 발생하지 않도록 하기 위한 절차이다. 분개장은 기업의 거래를 발생한 순서대로 계정과목에 기록한 장부로서, 분개장은 발생한 거래별로 그 내역은 알 수 있으나 계정과목별로 집계되지는 않는다. 그러므로 분개장상의 분개내용을 계정과목별로 다시 집계할 필요가 있다. 분개장상의 분개내용을 각 계정별로 집계하기 위하여 분개의 내용을 각 해당계정에 옮겨 기록하는 것을 회계에서는 전기(posting)라고 한다. 기업은 자산, 부채 및 자본 등의 각 항목에 대하여 별도의 독립적인 계정을 설정하고 있는데, 이들 계정들을 모아 놓은 장부를 원장(ledger) 또는 총계정원장(general ledger)이라고 한다.

전기를 하는 방법은 분개장의 계정과목 차변과 대변에 기록된 금액을 총계정원장의 해당계정을 찾아 그 계정과목의 차변 또는 대변에 옮겨 기록하면 된다. 총계정원장의 각 계정 적요란에는 흔히 그 거래의 상대계정과목을 기입하면 되지만, 거래의 내용을 알 수 있도록 가급적 상세하게 기록하는 것이 바람직하다.

〈예제 3-2〉에서 예시한 ㈜미래컨설팅의 거래를 이용하여 각 거래를 계정에 전기하면 다음과 같다.

[거래 1] 20×1년 6월 1일, 7명의 주주들이 현금 ₩2,000,000을 출자하여 컨설팅 서비스 제공을 목적으로 ㈜미래컨설팅을 설립하였다. ㈜미래컨설팅은 주주들에게 주식(보통주, 액면 ₩2,000) 1,000주를 발행하였다.

| (차) 현　금 | 2,000,000 | (대) 자 본 금 | 2,000,000 |
|---|---|---|---|

이를 T계정에 나타내면 다음과 같다.

**현　금(자산)**

| 차변 | 대변 |
|---|---|
| [1] 2,000,000 | |

**자본금(자본)**

| 차변 | 대변 |
|---|---|
| | [1] 2,000,000 |

[거래 2] 20×1년 6월 2일, 은행으로부터 ₩500,000을 차입하였다. 차입금의 이자율은 연 12%로 매월 ₩5,000의 이자를 지급하고, 1년 후에 원금을 상환하기로 하였다.

| (차) 현　금 | 500,000 | (대) 단기차입금 | 500,000 |
|---|---|---|---|

이를 T계정에 나타내면 다음과 같다.

**현　금(자산)**

| 차변 | 대변 |
|---|---|
| [1] 2,000,000 | |
| [2] 500,000 | |

**단기차입금(부채)**

| 차변 | 대변 |
|---|---|
| | [2] 500,000 |

[거래 3] 20×1년 6월 4일, 사무실에서 사용할 복사기 등의 비품을 ₩250,000에 구입하고, 구입대금 중 ₩100,000은 현금으로 지급하였으며, 나머지는 3개월 후 지급하기로 하였다.

| (차) 비　품 | 250,000 | (대) 현　금 | 100,000 |
|---|---|---|---|
| | | 미지급금 | 150,000 |

이를 T계정에 나타내면 다음과 같다.

**비　품(자산)**

| 차변 | 대변 |
|---|---|
| [3] 250,000 | |

**현　금(자산)**

| 차변 | 대변 |
|---|---|
| [1] 2,000,000 | [3] 100,000 |
| [2] 500,000 | |

**미지급금(부채)**

| 차변 | 대변 |
|---|---|
| | [3] 150,000 |

[거래 4] 20×1년 6월 7일, 신문 등의 매체를 통한 광고 홍보활동에 대한 대가로 현금 ₩200,000을 지급하였다.

| (차) 광 고 비 | 200,000 | (대) 현　　금 | 200,000 |
|---|---|---|---|

이를 T계정에 나타내면 다음과 같다.

| 광고비(비용) | | | | | 현　금(자산) | | | |
|---|---|---|---|---|---|---|---|---|
| [4] | 200,000 | | | | [1] | 2,000,000 | [3] | 100,000 |
| | | | | | [2] | 500,000 | [4] | 200,000 |

[거래 5] 20×1년 6월 10일, A사에 컨설팅 서비스를 제공하고 현금 ₩1,000,000을 수령하였다.

| (차) 현　　금 | 1,000,000 | (대) 용역매출 | 1,000,000 |
|---|---|---|---|

이를 T계정에 나타내면 다음과 같다.

| 현　금(자산) | | | | | 용역매출(수익) | | | |
|---|---|---|---|---|---|---|---|---|
| [1] | 2,000,000 | [3] | 100,000 | | | | [5] | 1,000,000 |
| [2] | 500,000 | [4] | 200,000 | | | | | |
| [5] | 1,000,000 | | | | | | | |

[거래 6] 20×1년 6월 15일, 사무실에서 사용할 복사용지 등의 소모품을 구입하고, 구입 대금 ₩50,000은 15일 후에 지급하기로 하였다.

| (차) 소 모 품 | 50,000 | (대) 미지급금 | 50,000 |
|---|---|---|---|

이를 T계정에 나타내면 다음과 같다.

| 소모품(자산) | | | | | 미지급금(부채) | | | |
|---|---|---|---|---|---|---|---|---|
| [6] | 50,000 | | | | | | [3] | 150,000 |
| | | | | | | | [6] | 50,000 |

[거래 7] 20×1년 6월 16일, B사에 컨설팅 서비스를 제공하고 서비스 대금 ₩300,000은 외상으로 하였다.

| (차) 매출채권 | 300,000 | (대) 용역매출 | 300,000 |
|---|---|---|---|

이를 T계정에 나타내면 다음과 같다.

| 매출채권(자산) | | | | 용역매출(수익) | | | |
|---|---|---|---|---|---|---|---|
| [7] | 300,000 | | | | | [5] | 1,000,000 |
| | | | | | | [7] | 300,000 |

[거래 8] 20×1년 6월 20일, 사무실 건물의 6월분 임차료 ₩200,000을 현금으로 지급하였다.

| (차) 임 차 료 | 200,000 | (대) 현 금 | 200,000 |
|---|---|---|---|

이를 T계정에 나타내면 다음과 같다.

| 임차료(비용) | | | | 현 금(자산) | | | |
|---|---|---|---|---|---|---|---|
| [8] | 200,000 | | | [1] | 2,000,000 | [3] | 100,000 |
| | | | | [2] | 500,000 | [4] | 200,000 |
| | | | | [5] | 1,000,000 | [8] | 200,000 |

[거래 9] 20×1년 6월 25일, B사로부터 외상용역대금 ₩100,000을 현금으로 회수하였다.

| (차) 현 금 | 100,000 | (대) 매출채권 | 100,000 |
|---|---|---|---|

이를 T계정에 나타내면 다음과 같다.

| 현 금(자산) | | | | 매출채권(자산) | | | |
|---|---|---|---|---|---|---|---|
| [1] | 2,000,000 | [3] | 100,000 | [7] | 300,000 | [9] | 100,000 |
| [2] | 500,000 | [4] | 200,000 | | | | |
| [5] | 1,000,000 | [8] | 200,000 | | | | |
| [9] | 100,000 | | | | | | |

[거래 10] 20×1년 6월 25일, 임직원 급여 ₩500,000을 현금으로 지급하였다.

| (차) 급 여 | 500,000 | (대) 현 금 | 500,000 |
|---|---|---|---|

이를 T계정에 나타내면 다음과 같다.

급 여(비용)

| 차변 | | 대변 | |
|---|---|---|---|
| [10] | 500,000 | | |

현 금(자산)

| 차변 | | 대변 | |
|---|---|---|---|
| [1] | 2,000,000 | [3] | 100,000 |
| [2] | 500,000 | [4] | 200,000 |
| [5] | 1,000,000 | [8] | 200,000 |
| [9] | 100,000 | [10] | 500,000 |

[거래 11] 20×1년 6월 30일, 소모품 구입으로 인한 외상대금 ₩30,000과 차입금 이자비용 ₩5,000을 현금으로 지급하였다.

| (차) 미지급금 | 30,000 | (대) 현 금 | 35,000 |
|---|---|---|---|
| 이자비용 | 5,000 | | |

이를 T계정에 나타내면 다음과 같다.

미지급금(부채)

| 차변 | | 대변 | |
|---|---|---|---|
| [11] | 30,000 | [3] | 150,000 |
| | | [6] | 50,000 |

이자비용(비용)

| 차변 | | 대변 | |
|---|---|---|---|
| [11] | 5,000 | | |

현 금(자산)

| 차변 | | 대변 | |
|---|---|---|---|
| [1] | 2,000,000 | [3] | 100,000 |
| [2] | 500,000 | [4] | 200,000 |
| [5] | 1,000,000 | [8] | 200,000 |
| [9] | 100,000 | [10] | 500,000 |
| | | [11] | 35,000 |

앞에서 [거래 1]부터 [거래 11]까지를 모두 전기한 후의 총계정원장의 각 계정을 표시하면 〈표 3-7〉과 같다.

〈표 3-7〉 총계정원장 계정

**현 금**

| | | | |
|---|---|---|---|
| [1] | 2,000,000 | [3] | 100,000 |
| [2] | 500,000 | [4] | 200,000 |
| [5] | 1,000,000 | [8] | 200,000 |
| [9] | 100,000 | [10] | 500,000 |
| | | [11] | 35,000 |
| 잔액 | 2,565,000 | | |

**매출채권**

| | | | |
|---|---|---|---|
| [7] | 300,000 | [9] | 100,000 |
| 잔액 | 200,000 | | |

**비 품**

| | | | |
|---|---|---|---|
| [3] | 250,000 | | |
| 잔액 | 250,000 | | |

**소모품**

| | | | |
|---|---|---|---|
| [6] | 50,000 | | |
| 잔액 | 50,000 | | |

**단기차입금**

| | | | |
|---|---|---|---|
| | | [2] | 500,000 |
| | | 잔액 | 500,000 |

**미지급금**

| | | | |
|---|---|---|---|
| [11] | 30,000 | [3] | 150,000 |
| | | [6] | 50,000 |
| | | 잔액 | 170,000 |

**자본금**

| | | | |
|---|---|---|---|
| | | [1] | 2,000,000 |
| | | 잔액 | 2,000,000 |

**용역매출**

| | | | |
|---|---|---|---|
| | | [5] | 1,000,000 |
| | | [7] | 300,000 |
| | | 잔액 | 1,300,000 |

**임차료**

| | | | |
|---|---|---|---|
| [8] | 200,000 | | |
| 잔액 | 200,000 | | |

**급 여**

| | | | |
|---|---|---|---|
| [10] | 500,000 | | |
| 잔액 | 500,000 | | |

**이자비용**

| | | | |
|---|---|---|---|
| [11] | 5,000 | | |
| 잔액 | 5,000 | | |

**광고비**

| | | | |
|---|---|---|---|
| [4] | 200,000 | | |
| 잔액 | 200,000 | | |

분개장은 기업의 경영활동에 대한 역사적 기록으로, 분개장 기록 자체가 회계정보가 될 수는 없지만 회계정보를 산출하기 위한 기초자료를 제공하는 장부이다. 분개장의 내용을 총계정원장의 각 계정에 전기하고 그 계정을 집계하면 이것이 각 계정별 회계정보가 되며, 각각의 계정별 회계

정보를 일정한 원리에 따라 정리하여 재무제표를 작성할 수 있는 것이다. 전기가 끝나고 결산일이 되면 재무상태표 및 포괄손익계산서를 작성하기 위하여 각 총계정원장을 마감(closing)하여야 한다. 총계정원장의 마감이란 결산일에 기록을 마감하고 차변과 대변의 합계액 및 기말잔액을 산출하는 과정이다.

〈표 3-7〉의 총계정원장에서 보는 바와 같이 총계정원장은 각 계정과목별로 기간 중의 증가액과 감소액, 그리고 잔액을 표시해 준다. 예를 들면, 현금계정을 보면 6월 중에 ₩3,600,000의 현금이 입금되었으며, 같은 기간에 ₩1,035,000의 지출이 있었고, 그 입금과 지출의 내역을 일자별로 알 수 있다. 또한 6월 30일 현재 현금잔액이 ₩2,565,000인 것도 알 수 있다. 이것은 매우 중요한 정보이다.

이와 같이 총계정원장은 각 계정별 거래내역에 대한 정보를 상세히 제공해 주는 중요한 회계장부이며, 총계정원장의 자료를 바탕으로 각종 회계보고서를 작성할 수 있으며, 의사결정에 필요한 여러 가지 회계정보도 얻을 수 있다.

## 3. 시산표와 재무제표

회계는 아무리 거대하고 복잡한 기업의 거래라도 단순하게 분석하여 기록할 수 있으며, 그 기록의 결과에 대한 정확성을 자신이 검증하는 기능을 가지고 있는 정교한 시스템이다. 여기에서는 회계의 자체검증기능인 대차평형의 원리를 설명하고, 회계처리과정의 검증과 재무제표의 작성을 위한 준비단계인 시산표의 작성에 대해 설명하도록 한다.

### (1) 대차균형의 원리

회계는 모든 거래를 차변과 대변으로 구분하여 동일한 금액으로 양변에 각각 분개한 후에, 차변에 분개된 금액은 총계정원장의 차변에 전기하고 대변에 분개된 금액은 총계정원장의 대변에 전기한다. 따라서 모든 거래를 바르게 분개하고 총계정원장에 바르게 전기했다면, 각 계정들의 차변을 합계한 금액과 대변을 합계한 금액은 완전히 일치하게 된다. 이를 대차균형의 원리(principle of equilibrium)라고 한다.

이 원리는 모든 거래에 대하여 성립한다. 만일 어떤 회계기록에서 차변의 합계액과 대변의 합계액이 일치하지 않는다면, 이는 분개와 전기 중에 하나 이상이 잘못 이루어졌음을 의미한다. 모든 거래가 올바르게 분개되고 전기가 정확하게 이루어지면 대차균형의 원리에 따라 모든 계정의 차변합계액과 대변합계액은 반드시 일치하여야 한다. 따라서, 회계는 차변합계액과 대변합계액을 비교함으로써 회계기록의 오류가 있는지 여부를 검증할 수 있게 된다. 이러한 대차균형의 원리를 회계의 자기검증기능(self-verification function) 또는 자체통제기능(self-control function)이라고 한다.

### (2) 시산표의 작성

시산표(trial balances)란 일정시점에서의 원장 차변잔액과 대변잔액을 한곳에 모아 놓은 집계표를 말한다. 계정과목의 수가 많고 거래내용이 복잡한 기업에서는 많은 계정과목들을 사용하기 때문에, 총계정원장의 내용이 매우 복잡해서 총계정원장을 이용하여 직접 재무제표를 작성하기가 상당히 불편하고 오류가 발생할 가능성도 매우 높다. 시산표는 분개로부터 총계정원장의 기록과 마감에 이르기까지의 회계기록에 잘못이 있는지의 여부를 확인하고, 총계정원장의 계정과목을 하나의 표로 정리함으로써 재무제표의 작성을 용이하게 하기 위해 작성하는 표이다.

일반적으로 시산표는 다음과 같은 목적을 위하여 작성한다.

① 거래의 분개로부터 총계정원장에 전기 및 총계정원장의 마감에 이르기까지의 회계기록에 오류가 없는가를 검증한다. 모든 거래는 차변과 대변에 같은 금액이 기록되므로 각 계정을 모은 합계도 차변과 대변이 일치해야 한다. 만약 일치하지 않는다면 오류가 발생한 것이므로 그 원인을 규명하여 수정해야 한다.

② 재무제표의 작성을 용이하게 한다. 시산표는 총계정원장에 흩어져 있는 계정과목을 하나의 표에 모아서 집계하기 때문에 재무제표의 작성이 단순해지고 오류를 줄일 수 있다.

③ 기업의 재무상태와 경영성과를 시산표를 통해 어느 정도 파악할 수 있다.

여기에서 유의하여야 할 것은 시산표를 작성하여 차변과 대변의 금액이 서로 일치한다고 해서 반드시 회계기록이 정확하다고 말할 수는 없다는 것이다. 다음과 같은 경우는 시산표의 작성만으로는 확인되지 않는 오류이다.

① 회계거래가 발생하였음에도 불구하고 분개 자체를 누락하거나 전기가 누락된 경우

② 거래를 이중으로 분개한 경우

③ 분개된 것을 전기할 때 차변과 대변을 모두 누락시킨 경우

④ 다른 계정과목에 전기한 경우
예를 들면, 현금계정 차변에 전기하여야 할 거래를 매출채권계정이나 대여금계정의 차변에 전기한 경우

⑤ 분개에 나타난 차변과 대변을 정반대로 전기한 경우
예를 들면, 현금계정의 차변과 차입금계정의 대변에 전기해야 할 내용을 현금계정의 대변과 차입금계정의 차변에 전기한 경우

⑥ 오류가 우연히 상계된 경우

이상과 같은 오류가 발생하는 경우에는 시산표만으로 그 오류가 발견되지 않기 때문에 이러한 오류가 발생되지 않도록 기업은 기업내부에 합리적인 내부통제제도(internal control system)를 사전에 구축하여야 한다. 내부통제제도란 회계상의 부정이나 오류가 발생하는 것을 방지하고, 기업이 소유하고 있는 자원의 낭비나 비효율적인 이용을 방지할 뿐만 아니라 기업 내의 모든 부정과 오류를 방지하기 위하여 사전에 취하는 모든 조치를 말한다.

시산표는 모든 계정의 금액을 집계하여 작성하는데, 집계방법에 따라 각 계정의 합계액만을 모아서 작성하는 합계시산표, 잔액만을 모아서 작성하는 잔액시산표, 합계와 잔액을 모두 모아서 작성하는 합계잔액시산표로 구분된다. 또한, 결산수정분개 이전에 시산표를 작성하느냐, 아니면 이후에 시산표를 작성하느냐에 따라 수정전시산표와 수정후시산표로 구분된다.

〈예제 3-2〉에서 설명한 ㈜미래컨설팅의 20×1년 6월 30일 현재의 합계잔액시산표를 작성하면 다음 〈표 3-8〉과 같다.

**〈표 3-8〉 합계잔액시산표**

**합계잔액시산표**

㈜미래컨설팅　　　20×1년 6월 30일 현재　　　(단위:원)

| 차변 | | 계정과목 | 대변 | |
|---|---|---|---|---|
| 합계 | 잔액 | | 잔액 | 합계 |
| ₩3,600,000 | ₩2,565,000 | 현금 | | ₩1,035,000 |
| 300,000 | 200,000 | 매출채권 | | 100,000 |
| 250,000 | 250,000 | 비품 | | |
| 50,000 | 50,000 | 소모품 | | |
| 30,000 | | 미지급금 | ₩170,000 | 200,000 |
| | | 단기차입금 | 500,000 | 500,000 |
| | | 자본금 | 2,000,000 | 2,000,000 |
| | | 용역매출 | 1,300,000 | 1,300,000 |
| 200,000 | 200,000 | 임차료 | | |
| 500,000 | 500,000 | 급여 | | |
| 200,000 | 200,000 | 광고비 | | |
| 5,000 | 5,000 | 이자비용 | | |
| ₩5,135,000 | ₩3,970,000 | 합계 | ₩3,970,000 | ₩5,135,000 |

〈표 3-8〉에서 보는 바와 같이, 시산표를 작성할 때 계정과목은 일반적으로 자산, 부채, 자본, 수익, 비용의 순서로 배열하게 되는데, 이것은 재무제표의 작성을 용이하게 한다. 〈표 3-8〉에서 보면 자산과 비용계정은 잔액이 차변에 발생하고, 부채, 자본, 수익계정은 잔액이 대변에 발생한다는 사실이다. 이것은 자산이나 비용의 증가가 차변에 기록되고 부채, 자본 및 수익의 증가가 대변에 기록되기 때문에 당연한 결과라 할 수 있다.

### (3) 재무제표의 작성

한편, 잔액시산표로부터 재무상태표와 포괄손익계산서를 작성해 볼 수 있다. 잔액시산표는 합계잔액시산표의 양쪽 합계금액의 차이로 작성된다. 잔액시산표에서 자산, 부채 및 자본계정을 이용하여 재무상태표를 작성할 수 있다. 또한 수익, 비용계정을 이용하여 포괄손익계산서를 작성할 수 있다. 잔액시산표를 이용한 재무제표의 작성은 〈표 3-9〉에 나타나 있다.

**〈표 3-9〉 잔액시산표를 이용한 재무제표 작성**

**잔 액 시 산 표**

㈜미래컨설팅 20×1년 6월 30일 현재 (단위:원)

| 계정과목 | 잔액시산표 | | 포괄손익계산서 | | 재무상태표 | |
|---|---|---|---|---|---|---|
| | 차 변 | 대 변 | 차 변 | 대 변 | 차 변 | 대 변 |
| 현 금 | ₩2,565,000 | | | | ₩2,565,000 | |
| 매 출 채 권 | 200,000 | | | | 200,000 | |
| 비 품 | 250,000 | | | | 250,000 | |
| 소 모 품 | 50,000 | | | | 50,000 | |
| 미 지 급 금 | | ₩170,000 | | | | ₩170,000 |
| 차 입 금 | | 500,000 | | | | 500,000 |
| 자 본 금 | | 2,000,000 | | | | 2,000,000 |
| 용 역 매 출 | | 1,300,000 | | ₩1,300,000 | | |
| 임 차 료 | 200,000 | | ₩200,000 | | | |
| 급 여 | 500,000 | | 500,000 | | | |
| 광 고 비 | 200,000 | | 200,000 | | | |
| 이 자 비 용 | 5,000 | | 5,000 | | | |
| 합 계 | ₩3,970,000 | ₩3,970,000 | 905,000 | 1,300,000 | 3,065,000 | 2,670,000 |
| **당기순이익** | | | **395,000** | | | **395,000** |
| 합 계 | | | ₩1,300,000 | ₩1,300,000 | ₩3,065,000 | ₩3,065,000 |

만약 배당금이 있다면 이는 시산표의 차변에 기록하고, 차후에 재무상태표 작성시에는 이익잉여금에서 차감되므로 재무상태표의 본문에서는 표시되지 않는다.

# 연습문제

**01** **거래를 계정에 대체하기 전 거래발생 순서에 따라 최초로 기록하는 회계장부는 무엇인가?**

① 분개장 ② 총계정원장
③ 매출처원장 ④ 매입처원장

**02** **자산계정이 감소하는 거래가 일어난 경우, 이 거래와 동시에 발생할 수 없는 것은?**

① 부채계정이 동일한 금액만큼 감소한다.
② 자산계정이 동일한 금액만큼 증가한다.
③ 수익계정이 동일한 금액만큼 증가한다.
④ 비용계정이 동일한 금액만큼 증가한다.

**03** **다음 분개에 대한 설명으로 옳지 않은 것은?**

| (차) 매출채권 | 80,000 | (대) 매 출 | 80,000 |
|---|---|---|---|

① 매출채권이 ₩80,000 증가했다.
② 매출이 ₩80,000 증가했다.
③ 매출이 증가한 만큼 현금도 ₩80,000 증가했다.
④ 이 거래로 인한 부채의 변동은 없다.

**04** **다음 중 거래를 기록하더라도 자산, 부채, 자본의 총액에는 변동이 없는 거래는 어느 것인가?**

① 건물을 장부금액으로 처분하고, 대금은 외상으로 하였다.
② 토지를 취득하고 주식을 발행하였다.
③ 배당금으로 현금을 지급하였다.
④ 거래처로부터 상품을 외상으로 매입하였다.

## 05 다음 (　　　)에 가장 적절한 계정과목은?

| (차) (　　　) | ××× | (대) 매　　출 | ××× |
|---|---|---|---|
| (차) 현　　금 | ××× | (대) (　　　) | ××× |

① 매출채권　② 미지급비용
③ 매입채무　④ 현금

## 06 다음 중 총자산과 총부채가 증가하는 유형의 거래는?

① 현금과 어음을 지급하고 차량을 구입하다.
② 토지를 장부금액으로 처분하고 대금은 외상으로 하다.
③ 주식을 발행하고 주주들로부터 현금을 출자받다.
④ 단기차입금을 상환하다.

## 07 전기에 대한 설명으로 옳은 것은?

① 거래를 최초로 장부에 기입하는 것이다.
② 분개장으로부터 총계정원장의 계정으로 차변과 대변금액을 옮겨 적은 것이다.
③ 총계정원장의 차변금액과 대변금액의 일치여부를 검증하는 것이다.
④ 총계정원장 각 개별계정의 잔액을 결정하는 것이다.

## 08 수익의 인식으로 나타는 영향이 아닌 것은?

① 자산계정의 증가　② 부채계정의 감소
③ 자본계정의 증가　④ 비용계정의 감소

## 09 비용의 인식으로 나타나는 영향은 어느 것인가?

① 자산계정의 증가　② 부채계정의 증가
③ 자본계정의 증가　④ 수익계정의 감소

## 10 다음 중 시산표등식은?

① 자산 = 부채 + 자본　② 자산 - 부채 = 자본
③ 자산 = 지분　④ 자산 + 비용 = 부채 + 자본 + 수익

## 기출문제

**01 다음 중 차 대리의 답변에서 알 수 있는 거래 분석으로 옳은 것은?** (FAT1급 72회, 2024)

> 김 부장 : ㈜공인의 받을어음 결제 어떻게 되었습니까?
> 차 대리 : ㈜공인의 받을어음이 만기결제되어 국민은행 당좌예금계좌에 입금되었습니다.

① (차) 부채의 감소　(대) 자산의 감소
② (차) 자산의 증가　(대) 수익의 발생
③ (차) 자산의 증가　(대) 자산의 감소
④ (차) 부채의 감소　(대) 부채의 증가

**02 다음 중 도매업을 영위하는 ㈜한공의 (가)와 (나)에 해당하는 계정과목으로 옳은 것은?** (FAT1급 72회, 2024)

> (가) 영업사원의 명함제작비용
> (나) 거래처 (주)공인의 창사기념일 축하 선물비

| | (가) | (나) |
|---|---|---|
| ① | 통 신 비 | 복리후생비 |
| ② | 도서인쇄비 | 접 대 비 |
| ③ | 여비교통비 | 수수료비용 |
| ④ | 도서인쇄비 | 기 부 금 |

**03 다음 중 이 과장의 답변에서 알 수 있는 거래 분석으로 옳은 것은?** (FAT1급 66회, 2023)

> 김 부장 : ㈜한공에 대한 외상매입금을 언제 지급했습니까?
> 이 과장 : 방금 전 보통예금계좌에서 이체했습니다.

① (차) 부채의 감소　(대) 자산의 증가
② (차) 부채의 감소　(대) 자산의 감소
③ (차) 자산의 감소　(대) 부채의 증가
④ (차) 자산의 감소　(대) 부채의 감소

**04** **다음은 직원이 제출한 출장완료 보고서의 일부이다. 해당 보고서상 사용내역을 회계처리 할 때 나타나는 계정과목이 아닌 것은?** (FAT1급 65회, 2023)

> **출장완료 보고서**
>
> 1. 출장목적 : 대구지사와 매출거래처 방문
> 2. 출장기간 : 2023년 7월 6일부터 2023년 7월 8일까지
> 3. 사용내역
>
> (단위: 원)
>
> | 구 분 | 운 임 | 숙박비 | 직원 회식대 | 매출거래처 선물대 | 계 |
> |---|---|---|---|---|---|
> | 금 액 | 100,000 | 150,000 | 300,000 | 50,000 | 600,000 |
>
> ⋮

① 여비교통비
② 기부금
③ 복리후생비
④ 접대비

**05** **다음 중 영업이익에 영향을 주는 거래로 옳은 것은?** (전산회계1급 110회, 2023)

① 거래처에 대한 대여금의 전기분 이자를 받았다.
② 창고에 보관하고 있던 상품이 화재로 인해 소실되었다.
③ 차입금에 대한 전기분 이자를 지급하였다.
④ 일용직 직원에 대한 수당을 지급하였다.

**06** **다음 중 자본에 영향을 미치는 거래에 해당하지 않는 것은?** (전산세무2급 118회, 2025)

① 사옥으로 사용하기 위해 건물을 구입하고 거래대금을 보통예금으로 지급했다.
② 보통주 10,000주를 주당 11,000원(액면가액 5,000원)에 증자했다.
③ 광고대행사로부터 광고대행용역을 제공받고 수수료로 10,000,000원을 지급했다.
④ 사업에 사용하던 차량을 10,000,000원(장부가액 15,000,000원)에 매각했다.

**07** **다음 중 일반기업회계기준상 거래형태별 수익 인식시점으로 가장 올바른 것은?** (전산세무2급 114회, 2024)

① 배당금 수익 : 배당금을 수취한 날
② 상품권 판매 : 상품권을 발행한 날
③ 장기할부판매 : 판매가격을 기간별로 안분하여 수익으로 인식한다.
④ 건설형 공사계약 : 공사 진행률에 따라 진행기준에 의해 수익을 인식한다.

**08** **다음 중 재무상태표와 손익계산서에 모두 영향을 미치는 오류에 해당하는 것은?** (전산세무2급 108회, 2023)

① 만기가 1년 이내에 도래하는 장기채무를 유동성대체하지 않은 경우
② 매출할인을 영업외비용으로 회계처리한 경우
③ 장기성매출채권을 매출채권으로 분류한 경우
④ 감가상각비를 과대계상한 경우

**09** **다음 중 재무상태표에 대한 설명으로 올바른 것끼리 짝지어진 것은?** (전산세무1급 107회, 2023)

> 가. 재무상태표 항목은 자산, 부채, 자본으로 구분하고, 이해하기 쉽게 표시하며, 성격이나 금액이 중요하지 아니한 항목은 성격이 다른 항목에 통합하여 표시할 수 있다.
> 나. 재무상태표의 자산과 부채는 유동성이 큰 항목부터 배열한다.
> 다. 회사가 채권과 채무를 상계할 수 있는 법적 권리를 가지고 있고, 채권과 채무를 차액으로 결제하거나 동시에 결제 의도가 있어도 총액으로 표시하여야 한다.
> 라. 재무상태표는 일정 시점 현재 기업이 보유하고 있는 경제적 자원인 자산과 경제적 의무인 부채, 그리고 자본에 대한 정보를 제공하는 재무보고서이다.

① 가, 나　　② 나, 다
③ 다, 라　　④ 나, 라

# 04
# 재무제표의 작성

# 제4장 재무제표의 작성

## 제1절 수정분개

회계순환과정 중에서 회계거래를 식별하고 이를 분개한 다음 원장에 전기한 후 시산표(수정전 시산표)를 작성하는 방법에 대해서는 제3장에서 설명하였다. 일정기간 동안 발생된 수익과 비용을 정확하게 인식하기 위해서는 매 회계기간 말에 별도의 분개가 이루어져야 하는데 이를 수정분개라 한다.

### 1. 발생주의 회계와 현금주의 회계

회계기간의 가정에 의하여 일정기간 동안의 경영성과를 보고하기 위해서는 기간별로 정확한 수익과 비용을 확정지어야 한다. 회계기간의 수익과 비용을 인식하는 방법에는 현금주의 회계(cash basis accounting)와 발생주의 회계(accrual basis accounting) 두 가지가 있다.

현금주의 회계란 영업활동으로 상품의 매매를 통해 현금의 수입 및 지출이 있을 때에만 수익과 비용을 인식하는 회계처리제도이다. 즉, 현금주의에서는 회계적 사건여부를 현금이 실제로 수반되었는지의 여부에 따라서 판단하는 방법으로, 현금의 수입이 있을 때 수익을 인식하고 현금의 지출이 있을 때 비용을 인식하여 경영성과를 계산하는 방법이다. 현금의 수입 및 지출 여부는 누구나 쉽게 이해할 수 있기 때문에 현금주의를 따르면 재무제표 작성이 매우 용이하다는 장점이 있다. 그러나, 현금주의는 한 회계기간 동안에 발생한 수익과 그 수익을 발생시키기 위해 지출된 비용을 적절히 대응시키지 못함으로써 경영성과를 왜곡시킬 우려가 있다는 단점이 있다. 즉, 기업의 주된 활동인 영업활동은 상품의 구입과 판매를 통해 대금을 회수함으로써 종료되는데, 특정 회계기간 동안에 판매된 상품의 대가가 현금으로 회수될 때까지는 상당한 기간이 소요되기 때문이다. 한 회계기간 동안에 상품의 매매에 따른 현금의 수입과 지출이 모두 이루어진다면 현금주의에 따라 경영성과를 파악하는 것은 아무런 문제가 발생하지 않는다. 그러나 많은 영업활동이 반복하여 계속적으로 발생하고, 다음 회계연도에 걸쳐 지속적으로 발생한다. 즉, 당기의 상품매매에 따른 현금의 회수가 다음 회계연도 이후에까지 이루어지는 경우가 많다. 따라서, 회계에서는 경영성과를 기간별로 파악하기 때문에, 만일 당해 기말시점에 영업활동에 따른 대금의 회수가 이루어지지 않은 경우에 현금주의에 따라 경영성과를 계산하게 되면 기업의 재무적 성과를 왜곡시킬 우려가 있다. 이러한 문제 때문에 현금주의는 대부분의 기업에서 채택하지 않으며, 현행 회계제도에서도 이를 일반적으로 인정된 회계원칙으로 인정하지 않고 있다.

이에 회계에서는 현금의 수입이나 지출과는 관계없이 발생기준(accrual basis)에 따라 수익과 비용을 인식하고 경영성과를 계산하는 발생주의 회계를 채택하고 있다. 발생기준은 기업실체의 경제적 사건 또는 거래에 대해 관련된 수익과 비용을 그 현금의 수입 및 지출이 이루어지는 기간이 아니라 당해 사건 또는 거래가 발생한 기간에 인식하는 것을 말한다. 즉, 발생주의 회계에서는 현금의 수입 및 지출과 관계없이 수익은 가득(earned)되었을 때 인식하고, 비용은 발생(incurred)되었을 때 인식한다. 일반적으로 인정된 회계원칙에 따르면 수익과 비용은 현금의 수입이나 지출에 관계없이 실제로 발생한 시점에 초점을 맞추어 인식한다. 기업 경영은 계속기업을 전제로, 인위적으로 회계기간을 구분하여 경영성과를 파악하고 보고할 필요가 있으며, 이에 현금의 수입 및 지출과는 관계없이 수익과 비용의 당기 발생여부를 기준으로 경영성과를 계산하는 발생주의가 도입된 것이다. 이러한 발생주의는 기업의 기간별 경영성과를 올바르게 계산할 뿐만 아니라, 회계기간별 재무제표의 비교가능성(comparaability)도 증가시켜 준다. 따라서, 현금주의 회계와 발생주의 회계의 차이는 수익과 비용의 인식시기에 있다고 할 수 있다.

## 2. 수익과 비용

### (1) 수익의 인식

수익의 인식이란 수익이 귀속되는 회계기간을 결정하는 것을 말한다. 즉, 어느 시점에 발생된 수익을 보고할 것인가를 결정하는 과정을 의미한다. 수익인식의 원칙에 의하면 수익은 현금의 수입시점과는 상관없이 가득되고 실현된 기간에 인식하도록 되어 있다. 수익이 가득되었다는 것은 기업이 수익의 창출을 위해 수행해야 하는 재화나 용역이 제공되었다는 것을 의미하고, 실현되었다는 것은 재화나 용역을 제공한 대가로 현금 또는 현금청구권과 교환되었다는 것을 의미한다. 수익인식의 원칙은 "실현주의"라고도 한다. 일반적으로 수익인식의 시점은 판매시점, 판매시점 이전(생산기간 중 또는 생산완료시점), 판매시점 이후(현금회수시점) 중 하나이다.

#### 1) 판매시점

수익을 인식하는 조건인 수익의 가득과 실현이 이루어지는 시점은 업종이나 영업형태에 따라 다르게 나타난다. 대부분의 제조업이나 판매업에서는 판매시점에서 재화나 용역이 제공(가득요건)되고, 현금이나 현금청구권이 획득(실현요건)되므로 판매시점에서 수익을 인식한다.

### 2) 판매시점 이전(생산기간 중 또는 생산완료시점)

수익의 인식이 판매시점 이전인 생산기간 중 또는 생산완료시점에서 이루어질 수 있다. 이는 주로 장기간에 걸쳐 재화나 용역을 제공하는 경우이다. 건설회사는 공사를 착수하기 전에 고객과 계약을 체결하여 비교적 장기간에 걸쳐 공사를 수행한다. 건설회사는 장기건설공사에 소요되는 비용을 합리적으로 추정할 수 있고, 공사수익에 해당하는 공사대금은 계약에 명시되어 있을 뿐만 아니라 공사의 진척도에 따라 정기적으로 대금을 회수한다. 따라서, 공사의 진척에 따른 재화의 제공과 현금의 수취에 대한 불확실성이 심각하지 않기 때문에 생산기간 중에도 전체 공사수익의 일부와 이에 대응되는 공사원가를 당해 회계기간의 공사 진척도에 따라 인식할 수 있다. 그러나 공사대금 회수에 대한 불확실성이 높거나 건설회사의 공사진행능력에 문제가 있다면, 공사가 완료되는 시점에 전체 공사에 대한 수익과 비용을 인식해야 한다.

### 3) 판매시점 이후(현금회수시점)

판매시점 이후의 수익인식은 상품의 판매나 용역의 제공이 장기외상판매인 경우에 현금 회수에 대한 불확실성이 높아서 수익을 적절하게 인식할 수 없는 경우에 이용된다. 즉, 장기할부판매의 경우에 수익의 인식조건 중 판매시점에서 상품이 인도되었으므로 가득의 요건은 만족하지만, 현금의 회수에 대한 불확실성이 높아 실현요건을 충족시키지 못한다. 따라서 이러한 경우에는 판매시점이 아닌 현금이 회수되는 시점에 수익을 인식하는 것이다.

## (2) 비용의 인식

기업은 수익을 창출하기 위하여 다양한 경제적 자원을 소비하게 되는데, 이렇게 수익을 창출하기 위해 소비된 자원을 비용이라고 한다. 비용은 기업의 경영활동에 따라 나타나는 경제적 효익이 소비되는 시점에 인식된다. 비용은 수익을 인식하는 회계기간에 대응하여 인식되어야 하는데, 이와 같이 수익과의 인과관계에 근거하고 있는 비용의 인식기준을 수익·비용 대응의 원칙(matching principle)이라고 한다. 이는 당해 기간동안에 인식한 수익에 적절한 비용을 대응시키는 데 중점을 두고 있다.

회계에서 가장 전형적인 이익을 측정하는 형태는 기업이 일정기간에 인식된 수익과 수익을 창출하기 위해 소비된 비용을 대응시키는 것이다. 발생주의 회계에서 기간이익을 결정하기 위해서는 일정기간을 기준으로 하여 경영활동에 따라 나타나는 인과관계가 있는 수익과 비용을 합리적이고 체계적인 기준으로 대응시켜야 한다. 예를 들면, 상품의 판매에 따라 수익이 창출되면 이와 관련하여 직접적으로 대응되는 비용을 수익에 대응시켜야 한다. 매출이 발생됨과 동시에 발생하는 매출원가와 판매수수료 등이 그 예이다. 또한 수익과 직접적으로 대응되지는 않지만 경제적 효익이 여러 회계기간에 걸쳐 발생할 것으로 기대되고 수익과의 관련성이 포괄적이고 간접적으로만 결정될 수 있는 비용은 체계적이고 합리적인 방법으로 기간에 배분하여 인식한다. 예를 들면, 기업의 수익 창출활동과 관련하여 발생하는 비용 중 자산의 사용과 관련된 감가상각비나 보험료와 같은 선급비용 등이 여기에 해당된다.

## 3. 수정분개의 유형

### (1) 수정분개의 의의

기업의 광범위한 정보이용자들에게 회계정보를 보고하는 데 있어 가장 중요한 것은 경제적 의사결정에 유용한 기업의 재무상태와 경영성과에 관한 정보를 제공하는 것이다. 기업이 달성한 일정기간 동안의 경영성과를 올바르게 제공하기 위해서는 회계기간 중에 실현된 수익과 수익을 획득하기 위해 소비된 비용을 정확하게 계산하여야 한다. 앞에서 설명한 바와 같이 현금주의에서는 현금의 수입 및 지출이 이루어진 경우에만 회계적 사건으로 기록되기 때문에 결산시 별도의 절차 없이 각 계정의 잔액으로 이익을 계산할 수가 있다. 반대로 발생주의에서는 현금의 수입 및 지출이 이루어지지 않은 경우에도 재무상태의 변화에 영향을 미친다면 회계적 사건으로 기록하게 된다. 따라서, 한 회계기간 동안의 정확한 경영성과를 계산하기 위해서는 한 회계기간 중에 발생한 수익과 비용을 결정할 필요가 있다.

총계정원장에 기록된 결과는 계속적인 경영활동에서 발생된 거래를 일상적으로 회계처리한 것이기 때문에, 특정 시점에서의 재무상태나 경영성과를 정확하게 나타낸 것은 아니다. 총계정원장의 많은 계정들이 회계기간 말에 기록된 내용대로 보고되는데, 일부 계정은 수익과 비용의 발생이 한 회계기간 이상에 걸쳐서 영향을 미치는 경우가 있다. 즉, 총계정원장에 나타난 각 계정의 금액 중에는 결산일 현재의 금액을 제대로 나타내지 않거나 발생주의 회계원칙에 따르지 않은 부분이 있을 수 있다. 예를 들면, 보유 중인 재고자산과 주식의 취득가격과 시장가격 간의 차이가 발생할 수 있으며, 건물이나 기계설비와 같은 유형자산은 영업활동에 계속해서 사용되어 왔다. 결산일이 12월 31일인 기업에서 직원들의 12월분 급여를 결산일 현재 지급하지 않았거나, 12월분의 이자수익을 아직 현금으로 받지 못한 경우도 있을 수 있다. 이러한 경우, 수익과 비용을 일정한 회계기간에 영향을 미치는 부분만을 구분하여 보고할 필요가 있다. 수익과 비용은 현금주의가 아니고 발생주의에 따라 정확하게 기록하고, 특히 수익은 실현주의에 따라 비실현이익이 계상되지 않도록 해야 한다.

이와 같이 일부의 계정에 대하여 이미 기록된 기말잔액을 결산시점에 수정하거나 추가로 기록하여 적절히 평가할 필요가 있다. 이 과정에서 발생한 수정할 사항을 수정사항(adjusting items)

또는 결산수정사항이라 한다. 수정분개(adjusting entries)란 결산일에 발생주의 또는 실현주의 회계원칙에 따라 기업의 정확한 경영성과를 계산하기 위해 수정사항을 장부에 반영하기 위한 분개를 말하는 것으로, 수정기입 또는 정리기입이라고도 한다. 수정분개가 주로 결산시에 이루어진다고 하여 결산수정분개라고도 한다. 수정분개는 결산일의 정확한 재무상태와 회계기간의 정확한 경영성과를 계산하기 위한 필수적인 과정이라 할 수 있다. 즉, 수정분개가 잘못되면 재무상태표와 포괄손익계산서 모두 정확하게 작성될 수가 없다.

모든 수정분개는 최소한 한 개 이상의 재무상태표 계정잔액과 포괄손익계산서 계정잔액에 영향을 미치게 된다. 따라서 수정분개는 자산, 부채 및 자본계정 혹은 수익 및 비용계정에 항상 영향을 미친다. 수정분개의 목적은 첫째, 재무상태표에 속하는 기말의 자산 및 부채를 올바른 금액으로 나타내고자 하는 것이며, 둘째, 포괄손익계산서를 작성하면서 당기의 수익과 비용을 정확하게 나타내기 위한 것이다.

### (2) 수정분개의 유형

수정분개의 유형은 〈그림 4-1〉에서 보는 바와 같이 이연항목에 대한 수정분개와 발생항목에 대한 수정분개로 분류할 수 있다.

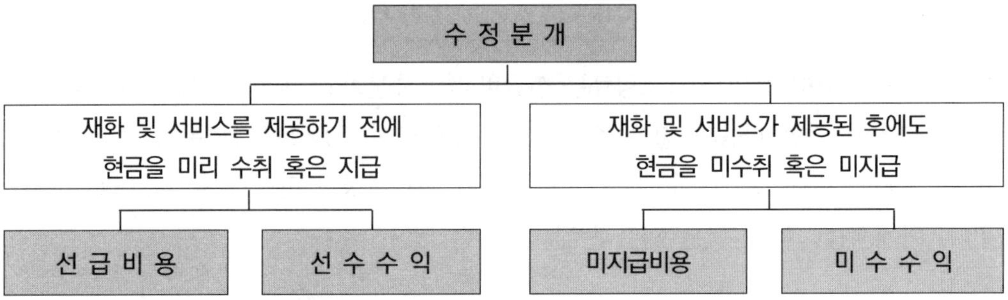


**〈그림 4-1〉 수정분개의 유형**

이연항목은 기업이 재화 및 서비스를 제공하기 전에 대가를 미리 현금으로 받았거나 지급한 경우에 나타나는 항목으로써 선급비용과 선수수익으로 구분된다. 발생항목은 재화 및 서비스를 제공했거나 혹은 제공받았으나 대가를 아직 받거나 지급하지 않았거나, 권리 및 의무를 기록하지 않은 경우에 나타나는 항목으로써 미지급비용과 미수수익으로 구분된다. 발생항목은 수익과 비용계정에 대해 발생하며, 이는 자산과 부채계정에 영향을 미친다.

#### 1) 선급비용

선급비용(prepaid expenses)은 일상적으로 발생하는 비용에 대한 대가를 현금으로 지불하였으나 아직 서비스(효익)를 제공받지 못한 경우에 발생한다. 즉, 재화나 용역을 당기와 차기 이후에 제공받기 위해서 그 대가를 미리 지급한 경우로서 보험료, 임차료, 광고비, 이자비용 등이 있다.

선급비용에 관한 회계처리는 두 가지 방법이 있다. 먼저 미래에 제공받을 서비스에 대한 대가를 미리 지급한 현금지급일에 자산계정으로 기록한 후, 기간이 경과하면서 제공받은 서비스 부분을 비용으로 인식하는 방법이다. 다른 하나는 현금지급일에 비용계정으로 기록한 후, 서비스가 제공되지 않은 부분을 파악하여 자산계정으로 기록하는 방법이다. 〈예제 4-1〉을 통해 두 가지 방법을 살펴보도록 한다.

**예제 4-1** ㈜미래는 20×1년 1월 1일, 본사 건물에 대한 향후 3년분 보험료 ₩300,000을 지급하였다.

① 자산으로 기록

㈜미래가 1월 1일, 보험료 선급액을 자산계정인 선급보험료계정에 기록하였다고 가정한다.

■ 현금지급 시점(20×1년 1월 1일)

| (차) 선급보험료 | 300,000 | (대) 현 금 | 300,000 |
|---|---|---|---|

위 분개에서 차변항목인 선급보험료는 선급비용의 세분화된 계정항목이다. ㈜미래는 기말인 12월 31일이 되면 다음과 같은 수정분개를 수행하여 20×1년 1년분에 해당하는 보험료 ₩100,000를 비용으로 인식하는 동시에 선급보험료계정의 잔액을 ₩100,000 감소시켜야 한다. 이에 대한 수정분개는 다음과 같이 할 수 있다.

■ 수정분개(20×1년 12월 31일)

| (차) 보험료 | 100,000* | (대) 선급보험료 | 100,000 |
|---|---|---|---|

* 20×1년분 보험료 : ₩300,000 × 1/3 = ₩100,000
미경과된 보험료 : ₩300,000 × 2/3 = ₩200,000

선급보험료(자산)

| 차변 | | 대변 | |
|---|---|---|---|
| 1/1 | 300,000 | 12/31 | 100,000 |
| 잔액 | 200,000 | | |

보 험 료(비용)

| 차변 | | 대변 |
|---|---|---|
| 12/31 | 100,000 | |
| 잔액 | 100,000 | |

위의 수정분개를 통해 선급보험료계정 차변의 잔액은 미경과된 보험료 ₩200,000만을 나타내고 있다. 또한 보험료계정의 차변에는 20×1년분 보험료 ₩100,000이 비용으로 계상되고 있다.

② 비용으로 기록

현금지급일에 비용계정으로 기록한 후, 서비스가 제공되지 않은 부분을 파악하여 자산계정으로 기록하는 방법이다.

■ 현금지급 시점(20×1년 1월 1일)

| (차) 보험료 | 300,000 | (대) 현　금 | 300,000 |
|---|---|---|---|

위 분개는 먼저 현금지급 시점에 선급액을 보험료계정에 기록하고, 기말에 이를 수정하는 방법이다. 즉, ㈜미래는 기말의 수정분개에서 보험료계정의 금액을 수정하고, 미경과된 보험료는 선급보험료계정에 기록한다. 이에 대한 수정분개는 다음과 같이 할 수 있다.

■ 수정분개(20×1년 12월 31일)

| (차) 선급보험료 | 200,000* | (대) 보험료 | 200,000 |
|---|---|---|---|

선급보험료(자산)

| 차변 | 대변 |
|---|---|
| 12/31　200,000 | |
| 잔액　200,000 | |

보 험 료(비용)

| 차변 | 대변 |
|---|---|
| 1/1　300,000 | 12/31　200,000 |
| 잔액　100,000 | |

여기에서 보는 바와 같이 선급보험료계정의 기말잔액 ₩200,000과 보험료계정의 기말잔액 ₩100,000은 앞에서 언급한 자산으로 기록하는 방법과 동일하다. 즉, 어느 방법을 사용하든 수정분개가 이루어진 후 재무상태표에는 미래에 효익을 제공받을 권리를 나타내는 선급보험료 ₩200,000이 보고되고, 포괄손익계산서에는 20×1년의 1년분 보험료 ₩100,000이 보고되어야 한다.

자산으로 기록하는 방법은 보다 이론적인 방법이고, 비용으로 기록하는 방법은 시간이 경과하면서 어차피 효익을 제공받을 것이라는 가정하에 이루어지기 때문에 실무에서 많이 사용되는 방법이다.

### 2) 선수수익

선수수익(unearned revenue)은 재화 및 서비스를 제공하기로 하고 그에 대한 대가를 미리 현금으로 받은 경우에 발생한다. 선수수익은 장래에 재화나 서비스를 제공하기로 하고 대금을 미리 받았으나 결산기말까지 용역을 아직 제공하지 못한 경우로서 재화나 서비스를 제공해야 할 의무가 있기 때문에 부채로 계상하여야 한다. 선수수익에는 선수이자, 선수임대료, 선수수수료 등이 있다.

선수수익의 회계처리도 두 가지 방법으로 할 수 있다. 선수수익은 수익이 가득되기 전에 미리 대금을 받은 경우로, 먼저 현금을 수취한 시점에 차변에는 자산계정인 현금계정이 기록되고 대변에는 부채계정인 선수수익을 기록하는 방법이다. 이후에 회계기간이 경과하면서 수익이 실현되면 나중에 수정분개를 한다. 다른 하나는 현금을 수취하는 시점에 선수수익을 수익계정에 기록한 후, 회계기간말에 서비스를 제공해 주지 못한 부분에 대해 부채로 기록하는 방법이다. 〈예제 4-2〉를 통해 두 가지 방법을 살펴보도록 한다.

**예제 4-2** ㈜미래는 20×1년 10월 1일에 본사의 사무실 일부를 임대하면서 1년분 임대료 ₩400,000을 현금으로 받았다.

**① 부채로 기록**

사무실 임대료를 받은 20×1년 10월 1일의 분개를 다음과 같이 할 수 있다.

■ 현금수취 시점(20×1년 10월 1일)

| (차) 현 금 | 400,000 | (대) 선수임대료 | 400,000 |
|---|---|---|---|

위 분개에서 대변항목인 선수임대료는 선수수익의 세분화된 계정항목이다. ㈜미래는 기말인 12월 31일이 되면 다음과 같은 수정분개를 수행하여 20×1년에 해당하는 임대료(10월~12월, 3개월분) ₩100,000를 수익으로 인식하는 동시에 선수임대료계정의 잔액을 ₩100,000 감소시켜야 한다. 이에 대한 수정분개는 다음과 같이 할 수 있다.

■ 수정분개(20×1년 12월 31일)

| (차) 선수임대료 | 100,000* | (대) 임대료 | 100,000 |
|---|---|---|---|

* 20×1년분 임대료 : ₩400,000 × 3/12 = ₩100,000
  미실현된 임대료 : ₩400,000 × 9/12 = ₩300,000

선수임대료(부채)

| 차변 | 대변 |
|---|---|
| 12/31 100,000 | 10/1 400,000 |
| | 잔액 300,000 |

임 대 료(수익)

| 차변 | 대변 |
|---|---|
| | 12/31 100,000 |
| | 잔액 100,000 |

위의 수정분개를 통해 선수임대료계정 대변의 잔액은 미실현된 임대료 ₩300,000을 나타내고 있다. 또한, 임대료계정의 대변에는 20×1년분(3개월) 임대료 수익 ₩100,000이 계상되고 있다.

② 수익으로 기록

부채로 회계처리하는 방법과는 달리 현금을 수취하는 시점에 수익계정인 임대료계정으로 기록한 후, 서비스가 제공되어야 할 부분을 파악하여 부채계정으로 기록하는 방법이다.

■ 현금수취 시점(20×1년 10월 1일)

| (차) 현 금 | 400,000 | (대) 임대료 | 400,000 |
|---|---|---|---|

위 분개는 먼저 현금을 수취하는 시점에 임대료계정에 기록하고, 기말에 이를 수정하는 방법이다. 즉, ㈜미래는 기말의 수정분개에서 임대료계정의 금액을 수정하고, 미실현된 임대료는 선수임대료계정에 기록한다. 이에 대한 수정분개는 다음과 같이 할 수 있다.

■ 수정분개(20×1년 12월 31일)

| (차) 임대료 | 300,000* | (대) 선수임대료 | 300,000 |
|---|---|---|---|

선수임대료(부채)

| 차변 | 대변 |
|---|---|
| | 12/31 300,000 |
| | 잔액 300,000 |

임 대 료(수익)

| 차변 | 대변 |
|---|---|
| 12/31 300,000 | 9/1 400,000 |
| | 잔액 100,000 |

여기에서 보는 바와 같이 선수임대료계정의 기말잔액 ₩300,000과 임대료계정의 기말잔액 ₩100,000은 앞에서 언급한 부채로 기록하는 방법과 동일하다. 즉, 어느 방법을 사용하든지 20×1년말에 수정분개가 이루어진 후 재무상태표에 부채로 보고될 선수임대료는 ₩300,000, 포괄손익계산서에는 20×1년의 3개월분 임대료 수익 ₩100,000이 보고되어야 한다.

현금을 수취하는 시점에서는 용역을 제공한 상태가 아니므로 미래에 용역을 제공할 의무를 나타내는 부채계정인 선수임대료계정으로 기록하는 방법은 이론적인 방법이다. 반대로 수익으로 기록하는 방법은 용역이 제공되기 전 현금을 수취하는 시점에 수익을 인식한다는 점에서 이론적인 방법은 아니지만 실무에서는 주로 이용되는 방법이다.

### 3) 미지급비용

미지급비용(accrued expense)은 비용이 발생하였으나 아직 그에 대한 기록이 이루어지지 않은 경우에 발생한다. 전기료, 수도료, 전화료 등은 비용이 발생한 다음 어느 정도 시일이 지난 후에 이를 지급하는 것이 일반적이다. 따라서, 당기에 속하는 비용으로서 지급하지 않은 부분이 있으면 이를 당기의 비용으로 차변에 기록하는 동시에, 미지급비용이라는 부채로 대변에 기록하여야 한다. 미지급비용에는 이자비용, 임차료, 급여 등이 있다. 〈예제 4-3〉을 이용하여 미지급비용에 대한 수정분개를 살펴보도록 한다.

**예제 4-3** ㈜미래는 20×1년 12월분 통신비 ₩270,000이 발생하였으나, 이에 대한 청구서를 아직 받지 못해 12월분 통신비를 결산일 현재 납부하지 않고 있다.

- 수정분개(20×1년 12월 31일)

| (차) 통 신 비 | 270,000 | (대) 미지급통신비 | 270,000 |
|---|---|---|---|

㈜미래의 12월분 통신비는 당기의 수익을 얻기 위하여 사용된 부분이기 때문에, 비록 요금을 지불하지 않았다 하더라도 당기의 비용으로 계상하고, 지급되지 않은 부분을 부채로 계상하는 수정분개를 한다.

### 4) 미수수익

미수수익(accrued revenue)은 회계기간 동안에 재화 및 서비스를 제공하였으나 회계기간 말까지 대가를 현금으로 받지 않았거나, 그에 대한 권리를 아직 기록하지 않은 경우에 발생한다. 미수수익에는 미수이자, 미수임대료, 미수수수료 등이 있다. 이 항목은 당기에 속하는 수익으로서 아직 받지 못한 금액이 있는 경우에는 해당하는 금액을 당기의 수익으로 대변에 기록하는 동시에 같은 금액을 미수수익이라는 자산으로 차변에 기록하여야 한다. 즉, 수정분개에 따라 자산계정의 차변을 증가시키고 수익계정의 대변을 증가시키는 분개를 수행한다. 〈예제 4-4〉를 이용하여 미수수익의 수정분개를 살펴보도록 한다.

**예제 4-4** ㈜미래는 20×1년 7월 1일 A은행에 1년 만기 정기예금을 가입하면서 현금 ₩1,000,000을 예치하였다. 이자율은 연 6%이고 원금과 이자는 20×2년 6월 30일에 일시 수령하기로 하였다.

■ 수정분개(20×1년 12월 31일)

| (차) 미수이자 | 30,000* | (대) 이자수익 | 30,000 |
|---|---|---|---|

* 20×1년분 이자수익 : ₩1,000,000 × 0.06 × 6/12 = ₩30,000

㈜미래는 이자수익으로 인식할 금액 ₩30,000이 발생하였으나 인식하지 않았으므로 20×1년 기말에 수익인 이자수익계정의 대변을 증가시키고, 수취하지 못한 현금에 대해 자산인 미수이자계정의 차변을 증가시키는 기록을 하면 된다.

여기에서 자산계정으로 "미수이자"라는 계정과목을 사용하고 있는데, 대신에 "미수수익"이라는 포괄적 계정과목을 사용하기도 된다. 다만 미수수익에는 다양한 유형이 있을 수 있기 때문에, 구체적인 내용이나 금액을 파악하기 위해서는 세분화된 계정과목을 사용하는 것이 유용하다.

# 제2절 회계순환과정

## 1. 회계순환과정

### (1) 회계순환과정의 의의

회계순환과정(accounting cycle)은 기업이 재무보고를 위하여 회계거래를 장부에 기록하고 최종적으로 재무제표를 작성하기까지 매 회계기간마다 일정한 회계처리과정을 반복하여 수행하는 회계절차를 의미하는 것으로 "회계정보의 산출과정"이라고도 한다. 회계순환과정이라고 불리는 이유는 기간별 보고의 전제에 의해 회계정보의 산출과정이 반복적으로 행해지기 때문이다. 회계순환과정은 회계거래의 기록, 회계정보의 산출, 그리고 회계장부의 마감과 같은 세 과정으로 구분할 수 있다. 기업의 경영성과와 재무상태를 기간별로 보고하기 위하여 설정한 기간을 회계기간이라 하며, 가장 널리 채택되고 있는 회계기간은 1년이다. 매 회계기간 말에는 결산을 하게 되는데, 결산이란 회계기간의 경영성과와 회계기말의 재무상태를 올바로 파악하기 위해 필요한 회계기록(결산 수정사항에 대한 수정분개)을 하고, 모든 계정을 마감하여 재무제표를 작성하는 제반절차를 말한다. 회계에서는 결산을 하는 회계기간 말을 결산일(closing date)이라고 한다.

### (2) 회계순환과정의 절차

회계순환과정은 회계기간마다 반복되는데, 일상적 회계절차와 결산절차로 분류할 수 있다. 일상적 회계절차란 회계기간 중 매일매일 반복적으로 발생하는 거래에 대한 회계절차이며, 결산절차는 회계기말에 수행된다. 회계순환과정을 단계적으로 기술하면 다음과 같으며, 요약한 회계절차 중에서 제1단계~제3단계는 회계기간 중의 일상적 회계절차이며, 제4단계~제8단계는 결산절차에 해당한다.

회계절차가 전산화된 기업에서는 정확한 분개를 회계처리시스템에 입력하면 총계정원장에의 전기, 시산표의 작성, 그리고 재무제표의 작성은 그리 어려운 일이 아니다. 그러나, 회계거래를 식별하여 분개를 수행하는 일과 수정분개 및 마감분개 등의 업무는 회계전문가의 판단에 의해 이루어져야 한다. 따라서, 회계업무를 수행하면서 전산화된 회계처리시스템을 활용하면 복잡한 계산이나 반복적인 업무는 인간을 대신하여 처리할 수 있지만, 인간의 판단이 필요한 일은 회계전문가가 처리하여야 한다.

**제1단계 : 거래의 식별**

기업에서 발생한 사건에 대한 자료를 수집하여, 회계적 사건으로 장부에 기록될 수 있는 거래만을 식별해야 한다.

**제2단계 : 거래의 분개**

회계거래를 분개장에 분개한다.

**제3단계 : 전기**

분개장에 분개한 사항을 총계정원장에 설정된 각 계정에 전기한다.

**제4단계 : 수정전시산표 작성**

총계정원장의 각 계정잔액을 산출하여 수정전시산표를 작성한다.

**제5단계 : 수정분개**

기중에 적용되지 않은 발생주의를 적용하여 수정분개를 하고, 이를 총계정원장의 각 계정에 전기한다.

**제6단계 : 수정후시산표 작성**

기말의 수정사항을 반영한 총계정원장의 각 계정의 잔액을 산출하여 수정후시산표를 작성한다.

**제7단계 : 재무제표 작성**

수정후시산표를 이용하여 재무제표를 작성한다.

**제8단계 : 장부의 마감**

총계정원장에 설정되어 있는 각 계정을 마감한다.

회계순환과정에 대한 이해를 돕기 위해 이를 도표로 표시하면 〈그림 4-2〉와 같이 예시할 수 있다.

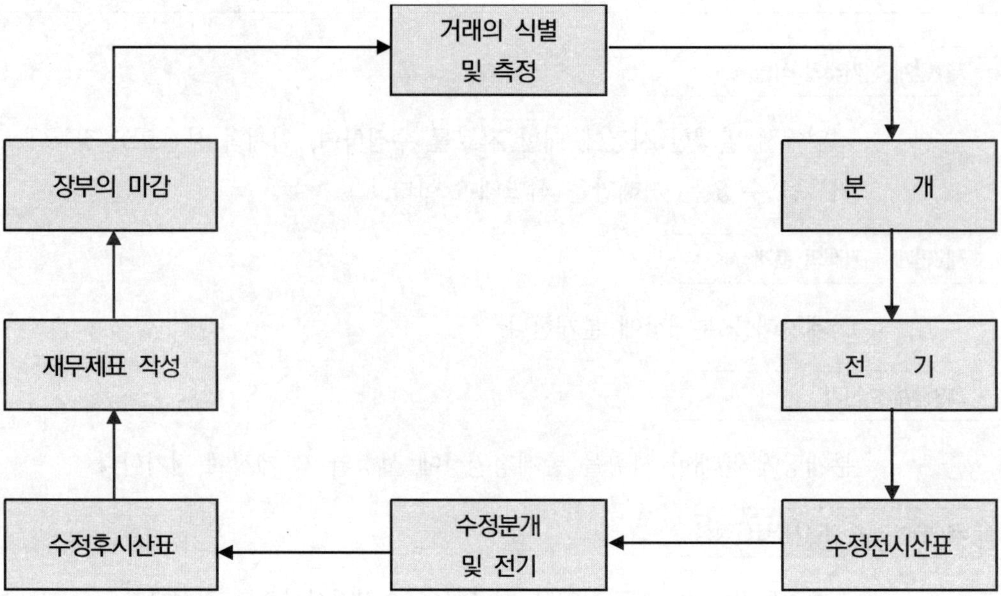


〈그림 4-2〉 회계순환과정

## 2. 수정전시산표

일상적 회계절차인 제1단계부터 제3단계까지는 앞에서 충분히 설명하였기 때문에, 회계기말에 수행하는 결산절차 중 첫 단계인 제4단계 수정전시산표 작성부터 설명하도록 한다. 20×1년 12월 31일 현재 ㈜미래의 수정전시산표는 〈표 4-1〉과 같다.

〈표 4-1〉 수정전시산표

| 수정전시산표 | | |
|---|---|---|
| ㈜미래 | 20×1년 12월 31일 | (단위:원) |
| 계 정 과 목 | 차 변 | 대 변 |
| 현 금 | ₩ 75,000 | |
| 은 행 예 금 | 140,000 | |
| 매 출 채 권 | 150,000 | |
| 상 품 | 50,000 | |
| 토 지 | 500,000 | |
| 건 물 | 300,000 | |
| 감 가 상 각 누 계 액 | | 30,000 |
| 매 입 채 무 | | ₩120,000 |
| 단 기 차 입 금 | | 600,000 |
| 자 본 금 | | 300,000 |
| 이 익 잉 여 금 | | 50,000 |
| 매 출 | | 470,000 |
| 임 대 료 | | 90,000 |
| 이 자 수 익 | | 8,000 |
| 매 입 | 300,000 | |
| 급 여 | 50,000 | |
| 이 자 비 용 | 50,000 | |
| 보 험 료 | 24,000 | |
| 소 모 품 비 | 20,000 | |
| 수 선 유 지 비 | 9,000 | |
| 합 계 | ₩1,668,000 | ₩1,668,000 |

## (1) 수정전시산표의 의의 및 작성방법

결산의 첫 번째 절차는 총계정원장을 토대로 수정전시산표를 작성하는 것이다. 일상적 회계절차가 완료되면 기중에 발생한 모든 거래들은 복식부기 원리에 따라 분개장에 분개되고, 총계정원장의 각 계정에 전기된다. 어느 시점에서 총계정원장에 어떠한 계정이 나타나며 그 계정의 잔액이 얼마인지를 일목요연하게 나타낼 필요가 있는데, 이러한 표를 시산표라 한다. 특히 제3단계까지 완료된 후 회계기간 말에 재무제표를 준비하기 위한 시산표를 작성하는데, 이를 수정전시산표라고 한다.

수정전시산표는 회계기간 중에 발생한 거래에 대한 결과이기 때문에 발생주의에 의한 당해 기업의 재무상태 및 경영성과를 정확하게 반영하지 못한다. 따라서 수정전시산표에 나타난 계정과목과 금액으로는 올바른 재무제표를 작성할 수 없다. 물론 기업에서 발생하는 모든 거래를 발생주의에 따라 분개하고 전기하여 수정전시산표에 나타낸다면, 당해 기업의 재무상태와 경영성과를 정확하게 나타내고 있기 때문에 올바른 재무제표를 작성할 수 있다. 그러나 회계기간 중에 발생주의에 따라 거래를 모두 기록한다면 기록해야 할 거래의 수가 기하급수적으로 증가하여 엄청난 양의 회계장부가 필요하게 되고, 그에 따른 기장업무가 막대하게 증가하여 업무의 비효율성을 초래할 것이다. 따라서 실무에서는 회계기간 중에는 실제로 교환이 이루어진 거래만을 기록하고, 재무제표를 작성하는 회계기간말에 일괄적으로 발생주의를 적용하여 조정이 필요한 거래를 기록하도록 하고 있다.

### (2) 수정전시산표의 작성 이유 및 한계

회계기간 중에 모든 계정의 기입이 올바르게 이루어졌다면 기말시점에서도 회계등식이 성립되어야 한다. 즉, 회계기간 중에 발생된 모든 거래가 복식부기의 원리에 따라 정확하게 기록되었다면 각 계정의 잔액으로 구성된 수정전시산표의 차변합계와 대변합계는 항상 일치하게 된다. 따라서, 수정전시산표를 작성함으로써 회계기간 중의 계정기록에 대한 정확성을 점검할 수 있다. 또한 수정전시산표는 재무제표의 작성도 쉽게 해주는 유용성을 가지고 있다. 수정전시산표는 모든 계정의 잔액이 집계되기 때문에 재무상태표와 포괄손익계산서를 바로 작성할 수 있다.

그러나 수정전시산표는 기업이 의무적으로 작성해야 하는 것은 아니다. 수정전시산표가 계정기록의 정확성을 점검한다는 유용성이 있기 때문에 대부분의 기업이 작성하고 있지만 수정전시산표를 통해 모든 오류를 점검할 수 있는 것은 아니다. 예를 들면, 특정한 거래에 대한 분개 자체를 누락시키거나 현금계정에 기록해야 할 금액을 매출채권에 기록하는 오류가 발생한 경우에는 수정전시산표상의 차변합계와 대변합계는 일치하게 된다. 따라서, 수정전시산표를 통해서 회계기간 중에 발생하는 기록상의 모든 오류를 파악하는 것은 어려운 일이다.

## 3. 수정분개

수정분개는 자산, 부채, 자본, 수익, 그리고 비용의 각 계정잔액을 확정시키기 위해 필요한 절차이며, 회계기말에 이루어지는 회계절차 중 가장 중요한 단계라고 할 수 있다. 수정분개는 회계기간 중에 발생주의에 따라 기록되지 않은 거래를 기록하고 회계기간 말에 조정해 주는 분개라고 할 수 있다. 수정분개의 유형은 제1절에서 자세히 설명하였으므로 여기서는 〈예제 4-5〉를 이용하여 수정분개를 수행하도록 한다.

**예제 4-5** 수정분개

㈜미래의 회계담당자는 〈표 4-1〉의 수정전시산표를 작성한 후 20×1년 회계연도의 재무제표를 작성하기 위하여 다음과 같은 결산수정에 관련된 추가정보를 확인하였다.

① 상품의 재고실사결과 20×1년 12월 31일 현재 ₩20,000의 상품이 남아 있었다.
② 건물에 대한 20×1년도분 감가상각비는 ₩25,000이다.
③ 단기차입금에 대한 당기분의 이자비용은 ₩60,000이다.
④ 건물에 대한 화재보험료 ₩24,000 중에서 ₩14,000은 미경과분이다.
⑤ 건물에 대한 임대료 ₩90,000 중 ₩15,000은 미경과분이다.
⑥ 당기 은행예금에 대한 이자수익은 ₩10,000이다.
⑦ 소모품을 재고실사한 결과 현재 ₩8,000의 소모품이 남아 있었다.

〈요구사항〉

(1) 20×1년말의 기말수정분개를 하시오.
(2) 수정전시산표상 잔액을 T-계정에 나타내고, 수정분개사항을 각 계정에 전기하시오.

[풀이]

(1) 기말수정분개

① 상품재고액을 파악하여 매출원가 산정

| (차) | | (대) | |
|---|---|---|---|
| 매출원가 | 50,000 | 상품(기초) | 50,000 |
| 매출원가 | 300,000 | 매　　입 | 300,000 |
| 상품(기말) | 20,000 | 매출원가 | 20,000 |

② 건물감가상각비 인식

| (차) | | (대) | |
|---|---|---|---|
| 감가상각비 | 25,000 | 감가상각누계액 | 25,000 |

③ 단기차입금에 대한 당기분 발생이자 중 미지급비용의 인식

| (차) | | (대) | |
|---|---|---|---|
| 이자비용 | 10,000 | 미지급이자 | 10,000 |

④ 보험료 중 미경과된 선급보험료 인식

| (차) 선급보험료 | 14,000 | (대) 보 험 료 | 14,000 |
|---|---|---|---|

⑤ 임대료 중 미실현된 선수임대료 인식

| (차) 임 대 료 | 15,000 | (대) 선수임대료 | 15,000 |
|---|---|---|---|

⑥ 은행예금에 대한 당기분 발생이자 중 미수수익의 인식

| (차) 미수이자 | 2,000 | (대) 이자수익 | 2,000 |
|---|---|---|---|

⑦ 소모품 재고액을 파악한 후 소모품비 수정

| (차) 소 모 품 | 8,000 | (대) 소모품비 | 8,000 |
|---|---|---|---|

(2) T-계정에 전기

**현 금**

| 차변 | 대변 |
|---|---|
| 75,000 | |

**은행예금**

| 차변 | 대변 |
|---|---|
| 140,000 | |

**매출채권**

| 차변 | 대변 |
|---|---|
| 150,000 | |

**상 품**

| 차변 | 대변 |
|---|---|
| 50,000 | ① 50,000 |
| ① 20,000 | |
| 20,000 | |

**토 지**

| 차변 | 대변 |
|---|---|
| 500,000 | |

**건 물**

| 차변 | 대변 |
|---|---|
| 300,000 | |

**감가상각누계액**

| 차변 | 대변 |
|---|---|
| | 30,000 |
| | ② 25,000 |
| | 55,000 |

**매입채무**

| 차변 | 대변 |
|---|---|
| | 120,000 |

**단기차입금**

| 차변 | 대변 |
|---|---|
| | 600,000 |

**자 본 금**

| 차변 | 대변 |
|---|---|
| | 300,000 |

**이익잉여금**

| 차변 | 대변 |
|---|---|
| | 50,000 |

**매 출**

| 차변 | 대변 |
|---|---|
| | 470,000 |

**임 대 료**

| 차변 | 대변 |
|---|---|
| ⑤ 15,000 | 90,000 |
| | 75,000 |

**이자수익**

| 차변 | 대변 |
|---|---|
| | 8,000 |
| | ⑥ 2,000 |
| | 10,000 |

**매 입**

| 차변 | 대변 |
|---|---|
| 300,000 | ① 300,000 |

| 급　여 | |
|---|---|
| 50,000 | |

| 이자비용 | |
|---|---|
| 50,000 | |
| ③ 10,000 | |
| 60,000 | |

| 보 험 료 | |
|---|---|
| 24,000 | ④ 14,000 |
| 10,000 | |

| 소모품비 | |
|---|---|
| 20,000 | ⑦ 8,000 |
| 12,000 | |

| 수선유지비 | |
|---|---|
| 9,000 | |

| 매출원가 | |
|---|---|
| ① 50,000 | ① 20,000 |
| ① 300,000 | |
| 330,000 | |

| 감가상각비 | |
|---|---|
| ② 25,000 | |

| 미지급이자 | |
|---|---|
| | ③ 10,000 |

| 선급보험료 | |
|---|---|
| ④ 14,000 | |

| 선수임대료 | |
|---|---|
| | ⑤ 15,000 |

| 미수이자 | |
|---|---|
| ⑥ 2,000 | |

| 소모품 | |
|---|---|
| ⑦ 8,000 | |

수정분개를 수행하는 과정에서 기존에 있는 계정과목은 차변과 대변을 구분하여 해당 계정과목의 차변과 대변에 기록한다. 그리고 새롭게 생겨난 계정과목이 있으면 계정과목란 하단에 계정과목을 추가하여 기재하면 된다.

## 4. 수정후시산표

수정분개가 끝나면 수정후시산표(adjusted trial balance)를 작성하여 최종적으로 오류가 없는지를 검토한 후 재무상태표와 포괄손익계산서 등의 재무제표를 작성한다. 수정후시산표는 수정분개 사항을 분개장에 분개하고, 이를 총계정원장에 전기한 뒤에 결산수정사항을 반영한 후의 총계정원장 계정잔액을 토대로 작성하게 된다. 따라서, 수정후시산표는 당해기간의 올바른 재무상태와 경영성과를 반영해 주고 있기 때문에 재무제표를 작성할 수 있다. 〈예제 4-5〉에서 수정분개를 통해 수정전시산표에는 없었던 새로운 계정이 추가되었다. 수정분개 사항을 총계정원장의 각 계정에 전기한 후의 계정잔액으로 작성된 수정후시산표는 〈표 4-2〉와 같이 작성할 수 있다.

수정전시산표 잔액에 수정분개를 반영하여 수정후시산표를 작성함으로써 한 회계기간의 정확한 이익을 측정할 수 있다. 이 때 두 금액이 같은 변(차변 또는 대변)에 기록되어 있으면 합계액을 기록하고, 두 금액이 반대편에 기록되어 있으면 큰 금액이 기록되어 있는 변에 차액을 기록한다.

그리고 차변과 대변의 합계를 계산하여 일치하는지 확인한다.

수정후시산표는 재무제표의 작성을 용이하게 할 뿐만 아니라 수정절차에서 발생할 수 있는 오류의 검증을 가능하게 한다.

〈표 4-2〉 수정후시산표

수정후시산표

㈜미래 20×1년 12월 31일 (단위:원)

| 계정과목 | 차 변 | 대 변 |
|---|---|---|
| 현금 | ₩ 75,000 | |
| 은행예금 | 140,000 | |
| 매출채권 | 150,000 | |
| 상품 | 20,000 | |
| 선급보험료 | 14,000 | |
| 미수이자 | 2,000 | |
| 소모품 | 8,000 | |
| 토지 | 500,000 | |
| 건물 | 300,000 | |
| 감가상각누계액 | | ₩ 55,000 |
| 매입채무 | | 120,000 |
| 단기차입금 | | 600,000 |
| 미지급이자 | | 10,000 |
| 선수임대료 | | 15,000 |
| 자본금 | | 300,000 |
| 이익잉여금 | | 50,000 |
| 매출 | | 470,000 |
| 임대료 | | 75,000 |
| 이자수익 | | 10,000 |
| 매출원가 | 330,000 | |
| 급여 | 50,000 | |
| 이자비용 | 60,000 | |
| 보험료 | 10,000 | |
| 소모품비 | 12,000 | |
| 수선유지비 | 9,000 | |
| 감가상각비 | 25,000 | |
| 합 계 | ₩1,705,000 | ₩1,705,000 |

## 5. 재무제표의 작성

수정후시산표가 작성되면 재무제표는 쉽고 정확하게 작성할 수 있다. 수정후시산표에는 재무상태표와 포괄손익계산서의 작성에 필요한 계정과목과 금액이 적절한 양식으로 분류되어 있기 때문이다. 수정후시산표를 이용하여 작성할 수 있는 ㈜미래의 20×1년도 포괄손익계산서는 〈표 4-3〉에 예시되어 있다.

**〈표 4-3〉 포괄손익계산서**

포괄손익계산서

㈜미래 20×1년 1월 1일 ~ 20×1년 12월 31일 (단위:원)

| 과목 | 금액 | 금액 |
|---|---|---|
| 총 수 익 | | |
| 매 출 | ₩470,000 | |
| 임 대 료 | 75,000 | |
| 이 자 수 익 | 10,000 | ₩555,000 |
| 총 비 용 | | |
| 매 출 원 가 | 330,000 | |
| 급 여 | 50,000 | |
| 보 험 료 | 10,000 | |
| 이 자 비 용 | 60,000 | |
| 소 모 품 비 | 12,000 | |
| 수 선 유 지 비 | 9,000 | |
| 감 가 상 각 비 | 25,000 | 496,000 |
| 당 기 순 이 익 | | ₩ 59,000 |

수정후시산표를 이용하여 재무상태표도 쉽게 작성할 수 있다. 수정후시산표에 나타난 바와 같이 차변항목은 자산으로, 대변항목은 부채와 자본으로 기록하면 된다. 다만, 자산과 부채는 유동성 배열법에 따라 일정한 순서로 표시한다. ㈜미래의 20x1년 12월 31일 현재 재무상태표는 〈표 4-4〉에 예시되고 있다.

〈표 4-4〉 재무상태표

재 무 상 태 표

| ㈜미래 | 20×1년 12월 31일 | | (단위:원) |
|---|---|---|---|
| 자 산 | | 부 채 | |
| 현금 | ₩75,000 | 매입채무 | ₩120,000 |
| 은행예금 | 140,000 | 단기차입금 | 600,000 |
| 매출채권 | 150,000 | 미지급이자 | 10,000 |
| 선급보험료 | 14,000 | 선수임대료 | 15,000 |
| 미수이자 | 2,000 | 부채합계 | ₩745,000 |
| 상품 | 20,000 | | |
| 소모품 | 8,000 | 자 본 | |
| 토지 | 500,000 | 자본금 | 300,000 |
| 건물 | 300,000 | 이익잉여금 | 109,000* |
| 감가상각누계액 | (55,000) | 자본합계 | ₩409,000 |
| 자산합계 | ₩1,154,000 | 부채와자본합계 | ₩1,154,000 |

* 이익잉여금(₩109,000) = 기초이익잉여금(₩50,000) + 당기순이익(₩59,000)

〈표 4-2〉의 수정후시산표와 〈표 4-4〉에 나타난 ㈜미래의 20×1년 12월 31일 현재 재무상태표를 비교해 보자. 일반적으로 수정후시산표상에 표시된 재무상태표란의 이익잉여금계정에는 기초이익잉여금의 잔액이 표시된다. 그리고, 재무상태표의 이익잉여금계정은 기초이익잉여금의 잔액에 당기순이익과 배당금을 반영한 후의 기말잔액으로 20×1년 12월 31일 현재 재무상태표에 나타나게 된다. 따라서, ㈜미래의 한 회계기간 동안 영업의 결과 이익잉여금은 기초이익잉여금 ₩50,000에 이익잉여금의 증가항목인 당기순이익 ₩59,000을 가산하고, 감소항목인 배당금지급은 이루어지지 않았으므로 재무상태표상의 기말이익잉여금은 ₩109,000이 표시된다.

## 6. 회계장부의 마감

특정 회계기간이 종료하여 당해 회계기간의 재무제표 작성단계까지 완료되면 실질적으로 회계정보를 산출하기 위한 중요한 단계는 거의 종료된다. 회계순환과정 중 장부의 마감은 최종단계로서 재무제표 작성 후에 수행되는 중요한 단계이다. 장부의 마감이란 다음 회계기간의 거래를 새로운 장부에 기록하기 위하여 지금까지 기록해 온 계정에 대한 기술적인 마무리를 하는 절차를 말한다. 즉, 당해 회계연도의 회계처리 과정과 다음 회계연도의 회계처리 과정을 구분하기 위하여 당해 연도에 사용하던 장부는 마감하고, 차기 연도의 회계처리를 위한 준비작업을 의미한다.

장부의 마감은 임시계정의 마감과 영구계정의 마감으로 구분할 수 있다. 여기에서 임시계정(temporary accounts)은 한 회계기간 동안에만 이용되는 계정을 의미하는데, 수익과 비용계정이 해당된다. 영구계정(permanent accounts)은 계정의 잔액이 미래 회계기간으로 연결되는 계정으로, 재무상태표에 기록되는 자산, 부채 및 자본이 해당된다.

### (1) 임시계정의 마감 및 결산분개

포괄손익계산서에 공시되는 수익계정과 비용계정은 당해 회계연도의 경영성과를 파악하기 위하여 기록한 것이다. 따라서, 포괄손익계산서에 나타나는 계정과목은 당해 연도의 경영활동만을 반영해야 하며, 다음 연도의 경영활동에 영향을 미쳐서는 안된다. 그러므로, 다음 회계연도의 경영성과를 파악하기 위해서는 영(zero)에서 시작하여 다시 새롭게 기록해야 한다. 즉, 한 회계기간이 종료되면 수익계정과 비용계정은 차기에 영향을 미치지 않도록 모든 계정잔액이 "0"이 되어야 한다. 이와 같이 계정잔액을 "0"으로 만드는 절차를 "장부의 마감"이라 하고, 장부의 마감을 하기 위한 분개를 결산분개 또는 마감분개(closing entry)라고 한다. 결산분개는 기말수정분개를 전기한 다음 총계정원장상의 계정잔액을 영(zero)으로 만들기 위한 인위적인 분개이다. 결산분개의 대상이 되는 계정은 총계정원장상의 수익과 비용에 속하는 계정과 집합손익계정만이 그 대상이 된다. 일반적으로 회계에서는 수익계정과 비용계정을 마감하기 위해서 집합손익(income summary)이라는 일시적인 계정을 사용한다. 집합손익계정도 임시계정이므로 결산분개를 마친 후에 그 잔액은 "0"이 된다. 수익계정과 비용계정을 집합손익계정으로 대체하는 분개는 다음과 같다.

#### 1) 수익계정의 마감

일반적으로 수익계정은 대변에 잔액이 남게 된다. 수익계정의 잔액을 0으로 만들기 위해서는 수익계정의 차변에 대변잔액만큼을 기록하면 된다. 결산분개는 다음과 같다.

| (차) 수 익 | × × × | (대) 집합손익 | × × × |
|---|---|---|---|

#### 2) 비용계정의 마감

비용계정은 차변에 잔액이 남게 된다. 따라서 비용계정의 잔액을 0으로 만들기 위해서는 대변에 차변잔액만큼 기록하면 된다. 결산분개는 다음과 같다.

| (차) 집합손익 | × × × | (대) 비　용 | × × × |
|---|---|---|---|

### 3) 집합손익계정의 마감

수익계정 및 비용계정의 잔액이 집합손익계정이라는 단일계정에 요약된 후에는 집합손익계정 차변과 대변의 차액으로 당기순이익을 계산할 수 있다. 집합손익계정의 차변에는 당기에 발생한 모든 비용이 집계되고 대변에는 모든 수익이 집계되므로, 결국 당기의 수익에서 당기의 비용을 차감한 당기순이익을 계산할 수 있다. 여기에서 집합손익계정의 대변금액이 차변금액보다 크면 당기순이익이 발생되고, 차변금액이 대변금액보다 크면 당기순손실이 발생하였다는 것을 알 수 있다. 한편 당기순이익은 이익잉여금을 증가시키고 당기순손실은 이익잉여금을 감소시키게 되므로 집합손익계정을 마감하기 위한 결산분개는 다음과 같다.

■ 당기순이익이 나타나는 경우

| (차) 집합손익 | × × × | (대) 이익잉여금 | × × × |
|---|---|---|---|

■ 당기순손실이 나타나는 경우

| (차) 이익잉여금 | × × × | (대) 집합손익 | × × × |
|---|---|---|---|

### 4) 배당금계정의 마감

배당금계정의 잔액은 이익잉여금계정으로 전기한다. 배당금계정은 회계기말에 잔액을 0으로 만드는 회계처리를 하여야 한다. 배당금계정은 수익과 비용에 속하는 계정은 아니지만 이익잉여금을 감소시키는 임시계정이다. 배당금계정의 분개는 다음과 같다.

| (차) 이익잉여금 | × × × | (대) 배　당　금 | × × × |
|---|---|---|---|

**예제 4-6** 결산분개(마감분개)

〈예제 4-5〉의 계정 중에서 임시계정만 선택하여 임시계정을 마감하기 위한 결산분개를 실시하고, 이를 전기한 후 계정을 마감하시오.

[풀이]

(1) 결산분개

⑧ 수익계정의 마감

| | | | | |
|---|---|---|---|---|
| (차) | 매 출 | 470,000 | (대) 집합손익 | 555,000 |
| | 임 대 료 | 75,000 | | |
| | 이자수익 | 10,000 | | |

⑨ 비용계정의 마감

| | | | | |
|---|---|---|---|---|
| (차) | 집합손익 | 496,000 | (대) 매출원가 | 330,000 |
| | | | 급 여 | 50,000 |
| | | | 보 험 료 | 10,000 |
| | | | 이자비용 | 60,000 |
| | | | 소모품비 | 12,000 |
| | | | 수선유지비 | 9,000 |
| | | | 감가상각비 | 25,000 |

⑩ 집합손익계정의 마감

| | | | | |
|---|---|---|---|---|
| (차) | 집합손익 | 59,000 | (대) 이익잉여금 | 59,000 |

(2) T-계정에 전기

**매 출**

| | |
|---|---|
| ⑧ 470,000 | 470,000 |
| | 0 |

**임 대 료**

| | |
|---|---|
| ⑤ 15,000 | 90,000 |
| ⑧ 75,000 | |
| | 0 |

**이자수익**

| | |
|---|---|
| ⑧ 10,000 | 8,000 |
| | ⑥ 2,000 |
| | 0 |

**매출원가**

| 차변 | 대변 |
|---:|---:|
| ① 50,000 | ① 20,000 |
| ① 300,000 | ⑨ 330,000 |
| 0 | |

**급　여**

| 차변 | 대변 |
|---:|---:|
| 50,000 | ⑨ 50,000 |
| 0 | |

**보 험 료**

| 차변 | 대변 |
|---:|---:|
| 24,000 | ④ 14,000 |
| | ⑨ 10,000 |
| 0 | |

**이자비용**

| 차변 | 대변 |
|---:|---:|
| 50,000 | ⑨ 60,000 |
| ③ 10,000 | |
| 0 | |

**소모품비**

| 차변 | 대변 |
|---:|---:|
| 20,000 | ⑦ 8,000 |
| | ⑨ 12,000 |
| 0 | |

**수선유지비**

| 차변 | 대변 |
|---:|---:|
| 9,000 | ⑨ 9,000 |
| 0 | |

**감가상각비**

| 차변 | 대변 |
|---:|---:|
| ② 25,000 | ⑨ 25,000 |
| 0 | |

**이익잉여금**

| 차변 | 대변 |
|---:|---:|
| | 50,000 |
| | ⑩ 59,000 |
| | 109,000 |

**집합손익**

| 차변 | 대변 |
|---:|---:|
| ⑨ 330,000 | ⑧ 470,000 |
| ⑨ 50,000 | ⑧ 75,000 |
| ⑨ 10,000 | ⑧ 10,000 |
| ⑨ 60,000 | |
| ⑨ 12,000 | |
| ⑨ 9,000 | |
| ⑨ 25,000 | |
| ⑩ 59,000 | |
| 0 | |

〈예제 4-6〉에서 보는 바와 같이 결산분개 후 모든 임시계정의 잔액은 0이 되지만, 이익잉여금 계정의 잔액은 ₩109,000이 남게 된다. 이익잉여금은 영구계정이므로 당해 회계연도의 기말잔액이 다음 회계연도로 이월되어 기초잔액이 된다.

### (2) 영구계정의 마감

재무상태표에 기록되는 자산, 부채 및 자본은 다음 회계연도에도 존속된다. 이 계정은 수익계정이나 비용계정과는 달리 한 회계기간이 종료되어도 잔액을 0으로 만들지 않고 차기로 이월시켜 다음 회계연도의 기초잔액이 된다. 이와 같이 재무상태표 계정은 한 회계기간이 종료된 후에도 계속해서 잔액을 유지하기 때문에 영구계정 또는 실질계정이라고 한다. 재무상태표 계정을 마감할 때는 각 계정의 차변합계와 대변합계로 잔액을 계산한 다음 적요란에 '차기이월'이라고 기입하고, 차변잔액은 대변에, 대변잔액은 차변에 기록하여 차변과 대변의 합계를 일치시킨다. 그리고 차기의 회계연도가 계시되는 날짜에 '전기이월' 로 기입하여 차기이월과 같은 금액을 기록한다. 다시 말해서 자산, 부채 및 자본에 속하는 계정의 경우에 당기의 기말잔액과 차기의 기초잔액은 동일한 금액이 된다. 이 때 자산에 속하는 계정은 기말잔액이 차변에 생기고, 부채 및 자본에 속하는 계정은 기말잔액이 대변에 발생하게 된다.

**예제 4-7** 영구계정의 마감

〈예제 4-5〉의 계정 중에서 영구계정만 선택하여 계정을 마감하시오.

**현 금**

| 차변 | 대변 |
|---|---|
| 75,000 | 차기이월 75,000 |
| 전기이월 75,000 | |

**은행예금**

| 차변 | 대변 |
|---|---|
| 140,000 | 차기이월 140,000 |
| 전기이월 140,000 | |

**매출채권**

| 차변 | 대변 |
|---|---|
| 150,000 | 차기이월 150,000 |
| 전기이월 150,000 | |

**선급보험료**

| 차변 | 대변 |
|---|---|
| ④ 14,000 | 차기이월 14,000 |
| 전기이월 14,000 | |

**미수이자**

| 차변 | 대변 |
|---|---|
| ⑥ 2,000 | 차기이월 2,000 |
| 전기이월 2,000 | |

**상 품**

| 차변 | 대변 |
|---|---|
| 50,000 | ① 50,000 |
| ① 20,000 | 차기이월 20,000 |
| 전기이월 20,000 | |

**소모품**

| 차변 | 대변 |
|---|---|
| ⑦ 8,000 | 차기이월 8,000 |
| 전기이월 8,000 | |

**토 지**

| 차변 | 대변 |
|---|---|
| 500,000 | 차기이월 500,000 |
| 전기이월 500,000 | |

**건 물**

| 차변 | 대변 |
|---|---|
| 300,000 | 차기이월 300,000 |
| 전기이월 300,000 | |

**감가상각누계액**

| 차변 | 대변 |
|---|---|
| 차기이월 55,000 | 30,000 |
| | ② 25,000 |
| | 전기이월 55,000 |

**매입채무**

| 차변 | 대변 |
|---|---|
| 차기이월 120,000 | 120,000 |
| | 전기이월 120,000 |

**단기차입금**

| 차변 | 대변 |
|---|---|
| 차기이월 600,000 | 600,000 |
| | 전기이월 600,000 |

**미지급이자**

| | | | |
|---|---|---|---|
| 차기이월 | 10,000 | ③ | 10,000 |
| | | 전기이월 | 10,000 |

**선수임대료**

| | | | |
|---|---|---|---|
| 차기이월 | 15,000 | ⑤ | 15,000 |
| | | 전기이월 | 15,000 |

**자 본 금**

| | | | |
|---|---|---|---|
| 차기이월 | 300,000 | | 300,000 |
| | | 전기이월 | 300,000 |

**이익잉여금**

| | | | |
|---|---|---|---|
| 차기이월 | 109,000 | | 50,000 |
| | | ⑩ | 59,000 |
| | | 전기이월 | 109,000 |

수작업으로 계정마감을 할 때에는 위에서 처리한 방법보다는 조금 복잡하게 한다. 〈예제 4-7〉에서는 계정의 잔액을 표시할 때 간단한 방법으로 표시하였다. 임시계정의 마감에서 결산분개가 끝나고 나면 임시계정인 수익, 비용 및 배당금 계정의 잔액은 0이 되고, 영구계정의 잔액만 남게 된다. 영구계정 중에서 이익잉여금만 결산분개로부터 영향을 받는다. 따라서, 수정후시산표에서 이익잉여금을 제외한 나머지 영구계정의 잔액은 결산분개 후 잔액이 된다.

## 연습문제

**01** **다음 계정들 중 집합손익계정의 차변에 마감될 수 있는 계정이 아닌 것은?**

① 급여　　② 배당금
③ 광고선전비　　④ 감가상각비

**02** **다음 중 결산시 장부마감의 대상이 아닌 계정은 어느 것인가?**

① 선수수익　　② 소모품비
③ 임대료　　④ 임차료

**※ 다음은 ㈜미래의 20×1년 수정전시산표의 일부이다. 물음에 답하라(3~4).**

| 계정과목 | 수정전시산표 | | 수정후시산표 | |
|---|---|---|---|---|
| | 차 변 | 대 변 | 차 변 | 대 변 |
| 소 모 품 | ₩1,000 | | ₩250 | |
| 선급임차료 | 600 | | 300 | |
| 미지급급여 | | | | ₩200 |
| 미지급이자 | | | | 50 |
| 급 여 | 500 | | 700 | |
| 소모품비 | | | 750 | |
| 임 차 료 | | | 300 | |
| 이자비용 | 100 | | 150 | |

**03** ㈜미래의 수정전시산표와 수정후시산표를 보고 수정분개를 추정한 것 중 틀린 것은 어느 것인가?

| | | | | |
|---|---|---|---|---|
| ① | (차) 소 모 품 | 250 | (대) 소모품비 | 250 |
| ② | (차) 임 차 료 | 300 | (대) 선급임차료 | 300 |
| ③ | (차) 급　　여 | 200 | (대) 미지급급여 | 200 |
| ④ | (차) 이자비용 | 50 | (대) 미지급이자 | 50 |

**04** ㈜미래가 기말 현재 지급하지 못한 급여에 대한 수정분개를 수행하지 않은 경우 예상되는 결과로 옳은 것은?

① 비용이 과대계상(증가)　② 부채가 과소계상(감소)
③ 당기순이익이 과소계상(감소)　④ 수익이 과대계상(증가)

**05** 기중거래와 기말 수정사항에 대한 분개가 다음과 같을 경우, 당기의 임차료는 얼마인가?

| | | | | |
|---|---|---|---|---|
| 8/1 | (차) 임 차 료 | 120,000 | (대) 현　　금 | 120,000 |
| 12/31 | (차) 선급임차료 | 70,000 | (대) 임 차 료 | 70,000 |

① ₩120,000　② ₩70,000　③ ₩50,000　④ ₩190,000

**06** 다음 계정 중 잔액이 시산표의 차변에 나타나는 것은?

① 미지급금　② 용역수익　③ 매입채무　④ 선급보험료

**07** 다음 중 시산표를 작성함으로써 발견할 수 있는 오류는?

① 매출채권 ₩100,000을 현금으로 회수하고, 현금계정 차변에 ₩100,000, 매출채권계정 대변에 ₩200,000을 기록하였다.
② 매입채무 ₩200,000을 현금으로 상환하고, 현금계정 대변에 ₩100,000, 매입채무계정 차변에 ₩100,000을 기록하였다.
③ 매출채권 ₩200,000을 현금으로 회수하고, 현금계정 차변에 ₩100,000, 매출채권계정 대변에 ₩100,000을 기록하였다.
④ 매입채무 ₩300,000을 현금으로 상환하고, 현금계정 차변에 ₩300,000, 매입채무계정 대변에 ₩300,000을 기록하였다.

**08** **㈜미래는 20×1년 7월 1일, 소모품 ₩300,000을 외상으로 구입하였다. 결산일에 소모품의 재고액을 조사한 결과, ₩70,000의 소모품이 남아 있음을 확인하였다. 다음의 각 분개 중 틀린 것은?**

① 구입시의 분개(소모품을 자산으로 계상한 경우)
(차) 소 모 품 300,000 (대) 미지급금 300,000
② 구입시의 분개(소모품을 비용으로 계상한 경우)
(차) 소모품비 300,000 (대) 외상매입금 300,000
③ 구입시 자산으로 계상한 경우의 수정분개
(차) 소모품비 230,000 (대) 소 모 품 230,000
④ 구입시 비용으로 계상한 경우의 수정분개
(차) 소 모 품 70,000 (대) 소모품비 70,000

**09** **감가상각누계액에 대한 설명으로 옳지 않은 것은? 단, 영업을 시작한 회계연도가 아님을 가정한다.**

① 재무상태표에 나타난다.
② 수정전시산표상에 나타난다.
③ 수정후시산표상에 나타난다.
④ 마감분개대상이다.

# 기출문제

**01 다음 결산정리사항 중 비용의 발생에 해당하는 거래는?** (FAT1급 82회, 2025)

① 임대료 선수분을 계상하다. ② 보험료 선급분을 계상하다.
③ 이자수익 미수분을 계상하다. ④ 임차료 미지급분을 계상하다.

**02 다음 자료를 토대로 ㈜한공의 2025년 12월 31일 결산 시 회계처리로 옳은 것은?** (FAT1급 82회, 2025)

- 2025년 4월 1일 소모품 1,500,000원을 구입하고 대금은 현금으로 지급하였으며, 구입한 소모품은 전액 자산처리하였다.
- 2025년 12월 31일 소모품 미사용액은 300,000원이다.

| | | | | |
|---|---|---|---|---|
| ① (차) 소 모 품 | 1,200,000원 | (대) 소모품비 | 1,200,000원 |
| ② (차) 소 모 품 | 300,000원 | (대) 소모품비 | 300,000원 |
| ③ (차) 소모품비 | 1,200,000원 | (대) 소 모 품 | 1,200,000원 |
| ④ (차) 소모품비 | 300,000원 | (대) 소 모 품 | 300,000원 |

**03 다음 자료를 토대로 2025년 결산시점 회계처리로 옳은 것은? (소모품의 2025년 기초재고는 없다고 가정한다.)** (FAT1급 80회, 2025)

- 2025년 3월 1일 소모품 400,000원을 현금구입하고, 전액을 비용으로 회계처리하였다.
- 2025년 12월 31일 소모품 미사용액은 150,000원이었다.

| | | | |
|---|---|---|---|
| ① (차) 소모품비 | 250,000원 | (대) 소 모 품 | 250,000원 |
| ② (차) 소모품비 | 150,000원 | (대) 소 모 품 | 150,000원 |
| ③ (차) 소 모 품 | 250,000원 | (대) 소모품비 | 250,000원 |
| ④ (차) 소 모 품 | 150,000원 | (대) 소모품비 | 150,000원 |

**04** **다음은 ㈜한공의 정기예금 관련 자료이다. 2025년 12월 31일 결산정리 분개로 옳은 것은? (미수이자는 월할 계산할 것.)** (FAT1급 79회, 2025)

> • 2025년 9월 1일 정기예금 3,000,000원을 불입하였다.
> • 위 정기예금의 만기는 1년, 연이자율 10%, 이자는 만기시 원금과 함께 수령하기로 하였다.

| | | | | |
|---|---|---|---|---|
| ① (차) 미수수익 | 100,000원 | (대) 이자수익 | 100,000원 |
| ② (차) 선수수익 | 300,000원 | (대) 이자수익 | 300,000원 |
| ③ (차) 이자수익 | 300,000원 | (대) 선수수익 | 300,000원 |
| ④ (차) 이자수익 | 100,000원 | (대) 미수수익 | 100,000원 |

**05** **㈜한공은 2025년 10월 1일 1년분 보험료 1,200,000원을 지급하고 전액을 비용으로 회계처리 하였다. 2025년 12월 31일에 결산수정분개로 옳은 것은? (단, 월할 계산한다고 가정한다.)** (FAT1급 79회, 2025)

| | | | |
|---|---|---|---|
| ① (차) 선급비용 | 300,000원 | (대) 보험료 | 300,000원 |
| ② (차) 보험료 | 900,000원 | (대) 미지급비용 | 900,000원 |
| ③ (차) 선급비용 | 900,000원 | (대) 보험료 | 900,000원 |
| ④ (차) 보험료 | 300,000원 | (대) 미지급비용 | 300,000원 |

**06** **다음과 같은 결산 회계처리 누락이 2024년도 손익계산서에 미치는 영향으로 옳은 것은?** (FAT1급 74회, 2024)

> ㈜한공은 2024년 11월 1일에 가입한 1년 만기 정기예금 15,000,000원(연이율 3%, 월할계산)에 대한 이자 경과분(미수분)을 계상하지 않았다.

① 당기순이익 75,000원 과대계상　② 당기순이익 75,000원 과소계상
③ 당기순이익 450,000원 과대계상　④ 당기순이익 450,000원 과소계상

**07** **다음 자료를 토대로 ㈜한공의 2024년 12월 31일 결산 시 회계 처리로 옳은 것은?** (FAT1급 74회, 2024)

> • 2024년 5월 1일 소모품 2,000,000원을 구입하고 대금은 현금으로 지급하였으며, 구입한 소모품은 전액 자산처리하였다.
> • 2024년 12월 31일 소모품 미사용액은 450,000원이다.

| | | | | |
|---|---|---|---|---|
| ① | (차) 소 모 품 | 450,000원 | (대) 소모품비 | 450,000원 |
| ② | (차) 소 모 품 | 1,550,000원 | (대) 소모품비 | 1,550,000원 |
| ③ | (차) 소모품비 | 450,000원 | (대) 소 모 품 | 450,000원 |
| ④ | (차) 소모품비 | 1,550,000원 | (대) 소 모 품 | 1,550,000원 |

**08** **다음 결산정리사항 중 비용의 이연에 해당하는 거래는?** (FAT1급 74회, 2024)

① 임대료수익 미수분을 계상하다.
② 보험료 선급분을 계상하다.
③ 이자수익 선수분을 계상하다.
④ 이자비용 미지급분을 계상하다.

**09** **다음은 ㈜한공의 2024년 소모품 관련 자료이다. 결산 시 회계처리로 옳은 것은?** (FAT1급 70회, 2024)

> • 2024년 4월 1일 소모품 1,000,000원을 구입하고 대금은 현금으로 지급하였으며, 구입한 소모품은 전액 비용처리하였다.
> • 2024년 12월 31일 소모품 미사용액은 200,000원이다.

| | | | | |
|---|---|---|---|---|
| ① | (차) 소 모 품 | 200,000원 | (대) 소모품비 | 200,000원 |
| ② | (차) 소 모 품 | 800,000원 | (대) 소모품비 | 800,000원 |
| ③ | (차) 소모품비 | 200,000원 | (대) 소 모 품 | 200,000원 |
| ④ | (차) 소모품비 | 800,000원 | (대) 소 모 품 | 800,000원 |

**10** **다음과 같은 회계처리 누락이 2024년도 손익계산서에 미치는 영향으로 옳은 것은?** (FAT1급 69회, 2024)

> • ㈜한공은 2024년 11월 1일에 가입한 1년 만기 정기예금 10,000,000원(연이율 3%, 월할 계산)에 대한 이자 경과분(미수분)을 계상하지 않았다.

① 당기순이익 50,000원 과소계상
② 당기순이익 50,000원 과대계상
③ 당기순이익 250,000원 과소계상
④ 당기순이익 250,000원 과대계상

**11** **다음 결산정리사항 중 수익의 이연에 해당하는 거래는?** (FAT1급 67회, 2023)

① 보험료 선급분을 계상하다.
② 임대료수익 미수분을 계상하다.
③ 이자수익 선수분을 계상하다.
④ 이자비용 미지급분을 계상하다.

**12** **㈜한공의 2023년 결산 정리사항 반영 전 당기순이익은 200,000원이다. 다음 결산정리사항을 반영한 후 당기순이익은 얼마인가?** (FAT1급 66회, 2023)

> • 당기발생분 이자수익 20,000원에 대한 미수수익을 인식하지 아니함
> • 12월 급여 미지급분 30,000원을 인식하지 아니함

① 170,000원
② 180,000원
③ 190,000원
④ 210,000원

**13** **다음 중 당기순이익을 증가시키는 결산정리사항이 아닌 것은?** (FAT1급 65회, 2023)

① 전액 비용으로 처리한 보험료 중 선급분 계상
② 전액 수익으로 인식한 이자수익 중 선수분 계상
③ 기간 경과한 임대료 미수분 계상
④ 전액 비용으로 처리한 소모품비 중 소모품미사용액 계상

**14** **다음의 자료를 바탕으로 상품매출원가를 계산하여 결산분개한 것으로 옳은 것은?** (전산회계 1급 120회, 2025)

| 가. 기초상품재고액 1,100,000원 | 나. 당기총상품매입액 4,550,000원 |
|---|---|
| 다. 기말상품재고액 2,300,000원 | 라. 당기총매출액 7,200,000원 |

| | 차변 | | 대변 | |
|---|---|---|---|---|
| ① | 상품매출원가 | 3,350,000원 | 상품 | 3,350,000원 |
| ② | 상품 | 3,850,000원 | 상품매출원가 | 3,850,000원 |
| ③ | 상품 | 3,350,000원 | 상품매출원가 | 3,350,000원 |
| ④ | 상품매출원가 | 3,850,000원 | 상품 | 3,850,000원 |

**15** **다음의 자료를 이용하여 영업이익을 구하시오(기초재고는 50,000원, 기말재고는 '0'으로 가정한다).** (전산회계1급 115회, 2024)

| | | | | | |
|---|---|---|---|---|---|
| •총매출액 | 500,000원 | •매출할인 | 10,000원 | •당기총매입액 | 300,000원 |
| •매입에누리 | 20,000원 | •이자비용 | 30,000원 | •급 여 | 20,000원 |
| •통 신 비 | 5,000원 | •감가상각비 | 10,000원 | •배당금수익 | 20,000원 |
| •임 차 료 | 25,000원 | •유형자산처분손실 | 30,000원 | | |

① 60,000원 ② 70,000원
③ 100,000원 ④ 130,000원

**16** **다음 중 수익의 인식에 대한 설명으로 가장 옳은 것은?** (전산회계1급 108회, 2023)

① 시용판매의 경우 수익의 인식은 구매자의 구매의사 표시일이다.
② 예약판매계약의 경우 수익의 인식은 자산의 건설이 완료되어 소비자에게 인도한 시점이다.
③ 할부판매의 경우 수익의 인식은 항상 소비자로부터 대금을 회수하는 시점이다.
④ 위탁판매의 경우 수익의 인식은 위탁자가 수탁자에게 제품을 인도한 시점이다.

# 05
# 재고자산(Ⅰ) - 수량의 결정

제1절 재고자산의 의미와 종류

제2절 재고자산의 중요성

제3절 재고자산의 기록방법

# 제5장 재고자산(Ⅰ) - 수량의 결정

## 제1절 재고자산의 의미와 종류

### 1. 재고자산의 의미와 종류

재고자산(inventories)은 물리적 실체를 가지는 자산으로, 판매되거나 생산에 사용되기 이전에 기업에서 보관 중인 자산을 말한다. 이러한 재고자산의 종류에는 상품, 제품, 반제품, 재공품, 원재료, 저장품 등이 있다.

재고자산은 크게 두 가지로 나눌 수 있다. 첫 번째는 판매를 목적으로 보유하고 있는 자산으로 상품, 제품, 반제품 등이 여기에 속한다. 상품은 판매를 목적으로 매입하여 보유하고 있는 자산이고, 제품은 판매를 목적으로 제조해서 보유하고 있는 자산이며, 반제품은 판매가능한 형태의 중간제품 및 부분품을 말한다. 두 번째는 제품의 생산에 투입되거나 사무실이나 공장 등에서 사용되는 소모성 부품 등을 말한다. 제품의 제조를 위하여 공정에 투입할 목적으로 보유하고 있는 원재료와 아직 완성이 되지 않아서 다음공정에 투입될 재공품, 사무실이나 공장 등에서 사용할 목적으로 보유하고 있거나 제품의 생산에 사용할 목적으로 보유하고 있는 소모품과 소모성 공구기구비품, 수선용 부분품 등은 저장품으로 분류한다.

〈표 5-1〉 재고자산의 종류와 의미

| 종 류 | 의 미 |
|---|---|
| 상 품 | 기업이 판매를 목적으로 매입한 완성품 |
| 제 품 | 기업이 판매를 목적으로 제조하여 보유하고 있는 완성품 |
| 반제품 | 기업이 판매를 목적으로 제조한 판매가능한 형태의 중간제품 및 부분품 |
| 재공품 | 기업이 제품 또는 반제품의 제조를 위하여 공정 중에 있는 미완성 제품 |
| 원재료 | 제품의 제조를 위하여 공정에 투입할 목적으로 보유하고 있는 원재료 |
| 저장품 | 기업이 제품의 생산에 사용할 목적으로 보유하고 있는 소모품, 소모성 공구기구비품, 수선용 부분품 및 기타 저장품 |

〈표 5-1〉과 같이 재고자산이 분류될 수 있지만 기업의 종류에 따라서 재고자산의 구성이 달라질 수 있다. 상품매매기업과 같이 유통업에 해당하는 기업의 경우에는 재고자산을 매입하여 판매

하므로 상품이 많은 비중을 차지할 것이고, 제조업 기업은 제품, 재공품 등 제조와 관련된 재고자산이 많은 비중을 차지할 것이다. 그리고, 서비스업의 경우에는 재화를 공급하기 보다는 용역을 제공하는 기업이므로 재고자산이 거의 없을 수도 있다.

한편, 재고자산의 분류에서 유의할 것은 동일한 자산이라고 해서 모든 기업에서 동일한 자산으로 분류되는 것은 아니라는 점이다. 재고자산의 분류는 자산의 구입 목적과 기업의 주된 영업활동인 기업의 목적에 따라서 달라질 수 있다. 예를 들어, 컴퓨터 판매회사에서 판매를 목적으로 구입한 컴퓨터는 재고자산으로 분류되겠지만 사무실에서 사용할 목적으로 구입한 컴퓨터는 유형자산 중 비품으로 분류된다. 즉, 그 구입목적에 따라서 분류가 달리 이루어지는 것이다. 그리고, 자동차제조회사에서 토지를 구입한 경우와 부동산개발회사에서 토지를 구입한 경우, 그 분류가 달라질 수 있다. 자동차회사는 기업의 주된 영업활동이 자동차를 제조 및 판매하는 것이므로 토지를 구입한 경우에는 그 목적에 따라서 유형자산과 투자자산으로 분류가 가능하다. 즉, 공장을 짓거나 창고용도로 구입한 경우에는 유형자산으로 분류되지만 시세차익을 목적으로 구입한 경우에는 투자부동산으로 분류한다. 부동산개발회사의 주된 영업활동은 토지, 건물 등의 부동산을 판매하는 것이므로 판매를 목적으로 토지를 구입한 경우에는 재고자산의 상품으로 분류하여야 한다.

## 2. 재고자산의 취득과 판매 기록

### (1) 재고자산 관련 계정

#### 1) 상품

상품은 상품매매기업에서 판매를 목적으로 구입하여 보유하는 자산이다. 판매목적인 상품은 재무상태표에는 재고자산(inventory)계정으로 보고한다. 재고자산에는 상품 이외에도 제품, 원재료, 재공품 등이 포함된다. 여기에서 주의할 것은 업종과 목적에 따라서 상품이 달라진다는 것이다. 예를 들어, 냉장고를 판매하는 기업의 경우에는 냉장고를 구입하면 재고자산으로 분류하지만 사무실에서 사용할 목적으로 구입하게 되면 이는 비품계정으로 처리한다. 그리고, 부동산 판매회사에서 판매를 목적으로 토지를 구입할 경우에는 재고자산으로 분류하지만 냉장고 판매회사가 창고부지로 사용할 목적으로 토지를 구입했을 경우 유형자산으로, 장기적인 투자목적으로 구입하였다면 투자자산으로 분류해야 한다. 즉, 동일한 재화에 대해서도 영업활동과 목적에 따라서 계정분류를 해야 한다는 것이다.

#### 2) 매출 및 매입

매출 및 매입계정은 정상적인 영업활동과 관련되어야 한다. 즉, 기업 본연의 영업활동으로 인한 판매와 구입이 발생했을 경우에 매출, 매입계정을 사용한다. 냉장고 판매회사가 냉장고를 판매하고 판매를 목적으로 구입했을 경우 매출, 매입계정으로 기록한다. 상품을 고객에게 판매하면 상품판매대금 회수 여부와 관계없이 매출이라는 수익계정으로 기록하며, 판매하기 위하여 매입한 상품의 매입원가에 상품매입을 위해 지출한 운임 등 부대비용을 포함한 금액으로 매입계정을 기록한다.

### (2) 매출채권 및 매입채무

매출채권은 외상매출금과 받을어음계정을 합한 것으로, 이를 통합계정이라고 한다. 외상매출금과 받을어음은 신용거래이지만 엄격하게는 구분된다. 외상매출금은 대금을 지급하겠다는 구두약속인 반면, 받을어음은 서면약속이라고 할 수 있다. 이 둘을 합해서 보고하는 것은 두 계정이 모두 신용거래이므로 통합해서 나타내더라도 의사결정에 차이가 없기 때문이다. 한편, 상거래 이외의 활동에서 발생한 채권 및 채무는 각각 미수금계정 및 미지급금계정에 기록한다. 즉, 냉장고판매업을 영위하는 기업이 토지를 취득하거나 처분한 경우에는 미수금, 미지급금 등의 계정을 사용하고 유형자산의 취득과 처분을 기록하여야 한다.

### (3) 매출원가

매출원가(cost of goods sold)는 회계기간 동안 고객에게 판매된 상품의 취득원가를 나타내는데, 이를 산정하기 위한 다양한 방법이 존재한다.

먼저, 판매가능액의 의미를 이해하도록 하자.

판매가능액 = 기초상품재고액 + 당기매입액 = 매출원가 + 기말재고액

즉, 판매가능액은 당기에 판매할 수 있는 최대금액으로, 기초재고액과 당기매입액으로 구성되고, 판매되면 매출원가로 그렇지 않으면 기말재고로 남게 되므로 위의 식이 성립하게 된다. 따라서, 회계기말에는 매출원가와 기말상품재고액 중 한 가지만 알 수 있다면 나머지 금액을 구할 수 있게 된다.

매출원가 = 기초상품재고액 + 당기매입액 - 기말상품재고액
= 판매가능액 - 기말상품재고액

**예제 5-1**

(1) ㈜미래는 판매용 컴퓨터 50대를 단위당 ₩100,000에 외상으로 매입하였다. 매입운임 ₩100,000은 현금으로 지급하였다.

| (차) 매 입 | 5,100,000 | (대) 매입채무 | 5,000,000 |
|---|---|---|---|
| | | 현 금 | 100,000 |

(2) ㈜미래는 컴퓨터 10대를 단위당 ₩120,000에 판매하고 대금의 50%는 현금으로 받고, 나머지는 외상으로 하였다.

| (차) 현 금 | 600,000 | (대) 매 출 | 1,200,000 |
|---|---|---|---|
| 매출채권 | 600,000 | | |

(3) ㈜미래는 20×1년 초에 ₩500,000의 상품을 재고로 보유하고 있었다. 20×1년 한 해 동안 ㈜미래는 ₩1,000,000의 상품을 매입하였으며, 20×1년 말 재고로 남은 상품은 ₩700,000이었다. 매출원가를 산정하면 얼마인가?

판매가능액 = 기초재고액 + 당기매입액 = ₩500,000 + ₩1,000,000 = ₩1,500,000
매출원가 = ₩1,500,000 - ₩700,000 = ₩800,000

### (4) 매출에누리와 환입, 매입에누리와 환출

판매자와 구매자 간에 매매가 이루어진 상품 중에는 중대 결함이 있거나 파손 등의 하자가 발생하는 경우가 있다. 이런 경우에 구입한 상품을 되돌려 보내는 것을 환출이라고 하고, 결함의 정도가 경미한 경우에 대금의 일부를 깍아주는 것을 에누리라 한다. 판매자가 판매한 상품을 되돌려 받거나 에누리해 주는 경우에는 매출에누리와 환입계정에 기록하고, 구매자 입장에서 매입한 상품을 되돌려 보내거나 에누리를 받는 경우에는 매입에누리와 환출계정에 기록한다. 매출에누리와 환입계정은 매출액을 감소시키므로 매출계정의 차감계정이 되고, 매입에누리와 환출계정은 매입액을 감소시키므로 매입계정의 차감계정이 된다.

**예제 5-2**

(1) ㈜미래에서 판매한 컴퓨터 중 2대가 품질불량으로 반품되어 판매대금을 현금으로 지급하였다.

(차) 매출에누리와 환입 240,000 (대) 현 금 240,000

(2) ㈜미래는 외상매입한 컴퓨터 중 3대가 불량품으로 판명되어 반품하였다.

(차) 매입채무 300,000 (대) 매입에누리와 환출 300,000

### (5) 매출할인과 매입할인

판매자는 가능하면 판매대금을 빨리 회수하려고 노력하고, 이를 위해 다양한 회수방법을 고려하게 되는데 이들 중 하나가 일정기간 내에 대금을 지급하는 경우 대금의 일부를 깍아주는 것이다. 이를 매출할인이라 하고, 구매자가 대금을 일정기간 내에 지급함으로써 대금을 할인받게 되는 경우를 매입할인이라 한다. 이를 나타내기 위해서 판매와 구매시에 '2/10, n/30'와 같은 표시를 하게 된다. 이는 30일 이내에는 대금을 모두 지급하여야 하며, 구매자가 10일 이내에 대금을 지급하면 외상대금의 2%를 할인해 준다는 의미이다. 매출할인은 매출액을 감소시키므로 매출계정의 차감계정, 매입할인은 매입계정의 차감계정이 된다

**예제 5-3**

(1) ㈜미래는 매출채권 ₩600,000을 약정기일 전에 회수하게 되어 ₩12,000을 할인한 잔액을 현금으로 받다.

(차) 현 금 588,000 (대) 매출채권 600,000
매출할인 12,000

(2) ㈜미래의 손익계산서에 계상될 순매출액을 구하시오.

당기매출액(순매출액) = 총매출액 - 매출에누리와 환입 - 매출할인
= ₩1,200,000 - ₩240,000 - ₩12,000
= ₩948,000

## 제2절 재고자산의 중요성

### 1. 기업의 자금활용에 미치는 영향

재고자산은 판매를 목적으로 보유하고 있는 자산이다. 달리 표현하면 아직 판매되지 않은 자산이란 의미이다. 즉, 판매를 목적으로 보유하고 있지만 아직 판매가 이루어지지 않아 현금화가 되

지 못했다는 의미이다. 따라서, 재고가 많다는 것은 기업의 입장에서 볼 때 바람직한 현상으로 보기는 어렵다. 왜냐하면 아직 현금화가 되지 못했으므로 기업의 유동성이 떨어질 수 있기 때문이다. 또한 재고자산을 취득하기 위해 사용된 금액과 재고자산의 유지관리비용이 지속적으로 발생하기 때문에 재고자산이 많다는 것은 기업의 수익성을 악화시키고 자금의 흐름을 원활하게 하지 못함으로써 기업의 경영을 어렵게 할 수 있다. 그렇다면 기업의 입장에서는 재고를 없애는 것이 기업의 수익성을 개선하고 재무상태를 견고하게 하는 방법일 것이다. 그러나 이 경우에도 문제는 발생하게 된다. 즉, 수요를 충족시킬 수 있을 만큼의 재고자산을 보유하지 못함으로써 판매기회를 놓치게 되어 기업의 매출이 감소하게 되는 위험도 발생할 수 있기 때문이다. 따라서, 기업에서는 미래 수요를 정확히 예측하여 필요한 적정 재고를 유지함으로써 경영상의 자금흐름과 적절한 재고보유를 통한 이익극대화를 도모하고자 지속적인 노력이 이루어지고 있다.

## 2. 기업의 경영성과와 재무상태에 미치는 영향

일반적으로 기업이 보유한 재고자산은 그 금액이 크기 때문에 기업의 재무상태와 경영성과에 미치는 회계적 영향이 상당히 크다. 재고자산을 얼마로 기록할 것인지, 당기 손익계산에 미치는 영향은 어떠한지를 알아보자.

매출과 매출원가

| | 기업 A | 기업 B |
|---|---|---|
| 매출액 | 10,000 | 10,000 |
| 매출원가 | 3,000 | 2,000 |
| 기초상품재고액 | 0 | 0 |
| 당기매입액 | 5,000 | 5,000 |
| 기말상품재고액 | (2,000) | (3,000) |
| 매출총이익 | 7,000 | 8,000 |
| 당기순이익 | 7,000 | 8,000 |

기업 A와 기업 B가 모두 당기에 영업을 시작하였고, 매출도 ₩10,000으로 동일하다고 가정하자. 매출원가는 기초상품재고액에 당기매입액을 더하고 기말상품재고액을 차감하면 산출된다. 기업 A와 기업 B의 경우, 당기에 영업을 시작하였으므로 기초상품재고액은 ₩0으로 평가되었고, 당기에 판매를 위해서 매입한 상품은 ₩5,000이다. 당기 말에 매출원가 산정을 위해서 기말상품재고액을 기업 A는 ₩2,000으로, 기업 B는 ₩3,000으로 평가하였다. 그 결과 기업 A는 매출원가가

₩3,000으로 매출총이익은 ₩7,000이 되었고, 기업 B는 매출원가가 ₩2,000으로 매출총이익은 ₩8,000이 되었다. 다른 수익과 비용이 발생하지 않았다고 가정하면, 기업 A는 ₩7,000의 당기순이익이 발생하고 기업 B는 ₩8,000의 당기순이익이 발생하게 된다. 기업 A는 기업 B에 비해서 기말상품재고액을 과소평가함으로써 매출원가가 과대평가되어 매출총이익이 기업 B에 비해서 과소평가되었다. 과소평가된 매출총이익은 당기순이익도 과소평가하게 될 것이다. 기업 B는 기업 A에 비해서 기말상품재고액을 과대평가함으로써 매출원가가 과소평가되어 매출총이익이 기업 A에 비해서 과대평가되었다. 과대평가된 매출총이익은 당기순이익도 과대평가하게 될 것이다. 이러한 관계를 다음과 같이 정리할 수 있다.

| | | | | | | |
|---|---|---|---|---|---|---|
| 기말상품재고액의 과대평가 | → | 매출원가의 과소평가 | → | 매출총이익의 과대평가 | → | 당기순이익의 과대평가 |
| 기말상품재고액의 과소평가 | → | 매출원가의 과대평가 | → | 매출총이익의 과소평가 | → | 당기순이익의 과소평가 |

이처럼 기말상품재고액의 평가는 매출원가와 매출총이익에 순차적으로 영향을 미쳐 결국에는 당기순이익에 직접적인 영향을 미치게 된다. 뿐만 아니라 기말재고액의 평가는 다음 회계기간에도 영향을 미치게 되는데 다음의 예를 살펴보자.

매출과 매출원가

| | 기업 A | | 기업 B | |
|---|---|---|---|---|
| | 20×1 | 20×2 | 20×1 | 20×2 |
| 매출액 | 10,000 | 10,000 | 10,000 | 10,000 |
| 매출원가 | 3,000 | 7,000 | 2,000 | 8,000 |
| 기초상품재고액 | 0 | 2,000 | 0 | 3,000 |
| 당기매입액 | 5,000 | 5,000 | 5,000 | 5,000 |
| 기말상품재고액 | (2,000) | ( 0 ) | (3,000) | ( 0 ) |
| 매출총이익 | 7,000 | 3,000 | 8,000 | 2,000 |
| 당기순이익 | 7,000 | 3,000 | 8,000 | 2,000 |

기업 A와 B의 20×2년도 매출액은 ₩10,000으로 동일하고, 기말에 보유하고 있는 재고자산 없이 모두 판매되었다고 가정하자. 기업 A는 20×1년말 ₩2,000으로 평가된 기말상품재고액이

20×2년도의 기초재고자산이 된다. 여기에 당기매입액 ₩5,000을 더하면 판매가능재고액이 ₩7,000이 되고, 차감할 기말재고자산이 없으므로 매출원가는 ₩7,000, 매출총이익은 ₩3,000이 되었다. 기업 B는 20×1년말 ₩3,000으로 평가된 기말상품재고액이 20×2년도의 기초재고자산이 된다. 여기에 당기매입액 ₩5,000을 더하면 판매가능재고액이 ₩8,000이 되고, 차감할 기말재고자산이 없으므로 매출원가가 ₩8,000이 되어 매출총이익은 ₩2,000이 되었다. 다른 수익과 비용이 발생하지 않았다고 가정하면 기업 A는 ₩3,000의 당기순이익이 발생하고, 기업 B는 ₩2,000의 당기순이익이 발생하게 된다. 기업 A와 기업 B의 20×2년도 당기매입액이 동일하고, 기말재고자산이 없으므로 매출원가 산정에 영향을 미친 것은 20×1년 말에 평가한 기말재고자산뿐이다. 기업 A는 20×1년 말에 ₩2,000으로 평가한 기말재고자산이 20×2년도의 기초재고자산이 되어 매출원가가 ₩7,000, 매출총이익은 ₩3,000이 되었고, 기업 B는 20×1년 말에 ₩3,000으로 평가한 기말재고자산이 20×2년도의 기초재고자산이 되어 매출원가는 ₩8,000, 매출총이익은 ₩2,000이 되었다. 즉, 두 기업의 20×2년 당기순이익을 산정함에 있어 전기에 평가한 기말재고자산이 당기의 매출원가산정에 영향을 미친 것이다.

기업 A의 경우, 20×1년 기말상품재고액의 과소평가는 20×2년 기초재고자산의 과소평가를 가져오고, 이는 매출원가의 과소평가로 이어져 매출총이익의 과대평가, 당기순이익 과대평가로 이어지게 된다. 기업 B의 경우, 20×1년 기말상품재고액의 과대평가는 20×2년 기초재고자산의 과대평가를 가져오고, 매출원가의 과대평가로 이어져 매출총이익의 과소평가, 당기순이익 과소평가로 이어지게 된다. 이러한 관계를 나타내면 다음과 같이 정리할 수 있다.

전기 기말상품재고액의 과대평가 → 당기 기초상품재고액의 과대평가 → 매출원가의 과대평가 → 매출총이익의 과소평가 → 당기순이익의 과소평가

전기 기말상품재고액의 과소평가 → 당기 기초상품재고액의 과소평가 → 매출원가의 과소평가 → 매출총이익의 과대평가 → 당기순이익의 과대평가

이와 같이 기말상품재고액의 평가는 당기의 재고자산금액과 당기순이익 뿐만 아니라 다음 기의 재고자산금액과 당기순이익에 영향을 미치게 되는 중요한 자산인 것이다. 이러한 이유로 인해 기말재고자산을 얼마로 평가할 것이냐의 문제는 경영자가 여러 가지 이유로 이익을 조절하고 싶은 유인이 발생하게 하는 부분이기도 하다.

한편, 기업 A와 B의 2개년도 매출액과 당기매입액 등 모든 조건이 동일함에도 불구하고 당기

순이익이 매년도 다르게 나타나는 것은 전기에 기말재고자산을 어떻게 평가하느냐에 영향을 받고 있다. 만약 기업 A와 B가 동일한 업종임에도 불구하고 이러한 결과가 나타난다면 재무제표는 신뢰성을 잃게 된다.

위에서 보듯이 기말재고액의 잘못된 평가는 같은 기업 내에서의 각 연도별 당기순이익과 재고자산금액을 적정하게 표시하지 못하게 할 뿐만 아니라 동종기업 간 재무제표의 비교도 어렵게 한다. 따라서, 재고자산의 평가는 재무보고를 함에 있어서 매우 중요하므로, 일반적으로 인정된 회계원칙에 따르면 특별한 사유가 발생하지 않는 한 재고자산의 평가방법을  매년 계속적으로 적용할 것을 규정하고 있으며, 동종업종에서는 동일한 평가방법을 적용함으로써 재무제표의 비교가능성을 제고할 수 있다.

## 3. 회계상의 문제

첫 번째는 재고자산을 어떻게 기록하고 수량을 결정할 것인가의 문제이다. 재고자산은 일반적으로 판매를 목적으로 보유하고 있는 자산이므로 재고자산은 구입과 판매과정이 반복적으로 이루어지게 되며, 계속해서 재고자산의 금액은 변화하게 된다. 이러한 변화의 과정을 거쳐서 기말에 판매되지 않은 자산이 기말재고가 되는 것이다. 따라서, 이러한 과정을 어떻게 기록할 것인가의 문제가 중요하게 부각된다. 이러한 재고자산의 변화를 기록하는 방법에는 실지재고조사법과 계속기록법이 있다.

둘째는 재고자산을 얼마로 기록할 것인가의 문제이다. 컴퓨터를 판매하는 기업일 경우 판매를 목적으로 구입한 컴퓨터의 기말재고자산을 평가하기 위해서는 아직 판매되지 않은 컴퓨터의 수량과 구입시 가격을 곱함으로써 구할 수 있을 것이다. 하지만 컴퓨터의 매입과 매출이 빈번하게 이루어지는 과정에서 컴퓨터의 구입가격이 구입할 때마다 매번 동일할 수 있을까하는 의문이 발생할 수 있다. 실제로 물가상승, 현금할인, 대량구매 등의 이유로 판매를 목적으로 구입하는 컴퓨터의 매입금액은 매입시 마다 달라질 수 있다. 이러한 경우, 재고자산을 얼마로 기록할 것인가를 결정하기 위해서는 어떤 금액으로 기록할 것인지를 결정해야 한다. 즉, 재무상태표와 손익계산서에 얼마로 기록을 할 것인지를 결정하기 위한 합리적인 방법을 찾아서 적용해야 한다. K-IFRS와 K-GAAP에서는 개별법, 선입선출법, 평균법, 후입선출법 등을 합리적인 방법으로 규정하고 있다. 이와 같은 내용은 다음과 같이 요약할 수 있다.

| 재고자산 평가액 | = | 재고자산의 수량 | × | 재고자산의 단위원가 |
|---|---|---|---|---|
| | | 실지재고조사법 | | 개별법 |
| | | 계속기록법 | | 선입선출법 |
| | | | | 평균법(총평균법, 이동평균법) |
| | | | | 후입선출법 |

이렇듯 재고자산의 평가는 당기의 매출총이익과 당기순이익에 영향을 주게 되고, 당기의 기말재고액은 다음 회계기간의 기초재고액이 되므로, 다음 회계기간의 판매가능재고액, 매출원가, 매출총이익, 당기순이익에 영향을 미치게 된다. 즉, 재고자산의 평가는 현재와 미래의 재무제표에 영향을 미치게 되므로 그 평가의 문제는 매우 중요하다.

## 제3절 재고자산의 기록방법

재고자산의 평가문제는 기업경영에 있어서 매우 중요함을 언급하였다. 다음에서는 재고자산의 수량결정방법인 실지재고조사법과 계속기록법에 대해서 알아보자.

### 1. 실지재고조사법에 의한 재고자산의 기록

#### (1) 의의

실지재고조사법(periodic inventory system)은 실사법이라고도 하며, 기중에 재고자산의 출고량을 일일이 기록하지 않고 기말에 재고조사를 통하여 재고수량을 직접 파악하는 방법이다. 예를 들어, 자동차 부품을 구입해서 판매하는 부품공급업체의 경우 취급하는 부품수가 많고 하루에도 수십 번의 거래가 빈번하게 발생한다. 이러한 기업에서는 매출시마다 일일이 그 수량을 기록하기에는 번거롭고 많은 시간이 소요될 수 있다. 따라서, 매월, 분기말, 연말 등 일정한 시기에 실제로 창고에 남아있는 부품을 조사해서 기말재고로 기록하게 되는데, 주로 취급하는 품목이 많고 거래가 빈번하게 일어나는 업종에 적합한 방법이라고 할 수 있다. 만약 기초재고량이 100개이고 당기매입량이 200개이면 당기의 판매가능수량은 300개가 되고, 실지재고조사법에 의해서 파악된 기말재고량이 50개라면 당기판매량은 250개가 된다. 따라서 다음의 식이 성립한다.

당기판매량 = 기초재고량 + 당기매입량 - 기말재고량

기초재고량은 전기 말에 실지재고조사를 통해서 이미 확인된 수량이고, 당기매입량은 당기에 판매를 위해서 구입한 수량이므로 매입시에 분개가 이루어지고 그 수량을 알고 있다. 따라서, 기말재고량이나 당기판매량 중 하나를 알면 나머지는 계산에 의해 파악이 가능하게 되는데 실지재고조사법은 기말재고량을 이용하여 당기판매량을 구하는 방법이다.

실지재고조사법의 장점은 매출시에 회계기록을 하지 않고 기말에 기록을 함으로써 회계처리가 단순하다는 장점이 있다. 반면, 기말에 파악되지 않는 자산을 기중에 판매된 것으로 간주할 수밖에 없다는 단점이 있다. 즉, 기중에 도난 등으로 수량이 감소하였음에도 불구하고 이를 당기에 판매된 것으로 처리할 수 있다는 것이다. 따라서, 실지재고조사법은 고가의 재고자산을 취급하는 업종보다는 다량의 저가 재고자산을 취급하는 업종에 더욱 적합한 방법이라고 할 수 있다.

### (2) 재고자산의 매입과 매출의 기록

실지재고조사법에 의한 분개시 사용되는 계정은 매입, 매출, 매출원가 등으로 비교적 간단하다. 각 계정을 사용한 분개를 다음에서 살펴보자.

#### 1) 매입시

매입시 외상으로 매입을 하게 되면 다음과 같이 기록한다.

| 매입시 : | (차) 매　　입 | ××× | (대) 매입채무 | ××× |
|---|---|---|---|---|

여기에서 매입계정의 성격을 이해할 필요가 있다. 매입계정은 비용을 나타내는 임시계정이다. 다시 말해서 실지재고조사법에서는 판매를 목적으로 구입하는 재고자산을 매입시에 매입이라는 임시계정으로 처리하고, 기말에 다른 계정으로 대체되도록 기록한다.

#### 2) 매출시

매출시 외상으로 매출을 하게 되면 다음과 같이 기록한다.

| 매출시 : | (차) 매출채권 | ××× | (대) 매　　출 | ××× |
|---|---|---|---|---|

여기에서 매출채권은 자산계정이고, 매출은 수익계정이다. 위의 분개를 자세히 보면 매출이라는 수익계정만 나타날 뿐 이에 대한 매출원가계정이 나타나지 않음을 알 수 있다. 뿐만 아니라 매입시에 나타나는 매입이라는 비용계정을 매출이라는 수익계정과 대응시키는 것은 매입하는 모든

재고자산이 다 판매되는 것은 아니므로 적정하지 않다는 것을 알 수 있다. 따라서, 당기의 적정한 경영성과와 재무상태를 보고하기 위해서 이를 적정하게 표시할 수 있는 절차가 기말에 이루어지게 된다.

### 3) 기말수정분개

#### ① 기초재고자산에 대한 분개

기초재고는 전기에 이미 금액이 확정되어 당기로 이월된 자산이므로 전기 재무상태표에 재고자산(상품)으로 기록되어 있다. 이를 당기에 판매된 것으로 기록하는 다음과 같은 분개가 이루어진다.

| 기초재고자산을 매출원가로 대체 : | (차) 매출원가 | ××× | (대) 재고자산(상품) | ××× |
|---|---|---|---|---|

#### ② 당기매입분에 대한 분개

당기에 판매를 목적으로 구입한 자산을 당기에 판매된 것으로 기록하기 위해 다음과 같은 분개가 이루어진다.

| 당기매입분에 대한 분개 : | (차) 매출원가 | ××× | (대) 매　　입 | ××× |
|---|---|---|---|---|

매입시의 분개와 연결해 보면 매입이라는 임시비용계정이 차변과 대변에 동일한 금액으로 기록됨으로써 상쇄되고, 매출원가라는 비용계정으로 대체됨을 알 수 있다.

#### ③ 기말재고자산에 대한 분개

판매되지 않고 기말에 실제로 창고에 남아있는 재고자산을 조사하여 그 금액을 매출원가에서 차감시키는 분개가 이루어진다.

| 기말재고자산에 대한 분개 : | (차) 재고자산(상품) | ××× | (대) 매출원가 | ××× |
|---|---|---|---|---|

차변에 나타난 재고자산계정은 판매되지 않고 남아있는 자산이므로 당기의 재무상태표에 재고자산으로 기록되고, 대변의 매출원가계정은 기초재고자산과 당기매입분의 수정분개시 나타난 차변의 매출원가계정에서 판매되지 않은 금액만큼을 차감하게 되어 결국 판매된 금액 만큼이 실제

비용계정이 되어 손익계산서에 매출원가계정으로 계상된다.

따라서, 실지재고조사법에서는 기말의 수정분개를 통해서 재무상태표와 손익계산서의 적절한 금액이 산정될 수 있는 것이다.

**예제 5-4** ㈜미래부품은 자동차부품을 판매하는 대리점이다. 20×1년 3월의 한달간 거래 내역(현금거래)이 다음과 같을 때 요구사항에 답하시오.

| | | 수 량 | 단 가 | 금 액 |
|---|---|---|---|---|
| 3월 1일 | 기초재고 | 30개 | ₩100 | ₩3,000 |
| 3월 2일 | 매 입 | 50개 | ₩100 | ₩5,000 |
| 3월 5일 | 매 출 | 20개 | ₩150 | ₩3,000 |
| 3월 15일 | 매 입 | 20개 | ₩100 | ₩2,000 |
| 3월 20일 | 매 출 | 50개 | ₩150 | ₩7,500 |

실지재고조사법에 의한 기말재고수량은 30개이다.

〈요구사항〉

(1) ㈜미래부품의 3월 거래를 실지재고조사법에 따라 분개하시오.

(2) ㈜미래부품의 3월 매출총이익을 계산하시오.

[풀이]

(1) 거래분개

1) 기중분개

| | | | | |
|---|---|---|---|---|
| ① 3월 2일 : | (차) 매 입 | 5,000 | (대) 현 금 | 5,000 |
| ② 3월 5일 : | (차) 현 금 | 3,000 | (대) 매 출 | 3,000 |
| ③ 3월 15일 : | (차) 매 입 | 2,000 | (대) 현 금 | 2,000 |
| ④ 3월 20일 : | (차) 현 금 | 7,500 | (대) 매 출 | 7,500 |

2) 수정분개

| | | | | |
|---|---|---|---|---|
| ① 기초재고자산 : | (차) 매출원가 | 3,000 | (대) 재고자산(상품) | 3,000 |
| ② 당기매입분 : | (차) 매출원가 | 7,000 | (대) 매 입 | 7,000 |
| ③ 기말재고자산 : | (차) 재고자산(상품) | 3,000 | (대) 매출원가 | 3,000 |

(2) 매출총이익

매출총이익 = 매출액 - 매출원가

매출원가 = 기초재고액 + 당기매입액 - 기말재고액

= ₩3,000 + ₩7,000 - ₩3,000 = ₩7,000

매출액 = ₩3,000 + ₩7,500 = ₩10,500

매출총이익 = ₩10,500 - ₩7,000 = ₩3,500

## 2. 계속기록법에 의한 재고자산의 기록

### (1) 의의

계속기록법(perpetual inventory system)은 재고자산의 입출고가 있을 때마다 수량과 금액을 일일이 기록해서 재고수량을 파악하는 방법이다. 예를 들어, 고가의 소량 제품을 구입해서 판매하는 업종의 경우에는 취급하는 품목의 수가 적고 거래가 빈번하게 발생하지 않는다. 이러한 기업에서는 매입과 매출시마다 그 수량과 금액을 기록하는 것이 오히려 합리적일 수 있다. 특히, 정보기술의 발달로 품목이 다양하고 거래빈도가 많은 업종에서도 상품마다 부착된 바코드를 이용하여 상품의 금액과 수량을 전산처리함으로써 재고자산의 입출고를 기록할 수 있게 되어 사용범위가 확대되고 있는 재고기록 방법이다. 만약, 기초재고량이 100개이고 당기매입량이 200개이면 당기의 판매가능수량은 300개가 되고 계속기록법에 의해서 파악된 당기판매량이 250개라면 기말재고량은 50개가 된다. 따라서, 다음의 식이 성립한다.

기말재고량 = 기초재고량 + 당기매입량 - 당기판매량

기초재고량은 전기 말에 계속기록법을 통해서 이미 확인된 수량이고 당기매입량은 당기에 판매를 위해서 구입한 수량이므로 매입시에 분개가 이루어지고 그 수량을 알고 있다. 따라서, 기말재고량이나 당기판매량 중 하나를 알면 나머지는 계산을 통해 알 수 있게 되는데 계속기록법은 당기판매량을 먼저 구해서 기말재고량을 구하는 방법이다.

계속기록법의 장점은 재고의 직접 조사없이 장부상으로 재고수량을 알 수 있다는 것이다. 반면, 기중에 도난, 파손 등으로 재고수량이 감소하였음에도 불구하고 이를 장부상 재고자산에 포함하고 있을 수 있다는 단점이 있다.

## 2) 재고자산의 매입과 매출의 기록

계속기록법에 의한 분개시 사용되는 계정은 상품, 매출, 매출원가 등으로 비교적 간단하다. 각 계정을 사용한 분개를 다음에서 살펴보자.

### 1) 매입시

매입시 외상으로 매입을 하게 되면 다음과 같이 기록한다.

| 매입시 : | (차) 상 품 | ××× | (대) 매입채무 | ××× |
|---|---|---|---|---|

여기에서 상품계정의 성격을 이해할 필요가 있다. 상품계정은 자산을 나타내는 영구계정이다. 다시 말해서, 계속기록법에서는 판매를 목적으로 구입하는 재고자산을 매입시에 상품이라는 자산으로 기록한다는 것이다. 실지재고조사법에서 설명한 매입시 매입이라는 비용계정을 사용하는 경우와는 대조적이다. 두 방법에서 분개는 매입하는 재고자산의 성격을 비용으로 분류하느냐 자산으로 분류하느냐에서 차이가 발생한다고 할 수 있다.

### 2) 매출시

매출시 외상으로 매출을 하게 되면 다음과 같이 기록한다.

| 매출시 : | (차) 매출채권 | ××× | (대) 매 출 | ××× |
|---|---|---|---|---|
| | 매출원가 | ××× | 상 품 | ××× |

여기에서 매출채권은 자산계정이고 매출은 수익계정이다. 대변의 상품계정은 재고자산이 감소하면서 차변의 매출원가라는 비용계정이 발생하였음을 나타낸다. 즉, 계속기록법에서는 판매시마다 매출이라는 수익과 매출원가라는 비용계정이 대응되고, 재고자산계정이 판매된 만큼 줄어들게 된다. 따라서, 계속기록법에서는 실지재고조사법과는 달리 당기의 적정한 경영성과와 재무상태를 보고하기 위해 필요한 분개가 판매시에 모두 발생하게 되므로 기말수정분개가 필요없게 된다.

**예제 5-5** ㈜미래부품은 자동차부품을 판매하는 대리점으로, 계속기록법을 사용하고 있다. 20×1년 3월의 한달간 거래 내역(현금거래)이 다음과 같을 때 요구사항에 답하시오.

| | | 수 량 | 단 가 | 금 액 |
|---|---|---|---|---|
| 3월 1일 | 기초재고 | 30개 | ₩100 | ₩3,000 |
| 3월 2일 | 매 입 | 50개 | ₩100 | ₩5,000 |
| 3월 5일 | 매 출 | 20개 | ₩150 | ₩3,000 |
| 3월 15일 | 매 입 | 20개 | ₩100 | ₩2,000 |
| 3월 20일 | 매 출 | 50개 | ₩150 | ₩7,500 |

〈요구사항〉

(1) ㈜미래부품의 3월 거래를 계속기록법에 따라 분개하시오.

(2) ㈜미래부품의 3월 매출총이익을 계산하시오.

[풀이]

(1) 거래분개

| | | | | |
|---|---|---|---|---|
| ① 3월 2일 : | (차) 상 품 | 5,000 | (대) 현 금 | 5,000 |
| ② 3월 5일 : | (차) 현 금<br>매출원가 | 3,000<br>2,000 | (대) 매 출<br>상 품 | 3,000<br>2,000 |
| ③ 3월 15일 : | (차) 상 품 | 2,000 | (대) 현 금 | 2,000 |
| ④ 3월 20일 : | (차) 현 금<br>매출원가 | 7,500<br>5,000 | (대) 매 출<br>상 품 | 7,500<br>5,000 |

(2) 매출총이익

매출총이익 = 매출액 - 매출원가

= ₩10,500 - ₩7,000 = ₩3,500

## 3. 실지재고조사법과 계속기록법의 비교

실지재고조사법과 계속기록법에 의한 기록과정을 비교하면 다음 〈표 5-2〉와 같다.

〈표 5-2〉 실지재고조사법과 계속기록법의 비교

| 구분 | 실지재고조사법 | 계속기록법 |
|---|---|---|
| 매입시 | (차) 매　　입 ××× (대) 매입채무 ××× | (차) 상　　품 ××× (대) 매입채무 ××× |
| 매출시 | (차) 매출채권 ××× (대) 매　　출 ××× | (차) 매출채권 ××× (대) 매　　출 ×××<br>(차) 매출원가 ××× (대) 상　　품 ××× |
| 결산시<br>(수정분개) | (차) 매출원가 ××× (대) 상　　품 ×××<br>(차) 매출원가 ××× (대) 매　　입 ×××<br>(차) 상　　품 ××× (대) 매출원가 ××× | 분개없음 |

두 방법에 의한 재고자산 기록방법을 살펴보았는데, 실지재고조사법에서는 실제 수량을 기준으로 재고자산의 장부상수량을 결정하므로 장부상수량과 실제수량이 항상 일치하게 된다. 하지만 계속기록법에서는 기말수량을 확인하지 않고 장부상으로만 기록하게 되므로 장부상수량과 실제수량이 일치하지 않는 경우가 발생하게 된다. 만약 장부상수량과 실제수량이 일치하지 않을 경우, 그 차이분을 재고자산의 감모라고 하게 되는데, 불가피하게 발생하는 정상적인 감모의 경우에는 매출원가에 포함시키고, 도난, 파손 등의 부주의로 인해서 발생하는 비정상적인 감모의 경우에는 영업외비용으로 처리하도록 하고 있다. 따라서, 계속기록법을 사용하는 기업일지라도 장부상 잔액과 실제잔액을 일치시키기 위해서 실제로 재고조사를 할 필요가 있으며, 재고자산의 감모가 발생한 경우의 회계처리는 다음과 같다.

| (차) 재고자산감모손실<br>(매출원가 또는 영업외 비용) | ××× | (대) 재고자산 | ××× |
|---|---|---|---|

## 연습문제

**01** ㈜미래의 20×1년 매출원가는 ₩450,000이고, 매출총이익은 당기매출액의 40%이다. 당기 매출액과 매출총이익은 각각 얼마인가?

| | 당기매출액 | 매출총이익 | | 당기매출액 | 매출총이익 |
|---|---|---|---|---|---|
| ① | ₩1,125,000 | ₩180,000 | ② | ₩750,000 | ₩450,000 |
| ③ | ₩1,125,000 | ₩450,000 | ④ | ₩750,000 | ₩300,000 |

**02** 다음 등식의 빈칸에 공통으로 들어갈 용어는 무엇인가?

> (1) 기초상품재고액+당기상품매입액-매입에누리와 환출-매입할인+매입운임=(　　　　)
> (2) 매출원가+기말상품재고액=(　　　　)

① 매출총이익　　② 순매입액
③ 판매가능액　　④ 매출액

**03** 다음 등식 중 매출원가가 산출되지 않는 것은?

① 판매가능액 - 매출총이익
② 판매가능액 - 기말재고액
③ 기초재고액 + 당기매입액 - 기말재고액
④ 매출액 - 매출총이익

**04** 선적지인도조건으로 상품을 매입한 경우, 현금으로 지급한 ₩70,000의 운송비에 대한 적절한 분개는?

| | 차변 | 금액 | 대변 | 금액 |
|---|---|---|---|---|
| ① | (차) 운 반 비 | 70,000 | (대) 현　금 | 70,000 |
| ② | (차) 매입할인 | 70,000 | (대) 매　입 | 70,000 |
| ③ | (차) 매입(매입운임) | 70,000 | (대) 현　금 | 70,000 |
| ④ | (차) 운 반 비 | 70,000 | (대) 매　입 | 70,000 |

## 05 다음 중 재무상태표에 재고자산으로 계상될 수 없는 것은?

① 생산에 사용될 목적으로 보유 중인 원재료
② 위탁판매를 위해 적송된 상품
③ 도착지인도조건의 미착상품
④ 시용판매를 위해 구매자에게 적송된 상품

## 06 판매된 상품에 파손이나 결함이 있어 반환되는 것을 의미하는 용어는 무엇인가?

① 매입환출 ② 매출할인
③ 매출환입 ④ 매출에누리

## 07 기말재고자산이 과소계상되는 오류가 발생하였다. 오류의 영향으로 나타날 수 있는 것은?

① 당기순이익이 과대계상된다.
② 당기 매출원가가 과소계상된다.
③ 당기순이익이 당기에는 과대, 차기에는 과소계상된다.
④ 당기순이익이 당기에는 과소, 차기에는 과대계상된다.

※ 다음은 ㈜미래의 20×1년, 20×2년, 20×3년의 영업자료이다. 물음에 답하라(8~9).

| | 20×1년 | 20×2년 | 20×3년 |
|---|---|---|---|
| 기초재고액 | ₩35,000 | ₩25,000 | ₩30,000 |
| 순매입액 | ₩50,000 | ₩75,000 | ₩40,000 |
| 기말재고액 | ₩25,000 | ₩30,000 | ₩20,000 |

## 08 ㈜미래의 20×1년 기말재고는 ₩2,000 과대계상, 20×2년에는 ₩1,000 과소계상되는 오류가 발생하였을 경우, 오류가 없었다면 각 연도의 정확한 매출원가는 얼마인가?

| | 20×1년 | 20×2년 | | 20×1년 | 20×2년 |
|---|---|---|---|---|---|
| ① | ₩60,000 | ₩70,000 | ② | ₩63,000 | ₩69,000 |
| ③ | ₩63,000 | ₩73,000 | ④ | ₩62,000 | ₩67,000 |

**09** **20×3년에는 오류가 없을 경우, ㈜미래의 20×3년 매출원가는 얼마인가?**

① ₩50,000 ② ₩51,000
③ ₩49,000 ④ ₩47,000

**10** **다음 자료를 이용하여 당기순매입과 매출원가를 산출하면 각각 얼마인가?**

| | | | |
|---|---|---|---|
| ■ 기초재고 | ₩300,000 | ■ 매입운임 | ₩ 15,000 |
| ■ 판매운임 | 15,000 | ■ 매　　입 | 600,000 |
| ■ 기말재고 | 200,000 | ■ 매　　출 | 850,000 |
| ■ 판매수수료 | 4,000 | ■ 매출할인 | 6,000 |
| ■ 매입관련보험료 | 6,000 | ■ 매입환출 | 3,000 |
| ■ 매입에누리 | 3,000 | ■ 매출환입 | 1,000 |

① 당기순매입 ₩603,000 매출원가 ₩703,000
② 당기순매입 ₩615,000 매출원가 ₩715,000
③ 당기순매입 ₩612,000 매출원가 ₩712,000
④ 당기순매입 ₩618,000 매출원가 ₩718,000

# 기출문제

**01 다음 자료를 토대로 기말상품재고액을 계산하면 얼마인가?** (FAT1급 82회, 2025)

| | | | |
|---|---|---|---|
| •매 출 액 | 7,000,000원 | •기초상품재고액 | 1,000,000원 |
| •매 입 액 | 5,000,000원 | •매출총이익 | 2,100,000원 |

① 1,000,000원 ② 1,100,000원
③ 2,900,000원 ④ 4,900,000원

**02 다음은 ㈜한공의 재고자산 매입과 관련된 김 과장과 강 대리의 대화내용이다. (가), (나)에 해당하는 계정과목으로 알맞은 것은?** (FAT1급 73회, 2024)

김 과장 : 매입한 상품 중 결함이 있는 것은 어떻게 처리했나요?
강 대리 : 결함이 미미하여 (가) 반품을 하지 않고 매입가격의 할인을 받았습니다.
김 과장 : 나머지 상품대금은 언제 지급할 예정입니까?
강 대리 : (나) 지급기일보다 빨리 지급하여 할인을 받겠습니다.

| | (가) | (나) | | (가) | (나) |
|---|---|---|---|---|---|
| ① | 매입에누리 | 매입할인 | ② | 매입환출 | 매입에누리 |
| ③ | 매입할인 | 매입환출 | ④ | 매입에누리 | 매입환출 |

**03 다음 자료를 토대로 2월 말 매출총이익을 계산하면 얼마인가?** (FAT1급 69회, 2024)

• 2월의 매출액: 300개 × 300원 = 90,000원
• 재고자산평가방법: 선입선출법
• 2월의 상품재고장

| 날짜 | 적요 | 입고 | | | 출고 |
|---|---|---|---|---|---|
| | | 수량(개) | 단가(원) | 금액(원) | 수량(개) |
| 2/ 1 | 전월이월 | 200 | 100 | 20,000 | |
| 2/15 | 매 입 | 300 | 200 | 60,000 | |
| 2/26 | 매 출 | | | | 300 |

① 15,000원 ② 35,000원 ③ 40,000원 ④ 50,000원

## 04 다음 자료를 토대로 기말상품재고액을 계산하면 얼마인가? (FAT1급 65회, 2023)

| | | | |
|---|---|---|---|
| • 순매출액 | 5,000,000원 | • 기초상품재고액 | 500,000원 |
| • 순매입액 | 4,000,000원 | • 매출총이익 | 800,000원 |

① 200,000원　② 300,000원
③ 500,000원　④ 700,000원

## 05 ㈜승주의 회계연도 말 기말 창고에 실제 보관 중인 상품은 20,000,000원이다. 다음의 사항을 창고재고에 반영하여 정확한 재고자산 금액을 계산하면 얼마인가? 모든 금액은 당초 취득원가이다. (전산회계1급 120회, 2025)

- 당기 미국에서 선적지 인도조건으로 매입 후, 기말 현재 선적 후 이동 중인 미착상품 5,000,000원
- 당기에 판매를 위탁하고 공장에서 반출하여 수탁자에게 인도했으나 기말까지 수탁자가 판매하지 못하고 수탁자의 창고에 보관 중인 상품 3,000,000원
- 당기에 상품권을 판매했으나, 사용되지 않은 상품권 2,000,000원

① 35,000,000원　② 28,000,000원
③ 25,000,000원　④ 23,000,000원

## 06 다음의 자료를 이용하여 매출총이익을 계산하면 얼마인가? (전산회계1급 118회, 2025)

| | |
|---|---|
| • 기초상품재고액 : 1,000,000원 | • 당기상품매입액 : 2,000,000원 |
| • 당기상품판매액 : 5,000,000원 | • 기말상품재고액 : 500,000원 |

① 2,000,000원　② 2,500,000원
③ 3,000,000원　④ 3,500,000원

## 07 다음 중 재고자산에 대한 설명으로 옳지 않은 것은? (전산회계1급 116회, 2024)

① 기업이 생산과정에 사용하거나 판매를 목적으로 보유한 자산이다.
② 취득원가에 매입부대비용은 포함되지 않는다.
③ 기말 평가방법에 따라 기말 재고자산 금액이 다를 수 있다.
④ 수입 시 발생한 관세는 취득원가에 가산하여 재고자산에 포함된다.

**08** **다음 중 재고자산이 아닌 것은?** (전산회계1급 114회, 2024)

① 약국의 일반의약품 및 전문의약품
② 제조업 공장의 생산 완제품
③ 부동산매매업을 주업으로 하는 기업의 판매 목적 토지
④ 병원 사업장소재지의 토지 및 건물

**09** **다음 중 일반기업회계기준에 의한 수익 인식 시점에 대한 설명으로 옳지 않은 것은?** (전산회계1급 110회, 2023)

① 위탁판매의 경우에는 수탁자가 위탁품을 소비자에게 판매한 시점에 수익을 인식한다.
② 시용판매의 경우에는 상품 인도 시점에 수익을 인식한다.
③ 광고 제작 수수료의 경우에는 광고 제작의 진행률에 따라 수익을 인식한다.
④ 수강료의 경우에는 강의 시간에 걸쳐 수익으로 인식한다.

**10** **다음 중 기말재고자산을 실제보다 과대계상한 경우 재무제표에 미치는 영향으로 잘못된 것은?** (전산회계1급 108회, 2023)

① 자산이 실제보다 과대계상된다.
② 자본총계가 실제보다 과소계상된다.
③ 매출총이익이 실제보다 과대계상된다.
④ 매출원가가 실제보다 과소계상된다.

**11** **다음 중 수익의 인식에 대한 설명으로 가장 옳은 것은?** (전산회계1급 108회, 2023)

① 시용판매의 경우 수익의 인식은 구매자의 구매의사 표시일이다.
② 예약판매계약의 경우 수익의 인식은 자산의 건설이 완료되어 소비자에게 인도한 시점이다.
③ 할부판매의 경우 수익의 인식은 항상 소비자로부터 대금을 회수하는 시점이다.
④ 위탁판매의 경우 수익의 인식은 위탁자가 수탁자에게 제품을 인도한 시점이다.

**12** **다음 자료를 이용하여 2025년 손익계산서상 매출원가를 구하면 얼마인가?** (전산세무2급 120회, 2025)

| | |
|---|---|
| • 기초재고액 : 80,000원 | • 매입환출액 : 40,000원 |
| • 당기매입액 : 240,000원 | • 매입할인 : 30,000원 |
| • 기말재고액 : 50,000원 | • 타계정대체액 : 10,000원(불우이웃 돕기 기부) |

① 190,000원　② 200,000원
③ 210,000원　④ 230,000원

**13** **아래의 자료에서 기말재고자산에 포함해야 할 금액은 얼마인가? 단, 창고재고금액은 고려하지 않는다.** (전산세무2급 119회, 2025)

- 도착지 인도조건으로 매입한 미착상품 : 4,000,000원
- 담보로 제공한 저당상품 : 6,000,000원
- 기말 현재 구매자의 구매의사표시가 없는 시송품 : 3,000,000원
- 고객에게 인도된 할부로 판매하는 상품(대금이 전액 회수되지는 않았다.) : 2,000,000원

① 9,000,000원　② 10,000,000원
③ 8,000,000원　④ 7,000,000원

**14** **2024년 12월 31일 현재 회사 창고에는 재고가 없으며 다음의 금액이 포함되어 있지 않다. 재무제표상 기말상품 재고액을 구하면 얼마인가?** (전산세무1급 116회, 2024)

- 매입한 상품 중 선적지 인도기준에 의해 해상운송 중인 상품 7,000,000원
- 위탁 판매를 위해 수탁자가 보관 중인 상품 4,000,000원
- 시용판매를 위하여 소비자에게 인도한 상품 2,000,000원
  (매입의사 표시일 : 2025년 1월 15일)
- 할부판매계약에 따라 고객에게 인도된 상품 3,000,000원
  (이 중 대금 미회수 금액은 2,000,000원이다.)

① 11,000,000원　② 13,000,000원
③ 15,000,000원　④ 16,000,000원

## 15 다음의 자료를 이용하여 기말재고자산에 포함해야 할 총금액을 계산하면 얼마인가? 단, 창고 재고 금액은 고려하지 않는다. (전산세무2급 116회, 2024)

- 반품률이 높지만, 그 반품률을 합리적으로 추정할 수 없는 상태로 판매한 상품 : 2,000,000원
- 시용판매 조건으로 판매된 시송품 총 3,000,000원 중 고객이 구매의사표시를 한 상품 : 1,000,000원
- 담보로 제공한 저당상품 : 9,000,000원
- 선적지 인도조건으로 매입한 미착상품 : 4,000,000원

① 15,000,000원　　② 16,000,000원
③ 17,000,000원　　④ 18,000,000원

## 16 2023년 12월 31일 결산일 현재 창고에 있는 기말재고자산을 실사한 결과, 창고에 보관 중인 기말재고자산은 20,000,000원으로 확인되었다. 다음의 추가사항을 고려하여 정확한 기말재고자산을 계산하면 얼마인가? (전산세무1급 109회, 2023)

- FOB 선적지인도기준에 의하여 매입한 상품 중 결산일 현재 운송 중인 상품 : 4,000,000원
- 결산일 현재 적송품 3,000,000원 중 60%는 수탁자가 판매하지 아니하고 보관 중이다.
- 시용매출을 위하여 고객에게 인도한 상품 6,000,000원 중 고객이 구입의사를 표시한 상품은 4,000,000원이다.
- 당해 회사가 수탁판매를 위하여 창고에 보관하고 있는 미판매 수탁상품 : 5,000,000원

① 22,200,000원　　② 22,800,000원
③ 23,000,000원　　④ 24,000,000원

## 17 아래의 자료에서 기말재고자산에 포함해야 할 금액은 모두 얼마인가? (전산세무2급 108회, 2023)

- 선적지인도조건으로 매입한 미착상품 1,000,000원
- 도착지인도조건으로 판매한 운송 중인 상품 3,000,000원
- 담보로 제공한 저당상품 5,000,000원
- 반품률을 합리적으로 추정가능한 상태로 판매한 상품 4,000,000원

① 4,000,000원　　② 8,000,000원
③ 9,000,000원　　④ 13,000,000원

**18** **다음은 ㈜우리의 2023년 재고자산 관련 자료이다. 매출액이 200,000원인 경우, 2023년 매출총이익은 얼마인가?** (전산세무1급 107회, 2023)

- 기초상품재고액 30,000원
- 기말상품재고액 50,000원(정상감모손실 10,000원을 차감한 후의 금액이다.)
- 당기매입액 100,000원

① 100,000원　② 110,000원
③ 120,000원　④ 130,000원

**19** **다음 중 재고자산의 취득원가에 포함되지 않는 것은?** (전산세무2급 107회, 2023)

① 부동산매매업자가 부동산(재고자산)을 취득하기 위하여 지출한 취득세
② 컴퓨터를 수입하여 판매하는 소매업자가 컴퓨터를 수입하기 위하여 지출한 하역료
③ 가전제품 판매업자가 가전제품을 홍보하기 위하여 지출한 광고비
④ 제품 제조과정에서 발생하는 직접재료원가

# 06

# 재고자산(II) - 재고자산의 평가

# 제6장 재고자산(II) - 재고자산의 평가

## 제1절 재고자산의 원가결정

### 1. 원가흐름에 대한 가정과 실물흐름

재고자산을 얼마로 계상하느냐에 따라 이익과 기말재고액이 결정됨을 앞에서 기술하였다. 기말재고액을 결정하기 위해서는 가정이 필요하며, 이러한 가정이 필요한 이유를 이해할 필요가 있다. 재고자산은 판매를 목적으로 매입하여 판매하고, 판매가 되지 않은 상품은 보유하게 된다. 계속적인 기업활동으로 인해 매입과 매출이 빈번하게 일어나게 되는데 매입시의 가격이 항상 동일한 것은 아니다. 예를 들어, 어제는 사과 1개를 ₩100에 매입하고, 오늘은 어제와 똑같은 사과 1개를 ₩110에 매입한 후 ₩200에 1개를 판매하였다. 이러한 상황에서 어제 구입한 사과를 판매한 것으로 기록한다면 이익은 ₩100이 되고, 오늘 구입한 사과를 판매한 것으로 기록할 경우 ₩90의 이익이 남게 된다. 따라서 어느 것을 판매했느냐에 따라 이익이 변동하게 된다. 즉, 경영자가 이익을 조작할 위험이 커지게 되는 것이다. 이를 방지하게 위해서 어느 것이 판매되고 재고로 남아있느냐에 대한 가정이 필요한 것이다. 이에는 개별법, 선입선출법, 평균법, 후입선출법 등이 있다.

#### (1) 개별법

개별법은 상품마다 구입시의 원가가 모두 기록되어 판매되고 남아있는 상품을 일일이 추적이 가능한 경우에 사용되는 방법이다. 즉, 어떤 상품이 팔리게 되면 그 상품의 원가를 정확히 계상할 수 있는 경우에 사용되는 방법으로, 제품의 수가 적고 고가품일 경우에 가능한 방법이다. 제품의 종류와 수가 많고 거래량이 많을 경우에는 사용이 불가능하다. 따라서, 귀금속류, 주문품 등의 재고자산 평가에 사용되고 실물흐름과 원가흐름이 일치하는 방법이다.

**예제 6-1**

귀금속을 판매하는 ㈜미래보석은 다음과 같은 귀금속을 구입, 보유하고 있다.

| | | 수 량 | 구입단가 |
|---|---|---|---|
| 3월 1일 | 보 석 A | 1개 | ₩1,000 |
| 3월 5일 | 보 석 B | 1개 | ₩5,000 |
| 3월 15일 | 보 석 C | 1개 | ₩7,000 |
| 3월 20일 | 보 석 D | 1개 | ₩6,000 |
| 3월 25일 | 보 석 F | 1개 | ₩3,000 |

㈜미래보석은 보석 B를 ₩10,000에, 보석 F를 ₩5,000에 판매하였다. ㈜미래보석의 기말재고액은 얼마인가?

기말재고액 = 보석 A + 보석 C + 보석 D
= ₩1,000 + ₩7,000 + ₩6,000 = ₩14,000

## (2) 선입선출법

선입선출법(First-in, First-out Method : FIFO)은 먼저 매입한 상품이 먼저 판매된 것으로 가정하는 방법이다. 따라서 최근에 구입한 상품이 기말재고로 남아있게 된다. 시간이 지남에 따라 물가가 상승하는 것으로 가정하면 매출원가는 오래 전에 낮은 가격으로 구입한 가격이 되므로 이익이 높게 계상되는 반면, 기말재고액은 최근에 구입한 높은 가격으로 보고된다.

여기서 주의할 것은 원가흐름이 반드시 물량흐름과 일치할 필요는 없다는 것이다. 즉, 선입선출법은 동일한 상품에 대해서 매입단가가 다르기 때문에 적정한 이익의 산정을 위해서 가정한 원가흐름일 뿐이라는 것이다. 가장 오래 전에 구입한 상품(실물)이 반드시 먼저 판매되어야 하는 것이 아니라 오래 전에 구입한 상품의 원가를 판매된 상품의 원가로 가정한 원가흐름이다.

**예제 6-2**

㈜미래의 3월 중 거래가 다음과 같다.

| | 매입수량 | 매입단가 | 판매량 | 재고량 |
|---|---|---|---|---|
| 3월 1일 | 100개 | ₩100 | | |
| 3월 5일 | 200개 | ₩110 | | |
| 3월 15일 | | | 150개 | 150개 |
| 3월 20일 | 250개 | ₩120 | | 400개 |
| 3월 25일 | | | 100개 | 300개 |
| 합 계 | 550개 | | 250개 | |

㈜미래의 기말재고액을 실지재고조사법과 계속기록법을 이용하여 산출하시오.

① 실지재고조사법

실지재고조사법은 기말에 재고자산의 수량을 확인해서 기말재고액을 먼저 산출하게 되는 방법으로, 기말재고의 실사수량은 300개로 확인되었다. 선입선출법에서는 최근에 구입한 상품이 기말재고가 되므로 300개는 3월 20일 매입한 250개와 3월 5일 매입한 50개로 구성되어 있다. 따라서, 기말재고액은 3월 20일 매입액 ₩30,000(250개×₩120)과 3월 5일 매입액 중 ₩5,500(50개×₩110)을 합한 ₩35,500이 된다.

매출원가는 판매가능액에서 기말재고액을 차감한 금액이므로, 다음과 같이 산출된다.

매출원가 = 판매가능액 - 기말재고액
= 판매가능액{(100×₩100)+(200×₩110)+(250×₩120)} *
- 기말재고액 ₩35,500
= ₩26,500

* 판매가능액 ₩62,000

당기에 판매된 수량이 250개인데 선입선출법은 먼저 매입한 수량이 판매된 것으로 가정하므로, 3월 1일 기초재고액 ₩10,000(100개×₩100)과 3월 5일 매입액 중 ₩16,500(150개×₩110)을 합한 ₩26,500이 된다.

② 계속기록법

계속기록법은 매입시와 매출시마다 재고자산의 변동을 기록하는 방법으로, 다음과 같이 나타낼 수 있다.

| | 매입수량 | 매입단가 | 판매량 | 재고량 |
|---|---|---|---|---|
| 3월 1일 | 100개 | ₩100 | | |
| 3월 5일 | 200개 | ₩110 | | |
| 3월 15일 | | | 3월 1일 100개<br>3월 5일 50개 | 3월 5일 150개 |
| 3월 20일 | 250개 | ₩120 | | 400개 |
| 3월 25일 | | | 3월 5일 100개 | 3월 5일 50개<br>3월 20일 250개 |
| 합 계 | 550개 | | 250개 | |

계속기록법은 매출원가를 먼저 산정하게 되므로 3월 1일, 5일, 25일에 매출에 대한 분개와 원가가 기록되었을 것이다.

매출원가 = (100개×₩100)+(50개×₩110)+(100개×₩110) = ₩26,500
기말재고액 = 3월 20일 매입액 (250개×₩120) + 3월 5일 매입액 중
₩5,500(50개×₩110) = ₩35,500
또는 판매가능액 ₩62,000*에서 기말재고액 ₩35,500을 차감한 ₩26,500이 된다.
*판매가능액 {(100×₩100)+(200×₩110)+(250×₩120)}

위의 예제에서와 같이 선입선출법에 의할 경우 실지재고조사법과 계속기록법은 매출원가와 기말재고액에서 차이가 발생하지 않는다. 왜냐하면 선입선출법의 경우 기말시점을 기준으로 먼저 매입한 상품이 먼저 판매된 것으로 가정하기 때문에 두 방법에 의한 금액은 차이가 나지 않게 되는 것이다.

### (3) 후입선출법

후입선출법(Last-in, First-out Method : LIFO)은 가장 최근에 매입한 상품이 먼저 판매된 것으로 가정하는 방법이다. 따라서, 가장 오래전에 구입한 상품이 기말재고로 남아있게 된다. 시간이 지남에 따라 물가가 상승하는 것으로 가정하면 매출원가는 최근에 높은 가격으로 구입한 금액이 되므로 이익이 낮게 계상되는 반면, 기말재고액은 오래전에 낮은 가격으로 구입한 금액으로 보고된다. 후입선출법은 이익이 낮게 계상되어 세금을 이연시킬 수 있는 장점이 있다. 하지만 일반적인 실물흐름과 반대의 가정을 하고 있어 작용하기가 번거롭거나 현실성이 떨어지는 단점이 있다.

**예제 6-3**

㈜미래의 3월 중 거래는 다음과 같다.

| | 매입수량 | 매입단가 | 판매량 | 재고량 |
|---|---|---|---|---|
| 3월 1일 | 100개 | ₩100 | | |
| 3월 5일 | 200개 | ₩110 | | |
| 3월 15일 | | | 150개 | 150개 |
| 3월 20일 | 250개 | ₩120 | | 400개 |
| 3월 25일 | | | 100개 | 300개 |
| 합 계 | 550개 | | 250개 | |

① 실지재고조사법

실지재고조사법은 기말에 재고자산의 수량을 확인해서 기말재고액을 먼저 산출하게 되는 방법으로, 기말재고의 실사수량은 300개로 확인되었다. 후입선출법에서는 가장 오래전에 구입한 상품이 기말재고가 되므로 300개는 3월 1일 매입한 100개와 3월 5일 매입한 200개로 구성되어 있다. 따라서, 기말재고액은 3월 1일 매입액 ₩10,000(100개×₩100)과 3월 5일 매입액 중 ₩22,000(200개×₩110)을 합한 ₩32,000이 된다.

매출원가는 판매가능액에서 기말재고액을 차감한 금액이므로, 다음과 같이 산출된다.

매출원가 = 판매가능액{(100×₩100)+(200×₩110)+(250×₩120)}
- 기말재고액 ₩32,000 = ₩30,000

당기에 판매된 수량이 250개이며, 후입선출법은 먼저 매입한 수량이 판매된 것으로 가정하므로, 3월 20일 매입액 ₩30,000(250개×₩120)이 매출원가가 된다.

② 계속기록법

계속기록법은 매입시와 매출시마다 재고자산의 변동을 기록하는 방법으로, 다음과 같이 나타낼 수 있다.

| | 매입수량 | 매입단가 | 판매량 | 재고량 |
|---|---|---|---|---|
| 3월 1일 | 100개 | ₩100 | | |
| 3월 5일 | 200개 | ₩110 | | |
| 3월 15일 | | | 3월 5일 150개 | 3월 1일 100개<br>3월 5일 50개 |
| 3월 20일 | 250개 | ₩120 | | 3월 1일 100개<br>3월 5일 50개<br>3월 20일 250개 |
| 3월 25일 | | | 3월 20일 100개 | 3월 1일 100개<br>3월 5일 50개<br>3월 20일 150개 |
| 합 계 | 550개 | | 250개 | 300개 |

계속기록법은 매출원가를 먼저 산정하게 되므로 3월 15일, 25일에 매출에 대한 분개와 원가가 기록되었을 것이다.

매출원가 = (100개×₩120) + (150개×₩110) = ₩28,500

기말재고액 = 3월 1일 매입액 ₩10,000(100개×₩100) + 3월 5일 매입액 중 ₩5,500(50개×₩110) + 3월 25일 매입액 중 ₩18,000(150개×₩120)
= ₩33,500

또는 판매가능액 ₩62,000에서 기말재고액 ₩33,500을 차감한 ₩28,500이 매출원가가 된다.

후입선출법의 경우 계속기록법과 실지재고조사법에 의한 기말재고액과 매출원가에서 차이가 발생한다. 왜냐하면 계속기록법의 경우 판매된 시점에 매출원가를 산정하게 되므로 판매시점을 기준으로 가장 최근에 매입한 상품이 판매된 것으로 가정하기 때문이다.

실지재고조사법은 기말시점을 기준으로 하지만 계속기록법은 판매시점을 기준으로 하기 때문에 발생한 차이임을 이해할 수 있어야 한다.

### (4) 평균원가법

평균원가에는 이동평균법과 총평균법의 두 가지 방법이 있다. 이동평균법은 상품의 매입시마다 평균단가를 새로이 산출하는 방법이다. 즉, 기존에 있는 재고금액과 매입한 금액을 합한 금액을 재고수량과 매입수량을 더한 수량으로 나누어서 구하는 방법이다. 따라서, 매입시마다 평균단가가 변하게 되므로 이동평균법이라 한다. 이동평균가격을 산정하는 이유는 매출원가를 산정하기 위해서이다. 즉, 계속기록법의 경우 판매시마다 매출원가를 산정해야 하기 때문에 이동평균단가를 매출원가로 계상하게 되므로, 이동평균법은 계속기록법을 위한 방법이 된다.

총평균법은 기말에 재고금액과 매입금액을 합한 금액을 재고수량과 매입수량을 합한 수량으로 나누어서 평균단가를 한번에 산정하는 방법이다. 이는 기말에 매출원가를 산정하는 실지재고조사법에서 사용되는 방법이다.

**예제 6-4**

㈜미래의 3월 중 거래는 다음과 같다.

| | 매입수량 | 매입단가 | 판매량 | 재고량 |
|---|---|---|---|---|
| 3월 1일 | 100개 | ₩100 | | |
| 3월 5일 | 200개 | ₩110 | | |
| 3월 15일 | | | 150개 | 150개 |
| 3월 20일 | 250개 | ₩120 | | 400개 |
| 3월 25일 | | | 100개 | 300개 |
| 합 계 | 550개 | | 250개 | |

① 실지재고조사법

실지재고조사법에서는 기말에 재고자산의 평균단가를 산정하게 된다.

평균단가 = (기초재고금액 + 당기매입금액) / (기초재고수량 + 당기매입수량)
= (₩10,000 + ₩22,000 + 30,000) / (100개 + 200개 + 250개)
= ₩112.73

기말재고액은 300개×₩112.73으로 ₩33,819이 된다.

매출원가는 판매가능액에서 기말재고액을 차감한 금액이 되므로, 다음과 같이 산출된다.

매출원가 = 판매가능액 ₩62,000 - 기말재고액 ₩33,819 = ₩28,181

당기에 판매된 수량이 250개이므로 250개 × ₩112.73 = ₩28,181(₩28,182.5)이 된다.

② 계속기록법

계속기록법은 매입시와 매출시마다 재고자산의 변동을 기록을 하는 방법으로, 다음과 같이 나타낼 수 있다.

| | 매입수량 | 매입단가 | 판매량 | 재고량 | |
|---|---|---|---|---|---|
| | | | | 평균단가 | 수 량 |
| 3월 1일 | 100개 | ₩100 | | ₩100 | 100개 |
| 3월 5일 | 200개 | ₩110 | | ₩106.7 | 300개 |
| 3월 15일 | | | 150개 | ₩106.7 | 150개 |
| 3월 20일 | 250개 | ₩120 | | ₩115 | 400개 |
| 3월 25일 | | | 100개 | ₩115 | 300개 |
| 합 계 | 550개 | | 250개 | | |

계속기록법은 매출원가를 먼저 산정하게 되므로 3월 15일, 25일에 매출에 대한 분개와 원가가 기록되었을 것이다.

매출원가 = (150개 × ₩106.7) + (100개 × ₩115) = ₩27,500
기말재고액 = 300개 × ₩115 = 34,500

또는 판매가능액에서 기말재고액 ₩34,500을 차감하면 매출원가 ₩27,500이 된다.

선입선출법과 후입선출법, 총평균법과 이동평균법을 적용했을 경우 산출되는 매출원가와 기말재고액이 다르게 나타남을 보았다. 물가가 상승하는 경우를 가정했을 때, 이를 다음과 같이 정리할 수 있다.

매출원가 : 후입선출법 〉 총평균법 〉 이동평균법 〉 선입선출법
당기순이익 : 후입선출법 〈 총평균법 〈 이동평균법 〈 선입선출법
기말재고액 : 후입선출법 〈 총평균법 〈 이동평균법 〈 선입선출법

## 제2절 재고자산의 평가

### 1. 저가주의

자산을 평가할 때 적용되는 기본원칙은 역사적 원가주의이다. 역사적 원가주의는 자산의 판매(시장)가치가 변동하더라도 취득원가로 계속해서 보고하는 방법이다. 대부분의 자산은 취득원가주의를 따르고 있는데 이는 취득원가주의가 신뢰성이 있기 때문이다. 즉, 과거에 얼마를 주고 구입하였다는 것 만큼 확실한 사실이 없으므로 믿을 만한 정보가 된다는 것이다. 그러나, 재고자산은 그 취득목적이 판매이며, 판매가격이 하락한 경우에도 이를 재무제표에 반영하지 않으면 정보이용자들의 의사결정을 왜곡할 수 있다. 따라서, 재고자산의 평가에 있어서 이러한 오류와 왜곡을 바로잡기 위해서 새로운 평가방법을 사용하는데, 이를 저가주의라고 한다.

저가주의(Lower of Cost or Market)는 재무제표를 작성하는 시점의 시가와 취득원가를 비교하여 둘 중 낮은 금액으로 재고자산을 평가하는 방법이다. 여기서 시가를 나타내는 순실현가능가치는 재고자산의 추정판매가격에서 추정판매비용을 차감한 금액을 말한다.

**순실현가능가치 = 추정판매가격 - 추정판매비용**

우선 순실현가능가치가 취득원가보다 높다면 취득원가로 재고자산을 평가하게 된다. 이 경우에는 이미 장부에 취득원가로 기록되어 있으므로 별도의 회계처리가 필요 없다. 그러나 순실현가능가치가 취득원가보다 하락하였을 때는 순실현가능가치로 평가한다.

**재고자산평가손실 = 취득원가 - 순실현가능가치**

이 경우에는 장부에 기록되어 있는 취득원가를 순실현가능가치로 조정하기 위해서 취득원가에서 순실현가능가치를 차감한 금액에 대해서 다음의 회계처리를 하여야 한다.

| (차) 매출원가(재고자산평가손실) | ××× | (대) 재고자산평가충당금 | ××× |
|---|---|---|---|

재고자산평가손실은 손익계산서의 매출원가에 가산하고, 재고자산평가충당금은 재무상태표에 재고자산의 차감계정으로 표시한다. 기말에 순실현가능가치로 조정된 금액은 새로운 장부가액이 된다. 이후 재고자산의 순실현가능가치가 장부가액보다 하락하면 다시 순실현가능가치로 평가한다. 그러나 순실현가능가치가 상승하여 장부가액을 초과하는 경우에는 최초의 장부가액인 취득원가를 초과하지 않는 범위 내에서 재고자산평가손실을 환입한다.

(차) 재고자산평가충당금 ××× (대) 매출원가(재고자산평가손실환입) ×××

**예제 6-5**

㈜미래는 취득원가 ₩100,000의 상품을 보유하고 있다. 20×1년말 순실현가치는 ₩90,000이었으며, 20×2년말 ₩110,000으로 상승하였다. 20×1년말과 20×2년말에 필요한 회계처리를 하시오.

20×1년말

(차) 매출원가(재고자산평가손실) 10,000 (대) 재고자산평가충당금 10,000

20×2년말

(차) 재고자산평가충당금 10,000 (대) 매출원가(재고자산평가손실환입) 10,000

## 2. 총액기준과 종목별기준

기업은 여러 종류의 재고자산을 취급하므로 저가기준을 적용할 때 종목별로 적용하느냐 혹은 총액기준으로 적용하느냐에 따라 재고자산평가액이 달라질 수 있다. 종목별기준이란 재고자산의 종목별로 저가기준을 적용하는 방법이고, 총액기준은 종목별 구분없이 총액을 기준으로 저가기준을 적용하는 방법이다. 따라서, 종목별기준으로 평가하면 모든 종목에 대해 저가기준을 적용하여 평가하므로 재고자산을 더 낮게 평가하게 된다.

**예제 6-6**

㈜미래전자는 두 종류의 재고자산을 취급하는데 20×1년말 재고자산 관련 자료는 다음과 같다. 종목별기준과 총액기준 적용시의 회계처리를 하시오.

| 종 목 | 취득원가 | 순실현가능가치 |
|---|---|---|
| 에어컨 | ₩900,000 | ₩1,100,000 |
| 냉장고 | 600,000 | 350,000 |

① 종목별기준

| 종　목 | 취득원가 | 순실현가능가치 | 재고자산평가손실 |
|---|---|---|---|
| 에어컨 | ₩900,000 | ₩1,100,000 | +₩200,000 (인식하지 않음) |
| 냉장고 | 600,000 | 350,000 | -₩250,000 (인식함) |

(차) 매출원가(재고자산평가손실) 250,000 (대) 재고자산평가충당금 250,000

② 총액기준

| 종　목 | 취득원가 | 순실현가능가치 | 재고자산평가손실 |
|---|---|---|---|
| 에어컨 | ₩900,000 | ₩1,100,000 | |
| 냉장고 | 600,000 | 350,000 | |
| 총　액 | ₩1,500,000 | ₩1,450,000 | -₩50,000 (인식함) |

(차) 매출원가(재고자산평가손실) 50,000 (대) 재고자산평가충당금 50,000

## 제3절 상품매매기업의 회계순환과정

본 절에서는 컴퓨터 판매업체인 ㈜미래의 예를 이용하여 상품매매기업의 회계순환과정을 살펴보기로 한다. ㈜미래의 20×1년 3월 1일 현재 재무상태는 다음과 같다.

재무상태표

㈜미래　　20×1년 3월 1일　　(단위 : 원)

| 자 산 | | 부 채 | |
|---|---|---|---|
| 현　금 | 1,000,000 | 매입채무 | 2,000,000 |
| 매출채권 | 2,000,000 | 차 입 금 | 1,000,000 |
| 상　품 | 5,000,000 | 자　본 | |
| 건　물 | 2,000,000 | 자 본 금 | 5,000,000 |
| | | 이익잉여금 | 2,000,000 |
| 자산총계 | 10,000,000 | 부채와 자본총계 | 10,000,000 |

20×1년 3월 중 다음의 거래가 발생하였다.

① 3월 5일 : 상품 ₩500,000을 현금으로 매입하였다.

② 3월 9일 : 상품 ₩1,000,000을 외상으로 판매하였다.

③ 3월 15일 : 상품 ₩1,500,000을 외상으로 매입하였다.

④ 3월 26일 : 상품 ₩1,200,000을 현금으로 판매하였다.

㈜미래는 실지재고조사법을 채택하고 있으며, 재고자산의 실사 결과 기말상품재고액은 ₩5,100,000이다.

1. 분개

| | 차변 | | 대변 | |
|---|---|---|---|---|
| ① 3월 5일 | (차) 매 입 | 500,000 | (대) 현 금 | 500,000 |
| ② 3월 9일 | (차) 매출채권 | 1,000,000 | (대) 매 출 | 1,000,000 |
| ③ 3월 15일 | (차) 매 입 | 1,500,000 | (대) 매입채무 | 1,500,000 |
| ④ 3월 26일 | (차) 현 금 | 1,200,000 | (대) 매 출 | 1,200,000 |

2. 전기

현 금

| | | | |
|---|---|---|---|
| 3/1 | 1,000,000 | 3/5 | 500,000 |
| 3/26 | 1,200,000 | | |

매출채권

| | | | |
|---|---|---|---|
| 3/1 | 2,000,000 | | |
| 3/9 | 1,000,000 | | |

상 품

| | | | |
|---|---|---|---|
| 3/1 | 5,000,000 | | |

건 물

| | | | |
|---|---|---|---|
| 3/1 | 2,000,000 | | |

자 본 금

| | | | |
|---|---|---|---|
| | | 3/1 | 5,000,000 |

이익잉여금

| | | | |
|---|---|---|---|
| | | 3/1 | 2,000,000 |

매 출

| | | | |
|---|---|---|---|
| | | 3/9 | 1,000,000 |
| | | 3/26 | 1,200,000 |

매 입

| | | | |
|---|---|---|---|
| 3/5 | 500,000 | | |
| 3/15 | 1,500,000 | | |

3. 시산표

합계잔액시산표

㈜미래 | 20×1년 3월 31일 | (단위:원)

| 차 변 | | 계정과목 | 대 변 | |
|---|---|---|---|---|
| 잔 액 | 합 계 | | 합 계 | 잔 액 |
| ₩1,700,000 | ₩2,200,000 | 현 금 | ₩ 500,000 | |
| 3,000,000 | 3,000,000 | 매출채권 | | |
| 5,000,000 | 5,000,000 | 상 품 | | |
| 2,000,000 | 2,000,000 | 건 물 | | |
| | | 매입채무 | 3,500,000 | ₩3,500,000 |
| | | 차 입 금 | 1,000,000 | 1,000,000 |
| | | 자 본 금 | 5,000,000 | 5,000,000 |
| | | 이익잉여금 | 2,000,000 | 2,000,000 |
| | | 매 출 | 2,200,000 | 2,200,000 |
| 2,000,000 | 2,000,000 | 매 입 | | |
| ₩13,700,000 | ₩14,200,000 | 합 계 | ₩14,200,000 | ₩13,700,000 |

4. 수정분개

① 기초상품재고액 :

(차) 매출원가 5,000,000 (대) 재고자산(상품) 5,000,000

② 매입계정을 매출원가로 대체 :

(차) 매출원가 2,000,000 (대) 매 입 2,000,000

③ 기말상품재고액 :

(차) 재고자산(상품) 5,100,000 (대) 매출원가 5,100,000

수정분개를 전기하면 재고자산, 매입, 매출원가계정은 각각 다음과 같다.

상품

| 차변 | | 대변 | |
|---|---|---|---|
| 3/1 | 5,000,000 | ① 3/31 | 5,000,000 |
| ③ 3/31 | 5,100,000 | | |

| 매출원가 | | | |
|---|---|---|---|
| ① 3/31 | 5,000,000 | ③ 3/31 | 5,100,000 |
| ② 3/31 | 2,000,000 | | |

| 매　　입 | | | |
|---|---|---|---|
| 3/5 | 500,000 | ② 3/31 | 2,000,000 |
| 3/10 | 1,500,000 | | |

5. 정산표

<u>정 산 표</u>

㈜미래　　20×1년 3월 1일~20×1년 3월31일　　(단위:천원)

| 계정과목 | 수정전시산표 | | 수정분개 | | 손익계산서 | | 재무상태표 | |
|---|---|---|---|---|---|---|---|---|
| | 차변 | 대변 | 차변 | 대변 | 차변 | 대변 | 차변 | 대변 |
| 현　　금 | 1,700 | | | | | | 1,700 | |
| 매출채권 | 3,000 | | | | | | 3,000 | |
| 상　　품 | 5,000 | | 5,100 | 5,000 | | | 5,100 | |
| 건　　물 | 2,000 | | | | | | 2,000 | |
| 매입채무 | | 3,500 | | | | | | 3,500 |
| 차 입 금 | | 1,000 | | | | | | 1,000 |
| 자 본 금 | | 5,000 | | | | | | 5,000 |
| 이익잉여금 | | 2,000 | | | | | | 2,000 |
| 매　　출 | | 2,200 | | | | 2,200 | | |
| 매　　입 | 2,000 | | | 2,000 | | | | |
| 합　　계 | 13,700 | 13,700 | | | | | | |
| 매출원가 | | | 7,000 | 5,100 | 1,900 | | | |
| 합　　계 | | | 12,100 | 12,100 | 1,900 | 2,200 | 11,800 | 11,500 |
| 당기순이익 | | | | | 300 | | | 300 |
| 합　　계 | | | | | 2,200 | 2,200 | 11,800 | 11,800 |

## 6. 재무제표 작성

**손익계산서**

㈜미래　　20×1년 3월 1일~20×1년 3월31일　　(단위:원)

| | | |
|---|---|---|
| 매출액 | | 2,200,000 |
| 매출원가 | | |
| 　기초상품재고액 | 5,000,000 | |
| 　당기상품매입액 | 2,000,000 | |
| 　기말상품재고액 | (5,100,000) | (1,900,000) |
| 당기순이익 | | 300,000 |

**재무상태표**

㈜미래　　20×1년 3월 31일 현재　　(단위:원)

| 자　　산 | | 부채와 자본 | |
|---|---|---|---|
| 현　　금 | 1,700,000 | 〈부　　채〉 | |
| 매출채권 | 3,000,000 | 매입채무 | 3,500,000 |
| 상　　품 | 5,100,000 | 차 입 금 | 1,000,000 |
| 건　　물 | 2,000,000 | 〈자　　본〉 | |
| | | 자 본 금 | 5,000,000 |
| | | 이익잉여금 | 2,300,000 |
| | | (당기순이익) | (300,000) |
| 자산총계 | 11,800,000 | 부채와 자본총계 | 11,800,000 |

# 연습문제

※ 다음은 ㈜미래의 20×1년 10월 재고자산 관련 자료이다. 물음에 답하라(1~4).

| | | | | |
|---|---|---|---|---|
| ■ 기초재고 | 10월 1일 | 1,000개 | @₩450 | ₩450,000 |
| ■ 당기매입 | 10월 10일 | 600개 | @₩600 | ₩360,000 |
| | 26일 | 400개 | @₩700 | ₩280,000 |
| ■ 당기매출 | 10월 15일 | 800개 | | |
| | 22일 | 700개 | | |

**01** 계속기록법하에서 선입선출법에 의한 기말재고액은 얼마인가?

① ₩320,000　② ₩330,000
③ ₩325,000　④ ₩225,000

**02** 계속기록법하에서 후입선출법에 의한 기말재고액은 얼마인가?

① ₩320,000　② ₩330,000
③ ₩325,000　④ ₩225,000

**03** 재고자산 평가방법 중 ㈜미래의 법인세비용을 최소화시키는 것은 어느 것인가?

① 개별법　② 평균원가법
③ FIFO　④ LIFO

**04** 재고자산 평가방법 중 ㈜미래의 매출원가를 최소화시키는 것은 어느 것인가?

① 개별법　② 평균원가법
③ FIFO　④ LIFO

## 05 재고자산의 평가에 대한 설명으로 옳지 않은 것은?

① 재고자산은 저가기준에 의해 평가한다.
② 재고자산평가손실은 매출원가에서 차감한다.
③ 재고자산평가손실은 재고자산평가충당금 계정을 이용하여 재고자산에서 간접 차감한다.
④ 재고자산감모손실은 비정상적인 원인으로 인해 발생할 경우, 영업외비용으로 처리한다.

## 06 다음 자료를 이용하여 매출원가로 계상될 금액을 계산하면?

- 판매가능액 : ₩78,000
- 계속기록법에 의한 장부상 기말재고액 : ₩15,000(@₩150×100개)
- 실지재고조사법에 의해 파악된 기말재고액 : ₩13,500(@₩150×90개)
- 재고부족수량 : 10개(3개는 정상적 원인, 7개는 비정상적 원인에 의해 발생)

① ₩63,450 ② ₩63,000
③ ₩64,500 ④ ₩64,050

## 07 ㈜미래는 20×3년 9월 30일 폭우로 인해 보유 중인 재고자산의 일부인 ₩47,000만 남고, 모두 소실되었다. 다음 자료를 이용하여 ㈜미래의 폭우로 인한 재고자산손실을 구하면?

- 20×3년 1월 1일 기초재고액 : ₩400,000
- 20×3년 1월 1일 ~ 2013년 9월 29일 매입액 : ₩1,000,000
- 20×3년 1월 1일 ~ 2013년 9월 29일 매출액 : ₩1,500,000
- 매출총이익법에 의한 매출총이익률 : 25%

① ₩100,000 ② ₩253,000
③ ₩322,000 ④ ₩228,000

## 08 순매출액이 ₩200,000이고, 판매가능액이 ₩180,000이며, 매출총이익률이 30%인 경우, 기말재고액은 얼마인가?

① ₩40,000　　② ₩50,000
③ ₩54,000　　④ ₩60,000

## 09 다음 자료에서 매출가격환원법에 의한 매출원가는 얼마인가?

| | 원 가 | 판매가 |
|---|---|---|
| 기초재고액 | ₩12,000 | ₩14,000 |
| 순매입액 | 36,000 | 50,000 |
| 순매출액 | | 54,000 |

① ₩40,500　　② ₩7,500
③ ₩10,000　　④ ₩36,000

## 10 재고자산감모손실의 회계처리로 옳은 것은?

① 정상적 원인에 의한 경우 영업외비용으로 처리한다.
② 정상적 원인에 의한 경우 매출원가에 가산한다.
③ 정상적 원인에 의한 경우 매출원가에서 차감한다.
④ 비정상적 원인에 의한 경우 제조원가에 산입한다.

## 11 다음의 항목들이 기말재고자산에 포함되어 있다. 정확한 기말재고액을 산출하기 위해서 제외시켜야 할 금액은 얼마인가?

| | |
|---|---|
| 위탁상품(원가에 30%의 이익을 가산한 판매가로 표시) | ₩26,000 |
| 미착매입상품(도착지 인도기준) | 12,000 |
| 수탁상품(원가) | 9,000 |
| 시송품(시용판매를 위해 고객에게 보내진 상품, 원가) | 10,000 |

① ₩28,000　　② ₩27,000
③ ₩26,000　　④ ₩21,000

# 기출문제

**01** **다음은 ㈜한공의 2025년 3월 상품재고장이다. ㈜한공이 재고자산평가시 선입선출법을 적용할 경우에 3월말 재고자산은 얼마인가?** (FAT1급 81회, 2025)

| 일 자 | 구 분 | 수 량 | 단 가 |
|---|---|---|---|
| 3월 1일 | 월초 재고 | 200개 | 1,100원 |
| 3월 11일 | 매 입 | 400개 | 1,200원 |
| 3월 21일 | 매 출 | 300개 | 2,000원 |
| 3월 29일 | 매 입 | 100개 | 1,300원 |

① 130,000원　② 360,000원
③ 490,000원　④ 600,000원

**02** **다음 중 매출원가가 가장 작게 나오는 재고자산 평가방법으로 옳은 것은? (단, 물가가 계속 상승하고 재고자산의 수량이 일정하게 유지된다고 가정한다.)** (FAT1급 70회, 2024)

① 선입선출법　② 이동평균법
③ 총평균법　④ 후입선출법

**03** **다음 자료를 토대로 ㈜한공의 12월말 상품재고액을 계산하면 얼마인가? (총평균법 적용)** (FAT1급 68회, 2023)

상 품 재 고 장

(단위: 개, 원)

| 날짜 | | 적요 | 인 수 | | | 인 도 | | |
|---|---|---|---|---|---|---|---|---|
| | | | 수량 | 단가 | 금액 | 수량 | 단가 | 금액 |
| 12 | 1 | 전월이월 | 300 | 100 | 30,000 | | | |
| | 10 | 매 입 | 500 | 200 | 100,000 | | | |
| | 12 | 매 출 | | | | 200 | XXX | XXX |
| | 20 | 매 입 | 200 | 400 | 80,000 | | | |
| | 25 | 매 출 | | | | 200 | XXX | XXX |

① 50,000원　② 84,000원
③ 126,000원　④ 160,000원

**04** **다음은 ㈜한공의 2023년 11월 상품수불부이다. 재고자산을 선입선출법으로 평가할 경우 11월말 재고자산은 얼마인가?** (FAT1급 67회, 2023)

| 일자 | 구분 | 수량 | 단위당 원가 |
|---|---|---|---|
| 11월 1일 | 월초재고 | 200개 | 1,000원 |
| 11월 10일 | 매입 | 300개 | 1,200원 |
| 11월 20일 | 매출 | 400개 | |

① 100,000원 ② 120,000원
③ 150,000원 ④ 160,000원

**05** **다음 자료를 바탕으로 선입선출법을 사용하는 ㈜세은의 당기 총 상품매출원가는 얼마인가?** (전산회계 1급 119회, 2025)

- 1/1 : 기초 재고 100개(개당 매입가 100원)
- 4/5 : 당기 매출 80개(개당 판매가 120원)
- 7/4 : 당기 매입 70개(개당 매입가 110원)
- 9/9 : 당기 매출 60개(개당 판매가 130원)

① 14,400원 ② 14,600원
③ 17,400원 ④ 17,600원

**06** **다음 중 재고자산의 평가에 대한 설명으로 가장 옳지 않은 것은?** (전산회계1급 118회, 2025)

① 재고자산은 취득원가를 장부금액으로 한다. 다만, 시가가 취득원가보다 높은 경우에는 시가를 장부금액으로 한다.
② 재고자산의 매입원가는 매입금액에 매입운임, 하역료 및 보험료 등 취득과정에서 정상적으로 발생한 부대원가를 가산한 금액이다.
③ 재고자산의 제조원가는 보고기간 말까지 제조과정에서 발생한 직접재료원가, 직접노무원가, 제조와 관련된 변동 및 고정 제조간접원가의 체계적인 배분액을 포함한다.
④ 성격이 상이한 재고자산을 일괄하여 구입한 경우에는 총매입원가를 각 재고자산의 공정가치 비율에 따라 배분하여 개별 재고자산의 매입원가를 결정한다.

**07** **기말에 창고의 재고금액을 실사한 결과 300,000원이었고 추가로 아래의 항목을 발견하였다. 아래의 항목을 고려하여 적절히 수정할 경우 정확한 기말재고자산 금액은 얼마인가? (전산회계1급 117회, 2024)**

- 도착지(목적지)인도조건으로 판매하여 기말현재 운송 중인 재고 : 20,000원
- 위탁자로부터 받아 창고에 보관 중인 수탁품 : 30,000원

① 290,000원　　② 300,000원
③ 320,000원　　④ 350,000원

**08** **다음에서 설명하는 재고자산 단가 결정방법으로 옳은 것은? (전산회계1급 115회, 2024)**

실제 물량 흐름과 원가 흐름의 가정이 유사하다는 장점이 있으나, 수익·비용 대응의 원칙에 부적합하고, 물가 상승 시 이익이 과대 계상되는 단점이 있다.

① 개별법　　② 선입선출법
③ 후입선출법　　④ 총평균법

**09** **재고자산의 단가 결정 방법 중 매출 시점에서 해당 재고자산의 실제 취득원가를 기록하여 매출원가로 대응시킴으로써 가장 정확하게 원가 흐름을 파악할 수 있는 재고자산의 단가 결정 방법은 무엇인가? (전산회계1급 110회, 2023)**

① 개별법　　② 선입선출법
③ 후입선출법　　④ 총평균법

**10** **다음 중 재고자산의 평가에 대한 설명으로 옳지 않은 것은? (전산회계1급 109회, 2023)**

① 성격이 상이한 재고자산을 일괄 구입하는 경우에는 공정가치 비율에 따라 안분하여 취득원가를 결정한다.
② 재고자산의 취득원가에는 취득과정에서 발생한 할인, 에누리는 반영하지 않는다.
③ 저가법을 적용할 경우 시가가 취득원가보다 낮아지면 시가를 장부금액으로 한다.
④ 저가법을 적용할 경우 발생한 차액은 전부 매출원가로 회계처리한다.

## 11 일반기업회계기준에 근거하여 다음의 재고자산을 평가하는 경우 재고자산평가손익은 얼마인가? (전산회계1급 108회, 2023)

| 상품명 | 기말재고수량 | 취득원가 | 추정판매가격<br>(순실현가능가치) |
|---|---|---|---|
| 비누 | 100개 | 75,000원 | 65,000원 |
| 세제 | 200개 | 50,000원 | 70,000원 |

① 재고자산평가이익 3,000,000원
② 재고자산평가이익 4,000,000원
③ 재고자산평가손실 3,000,000원
④ 재고자산평가손실 1,000,000원

## 12 다음 중 기말재고자산의 수량 결정 방법으로 옳은 것을 모두 고른 것은? (전산회계1급 107회, 2023)

| 가. 총평균법 | 나. 계속기록법 | 다. 선입선출법 | 라. 후입선출법 | 마. 실지재고조사법 |
|---|---|---|---|---|

① 가, 다
② 나, 마
③ 가, 나, 다
④ 다, 라, 마

## 13 다음 중 재고자산에 대한 설명으로 틀린 것은? (전산세무1급 120회, 2025)

① 평가손실을 초래했던 상황이 해소되어 새로운 시가가 장부금액보다 상승한 경우에는 최초의 장부금액을 초과하지 않는 범위 내에서 평가손실을 환입한다.
② 후입선출법은 일반적인 물량흐름과 일치한다.
③ 재고자산은 정상적인 영업과정에서 판매를 위하여 보유하거나 생산과정에 있는 자산 및 생산 또는 서비스 제공과정에 투입될 원재료나 소모품의 형태로 존재하는 자산을 말한다.
④ 이동평균법은 매입거래가 발생할 때마다 단가를 재산정해야 하는 번거로움이 있다.

## 14 다음 중 재고자산의 원가흐름의 가정에 대한 설명으로 가장 틀린 것은? (전산세무1급 119회, 2025)

① 개별법은 물량흐름을 직접 추적하여 원가를 대응시키는 방법이며, 수익 비용 대응에 가장 충실한 방법이다.
② 후입선출법은 물가 상승 시 재고자산 매입을 조절하여 이익을 조정할 가능성이 있다.
③ 선입선출법은 현재의 수익에 과거의 원가가 대응되므로 수익 비용 대응 원칙에 부적절한 방법이다.
④ 물가가 하락하면 기말재고액은 선입선출법이 가장 크고 후입선출법이 가장 작으며, 반대로 매출원가는 후입선출법이 가장 크고 선입선출법이 가장 작다.

**15** 다음의 자료를 이용하여 재무상태표상 재고자산으로 표시될 장부가액을 계산하면 얼마인가? (전산세무1급 118회, 2025)

| 구 분 | 장부상 수량 | 실제 수량 | 단위당 장부가액 | 단위당 순실현가능가치 |
|---|---|---|---|---|
| 상 품 | 800개 | 700개 | 2,500원/개 | 3,000원/개 |
| 제 품 | 2,100개 | 2,100개 | 5,000원/개 | 4,000원/개 |
| 재 공 품 | 1,000개 | 1,000개 | 800원/개 | 1,000원/개 |

① 10,950,000원　② 11,200,000원
③ 11,500,000원　④ 13,050,000원

**16** 창고에 보관 중이던 재고자산 중 화재로 인해 1,800,000원을 제외한 금액이 파손되었다. 다음 자료를 이용하여 화재로 인한 재고자산 피해액을 계산하면 얼마인가? (전산세무1급 117회, 2024)

- 기초 재고자산 : 23,000,000원
- 당기 매출액 : 78,000,000원
- 당기 매입액 : 56,000,000원
- 당기 매출총이익률 : 10%

① 7,000,000원　② 7,020,000원
③ 8,000,000원　④ 8,800,000원

**17** 재고자산의 단가결정방법 중 후입선출법에 대한 설명으로 바르지 않은 것은? (전산세무2급 114회, 2024)

① 실제 물량흐름과 원가흐름이 대체로 일치한다.
② 기말재고가 가장 오래 전에 매입한 상품의 단가로 계상된다.
③ 물가가 상승한다는 가정에는 이익이 과소계상된다.
④ 물가가 상승한다는 가정에는 기말재고가 과소평가된다.

**18** 다음 중 물가가 지속적으로 상승하는 상황에서 기말재고자산이 가장 크게 계상되는 재고자산의 평가방법은 무엇인가? (전산세무2급 110회, 2023)

① 선입선출법　② 후입선출법
③ 총평균법　④ 이동평균법

# 07
# 유동자산

# 제7장 유동자산

## 제1절 현금 및 현금성자산

현금 및 현금성자산은 유동성이 가장 높은 자산으로 기업의 현금 지불능력을 나타낸다. 유동성(lipuidity)이란 현금으로 전환할 수 있는 가능성을 의미하는데, 현금은 유동성 그 자체이고 현금성자산도 빠른 시일내에 현금화가 가능한 자산이다. 재무상태표는 유동성배열법에 따라 작성하게 되므로, 유동성이 가장 높은 현금 및 현금성자산 계정을 가장 먼저 기록하는 경우가 일반적이다.

기업의 유동성은 매우 중요하다. 차입금을 상환하거나 직원의 급여를 지급하는 등 현금은 결재수단, 지불수단, 교환수단 등 그 기능이 다양하다. 기업의 유동성이 악화되면 지급능력의 상실로 인해 파산하는 사태에까지 이르게 된다. 따라서, 현금 및 현금성자산은 기업의 도산을 막고 영업활동을 원활히 수행하게 한다는 점에서 매우 중요하다. 현금 및 현금성자산을 분류하면 다음과 같다.

| | |
|---|---|
| | 현금 - 통화, 통화대용증권 |
| 현금 및 현금성자산 | 예금 - 당좌예금, 보통예금 |
| | 현금성자산 |

### 1. 현금 및 현금성자산

#### (1) 현금

현금(cash)은 기업이 현재 보유 중인 현금(cash on hand)과 은행에 예치된 현금(cash in bank)으로 나눌 수 있다. 보유 중인 현금에는 통화(지폐와 주화)와 통화를 대신할 수 있는 통화대용증권(타인발행수표, 배당증권, 송금환, 우편환증서, 공사채만기이자표 등)이 있다. 은행에 예치 중인 현금은 입출금이 자유롭고 언제든 현금으로 인출이 가능한 당좌예금과 보통예금 형태의 예금을 말한다. 재무상태표에는 이를 통합해서 현금으로 분류한다.

#### (2) 당좌예금

기업에서는 거래가 빈번하게 발생하게 되는데 이때마다 현금으로 결재를 하기가 쉽지 않다. 현금은 도난이나 분실의 위험이 높고 번거롭기 때문이다. 이로 인해 기업들은 거래의 편의를 위해서 수표를 발행하게 되는데, 수표를 발행하기 위해서는 은행과의 당좌거래 약정을 통해 현금의 출납이 이루어지게 되는데 이를 당좌예금(current deposit)이라 한다. 당좌예금은 입출금이 자유롭고 상거래를 원활히 하기 위한 편의를 제공하므로 이자가 낮거나 거의 발생하지 않는다. 기업은 당좌예금액의 범위 내에서 수표를 발행하여야 하며, 당좌예금 잔액을 초과하여 수표를 발행하는 경우에는 은행이 수표대금의 지급을 거절하게 되는데, 이 경우의 수표를 부도수표라 한다. 때로는 은행과의 약정을 통해서 당좌예금잔액 이상을 사용할 수도 있는데 이를 당좌차월이라 하고, 유동부채로 기록한다.

**예제 7-1**

(1) ㈜미래는 은행과 당좌거래 계약을 맺고 ₩1,000,000을 예금하다.

| | | | |
|---|---|---|---|
| (차) 당좌예금 | 1,000,000 | (대) 현 금 | 1,000,000 |

(2) ㈜미래는 거래처에 상품 ₩500,000을 판매하고, 대금은 거래처 발행의 당좌수표를 받아 은행에 예금하다.

| | | | |
|---|---|---|---|
| (차) 당좌예금 | 500,000 | (대) 매 출 | 500,000 |

(3) 거래처로부터 상품 ₩2,000,000을 매입하고 수표를 발행하여 지급하다.

| | | | |
|---|---|---|---|
| (차) 매 입 | 2,000,000 | (대) 당좌예금 | 1,500,000 |
| | | 당좌차월 | 500,000 |

### (3) 현금성자산

현금성자산(cash equivalent)이란 큰 거래 비용 없이 현금으로 전환이 용이하고, 이자율 변동에 따른 가치의 변동이 작은 단기금융상품 및 유가증권으로서, 취득당시에 만기 또는 상환일이 3개월 이내에 도래하는 채권, 환매채, 양도성예금증서, 수익증권 등을 말한다.

**예제 7-2**

(1) ㈜미래는 상품 ₩100,000을 판매하고 대금은 거래처 발행 당좌수표로 받다.

| | | | |
|---|---|---|---|
| (차) 현 금 | 100,000 | (대) 매 출 | 100,000 |

(2) ㈜미래는 상품외상대금 ₩200,000을 A은행 발행 자기앞수표로 지급하다.

(차) 매입채무 200,000 (대) 현 금 200,000

(3) ㈜미래의 현금 및 현금성자산 관련 계정의 잔액은 다음과 같다. 회계연도말 현금 및 현금성자산으로 기록해야 할 금액은 얼마인가?

| | |
|---|---|
| ■ 지폐 ₩100,000 | ■ 동전 ₩50,000 |
| ■ 우편환증서 ₩100,000 | ■ 송금수표 ₩150,000 |
| ■ 거래처 발행 어음 ₩100,000 | ■ 양도성예금증서(6개월만기) ₩1,000,000 |

지폐 ₩100,000+동전 ₩50,000+우편환증서 ₩100,000+송금수표 ₩150,000
= ₩400,000

## 2. 은행계정조정표

기업과 은행은 당좌예금에 대해서는 별도의 기록을 유지하게 되는데 은행의 당좌예금 잔액과 기업의 장부상 잔액은 원칙적으로 일치한다. 그러나, 기록시점의 차이, 수수료, 오류 등으로 인해 차이가 발생하게 되는데, 이를 조정하기 위해서 작성되는 것이 은행계정조정표(bank reconciliation statement)이다. 기업은 기말 혹은 정기적으로 은행으로부터 은행계정명세서를 교부받아 기업의 당좌예금 잔액과 비교하여 일치여부를 확인하여야 하며, 만약 양자 간에 차이가 발생하는 경우에는 그 원인을 찾아내어 수정하여야 한다. 은행의 당좌예금 잔액과 기업의 장부상 잔액이 일치하지 않는 원인들을 살펴보면 다음과 같다.

① 미결제수표 : 기업은 수표를 발행하여 지급에 사용하였으나 아직 은행에 청구되지 않아 은행에서는 미결제 상태에 있는 경우이다. 이 경우 은행의 예금잔액을 감소시켜 조정한다.

② 미통지예금 : 거래처가 기업에 통보하지 않고 기업의 예금계좌에 입금시킨 경우에 은행은 예금잔액을 증가시켰으나 기업은 아직 통지를 받지 못해 미입금된 경우이다. 이 경우 기업의 장부잔액을 증가시켜 조정한다.

③ 은행수수료 : 은행에 지급할 수수료가 발생하면 은행은 기업의 예금잔액에서 차감시키나 아직 기업에서는 이 사실을 모르고 있는 경우이다. 이 경우 기업의 장부잔액을 감소시켜 조정한다.

④ 이자수익 및 이자비용 : 은행에서 기업의 이자수익만큼 기업의 예금잔액을 증가시키거나 이자비용에 해당하는 금액을 감소시켰으나 기업에서는 모르고 있는 경우이다. 이 경우 이자수익에 대해서는 기업의 잔액을 증가시키고, 이자비용에 대해서는 기업의 장부잔액을 감소시켜 조정한다.

⑤ 부도수표 : 기업이 타회사로부터 수표를 받아 예금하고 예금잔액을 증가시켰으나 이 수표가 부도수표로 처리된 경우이다. 이 경우 기업의 장부잔액을 감소시켜 조정한다.

⑥ 기장오류 : 기업측 혹은 은행측에서 기장오류를 범한 경우이다. 이 경우 기업측 오류에 대해서는 기업의 장부잔액에서 조정하고 은행측 오류에 대해서는 은행의 예금잔액을 조정한다.

## 3. 현금과부족

기업이 금고에 보관하고 있는 현금은 장부의 현금계정 잔액과 일치하여야 하나 여러 가지 이유로 인해 그렇지 못한 경우가 발생한다. 이러한 경우에는 현금과부족(cash over and short)이란 임시계정을 사용하여 현금보유액과 장부상 현금잔액 간의 차이를 조정해 주어야한다. 즉, 실제금액에 맞게 장부상금액을 조정해 주는 절차가 필요하다.

- 현금 실제보유액 < 장부상 현금잔액

| | | | |
|---|---|---|---|
| (차) 현금과부족 | ××× | (대) 현　　금 | ××× |

- 현금 실제보유액 > 장부상 현금잔액

| | | | |
|---|---|---|---|
| (차) 현　　금 | ××× | (대) 현금과부족 | ××× |

현금과부족계정은 결산시까지 설정되는 임시계정으로, 재무제표에 보고되지는 않으므로 현금과부족이 발생하면 반드시 그 차이의 원인을 밝혀서 결산시에 정확한 계정과목으로 대체하여야 한다. 만일 결산시까지 원인이 밝혀지지 않은 경우에는 잡손실(영업외비용) 또는 잡수익(영업외수익)으로 처리한다.

**예제 7-3**

㈜미래는 현금의 실제잔액이 현금계정 잔액보다 ₩50,000이 부족한 것을 발견하였다. 조사결과 이 중 ₩30,000은 보험료 지급을 기록하지 않아서 발생하였음을 밝혀냈고, 결산일 현재 나머지 ₩20,000의 원인은 알 수가 없다.

| | | | | |
|---|---|---|---|---|
| 현금과부족 발생 : | (차) 현금과부족 | 50,000 | (대) 현　　금 | 50,000 |
| 불일치 원인 확인 : | (차) 보 험 료 | 30,000 | (대) 현금과부족 | 30,000 |
| 결산일 : | (차) 잡 손 실 | 20,000 | (대) 현금과부족 | 20,000 |

## 제2절 매출채권

### 1. 외상매출금과 받을어음

매출채권은 외상으로 상품을 매출하거나 용역을 제공하고 얻는 권리로서 외상매출금과 받을어음으로 구성된다. 외상매출금(accounts receivable)은 상품을 매출하거나 용역을 제공하고 그 대금을 나중에 받기로 약속한 경우 발생하는 권리를 말한다. 상품을 외상으로 매출하면 외상매출금계정에 차변에 기록하고, 현금으로 회수하면 대변에 기록한다. 매출한 상품에 결함이 있는 경우 발생하는 매출에누리와 환입의 경우, 외상매출금(매출채권)계정 대변에 기록된다.

한편, 받을어음은 상품을 외상으로 매출하고 구매자로부터 대금지급에 관한 약속으로 어음을 받는 경우에 사용하는 계정이다. 일반적인 상거래에서 발생한 어음은 진성어음이라 하여 받을어음 혹은 지급어음으로 기록하지만, 건물, 토지, 비품, 유가증권 등 재고자산 이외 자산의 매매거래에서 발생한 어음은 미수금, 미지급금으로 기록하고, 자금의 융통과정에서 자금을 대여하고 어음을 받는 경우에는 대여금계정으로, 자금을 차입하고 어음을 발행해 주는 경우에는 차입금계정으로 처리한다.

일반적인 상거래와 관련시 : 받을어음, 지급어음
상품 이외의 자산의 거래시 : 미수금, 미지급금
자금의 융통과정에서 발생시 : 대여금, 차입금

**◉ 부도어음의 회계처리**

어음의 만기일이 되어 대금지급요청을 하였지만 지급이 거절된 어음을 부도어음이라 한다. 부도가 발생한 시점에서는 별도의 회계처리가 필요하지 않지만 어음의 소지인은 부도어음을 회수하려는 노력을 해야 한다. 그 결과 부도어음을 회수하면 회수에 대한 회계처리를, 또한 회수가 불가능하다고 판단되면 대손에 관한 회계처리를 하여야 한다.

**예제 7-4**

㈜미래는 상품을 판매하고 상품대금 ₩1,000,000 중 ₩500,000은 외상으로, ₩500,000은 어음으로 받았다. 매출한 상품에 결함이 있어 ₩30,000을 에누리 해주고 나머지 금액은 현금으로 받아서 당좌예금하다.

| | | | | |
|---|---|---|---|---|
| 상품판매시 : | (차) 외상매출금 | 500,000 | (대) 매　　출 | 1,000,000 |
| | 받을어음 | 500,000 | | |
| 결함에 대한 할인 : | (차) 매출에누리와 환입 | 30,000 | (대) 외상매출금 | 30,000 |
| 대금회수 : | (차) 현　　금 | 970,000 | (대) 외상매출금 | 470,000 |
| | | | 받을어음 | 500,000 |
| 당좌예입 : | (차) 당좌예금 | 970,000 | (대) 현　　금 | 970,000 |

## 2. 매출채권의 양도

기업에서는 유동성을 확보하기 위해 만기일 이전에 매출채권을 금융기관에 양도하는 경우가 있다. 상품의 매매가 대부분 신용거래로 이루어져 기업에서는 장기에 걸쳐 현금을 받게 되므로 현금회수의 전문성과 유동성을 늘리기 위해서 금융기관에 매출채권을 양도하여 현금을 조달할 수 있다. 이 경우 기업에서는 매출채권에 대한 모든 권리가 금융기관에 이전되는 경우와 그렇지 않은 경우에 따라서 다르게 분개를 해야 한다. 즉, 채권에 관한 모든 권리와 의무가 기업(양도인)에서 금융기관(양수인)으로 이전되는 경우는 매각거래로 보아 처분손실을 인식해야 하고, 권리와 의무가 금융기관(양수인)으로 이전되지 않고 기업(양도인)에 남아 있는 경우는 자금의 차입거래로 보아야 한다. 두 경우에 따라 회계처리 방법은 달라진다.

**예제 7-5**

㈜미래는 ㈜내일에 대한 매출채권 ₩1,000,000을 금융기관에 양도하고 ₩950,000을 현금으로 받았다.

⑴ 매각거래로 보는 경우

| | | | |
|---|---|---|---|
| (차) 현　　금 | 950,000 | (대) 매출채권 | 1,000,000 |
| 매출채권처분손실* | 50,000 | | |

* 장부가액 - 처분가액 = ₩1,000,000 - ₩950,000 = ₩50,000

⑵ 차입거래로 보는 경우

| | | | |
|---|---|---|---|
| (차) 현　　금 | 950,000 | (대) 단기차입금 | 1,000,000 |
| 이자비용 | 50,000 | | |

## 3. 채권의 대손(손상)과 평가

외상매출금이나 받을어음 가운데는 거래회사의 부도나 파산 등의 사유로 회수할 수 없는 금액이 항상 존재한다. 이처럼 채권 중에서 거래회사의 부도나 파산으로 인하여 회수할 수 없는 금액을 대손이라고 한다. 따라서 채권의 가치를 적정하게 평가하기 위해서는 대손 예상액을 추정하여 채권 금액 총액에서 차감하는 절차가 필요하다. 채권총액에서 대손예상액을 차감한 금액을 순실현가능가치라고 하며, 채권을 평가하는 기준이 된다.

### (1) 직접상각법

직접상각법(direct write-off method)은 대손이 실제 발생할 때 대손상각비라는 계정으로 비용처리하고, 채권을 직접 차감시키는 방법이다.

그러나, 직접상각법은 다음과 같은 문제점으로 인해 일반적으로 인정된 회계원칙(K-IFRS, K-GAAP)에서는 이 방법을 인정하지 않고 있다.

첫째, 채권이 순실현가능가치로 표시되지 않는다. 〈예제 7-6〉의 경우, 20×1년말 매출채권 ₩100,000은 대손예상액을 차감하지 않아 순실현가능가치보다 과대평가되어 보고된다.

둘째, 수익, 비용 대응의 원칙에 적합하지 않다. 매출 ₩100,000은 수익이 발생한 20×1년에 인식한 반면, 대응되는 비용인 대손상각비 ₩10,000은 실제 대손이 발생한 20×2년에 인식되어 수익과 비용이 동일한 회계년도에 대응되지 않고 있다. 이에 일반적으로 인정된 회계원칙에서는 충당금 설정법을 사용하도록 하고 있다.

**예제 7-6** 직접상각법

(1) 20×1년 5월 1일에 상품 ₩100,000을 외상으로 판매하다.
(2) 20×2년 3월 1일에 위의 매출채권 중 ₩10,000을 받을 수 없게 되어 대손처리하다.

[풀이]

| | | | | |
|---|---|---|---|---|
| 20×1년 5월 1일 : | (차) 매출채권 | 100,000 | (대) 매　　출 | 100,000 |
| 20×2년 3월 1일 : | (차) 대손상각비 | 10,000 | (대) 매출채권 | 10,000 |

### (2) 충당금설정법

충당금설정법(allowance method)은 직접상각법의 문제점을 보완한 방법으로 회계실무에서 인정받고 있는 방법이다. 이 방법에서는 채권으로부터 예상되는 대손을 추정하여 대손상각비(손상차손)라는 계정으로 비용처리하고, 대손충당금(손실충당금)이라는 계정을 설정하여 채권총액에서 직접 차감한다. 이러한 회계처리를 통해 자산의 과대평가 문제가 해결되고, 수익비용대응원칙에 적합한 이익의 산정이 가능하게 된다.

#### 1) 대손의 추정 및 대손충당금 설정

재무상태표의 매출채권은 순실현가능가치로 보고되어야 하므로 기말시점에서 대손액을 추정하여 매출채권총액에서 차감하는 수정분개가 필요하다. 기말에 매출채권에 대하여 대손예상액을 추정한 후 다음과 같은 수정분개를 한다.

(차) 대손상각비 ××× (대) 대손충당금 ×××

직접상각법의 〈예제 7-6〉의 경우 충당금설정법에서는 다음과 같은 수정분개를 한다. 단 대손예상액은 ₩15,000으로 추정되는 경우를 가정한다.

20×1년 12월 31일 : (차) 대손상각비 15,000 (대) 대손충당금 15,000

이러한 기말수정분개의 결과, 다음의 두 가지 목적이 달성된다.

첫째, 재무상태표에 보고되는 채권이 순실현가능가치로 표시된다. 즉, 재무상태표에 대손충당금을 채권에서 직접 차감하여 표시함으로써 채권을 순실현가능가치로 표시할 수 있다. 〈예제 7-6〉 경우 매출채권이 ₩100,000이고, 대손충당금 추정액이 ₩15,000이므로 재무상태표에는 순실현가능가치인 ₩85,000으로 표시된다.

둘째, 당기의 수익과 비용을 대응시킬 수 있다. 기말수정분개를 통해 당기의 매출에 대해 발생할 수 있는 대손예상액을 대손상각비란 비용계정으로 기록함으로써 수익과 비용을 동일연도에 대응시킬 수 있다. 이러한 기말수정분개가 이루어지기 위해서는 대손예상액을 추정하는 일이 선행되어야 하는데, 대손을 추정하는 방법에는 매출채권잔액비율법과 연령분석법 등이 있다.

##### ① 매출채권잔액비율법

기말 현재의 매출채권 잔액에 대하여 일정비율을 곱하여 대손추정액을 구하고, 이를 기말대손충당금 잔액으로 계상하는 방법이다. 따라서, 기말 현재의 대손충당금 잔액이 대손추정액보다 작으면 부족액만큼 대손충당금을 설정하게 된다. 반대로 기말의 대손충당금 잔액이 대손추정액보다 큰 경우에는 대손충당금을 차감하여 대손추정액과 일치시키고 영업외수익인 대손충당금환입계정으로 처리한다.

② 연령분석법

매출채권잔액비율법에서는 매출채권 잔액에 대하여 일정률을 적용하여 대손추정액을 계상하였지만, 현실적으로는 매출채권이 발생한 기간에 따라 대손율을 달리 적용하는 것이 합리적이다. 연령분석법은 기말의 매출채권 잔액을 매출채권이 발생한 경과기간에 따라 구분하고, 각 집단에 대하여 연령별로 상이한 대손율을 적용하여 대손충당금 기말잔액을 계상하는 방법이다.

**예제 7-7**

㈜미래의 매출채권계정 잔액은 ₩1,000,000이며, 과거의 경험으로 보아 매출채권 잔액의 5%가 대손이 될 것으로 추정된다. ㈜미래는 매출채권 잔액을 발생기간별로 구분하고 상이한 대손율을 적용시켜 대손예상액을 추정하는 방법으로 변경하고자 매출채권을 다음과 같이 구분하였다.

| 매출채권 경과기간 | 금 액 | 대손추정률 |
|---|---|---|
| 30일이하 | ₩500,000 | 2% |
| 31일~60일 | 300,000 | 5% |
| 61일~180일 | 100,000 | 10% |
| 181일 이상 | 100,000 | 30% |

기말 현재 대손충당금계정 잔액이 다음과 같을 때 매출채권잔액비율법과 연령분석법을 적용하는 경우에 필요한 기말수정분개를 하시오.

(1) 대손충당금 잔액이 ₩40,000인 경우

(2) 대손충당금 잔액이 ₩70,000인 경우

[풀이]

1. 매출채권잔액비율법

대손충당금 추정액 = ₩1,000,000 × 5% = ₩50,000

(1) 대손충당금 잔액이 ₩40,000인 경우

대손충당금 추정액에 ₩10,000을 추가 설정한다.

| (차) 대손상각비 | 10,000 | (대) 대손충당금 | 10,000 |
|---|---|---|---|

(2) 대손충당금 잔액이 ₩70,000인 경우

대손충당금 추정액을 초과하는 ₩20,000을 환입한다.

| | | | |
|---|---|---|---|
| (차) 대손충당금 | 20,000 | (대) 대손충당금환입 | 20,000 |

2. 연령분석법

대손충당금 추정액 = (₩500,000×2%) + (₩300,000×5%) + (₩100,000×10%) + (₩100,000×30%) = ₩65,000

(1) 대손충당금 잔액이 ₩40,000인 경우

| | | | |
|---|---|---|---|
| (차) 대손상각비 | 25,000 | (대) 대손충당금 | 25,000 |

(2) 대손충당금 잔액이 ₩70,000인 경우

| | | | |
|---|---|---|---|
| (차) 대손충당금 | 5,000 | (대) 대손충당금환입 | 5,000 |

### 2) 대손의 확정

채권을 회수할 수 없다는 사실이 확정되는 것을 대손의 확정이라고 한다. 대손이 확정되면 이미 설정되어 있는 대손충당금을 차감시키고 동시에 매출채권을 장부에서 제거하여야 한다. 만일 대손확정액이 대손충당금 잔액보다 큰 경우에는 부족액만큼을 대손상각비계정으로 처리한다.

**예제 7-8**

㈜미래의 매출채권 중 대손이 확정된 경우 필요한 분개를 하시오. 대손충당금 잔액은 ₩65,000이다.

(1) ₩50,000이 대손확정된 경우

(2) ₩80,000이 대손확정된 경우

[풀이]

(1) 대손확정액 < 대손충당금 잔액

| | | | |
|---|---|---|---|
| (차) 대손충당금 | 50,000 | (대) 매출채권 | 50,000 |

(2) 대손확정액 > 대손충당금 잔액

| | | | |
|---|---|---|---|
| (차) 대손충당금 | 65,000 | (대) 매출채권 | 80,000 |
| 대손상각비 | 15,000 | | |

### 3) 상각채권의 회수

채권을 회수할 수 없다고 판단하여 이미 대손확정으로 회계처리하였던 매출채권이 나중에 회수되는 경우가 있다. 이런 경우에는 대손확정시의 회계처리를 취소하는 분개가 필요하다. 이 분개를 통해 대손충당금을 회복시킨 다음, 채권의 회수에 관한 회계처리를 하여야 한다.

**예제 7-9**

㈜미래는 〈예제 7-8〉에서 대손처리하였던 매출채권을 회수하게 되었다.

[풀이]

⑴ 대손확정되어 상각한 ₩50,000이 추후에 회수된 경우

| | | | | |
|---|---|---|---|---|
| (차) 매출채권 | 50,000 | (대) 대손충당금 | | 50,000 |
| (차) 현　　금 | 50,000 | (대) 매출채권 | | 50,000 |

또는 다음과 같이 회계처리한다.

| | | | |
|---|---|---|---|
| (차) 현　　금 | 50,000 | (대) 대손충당금 | 50,000 |

⑵ 대손확정되어 상각한 ₩80,000이 추후에 회수된 경우

| | | | |
|---|---|---|---|
| (차) 매출채권 | 80,000 | (대) 대손충당금 | 65,000 |
| | | 대손상각비 | 15,000 |
| (차) 현　　금 | 80,000 | (대) 매출채권 | 80,000 |

또는 다음과 같이 회계처리한다.

| | | | |
|---|---|---|---|
| (차) 현　　금 | 80,000 | (대) 대손충당금 | 65,000 |
| | | 대손상각비 | 15,000 |

# 제3절 기타 유동자산

## 1. 대여금

타인에게 현금을 대여한 경우에는 자산계정인 대여금계정 차변에 기록한다. 대여금은 대여기간이 재무상태표를 작성하는 날로부터 1년 이내인 것은 유동자산인 단기대여금으로, 1년을 초과하는 것은 투자자산인 장기대여금으로 분류한다.

**예제 7-10**

㈜미래는 만기 6개월의 어음을 받고 현금 ₩300,000을 대여하다

| (차) 단기대여금 | 300,000 | (대) 현　　금 | 300,000 |
|---|---|---|---|

## 2. 미수금

건물, 토지, 비품 등 재고자산 이외의 자산을 매각하고 대금을 받지 않은 경우에는 미수금으로 기록한다. 미수금은 상거래 이외의 거래에서 발생한 채권이란 점에서 매출채권과 구별된다.

**예제 7-11**

㈜미래는 건물을 매각하고 대금 ₩1,000,000은 6개월 만기의 어음으로 받았다.

| (차) 미 수 금 | 1,000,000 | (대) 토　　지 | 1,000,000 |
|---|---|---|---|

## 3. 선급금과 선수금

선급금은 상품이나 용역을 매입하기로 하고 매매계약을 확실히 하기 위하여 대금의 일부를 계약금으로 미리 지급할 때 기록하는 계정이다. 따라서, 대금의 지급자는 이후에 상품이나 용역을 받을 수 있는 권리를 지니게 되므로 자산이 된다. 선급금은 이후 상품을 매입하는 시점에서 지급할 금액과 상계한다. 선수금은 상품이나 용역을 판매하기로 하고 대금의 일부를 계약금으로 미리 받았을 때 기록하는 계정이다. 대금의 수취자는 이후에 상품이나 용역을 제공해야 하는 의무가 발생하므로 부채로 처리한다.

**예제 7-12**

㈜미래는 ㈜내일에 상품 ₩100,000을 주문하고, 계약금으로 현금 ₩50,000을 지급하였다. 이후 상품을 매입하고 나머지 대금을 현금으로 지급하였다.

(1) ㈜미래의 회계처리

| | | | | |
|---|---|---|---|---|
| ① | (차) 선 급 금 | 50,000 | (대) 현　　금 | 50,000 |
| ② | (차) 매　　입 | 100,000 | (대) 선 급 금 | 50,000 |
| | | | 현　　금 | 50,000 |

(2) ㈜내일의 회계처리

| | | | | |
|---|---|---|---|---|
| ① | (차) 현　　금 | 50,000 | (대) 선 수 금 | 50,000 |
| ② | (차) 선 수 금 | 50,000 | (대) 매　　출 | 100,000 |
| | 현　　금 | 50,000 | | |

## 4. 가지급금과 가수금

가지급금은 현금의 지출이 발생하였으나, 이를 처리할 계정과목이나 금액이 미확정된 경우에 일시적으로 사용하는 계정으로, 자산계정인 가지급금계정에 기록한다. 한편, 가수금계정은 임시계정으로, 원인이 밝혀질 때까지 부채로 기록하였다가 나중에 계정과목이나 금액이 확정되면 적절한 과목으로 대체해서 재무상태표에 기록해야 한다. 따라서, 가지급금과 가수금은 완성된 재무제표에서는 찾아볼 수 없다.

**예제 7-13**

(1) ㈜미래는 직원에게 소모성 경비로 ₩100,000을 지급하였다. 이후에 직원이 소모품비로 ₩50,000을 사용하였음을 영수증으로 보고하고 나머지 금액은 반납하였다.

| | | | | |
|---|---|---|---|---|
| ① | (차) 가지급금 | 100,000 | (대) 현　　금 | 100,000 |
| ② | (차) 소모품비 | 50,000 | (대) 가지급금 | 100,000 |
| | 현　　금 | 50,000 | | |

(2) ㈜미래는 직원으로부터 ₩100,000이 입금되었으나 그 원인을 알지 못하였다. 이후에 거래처로부터 매출채권을 회수하였음을 보고받았다.

| | | | | |
|---|---|---|---|---|
| ① | (차) 현 금 | 100,000 | (대) 가 수 금 | 100,000 |
| ② | (차) 가 수 금 | 50,000 | (대) 매출채권 | 100,000 |

## 5. 단기금융상품

단기금융상품은 만기가 1년 이내인 금융상품으로, 기업이 자금을 운용하기 위해 활용하는 예금이나 적금, 기타 단기투자상품 등을 포함한다. 이러한 상품들은 유동성이 높아 필요할 때 쉽게 현금화할 수 있으며, 단기적인 자금운용에 유용하다. 이 중 만기가 3개월 이내이면 현금 및 현금성자산계정에 포함시키고, 만기가 3개월보다 길게 남은 경우라면 단기금융상품으로 분류한다. 만약 만기가 1년 이상이라면 장기금융상품(비유동자산)으로 분류한다.

# 연습문제

**01 다음 중 현금 및 현금성자산에 속하지 않는 것은?**

① 타인발행수표 ② 우편환증서 ③ 소액현금
④ 결산일 현재 만기가 3개월 이내인 양도성예금증서

**02 은행계정조정표 작성시 은행측 잔액을 조정할 항목이 아닌 것은?**

① 미결제수표 ② 은행수수료 ③ 기장오류 ④ 미기록예금

**03 당좌예금계정에 대한 설명 중 옳지 않은 것은?**

① 현금 및 현금성자산으로 보고한다.
② 거래은행과 당좌차월계약을 체결할 경우, 당좌예금잔액을 초과하여 수표를 발행할 수 있다.
③ 당좌차월은 당좌예금계정의 차감항목이다.
④ 여러 은행과 거래를 하고 있는 경우, 당좌예금의 차변잔액과 대변잔액이 동시에 나타날 수 있다.

**※ 다음 자료는 ㈜미래의 은행계정조정표 작성을 위한 자료들이다. 물음에 답하라(4~5).**

**04 재무상태표에 보고될 ㈜미래의 당좌예금잔액은 얼마인가?**

|  |  |
|---|---|
| 회사측 장부상 당좌예금잔액 | ₩12,500 |
| 미통지예금 | 6,250 |
| 기발행미지급수표 | 3,000 |
| 어음추심을 위한 수수료 미기입 | 700 |
| 당좌차월이자 미기입 | 500 |
| 은행측이 ㈜미래의 예금으로 오기한 금액 | 250 |

① ₩11,050 ② ₩17,300 ③ ₩14,300 ④ ₩17,550

**05** **은행예금잔액 증명서상 잔액은 얼마로 추정할 수 있는가?**

① ₩20,800 ② ₩17,300 ③ ₩14,300 ④ ₩14,050

**06** **다음 외상거래 중 매출채권계정에 계상할 수 없는 항목은?**

① 토지처분액
② 용역제공액
③ 상품판매액
④ 부동산회사의 건물판매액

**07** **대손이 발생하여 회수불능으로 처리한 매출채권이 회수될 경우, 채권회수 회계처리가 재무제표에 미치는 영향은? 대손발생시 회계처리는 다음과 같다.**

| (차) 대손충당금 | ××× | (대) 매출채권 | ××× |
|---|---|---|---|

① 대손충당금 감소
② 대손충당금 증가
③ 매출채권 감소
④ 매출채권 증가

**08** **㈜미래의 20×1년 12월 31일 매출채권 잔액과 대손충당금 잔액은 각각 ₩800,000과 ₩40,000이다. 20×1년 12월 31일 현재 대손예상액은 ₩71,100이라면, 재무상태표에 보고될 ㈜미래의 매출채권 순실현가능가치는 얼마인가?**

① ₩728,900
② ₩760,000
③ ₩717,000
④ ₩768,900

**09** **문제 8에서 ㈜미래의 20×1년 12월 31일 회계처리시 대손상각비는 얼마인가?**

① ₩40,000 ② ₩71,100 ③ ₩31,100 ④ ₩41,100

**10** **매출채권이 대손충당금 설정범위 내에서 대손확정될 경우, 재무상태표와 손익계산서에 미치는 영향은?**

① 유동자산과 영업수익이 감소한다.
② 유동자산이 감소하고, 비용이 발생한다.
③ 유동자산의 총액과 영업이익은 변하지 않는다.
④ 유동자산과 당기순이익이 감소한다.

**11** **대손충당금이 과대계상되는 경우, 재무제표에 미치는 영향으로 옳은 것은?**

① 대손상각비 과소계상　　② 자산의 과소계상
③ 부채의 과대계상　　④ 자본의 과대계상

**12** **매출채권에 대한 대손상각비는 무엇으로 처리하는가?**

① 매출원가　　② 판매비와 관리비
③ 영업외비용　　④ 특별손실

**13** **액면금액 ₩250,000의 90일 만기 무이자부어음을 보유하던 중 30일이 경과한 후 12%의 할인율로 어음을 할인할 경우, 현금으로 수취하는 금액은 얼마인가? 단, 1년은 360일로 간주한다.**

① ₩225,000　　② ₩235,000
③ ₩245,000　　④ ₩255,000

**14** **다음 중 유동자산이 아닌 것은?**

① 미수금　　② 미수수익
③ 선급금　　④ 선수금

**15** **₩5,000,000에 취득한 토지를 3년 후 ₩4,300,000에 처분하고, 대금은 3개월 만기의 어음을 받았다. 이 거래의 영향으로 옳은 설명은?**

① 자산과 부채가 증가한다.　　② 부채와 자본이 감소한다.
③ 자산은 증가하고 자본은 감소한다.　　④ 자산과 자본이 감소한다.

# 기출문제

**01** **다음은 ㈜한공의 김회계 사원이 출장 후 정산한 지출 내역서이다. 회계처리로 옳은 것은?**
**(FAT1급 82회, 2025) (FAT1급 73회, 2024)**

출장비 지출 내역서

| 일 자 | 출 발 지 | 도 착 지 | KTX | 숙 박 비 | 식 대 | 계 |
|---|---|---|---|---|---|---|
| 2025. 5. 11. | 서울 | 부산 | 50,000원 | 50,000원 | 30,000원 | 130,000원 |
| 2025. 5. 12. | 부산 | 서울 | 50,000원 | - | 20,000원 | 70,000원 |
| 합 계 | | | 100,000원 | 50,000원 | 50,000원 | 200,000원 |
| 가지급금 | | | | | | 250,000원 |
| 반납액(현금) | | | | | | 50,000원 |

가. (차) 여비교통비 200,000원 (대) 가 수 금 200,000원
나. (차) 여비교통비 250,000원 (대) 현 금 250,000원
다. (차) 여비교통비 250,000원 (대) 가지급금 200,000원
현 금 50,000원
라. (차) 여비교통비 200,000원 (대) 가지급금 250,000원
현 금 50,000원

① 가 ② 나
③ 다 ④ 라

**02** **다음은 도매업을 영위하는 ㈜한공의 계정과목에 관한 설명이다. (가)와 (나)에 해당하는 계정과목으로 옳은 것은?** (FAT1급 82회, 2025)

- 외상매출금과 받을어음을 통합해서 ( 가 )(으)로 표기하고 있으며,
- ( 가 )의 대손에 대비하여 대손충당금을 설정할 때 반영하는 계정과목은 ( 나 )이다.

| | (가) | (나) |
|---|---|---|
| ① | 매출채권 | 대손상각비 |
| ② | 매출채권 | 기타의대손상각비 |
| ③ | 매입채무 | 대손상각비 |
| ④ | 매입채무 | 기타의대손상각비 |

## 03 다음 거래에 대한 올바른 회계처리는? (FAT1급 81회, 2025)

㈜한공은 전기에 대손 처리한 외상매출금 250,000원을 당기에 보통예금으로 회수하였다.

| | |
|---|---|
| ① (차) 보통예금 250,000원 | (대) 대손충당금 250,000원 |
| ② (차) 보통예금 250,000원 | (대) 대손상각비 250,000원 |
| ③ (차) 외상매출금 250,000원 | (대) 대손상각비 250,000원 |
| ④ (차) 대손상각비 250,000원 | (대) 대손충당금 250,000원 |

## 04 다음 자료에 의한 회계처리시 차변에 표시될 계정과목과 금액으로 옳은 것은? (FAT1급 81회, 2025)

㈜한공은 유가증권시장에 상장되어 있는 ㈜서울의 주식 600주를 1주당 11,000원(1주당 액면금액 10,000원)에 취득하고, 거래수수료 132,000원을 지급하였다.(시장성이 있으며, 단기간 매매차익을 목적으로 취득하였다.)

| 계정과목 | 금 액 |
|---|---|
| ① 단기매매증권 | 6,600,000원 |
| ② 매도가능증권 | 6,600,000원 |
| ③ 단기매매증권 | 6,732,000원 |
| ④ 만기보유증권 | 6,732,000원 |

## 05 다음은 ㈜한공의 결산일 매출채권 관련 자료이다. ㈜한공의 결산일 회계처리로 옳은 것은? (FAT1급 80회, 2025)

- 매출채권 잔액 5,000,000원
- 결산 전 합계잔액시산표 상 대손충당금 계정잔액 10,000원
- 매출채권에 대하여 1% 대손을 예상

| | |
|---|---|
| ① (차) 대손상각비 40,000원 | (대) 대손충당금 40,000원 |
| ② (차) 대손상각비 50,000원 | (대) 대손충당금 50,000원 |
| ③ (차) 대손충당금 10,000원 | (대) 대손충당금환입 10,000원 |
| ④ (차) 대손충당금 40,000원 | (대) 대손충당금환입 40,000원 |

**06** **다음은 ㈜한공의 단기매매증권 처분관련 자료이다. 2025년 11월 1일 거래에 대한 단기매매증권처분손익은 얼마인가?** (FAT1급 79회, 2025)

> 2025. 9. 1. ㈜공인의 주식 1,000주를 1주당 800원에 취득하고, 매입수수료 5,000원 포함하여 805,000원을 지급하다.
> 2025. 11. 1. 위 주식을 1주당 600원에 처분하고, 관련 수수료 4,000원을 차감한 금액 596,000원을 보통예금으로 수령하다.

① 단기매매증권처분손실 204,000원　② 단기매매증권처분손실 200,000원
③ 단기매매증권처분이익 204,000원　④ 단기매매증권처분이익 200,000원

**07** **다음 총계정원장 자료를 토대로 외상매출금 기말잔액에 대한 대손추정액을 계산하면 얼마인가?** (FAT1급 79회, 2025)

대손충당금

| 차변 | | 대변 | |
|---|---|---|---|
| 7/6 외상매출금 | 50,000 | 1/1 전기이월 | 160,000 |
| 12/31 차기이월 | 130,000 | 12/31 대손상각비 | 20,000 |
| | 180,000 | | 180,000 |

① 20,000원　② 110,000원
③ 130,000원　④ 180,000원

**08** **도매업을 영위하고 있는 ㈜한공은 2024년 3월 10일 ㈜서울의 파산으로 단기대여금 3,000,000원의 회수가 불가능하게 되었다. 이 거래로 인하여 ㈜한공이 손익계산서에 계상해야 하는 계정과목과 그 금액은 얼마인가? (단, 3월 10일 이전에 설정된 단기대여금에 대한 대손충당금 잔액은 1,100,000원이다.)** (FAT1급 74회, 2024)

① 대손상각비 1,100,000원　② 대손상각비 1,900,000원
③ 기타의대손상각비 1,100,000원　④ 기타의대손상각비 1,900,000원

## 09 다음은 ㈜한공의 수정전 잔액시산표와 결산조정사항을 반영한 재무상태표의 일부이다. (가), (나)의 금액으로 옳은 것은? (FAT1급 73회, 2024)

**수정전 잔액시산표**

(주)한공 2024년 12월 31일 (단위: 원)

| 차변 | 계정과목 | 대변 |
|---|---|---|
| 1,000,000 | 외상매출금 | |
| | 대손충당금 | 15,000 |
| 2,000,000 | 받 을 어 음 | |
| | 대손충당금 | 30,000 |
| : | : | : |

• 매출채권 잔액에 대하여 2%의 대손충당금을 설정하다.

**재무상태표**

(주)한공 2024년 12월 31일 (단위: 원)

| 과목 | 제4(당)기 | |
|---|---|---|
| : | | : |
| 매 출 채 권 | (가) | |
| (-)대손충당금 | ( (나) ) | XXX |
| : | : | : |

| | (가) | (나) |
|---|---|---|
| ① | 3,000,000원 | 15,000원 |
| ② | 3,000,000원 | 45,000원 |
| ③ | 3,000,000원 | 60,000원 |
| ④ | 3,000,000원 | 75,000원 |

## 10 다음 거래에서 매출채권으로 계상되는 금액은 얼마인가? (FAT1급 72회, 2024)

㈜한공은 상품 3,000개를 개당 1,000원에 판매하였다. 판매대금 중 1,000,000원은 외상으로 하고 1,400,000원은 자기앞수표로 받았으며, 나머지는 전자어음으로 수령하였다.

① 1,000,000원 ② 1,600,000원
③ 2,400,000원 ④ 3,000,000원

**11** **다음 자료를 토대로 ㈜한공이 보유하고 있는 매도가능증권의 취득원가를 계산하면 얼마인가?** (FAT1급 72회, 2024)

> 가. 상장되어 있는 ㈜공인의 주식 700주를 주당 8,000원(액면 5,000원)에 취득하였다.
> 나. 취득수수료는 560,000원이다.

① 3,500,000원　　② 4,060,000원
③ 5,600,000원　　④ 6,160,000원

**12** **다음 자료를 토대로 회계처리시 차변 계정과목과 금액으로 옳은 것은?** (FAT1급 71회, 2024)

> ㈜한공은 유가증권시장에 상장되어 있는 ㈜국제의 주식 2,000주를 1주당 7,000원(1주당 액면금액 5,000원)에 취득하고, 거래수수료 270,000원을 지급하였다.
> (회사는 주식을 단기 보유할 목적이며, 주식은 시장성을 가지고 있음.)

| | 계정과목 | 금 액 |
|---|---|---|
| ① | 단기매매증권 | 14,000,000원 |
| ② | 매도가능증권 | 14,000,000원 |
| ③ | 단기매매증권 | 14,270,000원 |
| ④ | 매도가능증권 | 14,270,000원 |

**13** **다음 대화내용에 따른 거래를 회계처리할 경우 차변 계정과목으로 옳은 것은?** (FAT1급 71회, 2024)

> 김 부장 : 김 대리님, 김 과장님 출장비를 지급하셨습니까?
> 김 대리 : 예, 500,000원을 보통예금계좌로 이체했으며, 출장비 정산내역이 확정되지 않아 ㈎ 처리하였습니다.

① 가지급금　　② 가수금
③ 미지급금　　④ 미수금

## 14 다음 거래에서 매출채권으로 계상되는 금액은 얼마인가? (FAT1급 69회, 2024)

| ㈜한공은 상품 1,000개를 개당 6,000원에 판매하였다. 판매대금으로 현금 500,000원과 전자어음 3,000,000원을 수령하고 나머지 잔액은 2개월 후에 받기로 하였다. |
|---|

① 3,000,000원 ② 3,500,000원
③ 4,500,000원 ④ 5,500,000원

## 15 다음은 도매업을 영위하고 있는 ㈜한공의 대손 관련 자료이다. 손익계산서에 계상해야 하는 계정과목과 그 금액은 얼마인가? (FAT1급 68회, 2023)

- 2023년 12월 10일 ㈜서울의 파산으로 단기대여금 2,000,000원의 회수가 불가능하게 되었다.
- 12월 10일 이전에 설정된 단기대여금에 대한 대손충당금 잔액은 800,000원이다.

① 대손상각비 1,200,000원 ② 기타의대손상각비 1,200,000원
③ 대손상각비 2,000,000원 ④ 기타의대손상각비 2,000,000원

## 16 다음은 ㈜한공의 단기매매증권(A주식) 관련 자료이다. 이에 대한 설명으로 옳은 것은? (FAT1급 68회, 2023)

- 2022년 11월 22일 A주식 100주를 1주당 3,000원에 취득하고 취득수수료 2,000원을 지출하였다.
- 2022년 12월 31일 A주식의 시가는 1주당 3,500원이다.
- 2023년 12월 7일 A주식 전부를 1주당 3,700원에 처분하였다.

① 2022년 11월 22일 A주식의 취득원가는 302,000원이다.
② 2022년 12월 31일 재무상태표에 기록될 단기매매증권은 370,000원이다.
③ 2022년 12월 31일 손익계산서에 기록될 단기매매증권평가이익은 30,000원이다.
④ 2023년 12월 7일 A주식 처분으로 인식할 단기매매증권처분이익은 20,000원이다.

**17** **다음은 정수기제조판매업을 영위하고 있는 ㈜한공의 2023년 자료이다. 2023년말 재무상태표상 미수금 금액은 얼마인가? (단, 기중 외상판매대금의 회수는 없는 것으로 가정한다.)** (FAT1급 67회, 2023)

- 2023. 1. 1. 기초미수금 100,000원
- 2023. 3. 1. 정수기 외상판매액 500,000원
- 2023. 5. 10. 사무실중고비품 외상판매액 300,000원

① 300,000원 ② 400,000원
③ 800,000원 ④ 900,000원

**18** **다음 자료를 토대로 ㈜한공의 2023년 12월 31일 매출채권금액을 계산하면 얼마인가?** (FAT1급 66회, 2023)

- 기초 매출채권 600,000원
- 2023년 중 현금매출액 300,000원
- 2023년도 매출액 1,400,000원
- 2023년 중 매출채권회수액 1,300,000원

① 300,000원 ② 400,000원
③ 500,000원 ④ 600,000원

**19** **다음 중 유동자산으로 분류할 수 <u>없는</u> 것은?** (FAT1급 67회, 2023)

① 선급비용 ② 매출채권
③ 상품 ④ 장기대여금

**20** **㈜한공은 연령분석법을 적용하여 매출채권에 대한 대손예상액을 산출하고 있다. 매출채권 연령별 금액이 다음과 같을 때, 결산 후 재무상태표에 표시될 대손충당금은 얼마인가? (결산 전 대손충당금 잔액은 120,000원이다.)** (FAT1급 65회, 2023)

| 매출채권 연령 | 금 액 | 추정대손율 |
|---|---|---|
| 3개월 이내 | 600,000원 | 5% |
| 3개월~6개월 | 300,000원 | 10% |
| 6개월 초과 | 200,000원 | 40% |
| 계 | 1,100,000원 | - |

① 20,000원 ② 100,000원
③ 120,000원 ④ 140,000원

## 21 다음 중 단기매매증권에 대한 설명으로 틀린 것은? (전산회계1급 120회, 2025)

① 단기매매차익을 목적으로 보유하고 있는 유가증권이다.
② 구입 시 부대비용은 취득원가에 포함하지 않고 수수료비용으로 회계처리 한다.
③ 시장성이 있는 유가증권을 말한다.
④ 시장성을 상실할 경우 만기보유증권으로 재분류한다.

## 22 다음 중 대손충당금에 대한 설명으로 가장 옳지 않은 것은? (전산회계1급 120회, 2025)

① 대손충당금은 채권에 대하여 설정한다.
② 매출채권에 대한 대손상각비는 판매비와관리비에 해당한다.
③ 회수가 불가능한 채권은 대손충당금과 상계한다.
④ 미수금에 대한 대손상각비는 판매비와관리비에 해당한다.

## 23 다음 중 현금및현금성자산에 해당하는 항목의 총합계액은 얼마인가? (전산회계1급 119회, 2025)

| | |
|---|---|
| • 당좌예금 : 450,000원 | • 취득 당시 만기가 4개월 남은 단기금융상품 : 300,000원 |
| • 타인발행수표 : 250,000원 | • 자기앞수표 : 500,000원 |

① 700,000원
② 1,050,000원
③ 1,200,000원
④ 1,500,000원

## 24 2024년 1월 1일 현재 외상매출금 잔액은 2,000,000원이다. 당기에 외상매출금 잔액 중 1,200,000원이 대손처리된 경우에 인식할 대손상각비는 얼마인가? 단, 기초 대손충당금 잔액은 1,000,000원이다. (전산회계1급 118회, 2025)

① 200,000원
② 800,000원
③ 1,000,000원
④ 2,000,000원

## 25 다음 중 단기매매증권에 대한 설명으로 틀린 것은? (전산회계1급 118회, 2025)

① 단기 시세차익을 목적으로 취득한 시장성 있는 유가증권을 말한다.
② 단기매매증권 중 채권은 원가법, 주식은 공정가액으로 기말 평가한다.
③ 단기매매증권 처분에 따른 처분손익은 손익계산서에 반영한다.
④ 단기매매증권은 유동자산 중 당좌자산으로 분류된다.

**26** **다음 중 단기매매증권에 대한 설명으로 가장 옳지 않은 것은?** (전산회계1급 117회, 2024)

① 단기매매증권은 당좌자산으로 분류된다.

② 단기매매증권은 주로 단기간 내의 매매차익을 목적으로 취득한 유가증권으로서 매수와 매도가 적극적이고 빈번하게 이루어지는 것을 말한다.

③ 단기매매증권의 취득과 직접 관련된 거래원가는 최초 인식하는 공정가치에 가산한다.

④ 단기매매증권에 대한 미실현보유손익은 당기손익항목으로 처리한다.

**27** **다음 중 단기매매증권 취득 시 발생한 비용을 취득원가에 가산할 경우 재무제표에 미치는 영향으로 옳은 것은?** (전산회계1급 116회, 2024)

① 자산의 과소계상 ② 부채의 과대계상

③ 자본의 과소계상 ④ 당기순이익의 과대계상

**28** **다음의 자료를 바탕으로 2024년 12월 31일 현재 현금및현금성자산과 단기금융상품의 잔액을 계산한 것으로 옳은 것은?** (전산회계1급 116회, 2024)

- 현금시재액 : 200,000원
- 당좌예금 : 500,000원
- 정기예금 : 1,500,000원(만기 2025년 12월 31일)
- 선일자수표 : 150,000원
- 외상매입금 : 2,000,000원

① 현금및현금성자산 : 700,000원 ② 현금및현금성자산 : 2,500,000원

③ 단기금융상품 : 1,650,000원 ④ 단기금융상품 : 2,000,000원

**29** **다음 중 대손충당금에 대한 설명으로 가장 옳지 않은 것은?** (전산회계1급 116회, 2024)

① 대손충당금은 유형자산의 차감적 평가계정이다.

② 회수가 불확실한 채권은 합리적이고 객관적인 기준에 따라 산출한 대손 추산액을 대손충당금으로 설정한다.

③ 미수금도 대손충당금을 설정할 수 있다.

④ 매출 활동과 관련되지 않은 대여금에 대한 대손상각비는 영업외비용에 속한다.

**30** **다음 중 매도가능증권에 대한 설명으로 옳지 않은 것은?** (전산회계1급 114회, 2024)

① 기말 평가손익은 기타포괄손익누계액에 반영한다.
② 취득 시 발생한 수수료는 당기 비용으로 처리한다.
③ 처분 시 발생한 처분손익은 당기손익에 반영한다.
④ 보유 목적에 따라 당좌자산 또는 투자자산으로 분류한다.

**31** **다음 중 채권 관련 계정의 차감적 평가항목으로 옳은 것은?** (전산회계1급 114회, 2024)

① 감가상각누계액
② 재고자산평가충당금
③ 사채할인발행차금
④ 대손충당금

**32** **유가증권 중 단기매매증권에 대한 설명으로 옳지 않은 것은?** (전산회계1급 109회, 2023)

① 시장성이 있어야 하고, 단기시세차익을 목적으로 하여야 한다.
② 단기매매증권은 당좌자산으로 분류된다.
③ 기말평가방법은 공정가액법이다.
④ 단기매매증권은 투자자산으로 분류된다.

**33** **㈜서울은 ㈜제주와 제품 판매계약을 맺고 ㈜제주가 발행한 당좌수표 500,000원을 계약금으로 받아 아래와 같이 회계처리하였다. 다음 중 ㈜서울의 재무제표에 나타난 영향으로 옳은 것은?** (전산회계1급 109회, 2023)

| (차) 당좌예금 | 500,000원 | (대) 제품매출 | 500,000원 |
|---|---|---|---|

① 당좌자산 과소계상
② 당좌자산 과대계상
③ 유동부채 과소계상
④ 당기순이익 과소계상

**34** **다음 자료를 이용하여 단기투자자산의 합계액을 계산한 것으로 옳은 것은?** (전산회계1급 108회, 2023)

| | | | | | |
|---|---|---|---|---|---|
| • 현　　금 | 5,000,000원 | • 1년 만기 정기예금 | 3,000,000원 | • 단기매매증권 | 4,000,000원 |
| • 당좌예금 | 3,000,000원 | • 우편환증서 | 50,000원 | • 외상매출금 | 7,000,000원 |

① 7,000,000원
② 8,000,000원
③ 10,000,000원
④ 11,050,000원

**35** **기업이 보유하고 있는 수표 중 현금및현금성자산으로 분류되지 아니하는 것은?** (전산회계1급 107회, 2023)

① 선일자수표 ② 당좌수표
③ 타인발행수표 ④ 자기앞수표

**36** **다음은 ㈜한국의 단기매매증권 관련 자료이다. ㈜한국의 당기 손익계산서에 반영되는 영업외손익의 금액은 얼마인가?** (전산회계1급 107회, 2023)

- A사 주식의 취득원가는 500,000원이고, 기말공정가액은 700,000원이다.
- B사 주식의 취득원가는 300,000원이고, 기말공정가액은 200,000원이다.
- 당기 중 A사로부터 현금배당금 50,000원을 받았다.
- 당기 초 250,000원에 취득한 C사 주식을 당기 중 300,000원에 처분하였다.

① 200,000원 ② 250,000원
③ 300,000원 ④ 400,000원

**37** **다음 중 유가증권에 대한 설명으로 옳지 않은 것은?** (전산세무1급 118회, 2025)

① 유가증권은 취득 후 단기매매증권, 만기보유증권, 지분법 적용 투자주식 및 매도가능증권으로 분류된다.
② 단기매매증권은 최초 인식 시 공정가치로 측정하며, 취득 관련원가(증권거래소의 수수료 등)는 단기매매증권의 원가로 인식한다.
③ 단기매매증권은 보고기간 종료일 현재 보유하고 있으면 이를 공정가치(시가)로 평가하며 변동분은 평가손익(영업외손익)으로 처리한다.
④ 보고기간 종료일로부터 1년 이내에 만기가 도래하는 만기보유증권은 유동자산으로 분류한다.

**38** **다음 중 현금 및 현금성자산에 포함되지 않는 것은?** (전산세무2급 118회, 2025)

① 자기앞수표
② 배당금지급통지서
③ 직원가불금
④ 취득 당시 만기일이 3개월 이내인 환매 조건부 채권

## 39 다음 중 금융자산에 대한 설명으로 옳지 않은 것은? (전산세무1급 117회, 2024)

① 금융자산은 금융상품의 계약당사자가 되는 때에만 재무상태표에 인식하는 것이 원칙이다.
② 양도자가 금융자산에 대한 모든 통제권을 상실하였다면 매각거래로 본다.
③ 단기매매증권은 최초 인식 시 공정가치로 측정하고, 후속 측정 시에는 상각후원가로 측정한다.
④ 금융자산의 이전이 담보거래에 해당하는 경우에는 해당 금융자산을 담보제공자산으로 별도 표시하여야 한다.

## 40 다음 중 채무증권으로만 분류되는 유가증권은 무엇인가? (전산세무2급 117회, 2024)

① 단기매매증권
② 매도가능증권
③ 만기보유증권
④ 지분법적용투자주식

## 41 다음 중 당좌자산에 해당하지 않는 항목은 무엇인가? (전산세무2급 116회, 2024)

① 영업권
② 매출채권
③ 단기투자자산
④ 선급비용

## 42 다음 중 유가증권에 대한 설명으로 옳지 않은 것은? (전산세무1급 114회, 2024)

① 유가증권은 증권의 종류에 따라 지분증권과 채무증권으로 분류할 수 있다.
② 지분증권은 단기매매증권과 매도가능증권으로 분류할 수 있으나 만기보유증권으로는 분류할 수 없다.
③ 단기매매증권, 매도가능증권, 만기보유증권은 원칙적으로 공정가치로 평가한다.
④ 만기보유증권으로 분류되지 않은 채무증권은 단기매매증권과 매도가능증권 중의 하나로 분류한다.

**43** **다음은 시장성 있는 유가증권의 취득 및 처분에 대한 내역이다. 다음 중 아래의 자료에 대한 설명으로 틀린 것은?** (전산세무2급 114회, 2024)

- 2023년 07월 12일 : 주식회사 한세의 주식 10주를 주당 20,000원에 매입하였다.
- 2023년 12월 31일 : 주식회사 한세의 공정가치는 주당 19,000원이다.
- 2024년 05월 09일 : 주식회사 한세의 주식 전부를 주당 21,000원에 처분하였다.

① 단기매매증권으로 분류할 경우, 2023년 기말 장부가액은 200,000원이다.
② 매도가능증권으로 분류할 경우, 처분 시 매도가능증권처분이익은 10,000원이다.
③ 단기매매증권으로 분류할 경우, 처분 시 단기매매증권처분이익은 20,000원이다.
④ 매도가능증권으로 분류할 경우, 단기매매증권으로 분류하였을 경우보다 2024년 당기순이익이 감소한다.

**44** **다음 자료를 이용하여 유동자산에 해당하는 금액의 합계액을 구하면 얼마인가?** (전산세무2급 110회, 2023)

| | | | |
|---|---|---|---|
| • 매출채권 | 1,000,000원 | • 상　품 | 2,500,000원 |
| • 특 허 권 | 1,500,000원 | • 당좌예금 | 3,000,000원 |
| • 선급비용 | 500,000원 | • 장기매출채권 | 2,000,000원 |

① 5,500,000원　② 6,000,000원
③ 6,500,000원　④ 7,000,000원

**45** **아래의 자료는 시장성 있는 유가증권에 관련된 내용이다. 이에 대한 설명으로 옳은 것은?** (전산세무2급 109회, 2023)

- 2022년 08월 05일 : A회사 주식 500주를 주당 4,000원에 매입하였다.
- 2022년 12월 31일 : A회사 주식의 공정가치는 주당 5,000원이다.
- 2023년 04월 30일 : A회사 주식 전부를 주당 6,000원에 처분하였다.

① 단기매매증권으로 분류할 경우 매도가능증권으로 분류하였을 때보다 2022년 당기순이익은 감소한다.
② 단기매매증권으로 분류할 경우 매도가능증권으로 분류하였을 때보다 2022년 기말 자산이 더 크다.
③ 매도가능증권으로 분류할 경우 처분 시 매도가능증권처분이익은 500,000원이다.
④ 매도가능증권으로 분류할 경우 단기매매증권으로 분류하였을 때보다 2023년 당기순이익은 증가한다.

# 08
# 비유동자산

# 제8장 비유동자산

## 제1절 유형자산

### 1. 유형자산의 개념

유형자산(tangible assets)이란 기업이 정상적인 영업활동에 장기간 사용하기 위한 목적으로 취득한 물리적 형태가 있는 자산을 말한다. 유형자산의 예로는 토지, 건물, 기계, 비품, 차량운반구, 구축물, 건설중인자산 등이 있다. 유형자산의 특징은 다음과 같다.

① 유형자산은 영업활동에 사용할 목적으로 보유하고 있는 자산이다.

영업활동에 사용하지 않는 자산은 유형자산으로 분류해서는 안 되고, 기업이 투자목적으로 매입한 토지, 건물 등은 투자자산으로 분류해야 하며, 부동산회사가 판매목적으로 보유하고 있는 토지, 건물 등은 재고자산으로 분류하여야 한다.

② 유형자산은 감가상각의 대상이 된다

유형자산은 수익창출을 위해서 영업활동에 사용되기 때문에 수익창출에 대한 비용을 계상해야 하는데 이를 감가상각이라고 한다. 즉, 유형자산의 취득원가를 내용연수 동안에 비용으로 배분하는 절차를 수행함으로써 유형자산이 창출한 수익에 배분한 비용을 적절하게 대응시키는 방법이다. 토지와 건설중인자산은 감가상각의 대상에서 제외된다.

③ 물리적 형태가 있는 자산이다.

유형자산은 물리적 형태가 있는 자산으로 물리적 형태가 없는 무형자산과 구별된다.

### 2. 유형자산의 취득

유형자산은 취득시점에서 취득원가를 기준으로 취득에 관한 회계처리를 한다. 여기서 취득원가란 유형자산의 구입가격에 부대비용을 합한 금액을 말한다. 부대비용이란 운반비, 설치비, 시운전비, 세금 등 유형자산의 사용목적에 적합한 상태에 도달하기까지 발생한 모든 비용을 말한다.

유형자산의 취득원가 = 매입가액 + 부대비용

### (1) 구입에 의한 취득

유형자산을 구입하는 경우에는 순구입가격에 부대비용을 합한 금액을 취득원가로 한다. 순구입가격은 송장가격에서 에누리와 환출 및 현금할인 등을 차감한 금액이며, 부대비용에는 운반비, 설치비, 시운전비, 세금 등이 포함된다.

**예제 8-1**

㈜미래는 생산에 필요한 기계장치를 ₩5,000,000에 외상구입하고, 기계장치의 구입과 관련한 부대비용으로 운반비 ₩100,000, 설치비 ₩100,000, 보험료 ₩50,000을 현금지급하였다.

| (차) 기계장치 | 5,250,000* | (대) 미지급금 | 5,000,000 |
|---|---|---|---|
| | | 현　금 | 250,000 |

*기계장치의 취득원가 = ₩5,000,000 + ₩100,000 + ₩100,000 + ₩50,000 = ₩5,250,000

### (2) 자가제작이나 건설에 의한 취득

유형자산의 건설 중에 발생한 재료비, 노무비, 경비 등의 원가를 건설중인자산계정에 기록한 후 유형자산이 완성되어 사용되는 시점에서 해당 유형자산계정으로 대체한다.

**예제 8-2**

㈜미래는 영업활동에 사용할 목적으로 기계장치를 제작하고 있다. 기계장치의 제작과 관련하여 다음의 비용이 발생하여 현금으로 지급하였으며, 이후 기계장치가 완성되어 영업활동에 사용을 시작하였다.

재료비 ₩1,000,000　　노무비 ₩500,000　　경　비 ₩200,000

| (차) 건설중인자산 | 1,700,000 | (대) 현　금 | 1,700,000 |
|---|---|---|---|
| (차) 기계장치 | 1,700,000 | (대) 건설중인자산 | 1,700,000 |

### (3) 증여 및 무상에 의한 취득

증여 및 무상에 의해 자산을 취득하는 경우 취득한 자산의 공정가치를 취득원가로 하고, 공정가치에 해당하는 금액을 자산수증이익계정으로 기재하여 영업외수익으로 보고한다.

**예제 8-3**

㈜미래는 ㈜내일로부터 영업목적의 건물을 증여받았는데, 건물의 공정가치는 ₩10,000,000 이었다.

(차) 건　　물　　10,000,000　　(대) 자산수증이익　　10,000,000

## 3. 유형자산의 보유

### (1) 자본적 지출과 수익적 지출

유형자산을 취득하여 보유하는 동안에는 여러 형태의 지출이 발생할 수 있다. 유형자산의 고장으로 원상회복과 현상유지를 위한 수리비용이 발생하거나 기존 유형자산의 능력을 증가시키기 위한 지출이 발생할 수도 있다. 회계에서는 이러한 지출을 구분하여 기록하도록 하고 있다.

유형자산의 원상회복과 현상유지를 위해 지출한 비용은 수익적 지출이라고 하며, 당기의 비용으로 회계처리한다.

(차) 수선유지비　　×××　　(대) 현　　금　　×××

원상회복과 현상유지에 사용된 지출은 당기의 수익을 창출하기 위해 사용한 것으로 간주하기 때문에 수익적 지출로 인식한다.

그러나, 유형자산의 생산능력을 증가시키는 지출, 제품의 품질이 개선되는 지출, 유형자산의 내용연수를 증가시키는 지출 등 유형자산의 실질적인 능력을 개선하기 위한 지출은 자본적 지출(capital expenditure)이라고 하며, 다음과 같이 회계처리한다.

(차) 유형자산　　×××　　(대) 현　　금　　×××

자본적 지출은 당기에 비용으로 처리되는 것이 아니라 자본화(자산화)를 통해 장기적 수익을 창출할 수 있으므로 미래 수익에 대응시키기 위해 자산의 장부가액에 포함시키고, 향후 감가상각이라는 비용화 과정을 통해서 수익에 대응된다.

수익적 지출과 자본적 지출을 구분하는 것이 쉽지는 않지만 자본적 지출로 회계처리하면 자산이 증가하고, 수익적 지출로 회계처리하면 이익이 감소하기 때문에 자본적 지출과 수익적 지출의 구분은 기업의 자산평가와 경영성과에 서로 다른 영향을 미치는 중요한 결정사항이다.

**예제 8-4**

(1) ㈜미래는 기계장치의 내용연수 증가를 위해 핵심부품을 신형으로 교체하고 ₩1,000,000을 현금으로 지급하였다.

| (차) 기계장치 | 1,000,000 | (대) 현 금 | 1,000,000 |
|---|---|---|---|

(2) ㈜미래는 차량운반구의 일반적인 수리를 위해서 현금 ₩200,000을 지급하였다.

| (차) 수선유지비 | 200,000 | (대) 현 금 | 200,000 |
|---|---|---|---|

## (2) 유형자산의 감가상각

### 1) 감가상각의 의의와 회계처리방법

유형자산을 보유하는 목적은 장기적인 수익창출을 위해서이며, 수익창출을 위한 비용을 배분함으로써 수익과 비용의 적절한 대응을 통한 이익을 산정할 필요가 생기는데 이러한 비용의 배분과정을 감가상각이라 한다. 즉, 감가상각(depreciation)은 유형자산의 취득원가를 유형자산이 수익창출에 기여하는 기간 동안에 체계적이고 합리적으로 배분하는 과정을 말한다. 취득원가를 체계적으로 배분하기 위해서는 선택한 감가상각법의 정당한 변경사유가 없는 한 계속 적용하여야 하며, 수익과 비용이 적절히 대응되도록 합리적으로 배분되어야 한다.

기업이 기계장치를 장기간 영업활동에 사용하여 수익을 창출하고 있는 경우, 기계장치가 수익창출에 기여하였으므로 기계장치의 장부가액(취득원가)을 감소시켜서 당기의 비용으로 회계처리하고, 해당 금액만큼을 건물의 장부가액에서 차감시키는 분개를 하여야 한다. 즉, 재무상태표에 보고하는 유형자산의 장부가액을 감소시키고, 손익계산서에 비용을 인식하는 회계처리가 필요한데 감가상각 회계처리는 다음과 같다.

| (차) 감가상각비 | ××× | (대) 감가상각누계액-기계장치 | ××× |
|---|---|---|---|

차변의 감가상각비가 제품의 제조와 관련되었을 경우 손익계산서에 매출원가로, 판매와 관리활동과 관련되었을 경우 판매관리비 등에 포함되어 손익계산서상 비용으로 처리된다. 그리고, 대변의 감가상각누계액은 유형자산의 취득원가에서 차감하는 형식으로 보고된다. 즉, 재무상태표의 취득원가에서 감가상각누계액을 차감하여 장부가액으로 표시하도록 한다.

재무상태표

| (유형자산) | | |
|---|---|---|
| 기계장치 | ₩5,000,000 | |
| 감가상각누계액 | (500,000) | ₩4,500,000 |

### 2) 감가상각대상액

유형자산의 감가상각대상이 되는 금액은 취득원가에서 잔존가치를 차감한 금액이다. 잔존가치(salvage value)란 유형자산이 폐기처분되는 미래시점에서 그 유형자산을 처분하여 수취할 것으로 예상되는 금액에서 처분에 소요되는 처분비용을 차감한 금액이다.

감가상각대상액 = 취득원가 - 잔존가치

### 3) 내용연수

유형자산은 일반적으로 장기간에 걸쳐 수익을 창출에 기여하게 되는데, 내용연수(useful life)란 수익이 창출되는 기간을 합리적으로 추정한 기간을 말한다.

## (3) 감가상각방법

### 1) 정액법

정액법(straight-line method)은 감가상각대상액을 내용연수로 나눈 일정한 금액을 매 기간 동안 상각하는 방법이다. 해당 유형자산으로부터 얻게 되는 경제적 효익인 매 기간 동일하다고 가정하고, 매 기간 동일한 금액을 비용화시키기 위한 방법으로, 계산방법이 간단하다는 장점이 있다.

감가상각비 = (취득원가 - 잔존가치) / 내용연수

**예제 8-5**

㈜미래가 보유한 기계장치 관련 자료는 다음과 같다.

| 취득원가 | ₩3,000,000 | 잔존가치 | ₩500,000 | 내용연수 | 5년 |
|---|---|---|---|---|---|

정액법에 의한 연간 감가상각비 = (₩3,000,000 - ₩500,000) / 5년 = ₩500,000

1차년도 감가상각비: (₩3,000,000 - ₩500,000) / 5년 = ₩ 500,000

2차년도 감가상각비: (₩3,000,000 - ₩500,000) / 5년 = ₩ 500,000
3차년도 감가상각비: (₩3,000,000 - ₩500,000) / 5년 = ₩ 500,000
4차년도 감가상각비: (₩3,000,000 - ₩500,000) / 5년 = ₩ 500,000
5차년도 감가상각비: (₩3,000,000 - ₩500,000) / 5년 = ₩ 500,000

₩2,500,000

### 2) 정률법

정률법은 유형자산의 장부가액에 일정한 상각률을 곱하여 각 연도의 감가상각비를 계산하는 방법이다. 장부가액은 취득원가에서 감가상각누계액을 차감한 잔액이므로 매년 감가상각액만큼 감소하게 된다. 매년 감소하는 장부가액에 일정한 상각률을 곱하여 산출되는 감가상각비도 계속 감소하게 되므로 이 방법을 체감상각법이라고도 한다. 즉, 정률법은 유형자산의 구입초기에는 많은 금액을 상각하고 시간이 지날수록 적은 금액을 상각하게 되는 방법이다. 정률법의 논리적 근거는 유형자산의 구입 초기에는 많은 수익을 가져오고 시간이 지날수록 수익창출능력이 감소한다는 논리에 따라 초기에는 많은 금액을 상각하고 시간이 지날수록 적은 금액을 상각하게 되는 것이다. 따라서, 사업초기에 정률법을 사용하게 되면 비용이 많이 발생되어서 세금의 이연효과를 얻을 수도 있다.

$$감가상각비 = (취득원가 - 감가상각누계액) \times 상각률$$

$$상각률 = 1 - \sqrt[n]{\frac{잔존가치}{취득원가}}$$

n = 내용연수

**예제 8-6**

㈜미래가 보유한 비품 관련 자료는 다음과 같다.

| 취득원가 | ₩1,000,000 | 잔존가치 | ₩100,000 |
|---|---|---|---|
| 내용연수 | 5년 | 상각률(정률) | 0.369 |

1차년도 감가상각비 : (₩1,000,000 - ₩0) × 0.369 = ₩369,000
2차년도 감가상각비 : (₩1,000,000 - ₩369,000) × 0.369 = ₩232,839
3차년도 감가상각비 : (₩1,000,000 - ₩601,839) × 0.369 = ₩146,921

4차년도 감가상각비 : (₩1,000,000 - ₩748,760) × 0.369 = ₩ 92,708

5차년도 감가상각비 : (₩1,000,000 - ₩841,468) × 0.369 = ₩ 58,532

₩900,000

초기에는 많은 금액이 상각되나 시간이 지날수록 장부가액의 감소에 따라 적은 금액이 상각된다.

### 3) 연수합계법

연수합계법은 감가상각대상액에 상각률을 곱하여 감가상각비를 계산하는 방법이다. 상각률은 내용연수의 합계를 분모로 하고 당기의 잔여 내용연수를 분자로 하여 구한다. 이 방법에 의해 감가상각비를 구하게 되면 정률법과 마찬가지로 초기에는 많은 금액이, 시간이 지날수록 적은 금액이 상각된다. 연수합계법은 이론적 근거보다는 정률법에서의 상각률을 구하기가 어려워 이를 좀 더 쉽게 산출하기 위해 생겨난 방법으로 볼 수 있다.

감가상각비 = (취득원가 - 잔존가치) × 상각률

상각률 = 잔여내용연수/내용연수의 합계

**예제 8-7**

㈜미래가 보유한 기계장치 관련 자료는 다음과 같다.

취득원가 ₩5,000,000 잔존가치 ₩500,000 내용연수 5년

1차년도 감가상각비 : (₩5,000,000 - ₩500,000) × 5/15 = ₩1,500,000

2차년도 감가상각비 : (₩5,000,000 - ₩500,000) × 4/15 = ₩1,200,000

3차년도 감가상각비 : (₩5,000,000 - ₩500,000) × 3/15 = ₩ 900,000

4차년도 감가상각비 : (₩5,000,000 - ₩500,000) × 2/15 = ₩ 600,000

5차년도 감가상각비 : (₩5,000,000 - ₩500,000) × 1/15 = ₩ 300,000

₩4,500,000

연수합계법도 정률법과 마찬가지로 초기에는 많은 금액이 상각되고 시간이 지날수록 적은 금액이 상각됨을 알 수 있다.

### 4) 생산량비례법

생산량비례법은 감가상각대상액을 각 연도의 생산량에 비례하여 상각하는 방법이다. 즉, 정액법, 정률법, 생산량비례법은 상각금액이 시간에 따라 계상되는 반면 생산량비례법은 생산량에 비례해서 감가상각비를 계상한다. 유형자산의 특징에 따라 시간의 경과보다는 생산량이 비용을 배분하는 데 더 합리적일 경우에 사용된다. 감가상각비가 생산량에 비례하여 계산되므로 수익과 비용을 적절히 대응시킬 수 있는 장점이 있다.

> 감가상각비 = (취득원가 - 잔존가치) × 당기실제생산량/추정총생산량
> 감가상각비 = 단위당 감가상각비 × 당기실제생산량
> 단위당 감가상각비 = (취득원가 - 잔존가치)/추정총생산량

**예제 8-8**

㈜미래는 상품의 운반에 사용되는 화물차량을 보유하고 있다. 화물차량의 경우 250,000㎞를 운행한 후 처분된다.

기계취득원가 ₩5,000,000 잔존가치 ₩0 내용연수 250,000㎞

연도별 생산량 :

1차년도 100,000㎞, 2차년도 50,000㎞, 3차년도 30,000㎞, 4차년도 40,000㎞,
5차년도 30,000㎞

생산량단위당 감가상각비 = ₩5,000,000/250,000㎞ = ₩20/㎞

1차년도 감가상각비: ₩20 × 100,000 = ₩2,000,000
2차년도 감가상각비: ₩20 × 50,000 = ₩1,000,000
3차년도 감가상각비: ₩20 × 30,000 = ₩ 600,000
4차년도 감가상각비: ₩20 × 40,000 = ₩ 800,000
5차년도 감가상각비: ₩20 × 30,000 = ₩ 600,000

₩5,000,000

## 4. 유형자산의 처분

유형자산이 더 이상 수익창출에 기여할 수 없는 것으로 판단되거나 혹은 여러 이유로 매각되는 것을 유형자산의 처분이라고 한다. 유형자산이 처분되면 처분시점까지의 감가상각액을 계상한 후, 유형자산의 취득원가와 감가상각누계액을 제거하고, 유형자산의 처분가액과 장부가액의 차이를 유형자산처분손익으로 기록한다.

**예제 8-9**

㈜미래는 20×1년 1월 1일 구입한 기계장치를 다음과 같이 정액법으로 감가상각해 오던 중 20×3년 6월 30일 현금 ₩2,000,000에 매각하였다.

| 취득원가 | ₩3,000,000 | 잔존가치 | ₩500,000 | 내용연수 | 5년 |
|---|---|---|---|---|---|

20×1년 감가상각비 : (₩3,000,000 - ₩500,000)/5년 = ₩500,000
20×2년 감가상각비 : (₩3,000,000 - ₩500,000)/5년 = ₩500,000
20×3년 감가상각비 : (₩3,000,000 - ₩500,000)/5년 = ₩500,000

(1) 20×3년 6월 30일 감가상각 회계처리

| (차) 감가상각비 | 250,000 | (대) 감가상각누계액 | 250,000* |
|---|---|---|---|

* 20×3년 감가상각비 ₩500,000×6개월/12개월=₩250,000

20×3년 6월 30일 기계장치 장부금액

| | |
|---|---|
| 취득원가(20×1년 1월 1일 취득) | ₩3,000,000 |
| 감가상각누계액 | (1,250,000) |
| 장부금액 | ₩1,750,000 |

(2) 20×3년 6월 30일 기계장치 처분 회계처리

| (차) 현 금 | 2,000,000 | (대) 기계장치 | 3,000,000 |
|---|---|---|---|
| 감가상각누계액 | 1,250,000 | 유형자산처분이익 | 250,000* |

* 처분가액 - 장부금액 = (₩2,000,000 - ₩1,750,000) = ₩250,000

# 제2절 무형자산과 투자자산

## 1. 무형자산

### (1) 무형자산의 개념과 종류

무형자산(intangible assets)은 물리적인 형태가 없는 자산으로 기업이 미래의 장기간에 걸쳐 경제적 효익을 얻을 수 있는 자산이다. 무형자산은 미래의 경제적 효익을 제공한다는 점에서는 유형자산과 동일하나 유형자산보다 경제적 효익에 대한 불확실성이 높아서 내용연수를 객관적으로 측정하기 어렵다는 특징을 갖는다. 따라서, 무형자산의 경우 내용연수를 법적인 근거에 따라 설정하고 상각하는 경우가 많다.

오늘날의 기업이 성장, 발전하기 위해서는 기술, 정보, 지식, 인력에 대한 투자를 통해 가치있는 지적자산을 소유하는 과정이 필수적이다. 따라서 기업가치에서 이러한 무형자산이 차지하는 비중은 점차 증가하고 있지만 회계에서는 무형자산이 지니고 있는 특징으로 인해 비교적 까다로운 인식기준이 충족되어야 자산으로 인식할 수 있다. 무형자산을 열거하면 다음과 같다.

#### 1) 영업권

영업권(goodwill)은 동종 산업내의 다른 기업과 비교하여 초과이익을 얻을 수 있는 능력을 말한다. 즉, 정상적인 투자수익률 이상의 이익을 창출할 수 있는 초과수익창출능력으로, 대가를 지급하여 다른 회사를 합병하거나 영업을 양수할 때 취득대상물의 가치를 초과하여 지급한 금액을 영업권으로 표시하도록 하고 있다. 즉, 회계기준에서는 영업권은 유상으로 취득한 경우에 한하여 무형자산으로 기록할 수 있도록 하고 있다. 따라서, 합병, 영업양수 등을 통해 유상으로 취득한 것만 무형자산으로 기록하며, 내부적으로 창출된 영업권은 무형자산으로 인식할 수 없다. 영업권은 기업과 분리될 수 없으므로 내용연수가 무한하다고 할 수 있으며, 한국채택국제회계기준(K-IFRS)에서는 유상취득한 영업권에 대해서 상각을 하지 않도록 규정하고 있다. 그러나, K-GAAP에서는 자산으로 기록한 영업권을 20년 이내의 합리적인 기간 동안 매년 균등액을 상각하도록 하고 있다.

#### 2) 산업재산권

산업재산권(industrial right)은 법률에 의해 해당기관에 등록함으로써 일정기간 동안 독점적, 배타적으로 사용하는 권리로서 특허권, 상표권, 실용신안권, 의장권 등을 포함한다. 이들 산업재산권을 무형자산으로 보고하기 위해서는 법적권리를 취득하기 위해서 소요된 원가 뿐만 아니라 등록과 관련하여 발생하는 제반비용을 포함하여 취득원가로 계상한다.

관계법령에서는 특허권(patent)은 20년, 실용신안권(utility model right)은 10년, 의장권(design right)은 15년, 상표권(trademark right)은 10년, 저작권(copyright)은 50년으로 존속기간을 인정하고 있다. 그러나, 일반적으로 인정된 회계원칙에서는 이들의 법정내용연수와 경제적 내용연수를 고려하여 짧은 기간에 상각을 하되 20년을 초과할 수는 없는 것으로 규정하고 있다.

### 3) 광업권과 어업권

광업권(mining right)은 광업법에 의하여 허가와 등록을 함으로써 발생하는 독점적이고 배타적인 권리로, 25년 이내의 일정기간 동안 일정 지역내에서 광물을 독립적으로 채굴할 수 있는 권리를 말한다. 일반적으로 인정된 회계원칙에서는 20년 이내의 기간에 상각하도록 하고 있다.

어업권(fishery right)은 수산업법에 의하고 행정관청의 면허에 의해 일정한 해역에서 어업을 경영할 수 있는 권리를 말한다. 어업권은 어업의 종류에 따라서 10년에서 5년으로 구성된다.

### 4) 개발비

개발비(development cost)는 신제품이나 신기술을 개발하기 위하여 발생한 개발단계의 비용으로서, 자산인식요건을 충족하는 지출액은 개발비라는 무형자산으로 회계처리한다. 한편, 연구단계의 모든 연구비 및 자산인식요건을 충족하지 못하는 개발단계의 경상개발비는 연구비(research cost)라는 당기의 비용으로 처리한다.

## (2) 무형자산의 취득과 상각

무형자산을 취득하면 취득원가로 기록한다는 점은 다른 자산의 경우와 동일하다. 즉, 무형자산의 취득원가는 구입가격에 구입시 소요된 부대비용을 합하여 결정한다. 무형자산도 취득원가를 내용연수에 걸쳐 체계적이고 합리적인 방법으로 상각한다.

내용연수는 법으로 정해진 기간이 있는 경우에는 그 기간을 사용하지만 경제적 내용연수가 법정상각기간보다 짧은 경우에는 경제적 내용연수를 사용한다. 단, 특별한 경우를 제외하고 상각기간은 20년을 초과하지 못한다. 무형자산의 잔존가치는 원칙적으로 없는 것으로 본다. 상각방법은 정액법, 정률법, 생산량비례법, 연수합계법 등이 사용되며, 합리적인 상각방법을 정할 수 없는 경우에는 정액법을 사용한다. 무형자산의 상각은 상각액을 무형자산에서 직접 차감하는 직접상각법을 주로 사용한다.

## 2. 투자자산

### (1) 투자자산의 개념

투자자산이란 다른 회사를 지배 또는 통제하거나 투자수익을 목적으로 장기적으로 보유하는 자산을 말한다. 투자자산의 예로는 투자부동산, 장기투자증권, 지분법적용투자주식 등이 있다. 투자부동산은 기업이 투자목적으로 장기간 보유하는 토지나 건물 등을 말한다. 장기투자증권은 다른 회사의 지분증권이나 채무증권에 장기투자하여 취득한 자산으로, 일시적으로 취득한 유가증권과는 구별된다. 일시적으로 지분증권이나 채무증권에 투자한 경우 단기매매증권으로 분류하지만, 장기투자증권 중 채무증권에 장기투자하여 만기까지 보유하는 경우는 만기보유증권으로 분류한다. 지분법적용투자주식은 장기투자증권 중 지분증권(주식)에 장기투자하여 피투자회사의 의사결정에 중대한 영향력을 행사할 목적으로 보유하고 있는 경우에 분류한다.

### (2) 지분법적용투자주식

지분증권을 취득한 후 피투자회사의 경영에 중대한 영향력을 행사하는 경우에는 지분법을 적용하여 회계처리한다. 지분법이란 피투자회사의 순자산가액이 변동하는 경우 이 변동분을 투자회사의 투자자산에 반영시켜 투자자산 금액을 가감하는 방법이다. 투자회사가 피투자회사의 의결권 있는 주식의 20% 이상을 보유하는 경우에는 피투자회사에 중대한 영향력을 행사하는 것으로 본다.

① 피투자회사의 의결권 있는 주식의 20% 이상을 취득하면 지분법적용투자주식계정 차변에 취득원가로 기록한다.

② 피투자회사에 순이익이 발생하면 피투자회사의 순자산이 순이익만큼 증가하므로 투자회사의 투자주식가치도 증가한다. 따라서, 순이익에 지분비율을 곱한 금액만큼 지분법적용투자주식계정을 증가시키고 지분법이익을 기록한다. 순손실이 발생하면 이와 반대로 회계처리한다.

③ 피투자회사가 배당금을 지급하면 순자산이 배당금지급액만큼 감소하므로 투자주식의 가치도 감소한다. 따라서, 배당금에 지분비율을 곱한 금액만큼 지분법적용투자주식계정을 감소시킨다.

**예제 8-10**

㈜미래는 20×1년 5월 20일, ㈜내일의 경영에 중대한 영향력을 행사할 목적으로 의결권 있는 주식의 20%인 500주를 주당 ₩10,000에 취득하였다.
20×1년 12월 31일 ㈜내일은 당기순이익 ₩1,000,000을 보고하였다.

20×2년 3월 20일 ㈜내일은 ₩500,000의 현금배당을 지급하였다.

[풀이]

| | | | | |
|---|---|---|---|---|
| 20×1. 5. 20. | (차) 지분법적용투자주식 | 5,000,000 | (대) 현　　금 | 5,000,000 |
| 20×1. 12. 31. | (차) 지분법적용투자주식 | 200,000 | (대) 지분법평가이익 | 200,000 |
| 20×2. 3. 20. | (차) 현　　금 | 100,000 | (차) 지분법적용투자주식 | 100,000 |

# 연습문제

**01 유형자산의 취득 이후 발생하는 추가적 지출 중 자본적 지출로 분류되는 경우에 해당되지 않는 것은?**

① 새로운 공정의 채택 또는 생산능력의 증대를 위한 지출
② 원가절감 또는 품질향상을 위한 지출
③ 수선유지 및 원상복구를 위한 지출
④ 대폭적 수선을 통한 내용연수 연장을 위한 지출

**02 다음 중 감가상각액을 결정하는 요소가 아닌 것은?**

① 잔존가치　　② 내용연수
③ 취득원가　　④ 공정가치

**03 감가상각대상 자산으로만 구성된 것은?**

① 건물, 기계장치, 차량운반구
② 차량운반구, 비품, 토지
③ 건물, 건설중인자산, 비품
④ 소모품, 기계장치, 구축물

**04 무형자산에 대한 설명 중 틀린 것은?**

① 영업활동을 위하여 보유하고 있는 물리적 형체가 없는 자산이다.
② 산업재산권, 저작권, 연구개발비, 광업권 및 어업권 등이 있다.
③ 무형자산은 직접상각법을 사용하여 상각할 수 있다.
④ 무형자산의 잔존가치는 통상 ₩0으로 간주한다.

**05** ㈜미래는 20×1년 1월 1일, 내용연수 8년, 잔존가치는 ₩54,000인 기계장치를 ₩450,000에 취득하였다. 20×6년까지 6년 동안 정액법으로 감가상각을 해 왔으며, 20×7년 9월 1일 ₩114,000에 기계장치를 처분하였다. 기계장치의 처분손익은 얼마인가?

① 처분이익 ₩22,000
② 처분손실 ₩39,000
③ 처분손실 ₩6,000
④ 처분이익 ₩39,000

**06** 20×1년 12월 현재 ㈜미래는 ㈜내일이 발행한 주식의 20%를 보유하고 있다. 20×1년 12월 31일, ㈜내일은 당기순이익을 ₩200,000으로 보고하고, 주주들에게 배당금 ₩100,000을 지급하였다. 이와 관련하여 ㈜미래가 인식하는 영업외수익은 얼마인가?

① ₩40,000
② ₩60,000
③ ₩100,000
④ ₩140,000

**07** 문제 6에서 ㈜미래는 ㈜내일의 주식을 ₩1,000,000에 취득하였으며, 20×1년 당기순이익 보고와 배당금지급 이후 20×2년 4월 2일, 주식을 모두 처분하였다. 투자주식의 처분가액이 ₩1,000,000이었다면, 처분으로 인한 손익은 얼마인가?

① 처분손실 ₩20,000
② 처분손실 ₩40,000
③ 처분이익 ₩60,000
④ 처분이익 ₩20,000

# 기출문제

**01 다음은 ㈜한공의 특허권 취득 관련 자료이다. 2025년도 결산 시 무형자산상각비 계상액은 얼마인가?** (FAT1급 80회, 2025)

> • 특허권 취득일 : 2025. 4. 1.
> • 특허권 등록비 2,000,000원, 취득제비용 100,000원
> • 상각방법은 정액법(내용연수: 5년), 월할계산

① 200,000원　② 300,000원
③ 315,000원　④ 420,000원

**02 다음은 김 부장과 이 대리의 대화이다. (가)의 내용으로 옳은 것은?** (FAT1급 80회, 2025)

> 김 부장 : 본사 건물에 중앙집중식 냉난방장치를 300,000,000원에 설치하였는데, 이 설치를 위한 지출은 어떻게 처리해야 하나요?
> 이 대리 : 예, 본사 건물에 대한 중앙집중식 냉난방장치 설치비용은 (가)(으)로 처리합니다.

① 건물　② 수선비
③ 소모품비　④ 감가상각비

**03 다음은 ㈜한공의 특허권 취득 관련 자료이다. 이를 토대로 2024년도 무형자산상각비를 계산하면 얼마인가?** (FAT1급 74회, 2024)

> • 특허권 취득일 : 2024. 1. 1.　• 특허권 등록비 : 2,000,000원
> • 상각방법 : 정액법(내용연수 : 5년)　• 특허권 취득부대비용 : 100,000원

① 200,000원　② 220,000원
③ 400,000원　④ 420,000원

**04** **다음은 ㈜한공의 기계장치 대장의 일부이다. 이를 토대로 2024년도 감가상각비를 계산하면 얼마인가?** (FAT1급 73회, 2024)

기계장치 대장

| 관 리 번 호 | A-01 | 관 리 책 임 | 생산부장 |
|---|---|---|---|
| 취 득 일 | 2023년 1월 1일 | 처 분 금 액 | 미처분 |
| 취 득 금 액 | 15,000,000원 | 잔 존 가 치 | 0원 |
| 내 용 연 수 | 10년 | 상 각 방 법 | 정률법(상각률 25%)가정 |

① 1,500,000원
② 1,875,000원
③ 2,812,500원
④ 3,750,000원

**05** **업무용 건물에 중앙집중식 냉난방기를 설치하여 건물의 가치가 증대되고 내용연수가 2년 연장되었다. 이에 대한 회계처리시 차변 계정과목으로 옳은 것은?** (FAT1급 73회, 2024)

① 수선비
② 선급금
③ 투자부동산
④ 건물

**06** **다음은 ㈜한공의 기계장치 관련 자료이다. 2024년 6월 30일에 기록될 유형자산처분손익은 얼마인가?** (FAT1급 72회, 2024)

- 2022년 1월 1일 : 취득원가 5,000,000원
- 2023년 12월 31일 : 감가상각누계액은 2,000,000원이다.
- 2024년 6월 30일 : 2,700,000원에 현금으로 처분하였음
- 정액법 상각(내용연수 5년, 잔존가치 없음, 월할상각)

① 유형자산처분손실 200,000원
② 유형자산처분손실 300,000원
③ 유형자산처분이익 200,000원
④ 유형자산처분이익 300,000원

**07** **다음 비유동자산 중 감가상각대상이 아닌 것으로 짝지어진 것은?** (FAT1급 72회, 2024)

가. 토지　　나. 건물　　다. 구축물
라. 건설중인자산　　마. 기계장치

① 가, 라
② 나, 다
③ 다, 마
④ 라, 마

## 08 다음은 ㈜한공이 취득한 기계장치에 대한 자료이다. 기계장치의 취득원가는 얼마인가? (FAT1급 71회, 2024)

| | | | |
|---|---|---|---|
| • 기계장치 구입대금 | 10,000,000원 | • 기계장치 설치비 | 450,000원 |
| • 기계장치 운송비용 | 300,000원 | • 기계장치 시운전비 | 110,000원 |
| • 기계장치 설치 후 수선비 | 70,000원 | | |

① 10,000,000원　② 10,450,000원
③ 10,750,000원　④ 10,860,000원

## 09 다음은 ㈜한공의 연구개발 관련 자료이다. 비용으로 처리할 금액은 얼마인가? (FAT1급 70회, 2024)

• 연구단계에서 지출한 금액은 500,000원이다.
• 제품 개발단계에서 지출한 금액은 300,000원이다. 이 중 100,000원은 자산인식요건을 충족시키지 못하였다.

① 100,000원　② 200,000원
③ 600,000원　④ 800,000원

## 10 다음 설명에 대한 회계처리 시 차변 계정과목으로 옳은 것은? (FAT1급 70회, 2024)

• 업무용 건물에 엘리베이터를 설치하여 내용연수가 5년 연장되었다.

① 건물　② 수선비
③ 투자부동산　④ 선급금

## 11 다음 설명의 ( 가 ), ( 나 )의 내용으로 옳은 것은? (FAT1급 69회, 2024)

건물을 정상적인 영업과정에서 판매할 목적으로 취득하면 ( 가 )으로, 장기간 사용할 목적으로 취득하면 ( 나 )으로 처리한다.

| | (가) | (나) |
|---|---|---|
| ① | 유형자산 | 투자자산 |
| ② | 재고자산 | 투자자산 |
| ③ | 투자자산 | 재고자산 |
| ④ | 재고자산 | 유형자산 |

## 12 다음 중 무형자산에 관한 설명으로 옳지 <u>않은</u> 것은? (FAT1급 68회, 2023)

① 무형자산으로 인식되기 위해서는 식별가능성, 자원에 대한 통제, 미래 경제적 효익의 존재라는 조건을 모두 충족해야 한다.

② 신제품을 개발하기 위한 프로젝트의 연구단계에서 발생한 지출은 발생한 기간의 비용으로 처리한다.

③ 무형자산의 상각방법은 정액법만 인정된다.

④ 무형자산의 잔존가치는 없는 것을 원칙으로 한다.

## 13 다음은 ㈜한공의 기계장치 관련 자료이다. 2022년과 2023년의 감가상각비는 얼마인가? (FAT1급 65회, 2023)

- 2022년 1월 1일 기계장치를 10,000,000원에 취득하였다.
- 내용연수는 5년이고, 감가상각은 정률법(상각률 45%)을 적용한다.

| | 2022년 | 2023년 |
|---|---|---|
| ① | 2,000,000원 | 2,000,000원 |
| ② | 3,000,000원 | 3,500,000원 |
| ③ | 4,500,000원 | 4,500,000원 |
| ④ | 4,500,000원 | 2,475,000원 |

## 14 다음 중 유형자산의 취득원가에 대한 설명으로 틀린 것은? (전산회계1급 120회, 2025)

① 유형자산 취득과 관련하여 불가피하게 강제 매입한 채권의 매입금액과 공정가치와의 차액을 유형자산의 취득원가에 포함한다.
② 서로 다른 용도의 자산과 교환하여 취득한 유형자산의 취득원가는 제공한 자산의 장부가액으로 측정한다.
③ 자본적 지출에 해당하는 금액은 유형자산 취득원가에 가산 후, 감가상각비로 비용화한다.
④ 두 종류 이상의 유형자산을 하나의 금액으로 일괄취득하는 경우, 각 유형자산의 공정가치를 기준으로 안분하여 취득원가를 계산한다.

## 15 다음 중 감가상각의 대상이 아닌 것은? (전산회계1급 119회, 2025)

① 구축물 ② 기계장치
③ 차량운반구 ④ 건설중인자산

## 16 다음 중 일반기업회계기준상 무형자산의 상각에 대한 설명으로 옳지 않은 것은? (전산회계1급 119회, 2025)

① 잔존가치는 취득원가의 5%를 원칙으로 한다.
② 관계 법령이나 계약에 의해 정해진 경우를 제외하고는 20년을 초과할 수 없다.
③ 상각은 자산이 사용가능한 때부터 시작한다.
④ 상각방법은 자산의 경제적 효익이 소비되는 행태를 반영한 합리적인 방법이어야 한다.

## 17 다음은 12월 말 결산법인인 ㈜한국의 기계장치와 관련된 자료이다. ㈜한국이 2024년 12월 31일에 계상할 감가상각비는 얼마인가? (단, 월할 상각할 것) (전산회계1급 118회, 2025)

| | | |
|---|---|---|
| • 취득일 : 2023년 7월 1일 | • 상각방법 : 정률법 | • 내용연수 : 5년 |
| • 상각률 : 45% | • 취득원가 : 20,000,000원 | • 잔존가치 : 500,000원 |

① 3,487,500원 ② 4,500,000원
③ 6,975,000원 ④ 9,000,000원

## 18 다음 중 무형자산에 대한 설명으로 옳지 않은 것은? (전산회계1급 117회, 2024)

① 무형자산의 소비되는 행태를 신뢰성 있게 결정할 수 없을 경우 정률법으로 상각한다.
② 무형자산을 취득하는 경우 수익·비용 대응의 원칙에 따라 합리적인 방법을 이용하여 상각한다.
③ 영업권, 산업재산권, 개발비 등이 무형자산에 해당한다.
④ 영업권 중에서도 내부적으로 창출된 영업권은 무형자산으로 인식할 수 없으나 외부에서 구입한 영업권은 재무상태표에 계상할 수 있다.

## 19 ㈜회계는 2023년 1월 1일 10,000,000원에 유형자산(기계장치)을 취득하여 사용하다가 2024년 6월 30일 4,000,000원에 처분하였다. 해당 기계장치의 처분 시 발생한 유형자산처분손실을 계산하면 얼마인가? 단, 내용연수 5년, 잔존가액 1,000,000원, 정액법(월할상각)의 조건으로 2024년 6월까지 감가상각이 완료되었다고 가정한다. (전산회계1급 116회, 2024)

① 2,400,000원　② 3,300,000원
③ 5,100,000원　④ 6,000,000원

## 20 다음 중 유형자산에 대한 추가적인 지출이 발생했을 경우 발생한 기간의 비용으로 처리하는 거래로 옳은 것은? (전산회계1급 115회, 2024)

① 건물의 피난시설을 설치하기 위한 지출
② 내용연수를 연장시키는 지출
③ 건물 내부 조명기구를 교체하는 지출
④ 상당한 품질향상을 가져오는 지출

## 21 다음 중 무형자산에 대한 설명으로 가장 옳지 않은 것은? (전산회계1급 115회, 2024)

① 무형자산은 상각완료 후 잔존가치로 1,000원을 반드시 남겨둔다.
② 무형자산의 상각방법은 정액법, 정률법 둘 다 사용 가능하다.
③ 무형자산을 상각하는 회계처리를 할 때는 일반적으로 직접법으로 처리하고 있다.
④ 무형자산 중 내부에서 창출한 영업권은 무형자산으로 인정되지 않는다.

**22** **다음은 ㈜한국이 신규 취득한 기계장치 관련 자료이다. 아래의 기계장치를 연수합계법으로 감가상각할 경우, ㈜한국의 당기(회계연도 : 매년 1월 1일~12월 31일) 말 현재 기계장치의 장부금액은 얼마인가?** (전산회계1급 114회, 2024)

| | |
|---|---|
| • 기계장치 취득원가 : 3,000,000원 | • 취득일 : 2024.01.01. |
| • 잔존가치 : 300,000원 | • 내용연수 : 5년 |

① 2,000,000원 ② 2,100,000원
③ 2,400,000원 ④ 2,460,000원

**23** **다음은 ㈜서울의 당기 지출 내역 중 일부이다. 아래의 자료에서 무형자산으로 기록할 수 있는 금액은 모두 얼마인가?** (전산회계1급 114회, 2024)

• 신제품 특허권 취득 비용 30,000,000원
• 신제품의 연구단계에서 발생한 재료 구입 비용 1,500,000원
• A기업이 가지고 있는 상표권 구입 비용 22,000,000원

① 22,000,000원 ② 30,000,000원
③ 52,000,000원 ④ 53,500,000원

**24** **다음 중 무형자산과 관련된 설명으로 옳지 않은 것은?** (전산회계1급 110회, 2023)

① 연구프로젝트에서 발생한 지출이 연구단계와 개발단계로 구분할 수 없는 경우에는 모두 연구단계에서 발생한 것으로 본다.
② 내부적으로 창출한 브랜드, 고객목록과 같은 항목은 무형자산으로 인식할 수 있다.
③ 무형자산은 회사가 사용할 목적으로 보유하는 물리적 실체가 없는 자산이다.
④ 무형자산의 소비되는 행태를 신뢰성 있게 결정할 수 없을 경우 정액법으로 상각한다.

**25** **다음의 거래를 적절하게 회계처리 하였을 경우, 당기순이익의 증감액은 얼마인가? 단, 주어진 자료 외의 거래는 없다고 가정한다.** (전산회계1급 110회, 2023)

• 매도가능증권 : 장부금액 5,000,000원, 결산일 공정가치 4,500,000원
• 단기매매증권 : 장부금액 3,000,000원, 결산일 공정가치 3,300,000원
• 투자부동산 : 장부금액 9,000,000원, 처분금액 8,800,000원

① 100,000원 감소 ② 100,000원 증가
③ 400,000원 감소 ④ 400,000원 증가

**26** **다음 중 유형자산의 자본적지출을 수익적지출로 잘못 처리했을 경우 당기의 자산과 자본에 미치는 영향으로 올바른 것은?** (전산회계1급 109회, 2023)

| | 자 산 | 자 본 |
|---|---|---|
| ① | 과 대 | 과 소 |
| ② | 과 소 | 과 소 |
| ③ | 과 소 | 과 대 |
| ④ | 과 대 | 과 대 |

**27** **㈜전주는 ㈜천안에 제품을 판매하기로 약정하고, 계약금으로 제3자인 ㈜철원이 발행한 당좌수표 100,000원을 받았다. 다음 중 회계처리로 옳은 것은?** (전산회계1급 108회, 2023)

① (차) 현 금 100,000원 (대) 선 수 금 100,000원
② (차) 당좌예금 100,000원 (대) 선 수 금 100,000원
③ (차) 현 금 100,000원 (대) 제품매출 100,000원
④ (차) 당좌예금 100,000원 (대) 제품매출 100,000원

**28** **다음 중 일반기업회계기준상 무형자산의 상각에 관한 내용으로 옳지 않은 것은?** (전산회계1급 108회, 2023)

① 무형자산의 상각방법은 정액법, 체감잔액법 등 합리적인 방법을 적용할 수 있으며, 합리적인 방법을 정할 수 없는 경우에는 정액법을 적용한다.
② 내부적으로 창출한 영업권은 원가의 신뢰성 문제로 인하여 자산으로 인정되지 않는다.
③ 무형자산의 상각기간은 독점적·배타적인 권리를 부여하고 있는 관계 법령이나 계약에 정해진 경우에도 20년을 초과할 수 없다.
④ 무형자산의 잔존가치는 없는 것을 원칙으로 하나, 예외도 존재한다.

**29** **다음 중 유형자산에 대한 설명으로 옳은 것은?** (전산회계1급 107회, 2023)

① 기업이 보유하고 있는 토지는 기업의 보유목적에 상관없이 모두 유형자산으로 분류된다.
② 유형자산의 취득 시 발생한 부대비용은 취득원가로 처리한다.
③ 유형자산을 취득한 후에 발생하는 모든 지출은 발생 시 당기 비용으로 처리한다.
④ 모든 유형자산은 감가상각을 한다.

## 30 유형자산의 자본적지출을 수익적지출로 잘못 처리했을 경우, 당기의 당기순이익과 차기의 당기순이익에 미치는 영향으로 올바른 것은? (전산회계1급 107회, 2023)

| | 당기 당기순이익 | 차기 당기순이익 |
|---|---|---|
| ① | 과 대 | 과 소 |
| ② | 과 소 | 과 소 |
| ③ | 과 소 | 과 대 |
| ④ | 과 대 | 과 대 |

## 31 다음 중 무형자산에 대한 설명으로 틀린 것은? (전산세무1급 120회, 2025)

① 연구개발 활동으로 인하여 시작품과 같은 물리적 형체를 가진 자산이 만들어지더라도, 그 자산의 물리적 요소는 무형적인 연구결과에 부수적인 것으로 보아 무형자산으로 분류한다.

② 무형자산의 정의를 모두 충족하는 경우에는 무형자산으로 인식하지만, 충족하지 못할 경우에는 그것을 취득 또는 창출하는 데 소요되는 지출이 발생했을 때 비용으로 인식한다.

③ 무형자산은 물리적 형체는 없지만 식별가능하고 기업이 통제하고 있으며 미래경제적 효익이 있는 비화폐성자산으로 사업결합에서 발생한 영업권은 무형자산으로 규정할 수 없다.

④ 유형자산의 요소와 무형자산의 요소를 동시에 갖춘 자산의 경우에는 중요한 요소가 무엇인가를 기준으로 유형자산 또는 무형자산으로 분류한다.

## 32 다음은 ㈜서울이 보유하고 있는 매도가능증권(시장성 있음)의 취득, 평가 및 처분에 대한 내용이다. ㈜서울의 2025년 매도가능증권 처분손익은 얼마인가? (전산세무1급 120회, 2025)

- 2024년 11월 27일 ㈜서울은 매도가능증권을 3,200,000원에 취득하였다.
- 2024년 12월 31일 현재 보유하고 있는 매도가능증권 관련 계정 잔액은 다음과 같다.

재무상태표

| | | |
|---|---|---|
| 매도가능증권 | 2,800,000원 | |
| 매도가능증권평가손실 | 400,000원 | |

- 2025년 3월 4일 매도가능증권 중 일부(20%)를 500,000원에 처분하였다.

① 처분손실 80,000원　　② 처분손실 140,000원
③ 처분이익 100,000원　　④ 처분이익 160,000원

## 33 다음 자료를 이용하여 2025년도 손익계산서에 표시할 감가상각비를 계산하면 얼마인가? (전산세무2급 120회, 2025)

- 2007년 1월 1일에 건물을 100,000,000원에 취득하여 2024년 12월 31일까지 정액법(내용연수 20년, 잔존가치 0원)으로 감가상각했다.

2024. 12. 31. 재무상태표

| | |
|---|---|
| 건물 | 100,000,000원 |
| 감가상각누계액 | (90,000,000원) |

- 2025년 1월 1일 위 건물의 감가상각방법을 정액법에서 연수합계법으로 변경하면서 잔존가치는 1,000,000원 그리고 향후 5년을 더 사용할 수 있을 것으로 예상했다.

① 5,000,000원　② 3,000,000원
③ 2,000,000원　④ 1,800,000원

## 34 다음 중 유형자산의 감가상각에 대한 설명으로 옳지 않은 것은? (전산세무2급 119회, 2025)

① 감가상각방법은 해당 자산으로부터 예상되는 미래경제적효익의 소멸 형태에 따라 선택하고, 소멸 형태가 변하지 않는 한 매기 계속 적용한다.
② 감가상각방법 중 체감잔액법과 연수합계법은 자산의 내용연수 동안 감가상각액이 매 기간 증가하는 방법이다.
③ 내용연수 도중 사용을 중단하고 처분 예정인 유형자산은 사용을 중단한 시점의 장부금액으로 표시한다.
④ 내용연수 도중 사용을 중단하였으나, 장래사용을 재개할 예정인 유형자산에 대해서는 감가상각을 하되, 그 감가상각액은 영업외비용으로 처리한다.

## 35 신규로 취득한 기계장치에 대해 정률법을 사용하여 감가상각비를 계상하는 것이 ㈜전산의 정책이다. 신규 취득한 연도에 회계담당자의 실수로 정률법이 아닌 정액법을 사용하여 감가상각비 회계처리를 하였다면, 해당 회계처리가 기말 재무제표에 미치는 영향으로 옳은 것은? 단, 내용연수는 5년이고 잔존가치는 없으며, 정률법 상각률은 40%라고 가정한다. (전산세무1급 118회, 2025)

| | 기계장치 장부가액 | 감가상각비 | 당기순이익 |
|---|---|---|---|
| ① | 과소계상 | 과대계상 | 과소계상 |
| ② | 과소계상 | 과소계상 | 과대계상 |
| ③ | 과대계상 | 과대계상 | 과소계상 |
| ④ | 과대계상 | 과소계상 | 과대계상 |

## 36 다음 중 일반기업회계기준상 유형자산이 아닌 것은? (전산세무2급 118회, 2025)

① 사업용 건물을 신축하기 위하여 매입한 토지
② 부동산매매업자가 판매목적으로 매입한 건물
③ 부동산임대업자가 임대목적으로 소유하고 있는 토지와 건물
④ 제품 제조에 사용하기 위해서 취득한 기계장치

## 37 다음 중 무형자산에 대한 설명으로 옳은 것은? (전산세무2급 117회, 2024)

① 무형자산 창출을 위한 내부 프로젝트를 연구단계와 개발단계로 구분할 수 없는 경우 그 프로젝트에서 발생한 지출은 모두 연구단계에서 발생한 것으로 본다.
② 내부적으로 창출한 영업권은 취득일의 공정가치로 자산으로 인식한다.
③ 연구단계에서 발생한 지출은 모두 무형자산으로 인식한다.
④ 무형자산의 상각기간은 어떠한 경우에도 20년을 초과할 수 없다.

## 38 다음 중 유형자산의 감가상각에 대한 설명으로 옳지 않은 것은? (전산세무2급 117회, 2024)

① 감가상각은 자산이 사용 가능한 때부터 시작한다.
② 감가상각대상금액은 내용연수에 걸쳐 합리적이고 체계적인 방법으로 배분한다.
③ 내용연수 도중 사용을 중단하고 처분 예정인 유형자산은 사용을 중단한 시점의 장부금액으로 표시한다.
④ 감가상각방법 중 연수합계법은 자산의 내용연수 동안 감가상각액이 매 기간 증가하는 방법이다.

## 39 다음 중 유형자산에 대한 설명으로 가장 옳지 않은 것은? (전산세무1급 116회, 2024)

① 무상으로 취득한 자산은 당해 자산의 공정가치에 취득 부대비용을 가산하여 취득원가로 계상한다.
② 토지와 건물을 모두 사용할 목적으로 일괄 구입한 경우 토지와 건물 각각의 공정가치를 기준으로 안분하여 취득원가를 계상한다.
③ 서로 다른 용도의 자산과 교환하여 취득한 유형자산의 취득원가는 교환을 위하여 제공한 자산의 장부가액으로 계상한다.
④ 유형자산 취득과 관련하여 국·공채를 불가피하게 강제 매입할 때 당해 채권의 매입금액과 일반기업 회계기준에 따라 평가한 현재가치와의 차액은 유형자산의 취득원가에 포함한다.

**40** **다음 중 자본적 지출 항목을 수익적 지출로 잘못 회계처리한 경우 재무제표에 미치는 영향으로 옳은 것은?** (전산세무2급 116회, 2024)

① 자산이 과소계상 된다.
② 당기순이익이 과대계상 된다.
③ 부채가 과소계상 된다.
④ 자본이 과대계상 된다.

**41** **다음의 자료를 통해 2024년 12월 31일 결산 후 재무제표에서 확인가능한 정보로 올바른 것은?** (전산세무2급 115회, 2024)

| 2022년 1월 1일 기계장치 취득 | |
|---|---|
| • 매입가액 | 20,000,000원 |
| • 취득에 직접적으로 필요한 설치비 | 300,000원 |
| • 2022년에 발생한 소모품 교체비 | 600,000원 |
| • 2022년에 발생한 본래의 용도를 변경하기 위한 제조·개량비 | 4,000,000원 |
| • 내용연수는 6년, 정액법으로 매년 정상적으로 상각함(월할계산할 것), 잔존가치는 없음 | |

① 기계장치의 취득원가는 24,000,000원으로 계상되어 있다.
② 손익계산서에 표시되는 감가상각비는 4,150,000원이다.
③ 재무상태표에 표시되는 감가상각누계액은 8,300,000원이다.
④ 상각 후 기계장치의 미상각잔액은 12,150,000원이다.

**42** **다음 중 일반기업회계기준상 무형자산 상각에 대한 설명으로 옳지 않은 것은?** (전산세무2급 115회, 2024)

① 무형자산의 상각대상 금액은 그 자산의 추정 내용연수 동안 체계적인 방법에 의하여 비용으로 배분된다.
② 제조와 관련된 무형자산의 상각비는 제조원가에 포함한다.
③ 무형자산의 상각방법으로는 정액법만 사용해야 한다.
④ 무형자산의 잔존가치는 없는 것을 원칙으로 한다.

## 43 다음 중 무형자산에 대한 설명으로 틀린 것은? (전산세무1급 110회, 2023)

① 교환으로 무형자산을 취득하는 경우 교환으로 제공한 자산의 공정가치로 무형자산의 원가를 측정한다.

② 무형자산의 상각기간은 관계 법령이나 계약에 정해진 경우를 제외하고는 20년을 초과할 수 없다.

③ 무형자산의 합리적인 상각방법을 정할 수 없다면 정률법을 사용한다.

④ 자산의 원가를 신뢰성 있게 측정할 수 있고 미래경제적효익이 기업에 유입될 가능성이 매우 높다면 무형자산을 인식한다.

## 44 유형자산을 보유하고 있는 동안 발생한 수익적지출을 자본적지출로 잘못 회계처리한 경우, 재무제표에 미치는 효과로 가장 올바른 것은? (전산세무2급 110회, 2023)

① 자산의 과소계상
② 부채의 과대계상
③ 당기순이익의 과대계상
④ 매출총이익의 과소계상

## 45 다음 중 무형자산에 대한 설명으로 가장 옳지 않은 것은? (전산세무2급 109회, 2023)

① 개발비 중 연구단계에서 발생한 지출은 발생한 기간의 비용으로 인식한다.

② 합리적인 상각방법을 정할 수 없는 경우에는 정률법으로 상각한다.

③ 일반기업회계기준에서는 무형자산의 재무제표 표시방법으로 직접상각법과 간접상각법을 모두 허용하고 있다.

④ 무형자산의 내용연수는 법적 내용연수와 경제적 내용연수 중 짧은 것으로 한다.

## 46 2023년 12월 31일 ㈜순양은 영업부가 사용하던 승합자동차를 중고차 매매 중개사이트를 이용하여 8,000,000원에 처분하고, 중고차 매매 중개사이트의 중개수수료 150,000원을 차감한 후 7,850,000원을 지급받았다. 다음은 처분한 승합자동차 관련 자료로 아래의 감가상각방법에 의하여 감가상각하였다. 아래의 자료를 이용하여 계산한 유형자산처분손익은 얼마인가? (전산세무2급 107회, 2023)

| 구분 | 사용부서 | 취득가액 | 잔존가액 | 취득일 | 감가상각방법 | 내용연수 |
|---|---|---|---|---|---|---|
| 승합자동차 | 영업부 | 15,000,000원 | 0원 | 2022. 01. 01. | 정액법 | 5년 |

① 유형자산처분이익 1,000,000원
② 유형자산처분이익 850,000원
③ 유형자산처분손실 1,000,000원
④ 유형자산처분손실 1,150,000원

**47** **아래의 자료를 이용하여 2023년 매도가능증권처분손익을 구하면 얼마인가?** (전산세무2급 107회, 2023)

- 2022년 03월 01일 : 매도가능증권 1,000주를 주당 7,000원에 취득하였다.
- 2022년 12월 31일 : 매도가능증권 1,000주에 대하여 기말 공정가치로 평가하고, 매도가능증권평가이익 2,000,000원을 인식하였다.
- 2023년 03월 01일 : 매도가능증권 100주를 주당 6,000원에 처분하였다.
- 위 거래 이외에 매도가능증권 관련 다른 거래는 없었다.

① 매도가능증권처분이익 100,000원
② 매도가능증권처분손실 100,000원
③ 매도가능증권처분이익 200,000원
④ 매도가능증권처분손실 200,000원

# 09 부채

# 제9장 부채

기업은 기업의 성장과 원활한 경영활동을 위해 반드시 자금을 필요로 하게 된다. 따라서, 자금을 조달하기 위한 여러 가지 형태의 노력을 하게 되는데, 자금을 조달하는 방법은 크게 두 가지로 구분된다. 하나는 기업의 외부로부터 자금을 빌리는 것이고, 하나는 기업 내부로부터 스스로 자금을 조달하는 것이다. 기업의 입장에서 보면 외부로부터 유입되는 자금을 부채라 하고, 기업의 주인인 주주들의 투자를 통해 자금을 조달하는 것을 자본이라고 한다. 재무상태표의 차변에는 자금의 운용을 나타내는 자산을 기입하고, 대변에는 자금의 조달방법을 나타내는 부채와 자본을 기입한다. 자금의 조달이 선행되어야 운용도 가능하다. 따라서 본장에서는 외부로부터의 자금조달과 관련된 회계처리를 알아본다.

## 제1절 유동부채

### 1. 단기차입금

은행이나 타인으로부터 자금을 빌린 경우 부채계정인 차입금계정 대변에 기록한다. 차입금은 차입기간이 재무상태표 작성일로부터 1년 이내인 것은 유동부채인 단기차입금으로, 1년을 초과하는 것은 비유동부채인 장기차입금으로 분류한다. 기업은 은행과 당좌차월계약을 맺어 허용범위 내에서 당좌예금잔액을 초과해서 당좌수표를 발행할 수 있는데, 이를 당좌차월이라고 한다. 이 방법은 기업이 일시적으로 자금의 조달을 원활하게 하기 위해서 사용되며, 이 경우 당좌잔액을 초과한 부분은 단기차입금으로 기록한다. 또한 어음을 발행하여 자금을 조달하기도 하는데, 금융거래와 관련된 어음을 융통어음이라 하고 단기차입금으로 기록한다.

**예제 9-1**

㈜미래는 자금을 조달하기 위해서 은행으로부터 ₩1,000,000을 차입하고, ₩1,000,000은 만기 6개월의 어음을 채권자에게 발행하고 현금을 차입하였다.

| (차) 현 금 | 2,000,000 | (대) 단기차입금 | 2,000,000 |
|---|---|---|---|

## 2. 매입채무

매입채무는 외상으로 상품을 매입하거나 용역을 제공받으면서 미래에 상환을 약속함으로써 생겨난 의무로, 외상매입금과 지급어음으로 구성된다. 즉, 매입채무는 외상매입금과 지급어음을 통합하여 보고한다.

외상매입금(accounts payable)은 상품을 매입하고 대금을 나중에 지급하기로 구두약속함으로써 생기는 의무를 말한다. 상품을 외상으로 매입하면 외상매입금계정 대변에 기록하고, 현금으로 지급하면 차변에 기록한다. 매입한 상품에 결함이 있는 경우에 발생하는 매입에누리와 환출의 경우에는 외상매입금계정 차변에 기록한다.

상품을 매입하고 약속어음을 발행하면 지급어음(notes payable)계정 대변에 기록하며, 이후 현금으로 지급하면 차변에 기록한다. 일반적인 상거래에서 발생한 어음은 진성어음이라하고, 지급어음 또는 받을어음으로 기록하지만, 건물, 토지, 비품, 유가증권 등 재고자산 이외의 자산 매매거래에서 발생한 어음은 미수금, 미지급금으로 기록하고, 자금의 융통과정에서 자금을 대여하고 어음을 받는 경우에는 대여금계정으로, 자금을 차입하고 어음을 발행해주는 경우에는 차입금계정으로 처리한다.

**예제 9-2**

㈜미래는 상품을 매입하고 매입대금 ₩1,000,000 중 ₩500,000은 현금으로 지급하고, 나머지는 어음을 발행하여 지급하였다.

| | | | | |
|---|---|---|---|---|
| (차) | 매　　입 | 1,000,000 | (대) 현　　금 | 500,000 |
| | | | 지급어음(매입채무) | 500,000 |

## 3. 미지급비용과 미지급금

미지급비용은 비용이 이미 발생하였으나 아직 현금지출이 이루어지지 않아 현재 시점에서 부채로 기록하는 계정이다. 미지급비용의 예로는 미지급이자, 미지급급여, 미지급임차료, 미지급보험료 등을 들 수 있다.

건물, 토지, 비품, 유가증권 등 재고자산 이외의 자산을 매입하고 대금을 지급하지 않은 경우나 어음을 발행한 경우에는 미지급금으로 기록한다.

**예제 9-3**

㈜미래는 토지를 ₩1,000,000에 매입하고 대금은 6개월 만기의 어음으로 지급하였다.

| (차) 토 지 | 1,000,000 | (대) 미지급금 | 1,000,000 |
|---|---|---|---|

## 4. 선수금, 선수수익, 예수금

선수금은 상품이나 용역을 제공하기로 하고 대금의 일부를 미리 받았을 때 기록하는 부채계정이다. 선수금은 상품이나 용역을 제공하는 시점에서 판매대금과 상계처리한다.

한편, 기업이 세무서 등 관련기관에 납부해야 할 금액을 일시적으로 보관하고 있을 때는 부채계정인 예수금에 기록한다. 예수금의 대표적인 예로는 소득세, 주민세, 부가가치세 등의 세금과 건강보험료, 국민연금 등이 있다.

**예제 9-4**

㈜미래는 상품을 판매하기로 하고 계약금 ₩1,000,000을 받았으며, 일주일 후에 상품을 판매하였다.

| 계약시 : | (차) 현 금 | 1,000,000 | (대) 선 수 금 | 1,000,000 |
|---|---|---|---|---|
| 판매시 : | (차) 선 수 금 | 1,000,000 | (대) 매 출 | 1,000,000 |

**예제 9-5**

㈜미래는 급여 ₩5,000,000 중에서 근로소득세 ₩100,000, 건강보험료 ₩50,000, 국민연금 ₩350,000을 원천징수한 나머지 금액을 현금으로 지급하였으며, 일주일 후 원천징수한 금액을 모두 납부하였다.

| 급여 지급시 : | (차) 급 여 | 5,000,000 | (대) 현 금 | 4,500,000 |
|---|---|---|---|---|
| | | | 예 수 금 | 500,000 |
| 납 부 시 : | (차) 예 수 금 | 500,000 | (대) 현 금 | 500,000 |

## 5. 미지급배당금

미지급배당금은 배당을 지급하기로 선언하였으나 아직 배당금이 지급되지 않은 경우에 부채로 계상한다. 배당금은 이익잉여금처분사항으로 배당선언일에 미지급배당금으로 기록되었다가 배당지급일에 현금과 상계된다.

**예제 9-6**

㈜미래는 배당금 ₩1,000,000을 지급하기로 선언하고 배당지급일에 주주에게 지급하였다.

| | | | | |
|---|---|---|---|---|
| 배당선언일 : | (차) 이익잉여금 | 1,000,000 | (대) 미지급배당금 | 1,000,000 |
| 배당지급일 : | (차) 미지급배당금 | 1,000,000 | (대) 현　　금 | 1,000,000 |

# 제2절 비유동부채

비유동부채는 1년 이후에 상환일이 도래하는 부채를 말한다. 다만, 정상적인 영업주기 내에 소멸할 것으로 예상되는 매입채무와 미지급비용 등은 재무상태표일로부터 1년 이내에 지급되지 않더라도 유동부채로 분류한다. 비유동부채에는 장기차입금, 장기매입채무, 퇴직급여충당부채, 사채 등이 있다. 비유동부채의 상환일은 1년 이후의 시점이므로 지급하여야 할 금액인 미래금액과 현재의 금액과는 차이가 있다. 이 차이는 화폐의 시간가치로 인해 발생하는데, 비유동부채에서는 화폐의 시간가치 개념을 이해하는 것이 중요하다.

## 화폐의 시간적 가치

회계에서는 1년 이상이 소요되는 장기 거래에서는 화폐의 시간가치를 고려하여야 한다. 시간의 흐름에 따라서 화폐의 가치가 변하기 때문에 이를 반드시 고려할 필요가 있다. 예를 들어, 현재 ₩10,000을 10%의 이자율로 은행에 예금하면 1년 후에는 ₩11,000으로 돌려받게 된다. 따라서, 현재의 ₩10,000과 1년 후의 ₩11,000은 가치가 동일하며, 다음의 관계가 성립하게 된다.

즉, 현재 ₩10,000의 미래가치는 ₩11,000이 되고, 미래의 ₩11,000은 현재의 ₩10,000이 된다.
이러한 개념은 회계의 여러 부분에 나타나게 되는데 장기성매출채권, 사채, 장기성미지급금 등이 대표적이다. 이러한 거래들은 현재 시점에서 거래가 일어나지만 실제로 현금이 수취 또는 지급되는 것은 미래 시점이기 때문에 회계처리하는 현재시점에서 이를 반영한 금액을 기록하게 되는 것이다. 현금흐름이 한번 발생하는 경우를 단일금액이라 하고, 여러 번 반복해서 발생하는 경우를 연금이라고 한다.

### 1. 단일금액의 미래가치와 현재가치

현재의 일정금액을 미래 일정시점에서의 가치로 전환한 것을 단일금액의 미래가치라 한다. 또한, 미래에 발생할 일정금액을 현재의 시점에서 평가한 가치를 단일금액의 현재가치라 한다. ₩1을 기준으로 이자율은 10%, 기간은 3년인 경우를 살펴보자.

#### (1) 단일금액의 미래가치

단일금액의 미래 가치는 현재의 현금이 미래에 얼마가 되는지를 나타낸다. 현재의 금액에 대해 시간이 지날수록 이자가 계산되는데 이자를 계산하는 방식에는 단리와 복리가 있다. 단리인 경우에는 다음과 같이 계산된다.

| 기간(n) | 0 | 1(n = 1) | 2(n = 2) | 3(n = 3) |
|---|---|---|---|---|
| | | ₩1.1[1 × (1 + 0.1)] | | |
| | | | ₩1.2[1 × (1 + 0.1 + 0.1)] | |
| | | | | ₩1.3[1 × (1 + 0.1 + 0.1 + 0.1 |

현재의 ₩1은 이자율이 10%인 경우 1년 후는 ₩1.1, 2년 후는 ₩1.2이며, 3년 후는 ₩1.3이 됨을 알 수 있다.
이 방식은 원금에만 이자가 계산되고 이자에는 이자가 계산되지 않는 방식이다.
복리인 경우에는 다음과 같이 계산된다.

| 기간(n) | 0 | 1(n = 1) | 2(n = 2) | 3(n = 3) |
|---|---|---|---|---|
| | | ₩1.1[1 × (1 + 0.1)] | | |
| | | | ₩1.21[$1 \times (1 + 0.1)^2$] | |
| | | | | ₩1.331[$1 \times (1 + 0.1)^3$] |

현재의 ₩1은 이자율이 10%인 경우 1년 후는 ₩1.1, 2년 후는 ₩1.21이며, 3년 후는 ₩1.331이 됨을 알 수 있다. 즉, 원금과 이자에 이자가 계산되는 방식으로, 화폐의 시간가치 계산에서는 단리개념은 거의 사용되지 않고 복리개념을 사용한다.
〈부록〉의 가치계산표 〈표 A-1〉에서는 기간과 이자율에 따른 단일금액 ₩1의 미래가치가 제시되어 있다.

⑵ 단일금액의 현재가치
단일금액의 현재가치는 미래의 금액이 현재시점에서 얼마가 될지를 전제로 계산된다.

| 기간(n) | 0 | 1(n=1) | 2(n=2) | 3(n=3) |
|---|---|---|---|---|
| | ₩$1/(1+0.1)=$ ₩$0.9091$<br>₩$1/(1+0.1)^2=$ ₩$0.8264$<br>₩$1/(1+0.1)^3=$ ₩$0.7513$ | | | |

1년 후 ₩1의 현재가치는 ₩0.9091, 2년 후 ₩1의 현재가치는 ₩0.8264, 3년 후 ₩1의 현재가치는 ₩0.7513임을 알 수 있다. 즉, 1년 후의 ₩1원은 지금의 ₩0.9091과 같다는 의미이다. 따라서, ₩0.9091×1.1 = ₩1이 성립하게 된다.
단일금액의 현재가치와 미래가치에는 다음의 관계가 성립한다.

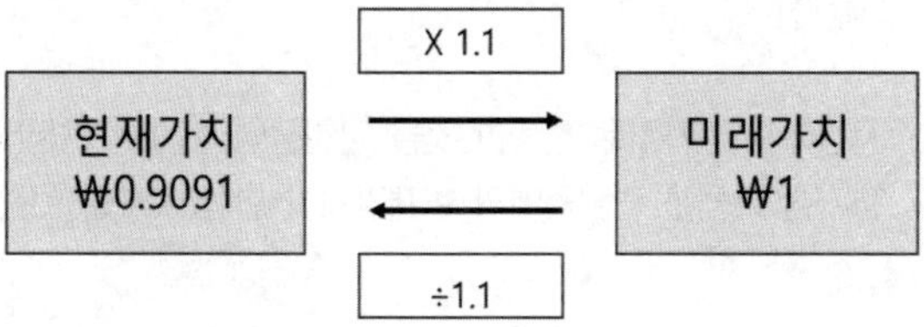


〈부록〉의 〈표 A-2〉에서는 기간과 이자율에 따른 단일금액 ₩1의 현재가치가 제시되어 있다.

2. 연금의 미래가치와 현재가치

매 기간 일정한 금액을 저축하면 만기에 얼마를 받을 수 있을지를 나타낸다. 즉, 연금(annuity)이란 일정기간 동안 일정금액이 계속적으로 발생하는 것을 말한다. 일정금액 ₩1을 이자율 10%로 3년간 지급하는 경우의 예를 들어보자.

⑴ 연금의 미래가치

| 기간(n) | 0 | 1(n=1) | 2(n=2) | 3(n=3) |
|---|---|---|---|---|
| 단일금액 | | ₩1 | ₩1 | ₩1<br>₩1.21[₩$1(1+0.1)^2$]<br>₩1.1[₩$1(1+0.1)$]<br>₩1 |
| 합계 | | | | ₩3.31 |

3년 동안 매년 말에 ₩1씩 연 이자율 10%로 저축하는 경우, 3년 후의 미래가치는 ₩3.31임을 알 수 있다. 1년 후에 ₩1을 저축하게 되면 2년 후에 이자를 포함한 ₩1.21을 받게 되고, 2년 후 ₩1은 1년 후에 이자를 포함한 금액 ₩1.1을, 3년 후에 발생한 ₩1은 저축과 동시에 만기가 되어 이자 없이 ₩1을 받게 된다. 따라서, 이 금액을 모두 합하면 ₩3.31이 되는 것이다.
〈부록〉의 〈표 A-3〉은 기간수와 이자율에 따른 연금 ₩1의 미래가치를 제시하고 있다.

(2) 연금의 현재가치

| 기간(n) | 0 | 1(n=1) | 2(n=2) | 3(n=3) |
|---|---|---|---|---|
| | ₩1/(1+0.1) = ₩0.9091<br>₩1/(1+0.1)$^2$ = ₩0.8264<br>₩1/(1+0.1)$^3$ = ₩0.7513 | | | |
| 합계 | ₩2.4868 | | | |

매년 말 ₩1씩을 3년간 수취할 금액을 연 할인율 10%로 할인하여 현재 시점에서 일시에 수취하는 경우 ₩2.4868을 받게 된다. 즉, 1년 후의 ₩1은 현재시점의 ₩0.9091과 동일하고, 2년후의 ₩1은 현재시점의 ₩0.8264와 동일하므로 이를 합하면 연금의 현재가치가 되는 것이다. 연금의 현재가치는 단일금액의 현재가치를 합한 금액임을 이해해야 한다. 즉, ₩0.9091 + ₩0.8264 + ₩0.7513 = ₩2.4868이 된다.
〈부록〉의 〈표 A-4〉는 기간과 이자율에 따른 연금 ₩1의 현재가치를 제시하고 있다.

## 1. 장기매입채무

장기매입채무는 지급기일이 1년 이후에 도래하는 외상매입금과 지급어음을 말한다. 장기매입채무의 액면가액은 1년 후에 받게 되는 미래가치로 표시되는데, 여기에는 재화의 판매가격과 이자가 포함된다. 예를 들어, 여러분들이 ₩1,000,000의 상품을 판매하였고, 구매자는 1년 후에 돈을 지불하고자 한다면 여러분들은 1년 후에 ₩1,000,000을 받을 것인지 아니면 이자를 포함한 가격을 받을 것인지 생각해 보자. 당연히 이자를 포함한 가격을 받으려고 할 것이다. 왜냐하면 이 거래의 경제적 실질은 현금 ₩1,000,000을 빌려준 것과 동일하므로 당연히 이자를 받으려고 할 것이기 때문이다. 그럼 얼마의 이자를 받을 것인지의 문제가 발생한다. 일반적으로 시장이자율로 받게 되는데, 시장이자율이란 현재 시장에서 통용되고 있는 이자율을 말한다.

◉ **시장이자율이란 일반적으로 시장에서 통용되고 있는 이자율을 말한다. 그렇다면 시장이란 무엇인지 생각해 보자.**

시장이란 다수의 구매자와 판매자가 존재하고 거래가 활발히 이루어지는 장소를 말한다. 즉, 다수의 존재로 인해 특정인이나 특정거래가 시장을 독점하거나 시장에 큰 영향력을 행사할 수 없는 상태 혹은 상황을 말한다. 시장에서는 수요와 공급의 논리에 의하여 다수의 구매자가 이 정도는 지급하여야 할 것으로 생각하고, 다수의 판매자는 이 정도는 받아야 할 것으로 생각하는 합의된 이자율을 시장이자율이라 한다. 시장이자율은 회계학에서 매우 중요한 개념으로 자주 언급된다.

미래가치를 현재가치로 표시하면 차이가 발생하게 되는데, 이를 현재가치할인차금이라 한다. 현재가치할인차금은 이자의 성격임을 명심하자. 현재가치할인차금의 회계적 처리는 현재가치할인차금이란 계정으로 기록하고, 재무상태표에는 장기매입채무계정의 차감계정으로 기록한다. 현재가치할인차금은 상환기간 동안 이자로 인식해야 하는데, 이를 유효이자율법에 의한 회계처리라고 한다. 다음의 예제를 통하여 알아보자

**예제 9-7**

㈜미래는 20×1년 1월 1일 상품을 매입하고, 대금은 20×2년 12월 31일에 지급하기로 한 2년 만기, 액면가액 ₩1,000,000인 약속어음을 지급하였다. 시장이자율이 10%일 때 구매자와 판매자의 입장에서 매년말의 분개, 지급일의 분개를 하시오.

[풀이]

〈구매자〉

| | | | | |
|---|---|---|---|---|
| 20×1 1. 1. | (차) 매　　입 | 826,450* | (대) 장기매입채무 | 1,000,000 |
| | 현재가치할인차금 | 173,550 | | |

* $₩1,000,000 \times 1/(1+0.1)^2 = ₩1,000,000 \times 0.82645 = ₩826,450$ (단일금액의 현재가치를 이용)

재무상태표

| | | |
|---|---|---|
| 장기매입채무 | 1,000,000 | |
| 현재가치할인차금 | (173,550) | 826,450 |

20×1 12. 31. (차) 이자비용 82,645* (대) 현재가치할인차금 82,645

* ₩826,450 × 0.1 = ₩82,645

재무상태표

| | | |
|---|---|---|
| 장기매입채무 | 1,000,000 | |
| 현재가치할인차금 | (90,905) | 909,095 |

20×2 12. 31. (차) 이자비용 90,905 (대) 현재가치할인차금 90,905
장기매입채무 1,000,000 현 금 1,000,000

〈판매자〉

20×1 1. 1. (차) 장기매출채권 1,000,000 (대) 매 출 826,450
현재가치할인차금 173,550

재무상태표

| | | |
|---|---|---|
| 장기매출채권 | 1,000,000 | |
| 현재가치할인차금 | (173,550) | 826,450 |

20×1 12. 31. (차) 현재가치할인차금 82,645 (대) 이자수익 82,645

재무상태표

| | | |
|---|---|---|
| 장기매출채권 | 1,000,000 | |
| 현재가치할인차금 | (90,905) | 909,095 |

20×2 12. 31. (차) 현재가치할인차금 90,905 (대) 이자수익 90,905
현 금 1,000,000 장기매출채권 1,000,000

## 2. 장기충당부채

장기충당부채는 미래시점에 지출될 것이 확실하나 아직 그 지급시기가 확정되지 않아 현재 비유동부채로 표시되는 채무이다. 장기충당부채로는 판매보증충당부채, 퇴직급여충당부채 등이 있다. 판매보증충당부채는 판매는 이루어졌으나 구매자가 미래에 제품의 하자 혹은 결함의 발생으로 이에 대한 수리를 요구할 것에 대비해서 일정 금액을 부채로 계상한다. 퇴직급여충당부채는 기말 현재 기업에 근무하는 모든 종업원이 일시에 퇴직한다고 가정할 때 지급할 금액을 기록하는 계정이다. 퇴직급여의 성격은 종업원이 과거에 일한 대가로 기업에서 퇴직시에 지급하는 금액으로, 기업의 입장에서는 반드시 지급해야 하는 의무이고 종업원의 입장에서는 반드시 받아야 하는 권리이다. 따라서, 기업에서는 수익비용대응의 원칙에 따라 매기간 비용으로 설정하고 부채로 기록해야 한다. 당기에 설정할 퇴직급여충당부채는 모든 종업원이 일시에 퇴직할 경우 지급할 퇴직금 총액에서 현재의 퇴직급여충당부채 잔액을 차감하여 회계처리 한다.

| (차) 퇴직급여 | ××× | (대) 퇴직급여충당부채 | ××× |
|---|---|---|---|

**예제 9-8**

㈜미래의 20×1년말 퇴직급여충당부채 잔액은 ₩3,000,000이었다. 20×2년 중에 종업원이 퇴직하여 퇴직금 ₩1,000,000을 현금으로 지급하였다. 그리고 20×2년도 결산일에 모든 종업원이 일시에 퇴직한다고 가정할 때 지급할 퇴직금은 ₩2,500,000으로 계산되었다.

| 퇴직금 지급시 | (차) 퇴직급여충당부채 | 1,000,000 | (대) 현　　금 | 1,000,000 |
|---|---|---|---|---|
| 충당금 설정시 | (차) 퇴직급여 | 500,000* | (대) 퇴직급여충당부채 | 500,000 |

* ₩3,000,000 − ₩1,000,000 = ₩2,000,000　　₩2,500,000 − ₩2,000,000 = ₩500,000

## 3. 장기차입금

장기차입금은 금융기관으로부터 장기간 현금을 차입한 경우의 채무를 말한다. 장기차입금은 비유동부채이이지만 장기차입금 중 시간이 경과하여 지급기일이 결산일로부터 1년 이내로 도래하면 비유동부채에서 유동부채로 재분류하여야 한다. 이때 비유동부채인 장기차입금을 제거하고 유동부채계정인 유동성장기부채로 기록한다.

**예제 9-9**

㈜미래는 20×1년 1월에 내일은행으로부터 ₩10,000,000을 2년간 장기차입하였다. 20×1년 결산일 현재 장기차입금의 지급기일이 1년 이내로 도래하였다.

| | | | | |
|---|---|---|---|---|
| 20×1년 1월 | (차) 현　　금 | 1,000,000 | (대) 장기차입금 | 1,000,000 |
| 20×1년 결산일 | (차) 장기차입금 | 1,000,000 | (대) 유동성장기부채 | 1,000,000 |

# 4. 사채

## (1) 사채의 의의

사채(社債, bond)는 기업이 자금필요에 의해서 일반 대중으로부터 장기적으로 자금을 조달하기 위한 대표적인 방법이다. 사채에는 자금조달을 용이하게 하기 위하여 여러 가지 권리를 더하게 되는데, 주식으로 전환할 수 있는 권리를 더하는 전환사채, 신주를 인수할 수 있는 권리를 더하는 신주인수권부사채 등 여러 가지 형태의 사채가 있다. 사채에는 만기와 이자지급액이 표시되는 것이 일반적이므로, 기업이 사채를 발행하면 약정기간(만기) 동안 정기적으로 이자를 지급하여야 하며, 또한 만기에 원금을 상환하여야 한다. 주식회사의 경우 주식을 발행해서 자금을 조달하면 기업의 자본이 증가하지만, 사채를 발행해서 자금을 조달하면 기업의 부채가 증가하게 된다.

사채는 발행회사의 입장에서는 비유동부채가 되지만 타 회사가 발행한 사채를 매입한 경우에는 자산인 금융상품으로 회계처리한다.

## (2) 사채 관련 주요 용어

㈜미래는 20×1년 1월 1일, 액면가액 ₩100,000, 표시이자율 10%(시장이자율 12%), 3년 만기의 사채를 발행하고, 이자는 매년 말 지급하기로 하였다. 사채의 발행금액은 ₩95,198이었다.

### 1) 만기일과 이자지급일

만기일은 원금(액면가액)의 지급일을 뜻하며, 이자지급일은 이자를 지급하기로 약정한 날이다. 따라서, 20×1년 12월 31일, 20×2년 12월 31일, 20×3년 12월 31일이 이자지급일이 되고, 20×3년 12월 31일은 만기일이 된다.

### 2) 표시(액면)이자율과 시장(유효)이자율

표시(액면)이자율은 사채에 표시된 이자율을 말하는데, 사채 발행회사가 지급하기로 약속한 이자율이다. 따라서, 이자지급일에 채권자에게 현금으로 지급하는 이자는 액면가액에 액면이자율을 곱한 금액이 된다. ㈜미래의 표시(액면)이자율은 10%이다. 따라서, ㈜미래가 이자지급일에 현금으로 지급하는 사채이자는 액면가액×액면이자율(₩100,000×0.1 = ₩10,000)이 된다.

시장(유효)이자율은 투자자가 사채를 취득함으로써 얻게 되리라고 기대하는 이자율 또는 사채발행기업이 지급할 것으로 기대되고 있는 이자율로 액면이자율과 같을 수도 있고, 다를 수도 있다. 손익계산서에 계상되는 사채이자비용은 사채의 기초장부가액×유효이자율로 계산된 금액을 계상한다. ㈜미래의 발행사채에 대한 시장(유효)이자율은 12%이다.

#### 3) 액면가액과 발행가액

액면가액은 사채에 기입된 원금으로 만기일에 상환하기로 약속한 금액을 말한다. ㈜미래가 발행한 사채의 액면가액은 ₩100,000이다.

발행가액은 사채발행을 통해 발행회사가 수취하는 실질현금액을 말하고, 사채발행으로 인한 미래의 현금지출액을 현재시점에서 유효이자율로 할인해서 나타낸 금액이 된다.

㈜미래의 발행가액은 ₩95,198이고, 다음과 같이 계산된다. 즉, ㈜미래의 사채발행과 관련한 현금흐름은 다음과 같이 나타난다.

| | 발행일 | 1년 | 2년 | 3년 |
|---|---|---|---|---|
| 현금지출 | | 이자 ₩10,000 | 이자 ₩10,000 | 이자 ₩10,000<br>액면가액 ₩100,000 |
| | ₩10,000/(1+0.12)<br>₩10,000/$(1+0.12)^2$<br>₩10,000/$(1+0.12)^3$<br>₩100,000/$(1+0.12)^3$ | | | |
| 합계 | ₩95,198* | | | |

*(₩100,000×0.7118(단일금액의 현재가치))+(₩10,000×2.4018(연금의 현재가치)) = ₩95,198

### (3) 사채의 발행

#### 1) 액면발행

액면발행이란 유효이자율과 액면이자율이 동일하여 발행가액과 액면가액이 같은 경우를 말한다. 액면발행의 회계처리는 간단하지만 실질적으로 액면발행되는 경우는 거의 없다.

**예제 9-10**

㈜미래는 20×1년 1월 1일, 액면가액 ₩100,000, 표시이자율 10%(시장이자율10%)로 매년 말에 이자를 지급하기로 하고, 3년 만기 사채를 발행하였다.

| | | | | |
|---|---|---|---|---|
| 20×1. 1. 1. | (차) 현　　금 | 100,000 | (대) 사　　채 | 100,000 |
| 20×1. 12. 31. | (차) 이자비용 | 10,000 | (대) 현　　금 | 10,000 |
| 20×2. 12. 31. | (차) 이자비용 | 10,000 | (대) 현　　금 | 10,000 |
| 20×3. 12. 31. | (차) 이자비용 | 10,000 | (대) 현　　금 | 10,000 |
| | (차) 사　　채 | 100,000 | (대) 현　　금 | 100,000 |

### 2) 할인발행

할인발행이란 액면이자율(10%)이 유효이자율(12%)보다 낮은 경우로, 사채를 액면가액보다 낮은 금액으로 발행하는 것을 말한다. 즉, 액면가가 아닌 액면가 이하의 금액으로 발행되는 것이다. 투자자의 입장에서 보면 시장이자율이 12%라는 것은 다른 투자안에 투자할 경우 12%의 수익률을 얻을 수 있는데 굳이 10% 이자율의 사채를 매입할 필요가 없게 된다. 따라서, 투자자의 입장에서는 사채를 매입하기 위해서 시장이자율만큼의 사채이자를 요구할 것이고, 발행자 입장에서는 시장이자율보다 낮은 이자율을 지급하는 사채는 판매가 어렵기 때문에 발행회사는 낮은 액면이자율에 대한 보상으로 발행가액을 액면가액보다 낮추어 발행하게 되는 것이다. 할인발행의 경우, 발행가액과 액면가액의 차액을 사채할인발행차금이라고 한다. 사채할인발행차금은 유효이자율과 액면이자율의 차이 때문에 발생하는데, 재무상태표에는 사채에서 차감하는 형식으로 보고한다. 할인발행의 경우 다음과 같은 회계처리를 한다.

| | | | |
|---|---|---|---|
| (차) 현　　금 | ××× | (대) 사　　채 | ××× |
| 　　사채할인발행차금 | ××× | | |

**예제 9-11**

㈜미래는 20×1년 1월 1일, 액면가액 ₩100,000, 표시이자율 10%(시장이자율 12%)로 매년 말에 이자를 지급하기로 하고, 3년 만기 사채를 발행하였다.

| 20×1. 1. 1. | (차) 현 금 | 95,198* | (대) 사 채 | 100,000 |
|---|---|---|---|---|
| | 사채할인발행차금 | 4,802 | | |

* 현금지급 사채이자의 현재가치 : ₩ 10,000×2.4018(〈표 A-4〉)=₩24,018
3년 후 지급할 원금의 현재가치 : ₩100,000×0.7118(〈표 A-2〉)=₩71,180
발행가액 ₩95,198

**재무상태표**

| | | |
|---|---|---|
| 사 채 | 100,000 | |
| 사채할인발행차금 | (4,802) | 95,198 |

| | | | | |
|---|---|---|---|---|
| 20×1. 12. 31. | (차) 이자비용 | 11,423 | (대) 현 금 | 10,000 |
| | | | 사채할인발행차금 | 1,423 |
| 20×2. 12. 31. | (차) 이자비용 | 11,594 | (대) 현 금 | 10,000 |
| | | | 사채할인발행차금 | 1,594 |
| 20×3. 12. 31. | (차) 이자비용 | 11,785 | (대) 현 금 | 10,000 |
| | | | 사채할인발행차금 | 1,785 |
| | (차) 사 채 | 100,000 | (대) 현 금 | 100,000 |

**사채할인발행차금과 유효이자율법**

사채를 할인발행한 경우에 발생하는 사채할인발행차금의 성격을 생각해 보자. 사채할인발행차금은 액면이자율과 시장이자율의 차이로 인해 발생하는 금액으로, 사채발행자에게는 이자비용, 구매자에게는 이자수익의 성격이다. 위의 예에서 볼 때 발행자 입장에서는 액면 ₩100,000의 사채를 발행하면서 ₩95,198을 받고, 만기시 ₩100,000의 원금상환과 매년 10,000의 이자를 지급해야 하므로 총지급이자는 ₩34,802이 된다. 구매자 입장에서는 ₩95,198을 주고, 만기시에는 ₩100,000의 원금과 매년 ₩10,000의 이자를 받게 되므로 총이자수익은 ₩34,802이 된다. 이러한 이자는 매년 계상하는 것이 수익비용대응원칙에 적합하고, 20×1년 12월 31일 예로 들면, 발행자 입장에서 ₩95,198을 이자율 12%로 빌려서 사용했으므로 시장이자율 12%를 곱해서 이자를 산출하게 된다. 즉, 사채할인발행차금 ₩4,802 중 ₩1,423이 이자비용으로 처리되었는데 아직 현금지급이 되지 않았으므로 20×2년에는 이를 포함한 ₩96,621을 시장이자율로 빌려서 사용한 것과 같게 된다. 이 금액에 시장이자율을 곱해서 이자를 산정하게 되는데, 이를 유효이자율법이라고 한다. 유효이자율법에서는 할인발행의 경우 매년 계상되는 이자비용이 높아지게 된다.

### 3) 할증발행

할증발행이란 액면이자율(10%)이 유효이자율(8%)보다 높은 경우로, 사채를 액면가액보다 높은 금액으로 발행하는 것을 말한다. 즉, 액면가 이상의 금액으로 발행되는 것이다. 투자자의 입장에서 보면 시장이자율이 8%라는 것은 다른 투자안에 투자할 경우 8%의 수익률을 얻을 수 있으므로 투자자들은 10%의 이자를 지급하는 사채를 매입하려고 할 것이다. 많은 투자자들이 매입하려 하므로 발행회사는 액면가액보다 높은 금액으로 발행이 가능하게 된다. 할증발행의 경우, 발행가액과 액면가액의 차액을 사채할증발행차금이라고 한다. 사채할증발행차금도 유효이자율과 액면이자율의 차이로 인해 발생하는데, 재무상태표에는 사채에 가산하는 형식으로 기재한다. 할증발행의 경우 다음과 같은 회계처리를 한다.

| (차) 현 금 | ××× | (대) 사 채 | ××× |
|---|---|---|---|
| | | 사채할증발행차금 | ××× |

**예제 9-12**

㈜미래는 20×1년 1월 1일, 액면가액 ₩100,000, 표시이자율 10%(시장이자율 8%)로 매년 말에 이자를 지급하기로 하고, 3년 만기 사채를 발행하였다.

| 20×1. 1. 1. | (차) 현 금 | 105,151* | (대) 사 채 | 100,000 |
|---|---|---|---|---|
| | | | 사채할증발행차금 | 5,151 |

* 현금지급 사채이자의 현재가치 : ₩ 10,000×2.5771(〈표 A-4〉)=₩ 25,771
3년 후 지급할 원금의 현재가치 : ₩100,000×0.7938(〈표 A-2〉)=₩ 79,380
발행가액 ₩105,151

재무상태표

| | | |
|---|---|---|
| 사 채 | 100,000 | |
| 사채할증발행차금 | 5,151 | 105,151 |

| | | | | | |
|---|---|---|---|---|---|
| 20×1. 12. 31. | (차) 이자비용 | 8,412 | (대) 현 금 | 10,000 |
| | 사채할증발행차금 | 1,588 | | |
| 20×2. 12. 31. | (차) 이자비용 | 8,285 | (대) 현 금 | 10,000 |
| | 사채할증발행차금 | 1,715 | | |
| 20×3. 12. 31. | (차) 이자비용 | 8,148 | (대) 현 금 | 10,000 |
| | 사채할증발행차금 | 1,852 | | |
| | (차) 사 채 | 100,000 | (대) 현 금 | 100,000 |

**사채할증발행차금과 유효이자율법**

사채를 할증발행한 경우에 발생하는 사채할증발행차금의 성격을 생각해 보자. 사채할증발행차금은 액면이자율과 시장이자율의 차이로 인해 발생하는 금액이다. 위의 예에서 볼 때 발행자 입장에서는 액면 ₩100,000의 사채를 발행하면서 ₩105,151을 받고, 만기시 ₩100,000의 원금상환과 매년 ₩10,000의 이자를 지급해야 하므로 총지급하는 금액 ₩130,000에서 사채발행시 현금수취액 ₩105,151을 차감하면 총이자지급액은 ₩24,849이 된다. 이러한 이자는 매년 계상하는 것이 수익비용대응원칙에 적합하고, 20×1년 12월 31일 예로 들면, 발행자 입장에서 ₩105,151을 이자율 8%로 빌려서 사용했으므로 시장이자율 8%를 곱해서 이자를 산출하게 된다. 즉, 사채할증발행차금 ₩5,151 중 이자비용 ₩8,412과 현금 ₩10,000의 차이 ₩1,588은 이자를 더 높게 지급하는 대가로 받은 금액을 되돌려 주는 것이므로 20×2년에는 이를 차감한 금액 ₩103,563을 시장이자율로 빌려서 사용한 것과 같게 된다. 이 금액에 시장이자율을 곱해서 이자를 산정하게 되는데, 이를 유효이자율법이라고 한다. 유효이자율법에서는 할증발행의 경우 매년 계상되는 이자비용이 낮아지게 된다.

## (4) 사채의 상환

사채의 상환에는 만기상환과 조기상환이 있다. 만기상환은 만기에 액면가액으로 상환된다. 사채가 만기에 상환되는 경우에는 액면가액이 상환가액이 되고, 상환가액은 장부가액과 일치하므로 사채상환손익은 발생하지 않는다. 그러나 기업이 여유자금이 있다면 만기 이전에도 사채를 상환하는 경우가 있다. 이를 조기상환이라고 하는데, 이러한 조기상환의 경우에는 상환가액과 장부가액이 일치하지 않아 사채상환손익이 발생한다. 사채의 조기상환시에는 먼저 사채발행차금의 잔액을 정리한 다음, 상환가액과 장부가액의 차이를 영업외손익인 사채상환손익으로 회계처리한다.

**예제 9-13**

㈜미래는 20×1년 1월 1일, 액면가액 ₩100,000, 표시이자율 10%(시장이자율 12%)로 매년 말에 이자를 지급하기로 하고, 3년 만기 사채를 발행하였다. 20×2년 말에 여유자금 ₩99,000으로 사채를 상환하였다.

| | | | | | |
|---|---|---|---|---|---|
| 20×2. 12. 31. | (차) 이자비용 | 11,594 | (대) 현　　금 | 10,000 |
| | | | 사채할인발행차금 | 1,594 |
| 20×3. 12. 31. | (차) 사　　채 | 100,000 | (대) 현　　금 | 99,000 |
| | 사채상환손실 | 785* | 사채할인발행차금 | 1,785 |

* 사채상환손실은 사채의 장부가액과 상환가액의 차이로 계산된다.

장부가액 ₩98,215(₩95,198 + ₩1,423 + ₩1,594) − 상환가액 ₩99,000 = (−)₩785

# 연습문제

**01 사채에 관한 설명 중 틀린 것은?**

① 사채발행시 지출되는 사채발행비는 영업외비용으로 처리한다.
② 사채의 발행가액은 액면이자율과 시장이자율의 관계에 의해 결정된다.
③ 사채의 발행가액은 사채의 만기에 지급할 원금의 현재가치와 정기적으로 지급할 사채이자의 현재가치를 합계한 금액이다.
④ 일반적으로 담보부사채는 무담보부사채보다 낮은 이자율로도 사채발행이 가능하다.

**02 다음 부채항목 중 성격이 다른 하나는 무엇인가?**

① 퇴직급여부채 ② 장기차입금
③ 유동성장기부채 ④ 장기매입채무

**03 사채가 할인발행될 경우, 사채의 장부가액은 매년 어떻게 변화하는가?**

① 공정가치에 따라 달라진다. ② 매년 변화없이 일정하다.
③ 매년 감소한다. ④ 매년 증가한다.

**04 다음 중 유동부채가 아닌 것은?**

① 매입채무 ② 사채 ③ 미지급비용 ④ 단기차입금

**05 사채를 할인발행할 경우, 사채의 장부가액, 이자비용, 사채할인발행차금의 상각액은 매년 어떻게 변화하는가?**

| | 장부가액 | 이자비용 | 발행차금상각액 |
|---|---|---|---|
| ① | 증 가 | 증 가 | 증 가 |
| ② | 감 소 | 감 소 | 증 가 |
| ③ | 증 가 | 증 가 | 감 소 |
| ④ | 감 소 | 감 소 | 감 소 |

**06** **사채를 할증발행할 경우, 사채의 장부가액, 이자비용, 사채할증발행차금의 상각액은 매년 어떻게 변화하는가?**

| | 장부가액 | 이자비용 | 발행차금상각액 |
|---|---|---|---|
| ① | 증 가 | 증 가 | 증 가 |
| ② | 감 소 | 감 소 | 증 가 |
| ③ | 증 가 | 증 가 | 감 소 |
| ④ | 감 소 | 감 소 | 감 소 |

**07** **㈜미래는 20×1년 1월 1일 액면이자율 9%, 만기 10년, 액면가 ₩200,000인 사채를 발행하였다. 이자는 매년 12월 31일에 지급하며, 유효이자율은 10%이다. 20×4년 12월 31일 이자지급과 관련된 적절한 분개는?**

| | |
|---|---|
| 기간 10년, 이자율 9%, ₩1의 현가 | 0.4224 |
| 기간 10년, 이자율 10%, ₩1의 현가 | 0.3855 |
| 기간 10년, 이자율 9%, 연금 ₩1의 현가 | 6.4177 |
| 기간 10년, 이자율 10%, 연금 ₩1의 현가 | 6.1446 |

| | | | | |
|---|---|---|---|---|
| ① | (차) 이자비용 | 18,847 | (대) 현 금 | 18,000 |
| | | | 사채할인발행차금 | 847 |
| ② | (차) 이자비용 | 18,932 | (대) 현 금 | 18,000 |
| | | | 사채할인발행차금 | 932 |
| ③ | (차) 이자비용 | 18,000 | (대) 현 금 | 19,025 |
| | 사채할인발행차금 | 1,025 | | |
| ④ | (차) 이자비용 | 19,025 | (대) 현 금 | 18,000 |
| | | | 사채할인발행차금 | 1,025 |

**08** **㈜미래는 20×1년 1월 1일 액면 ₩1,000,000의 사채를 ₩975,562에 할인발행하였으며, 이후 사채관련 회계처리는 다음과 같다. 20×1년 12월 31일 사채 전액을 ₩900,000에 상환하였다면 사채상환손익은 얼마인가?**

| | | | |
|---|---|---|---|
| 20×1. 1. 1 | | | |
| (차) 현 금 | 975,562 | (대) 사 채 | 1,000,000 |
| 사채할인발행차금 | 24,438 | | |
| 20×1. 12. 31 | | | |
| (차) 이자비용 | 102,312 | (대) 현 금 | 100,000 |
| | | 사채할인발행차금 | 2,312 |

① 상환이익 ₩100,000 ② 상환손실 ₩17,126
③ 상환손실 ₩31,750 ④ 상환이익 ₩77,874

**09 사채에 관한 설명 중 잘못된 것은?**

① 시장이자율보다 표시이자율이 낮은 경우 사채는 액면금액보다 낮게 발행된다.
② 사채할증발행차금을 유효이자율법으로 상각할 경우, 사채할증발행차금상각액은 기간의 경과에 따라 감소한다.
③ 사채할인발행차금을 유효이자율법으로 상각할 경우, 이자비용은 기간의 경과에 따라 증가한다.
④ 사채할증발행차금을 유효이자율법으로 상각할 경우, 이자비용은 기간의 경과에 따라 감소한다.

**10 20×1년 7월 1일에 발행된 사채의 액면가액은 ₩10,000,000이고, 만기는 20×4년 6월 30일, 표시이자율은 연 8%, 이자지급은 연 2회(6월 30일, 12월 31일)이다. 사채발행 당시의 유효이자율은 연 10%이었고, 사채의 발행금액은 ₩9,366,000이었다. 20×1년 12월 31일 상각되는 사채할인발행차금은?**

① ₩68,300
② ₩46,830
③ ₩63,400
④ ₩78,250

**11 사채를 할인발행할 경우 재무상태표에 보고되는 비유동부채는 어떻게 변하는가?**

① 사채의 만기 원금상환시까지 매년 감소한다.
② 사채발행부터 만기 원금상환시까지 액면금액으로 보고되므로 금액의 변화가 없다.
③ 사채의 만기 원금상환시까지 매년 증가한다.
④ 사채발행부터 원금상환시까지 최초발행시 할인발행금액으로 계상된다.

**12 ㈜미래는 액면가액 ₩26,000,000의 사채를 이자를 포함하여 ₩29,000,000에 조기상환하였다. 상환 당시 사채에 대한 사채할인발행차금계정 잔액은 ₩600,000이었고, 미지급사채이자는 ₩700,000이다. 사채상환손실은 얼마인가?**

① ₩1,700,000
② ₩2,900,000
③ ₩3,100,000
④ ₩3,600,000

## 13 ㈜미래는 20×1년 1월 1일 사채를 발행하였다. 사채발행일의 회계처리로 옳은 것은?

| | |
|---|---|
| ▪ 액면금액 ₩1,000,000 | ▪ 연 이자율 9% |
| ▪ 이자지급 매년 12월 31일 | ▪ 발행금액 ₩980,000 |
| ▪ 사채발행비 ₩30,000 | ▪ 상환조건 20×3년 12월 31일 일시상환 |

| | | | | | |
|---|---|---|---|---|---|
| ① | (차) 현　　금 | 980,000 | (대) 사　　채 | 1,000,000 |
| | 사채할인발행차금 | 20,000 | | |
| ② | (차) 현　　금 | 980,000 | (대) 사　　채 | 1,000,000 |
| | 사채할인발행차금 | 50,000 | 사채발행비 | 30,000 |
| ③ | (차) 현　　금 | 950,000 | (대) 사　　채 | 1,000,000 |
| | 사채인발행차금 | 50,000 | | |
| ④ | (차) 현　　금 | 1,000,000 | (대) 사　　채 | 1,000,000 |

## 14 다음 자료에 의하여 20×1년 사채할인발행차금 상각액을 계산하면?

▪ 20×1년 1월 1일 액면금액 ₩20,000,000인 사채를 ₩19,000,000에 발행하다.
만기일　20×3년 12월 31일, 액면이자율 4%, 유효이자율 5%
이자지급 매년 12월 31일, 결산일 12월 31일

① ₩240,000　　② ₩200,000
③ ₩167,000　　④ ₩150,000

## 15 ㈜미래는 20×1년 9월 1일 액면금액 ₩300,000의 사채(만기 5년, 액면이자율 5%, 이자지급일 매년 8월 31일)를 ₩270,000에 발행하였다. 사채발행시 유효이자율은 6%였다. 20×2년 12월 31일 사채의 장부금액은 얼마인가?

① ₩270,000　　② ₩271,624
③ ₩278,000　　④ ₩282,000

## 16 20×1년 1월 1일, 액면 ₩100,000, 만기 3년, 표시이자율 연 10%인 사채를 발행하였다. 발행시점에서 시장이자율을 고려하여 계산된 사채의 발행금액은 ₩88,000이다. 사채발행차금을 유효이자율법으로 상각할 경우, 만기까지 포괄손익계산서에 인식해야 할 총 이자비용은?

① ₩30,000　　② ₩26,400
③ ₩42,000　　④ 유효이자율이 없어 계산 불가능

**17** **㈜미래는 20×1년 1월 1일, 3년 만기의 사채(액면금액 ₩20,000,000)를 ₩19,005,000에 발행하였다. 액면이자율은 8%, 유효이자율은 10%이며, 이자는 매년 12월 31일에 현금으로 지급한다. 20×1년 12월 31일의 가장 적절한 회계처리는?**

| | | | | |
|---|---|---|---|---|
| ① (차) 이자비용 | 1,600,000 | (대) 현 금 | | 1,600,000 |
| ② (차) 이자비용 | 1,600,000 | (대) 현 금 | | 1,600,000 |
| 사채할인발행차금상각 | 200,000 | 사채할인발행차금 | | 200,000 |
| ③ (차) 이자비용 | 1,900,500 | (대) 현 금 | | 1,600,000 |
| | | | 사채할인발행차금 | 300,500 |
| ④ (차) 이자비용 | 1,931,667 | (대) 현 금 | | 1,600,000 |
| | | 사채할인발행차금 | | 331,667 |

**18** **㈜미래는 20×1년 1월 1일, 액면금액 ₩10,000, 표시이자율 8%이며, 매년 12월 31일에 이자를 지급하는 3년 만기의 사채를 ₩9,503에 발행하였다. 사채발행 당시 시장이자율은 10%이며, 사채할인발행차금은 유효이자율법으로 상각한다. 20×1년 12월 31일 재무상태표상 사채의 장부금액은 ₩9,653이며, 사채 이외의 차입금은 없다. ㈜미래의 20×2년 포괄손익계산서상 이자비용과 재무상태표상 사채장부금액의 합계는 얼마인가?**

① ₩10,303　　② ₩10,618　　③ ₩10,783　　④ ₩10,800

**19** **㈜미래는 판매한 제품에 대하여 품질보증을 실시하고 있다. 20×1년 말 현재 품질보증과 관련하여 미래에 지출될 제품보증충당부채 추정치는 ₩250,000이고, 수정전시산표상의 제품보증충당부채 잔액은 ₩80,000이다. 20×1년 기중에 품질보증과 관련하여 ₩30,000의 지출이 있었다. 20×1년 재무제표에 보고될 제품보증비용과 제품보증충당부채는 각각 얼마인가?**

| 제품보증비용 | 제품보증충당부채 | 제품보증비용 | 제품보증충당부채 |
|---|---|---|---|
| ① ₩170,000 | ₩ 80,000 | ② ₩200,000 | ₩220,000 |
| ③ ₩170,000 | ₩250,000 | ④ ₩200,000 | ₩220,000 |

**20** **㈜미래는 20×1년 초에 만기 3년, 액면금액 ₩500,000인 사채를 발행하였다. 액면이자율은 10%, 유효이자율은 8%이며, 이자는 매년 말에 현금으로 지급한다. 사채발행차금을 유효이자율법으로 상각할 경우, 다음 설명 중 옳지 않은 것은?**

① 20×1년 사채의 발행금액은 20×3년 사채상환금액보다 크다.
② 20×2년 말 사채의 장부금액은 20×1년 말 사채의 장부금액보다 작다.
③ 20×2년 사채이자비용은 20×1년 사채이자비용보다 작다.
④ 20×2년 사채이자비용은 20×2년 현금이자지급액보다 크다.

## 기출문제

**01 다음 중 비유동부채에 해당되는 것을 모두 고른 것은?** (FAT1급 68회, 2023)

| | |
|---|---|
| 가. 유동성장기부채 | 나. 부가세예수금 |
| 다. 퇴직급여충당부채 | 라. 사채 |

① 가, 나
② 나, 다
③ 다, 라
④ 가, 라

**02 다음 중 유동부채에 해당하는 것을 모두 고른 것은?** (전산회계1급 119회, 2025)

| | |
|---|---|
| 가. 임대보증금 | 나. 장기차입금 |
| 다. 유동성장기부채 | 라. 외상매입금 |
| 마. 매도가능증권 | |

① 가, 나
② 나, 다
③ 다, 라
④ 라, 마

**03 다음 중 유동부채에 포함되지 않는 것은 무엇인가?** (전산회계1급 110회, 2023)

① 매입채무
② 단기차입금
③ 유동성장기부채
④ 임대보증금

**04 다음 중 비유동부채에 해당하는 것은 모두 몇 개인가?** (전산회계1급 108회, 2023)

| | |
|---|---|
| 가. 사채 | 나. 퇴직급여충당부채 |
| 다. 유동성장기부채 | 라. 선수금 |

① 1개
② 2개
③ 3개
④ 4개

## 05 다음 중 사채의 발행과 관련한 내용으로 옳은 것은? (전산회계1급 107회, 2023)

① 사채를 할인발행한 경우 매년 액면이자는 동일하다.
② 사채를 할증발행한 경우 매년 유효이자(시장이자)는 증가한다.
③ 사채발행시 발행가액에서 사채발행비를 차감하지 않고 사채의 차감계정으로 처리한다.
④ 사채의 할인발행 또는 할증발행시 발행차금의 상각액 또는 환입액은 매년 감소한다.

## 06 다음 중 충당부채 및 우발부채에 대한 설명으로 가장 잘못된 것은? (전산세무2급 120회, 2025)

① 충당부채는 최초인식시점에서 의도한 목적과 용도에만 사용하여야 한다.
② 충당부채는 보고기간 말마다 그 잔액을 검토하고, 보고기간 말 현재 최선의 추정치를 반영하여 증감 조정한다.
③ 당해 의무를 이행하기 위하여 자원이 유출될 가능성이 높지 않은 경우에도 충당부채 인식은 가능하다.
④ 우발부채는 부채로 인식하지 아니한다.

## 07 다음은 사채 발행 후 기간 경과에 대한 상각 비교표이다. 이에 대한 내용으로 옳지 않은 것은? (전산세무1급 119회, 2025)

| 구 분 | 할인발행 | 할증발행 |
|---|---|---|
| ① 사채의 장부가액 | 증 가 | 감 소 |
| ② 이자비용 | 증 가 | 감 소 |
| ③ 할인(할증)액 상각 | 증 가 | 증 가 |
| ④ 현금 지급이자 | 증 가 | 감 소 |

## 08 다음 중 일반기업회계기준상 충당부채의 측정에 대한 설명으로 옳지 않은 것은? (전산세무1급 118회, 2025)

① 현재의무를 이행하기 위하여 소요되는 금액에 대한 최선의 추정치는 보고기간 말에 의무를 직접 이행하거나 이해관계가 없는 제3자에게 이전시키는 경우에 지급해야 하는 금액으로서 세전 금액이다.
② 화폐의 시간가치 효과가 중요한 경우 충당부채는 의무를 이행하기 위하여 예상되는 지출액의 현재가치로 평가한다.
③ 충당부채를 발생시킨 사건과 밀접하게 관련된 자산의 처분이익이 예상되는 경우 당해 처분이익은 충당부채 금액을 측정하는 데 고려해야 한다.
④ 충당부채에 대한 최선의 추정치를 구할 때에는 관련된 사건과 상황에 대한 불가피한 위험과 불확실성을 고려한다.

## 09 다음의 자료를 이용하여 유동부채에 해당하는 금액의 합계액을 구하면 얼마인가? (전산세무 2급 118회, 2025)

| | | | |
|---|---|---|---|
| • 미지급금 | 3,000,000원 | • 외상매입금 | 3,500,000원 |
| • 선 수 금 | 1,000,000원 | • 유동성장기부채 | 1,500,000원 |
| • 장기차입금 | 2,000,000원 | • 퇴직급여충당부채 | 2,500,000원 |

① 7,500,000원 ② 8,000,000원
③ 8,500,000원 ④ 9,000,000원

## 10 다음 중 사채의 발행에 대한 설명으로 옳지 않은 것은? (전산세무2급 118회, 2025)

① 사채의 액면이자율이 유효이자율보다 큰 경우에는 발행가액이 할증된다.
② 사채가 할인발행 되는 경우 사채의 장부가액은 매년 감소한다.
③ 사채가 할증발행 되는 경우 액면이자는 매년 일정하다.
④ 사채가 할인발행 되는 경우 유효이자는 만기까지 매년 증가한다.

## 11 다음 중 퇴직급여에 대한 설명으로 가장 옳지 않은 것은? (전산세무1급 117회, 2024)

① 확정급여형 퇴직급여 제도에서 퇴직연금 운용자산이 퇴직급여 충당부채를 초과하는 경우에는 그 초과액을 투자자산으로 표시한다.
② 확정급여형 퇴직급여 제도에서는 운용수익이 발생하는 경우에 이자수익으로 표시한다.
③ 확정기여형 퇴직급여 제도에서는 회사가 납부하여야 할 부담금을 퇴직급여(비용)로 인식한다.
④ 확정기여형 퇴직급여 제도에서는 운용에 관한 내용은 모두 회사가 결정하고 책임진다.

**12** **다음 중 사채의 발행에 대한 설명으로 옳지 않은 것은?** (전산세무1급 115회, 2024)

① 사채를 할인발행하여 정액법으로 상각하는 경우 매년 사채할인발행차금 상각액은 동일하다.
② 사채의 액면이자율이 시장이자율보다 큰 경우에는 할증발행된다.
③ 시장이자율이란 유효이자율로서 사채의 발행시점에서 발행가액을 계산할 때 할인율로 적용될 수 있다.
④ 사채를 할증발행하여 유효이자율법으로 상각하는 경우 매년 사채의 실질이자는 증가한다.

**13** **다음 중 사채에 대한 설명으로 가장 옳지 않은 것은?** (전산세무2급 115회, 2024)

① 사채할인발행차금은 사채의 발행금액에서 차감하는 형식으로 표시한다.
② 액면이자율보다 시장이자율이 큰 경우에는 할인발행된다.
③ 사채할증발행차금은 사채의 액면금액에서 가산하는 형식으로 표시한다.
④ 액면이자율이 시장이자율보다 큰 경우에는 할증발행된다.

**14** **다음 중 사채가 할증발행되고 유효이자율법이 적용되는 경우에 대한 설명으로 옳지 않은 것은?** (전산세무1급 114회, 2024)

① 사채할증발행차금 상각액은 매년 감소한다.
② 사채 이자비용은 매년 감소한다.
③ 사채의 장부가액은 초기에는 크고, 기간이 지날수록 작아진다.
④ 사채발행 시점에 발생한 사채발행비는 비용으로 처리하지 않고, 사채의 만기일까지 잔여기간에 걸쳐 상각하여 비용화한다.

**15** **다음 중 퇴직급여 및 퇴직연금의 회계처리에 대한 설명으로 옳은 것은?** (전산세무1급 110회, 2023)

① 확정기여형 퇴직연금제도에서 운용되는 자산은 기업이 직접 보유하고 있는 것으로 보아 회계처리한다.
② 확정급여형 퇴직연금제도는 퇴직연금 납입 외 운용수익이 발생하거나 종업원 퇴직 시에는 회계처리 할 것이 없다.
③ 확정기여형 퇴직연금제도에서는 퇴직급여충당부채와 퇴직연금미지급금은 인식하지 않고 퇴직연금운용자산만 인식한다.
④ 확정기여형 퇴직연금에 납부해야 할 기여금은 이미 납부한 기여금을 차감한 후 부채(미지급비용)로 인식한다.

## 16 ㈜캉캉은 아래의 조건으로 사채를 발행하였다. 다음 중 사채의 발행방법 및 장부가액, 상각(환입)액, 이자비용의 변동으로 올바른 것은? (단, 사채이자는 유효이자율법에 따라 상각 및 환입한다.) (전산세무1급 110회, 2023)

| | |
|---|---|
| • 발행일 : 2023년 1월 1일 | • 이자는 매년 말 지급 |
| • 액면가액 : 5,000,000원 | • 표시이자율 : 연 8% |
| • 만기 : 3년 | • 유효이자율 : 연 10% |

| | 발행방법 | 장부가액 | 상각(환입)액 | 이자비용 |
|---|---|---|---|---|
| ① | 할인발행 | 매년 증가 | 매년 감소 | 매년 감소 |
| ② | 할인발행 | 매년 증가 | 매년 증가 | 매년 증가 |
| ③ | 할증발행 | 매년 감소 | 매년 감소 | 매년 증가 |
| ④ | 할증발행 | 매년 감소 | 매년 증가 | 매년 감소 |

## 17 다음 중 사채에 관한 설명으로 틀린 것은? (전산세무1급 109회, 2023)

① 사채 액면금액의 차감 계정인 사채할인발행차금에 대해 유효이자율법을 적용하여 상각하고, 그 금액을 이자비용에 가산하도록 규정한다.
② 발행자의 입장에서 사채는 비유동부채로 분류한다.
③ 사채발행비란 사채를 발행하는데 직접 소요된 지출을 말하며, 사채발행가액에서 직접 차감한다.
④ 사채의 조기 상환 시 현금상환액보다 장부금액이 큰 경우 사채상환손실(영업외비용)로 처리한다.

## 18 다음 중 부채에 대한 설명으로 가장 옳은 것은? (전산세무1급 108회, 2023)

① 경제적효익이 내재된 자원이 기업에 유입됨으로써 이행될 것으로 기대되는 현재의 의무이다.
② 부채의 정의를 충족하고, 신뢰성 있게 추정된다면 부채로 인식한다.
③ 2년 기준으로 유동부채, 비유동부채로 분류할 수 있다.
④ 당해 의무를 이행하기 위하여 자원이 유출될 가능성이 매우 높은 충당부채는 주석에 기재한다.

**19 다음 중 충당부채에 대한 설명으로 가장 옳지 않은 것은?** (전산세무2급 107회, 2023)

① 충당부채의 명목금액과 현재가치의 차이가 중요한 경우에는 의무를 이행하기 위해 예상되는 지출액의 미래가치로 평가한다.

② 충당부채는 최초의 인식시점에서 의도한 목적과 용도로만 사용해야 한다.

③ 충당부채로 인식하기 위해서는 과거 거래의 결과로 현재 의무가 존재하여야 하고, 그 의무를 이행하기 위해 자원이 유출될 가능성이 매우 높아야 한다.

④ 충당부채로 인식하는 금액은 현재의무를 이행하는데 소요되는 지출에 대한 보고기간 말 현재 최선의 추정치여야 한다.

# 10
# 자본

제1절 자본과 주식

제2절 자본금의 변동

제3절 이익잉여금의 처분

# 제10장 자본

## 제1절 자본과 주식

### 1. 자본의 의의

자본(capital)은 자산에서 부채를 차감한 순자산으로 정의된다. 자본은 자산에서 채권자지분을 차감한 나머지이므로 잔여지분이라 지칭하기도 한다. 기업의 자금조달방법 측면에서 보면 부채는 타인에 의해 조달된 자본인데 반해 자본은 소유주가 주식을 매입하므로 소유주에 의해 조달된 자기자본이 된다. 또한 부채는 채권자의 몫으로 채권자지분이라 하는데 반해 자본은 소유주, 즉 주주의 몫이므로 소유주지분 또는 주주지분이라고 한다. 이렇듯 자본은 여러 가지 명칭으로 불리고 있다.

기업의 소유권을 나타내는 증권을 주식이라고 하며, 주식을 소유한 사람을 투자자라고 하고, 주식발행을 통해 설립된 기업을 주식회사라고 한다. 오늘날 대표적인 기업형태인 주식회사는 자본과 관련하여 다음과 같은 특징을 지니고 있다.

첫째, 주식은 소액으로 분할되어 있어 일반대중으로부터 거액의 자금을 조달할 수 있으며, 투자자의 입장에서도 적은 돈으로 투자를 할 수 있다는 이점이 있다.

둘째, 주주들은 주식을 증권시장을 통해 자유롭게 매매할 수 있다.

셋째, 주주들은 채권자에 대해 자신이 투자한 금액의 범위 내에서만 책임을 진다.

### 2. 자본의 구성

자본은 기업의 소유와 관련된 아주 중요한 자금조달방법이다. 따라서, 회계에서는 자본의 성격에 따라 다양하게 분류하고 있는데, 자본은 자본금, 자본잉여금, 자본조정, 기타포괄손익누계액, 이익잉여금으로 구분한다.

#### (1) 자본금

자본금은 회사가 발행한 주식수에 액면가액을 곱한 금액으로 표시되는데, 자본금은 기업의 채권자를 보호하기 위하여 반드시 유지하여야 할 자본으로 법정자본금이라고 한다. 자본금은 보통주자본금과 우선주자본금으로 구분하여 표시한다.

### (2) 자본잉여금

자본잉여금은 주식의 발행, 주식의 소각 등과 같은 자본거래에서 발생한 잉여금이다. 따라서, 영업활동과 관련하여 발생하는 이익잉여금과는 구별된다. 자본잉여금은 배당금으로 사용할 수 없으며, 자본금으로의 전입이나 결손금을 보전하기 위한 목적으로만 사용할 수 있다. 자본잉여금으로는 주식발행초과금, 감자차익, 기타자본잉여금(자기주식처분이익) 등이 있다.

### (3) 자본조정

자본조정은 자본금, 자본잉여금, 이익잉여금으로 구분하기 어려운 항목을 모아둔 것으로, 자본에서 차감하는 것들이 대부분이다. 자본조정에는 자기주식, 주식할인발행차금, 감자차손, 자기주식처분손실 등이 있다.

### (4) 기타포괄손익누계액

기타포괄손익누계액은 재무상태표일 현재의 해외사업환산손익, 파생상품평가손익 등 주로 현금화되지 않은, 미실현된 이익으로 구성된다.

### (5) 이익잉여금

이익잉여금은 기업의 정상적인 영업활동인 손익거래에서 발생한 순이익에서 배당금으로 사외유출된 금액을 차감한 후 사내에 유보된 이익을 말한다.

**〈표 10-1〉 자본의 구성**

<table>
<tr><td rowspan="2">납입자본</td><td>자본금</td><td>보통주자본금<br>우선주자본금</td></tr>
<tr><td>자본잉여금</td><td>주식발행초과금<br>감자차익<br>기타자본잉여금</td></tr>
<tr><td colspan="2">자본조정</td><td>자기주식<br>주식할인발행차금<br>감자차손<br>자기주식처분손실</td></tr>
<tr><td colspan="2">기타포괄손익누계액</td><td>해외사업환산손익<br>파생상품평가손익</td></tr>
<tr><td colspan="2">이익잉여금</td><td>법정적립금<br>임의적립금<br>미처분이익잉여금(또는 미처리결손금)</td></tr>
</table>

## 3. 주식의 종류

주식과 사채는 모두 기업이 장기자금조달방법으로 발행하는 유가증권이다. 그러나, 사채를 발행해서 자금을 조달하면 비유동부채로 분류하는데 반해 주식을 발행해서 자금을 조달하면 자본으로 분류한다. 사채에 대해서는 이자가 발생하고 주식에 대해서는 배당금이 발생하는데, 사채이자비용은 손익계산서에 영업외비용으로 보고하고, 배당금은 이익잉여금처분계산서에 이익잉여금처분항목으로 보고한다. 그리고, 사채는 이자지급, 만기일 등이 명시되어 있어 반드시 이를 이행해야 하나, 주식은 배당금을 반드시 지급해야 하는 것은 아니다. 주식을 소유한 주주는 기업의 경영에 참여할 수 있는 의결권이 있으나, 사채권자는 회사경영에 참여할 수 없다.

주식은 일반적으로 보통주와 우선주로 구분한다.

### (1) 보통주

보통주는 주식회사가 발행하는 가장 기본이 되는 주식이다. 보통주를 소유한 주주들은 다음의 권리를 행사할 수 있다.

① 보통주에는 의결권이 있으므로 회사의 경영의사결정에 참여할 수 있는 의결권이 있다.

② 보통주에는 배당을 받을 수 있는 이익분배권이 있다.

③ 보통주에는 기업의 청산시에 잔여재산을 분배받을 수 있는 잔여재산분배권이 있다.

④ 보통주에는 신주발행시 기존 주주가 우선적으로 신주를 인수할 수 있는 있는 신주선매권이 있다.

### (2) 우선주

우선주는 보통주보다 우선해서 이익을 배당받을 권리가 있기 때문에 우선주라고 한다. 그러나, 우선주에는 의결권이 없다. 이러한 이유로 우선주의 발행시에는 다양한 권리를 붙여서 자금을 조달하게 되고, 부여되는 권리에 따라 다양한 우선주가 발행된다.

① 참가적우선주 : 정해진 배당금을 받고도 잔여이익이 있는 경우, 추가적으로 이익배당에 참여할 수 있는 권리가 부여된 우선주이다.

② 누적적우선주 : 전기에 손실이 발생해서 배당금을 받지 못한 경우, 다음 기간에 전기의 배당금까지 받을 수 있는 권리가 부여된 우선주이다.

③ 전환우선주 : 발행시에 일정 요건을 두고, 이를 충족하면 보통주로 전환할 수 있는 권리가 부여된 우선주이다.

④ 상환우선주 : 발행시에 일정요건을 두고, 일정 요건이 충족되면 기업이 언제든지 상환할 수 있는 권리가 부여된 우선주이다.

## 4. 주식의 발행

우리나라는 기업이 발행할 수 있는 주식의 총수를 주주총회의 결의를 통해 회사의 정관에 기재하고, 그 범위 내에서 이사회의 결의에 의하여 주식을 발행하도록 하고 있다. 이처럼 이사회가 주주들로부터 주식발행 권한을 부여받아 주식을 발행하는 제도를 수권자본제도라고 한다. 그리고 발행되는 주식에는 액면가액이 정해져 있으며, 증권회사가 증권발행업무를 대신하게 된다. 주식의 발행 방식에는 공모와 사모가 있다. 사모는 특정 소수를 대상으로 주식을 발행하는 방식이고, 공모는 불특정 다수를 대상으로 주식을 발행하는 방식이다. 그리고, 투자자들이 주식청약과 동시에 주식금액 전체를 납부하게 되는 주식의 현금발행과 투자자들이 계약금형식으로 주식대금 중 일부만을 미리 지급하고 주식을 청약한 다음 나중에 잔액이 완전히 납입된 후에 주식이 발행되는 청약에 의한 주식발행이 있다.

주식의 발행은 액면가액과 발행가액의 차이를 기준으로 액면발행, 할증발행, 할인발행 등으로 구분한다.

### (1) 액면발행

주식의 발행가액이 액면가액과 동일한 경우를 액면발행이라 한다. 주식의 발행가액은 자본금계정에 기록한다.

**예제 10-1**

㈜미래는 보통주 1,000주(액면가액 ₩5,000)를 액면가액으로 발행하고 현금을 받았다.

| (차) 현　　금 | 5,000,000 | (대) 보통주자본금 | 5,000,000 |
|---|---|---|---|

### (2) 할증발행

주식의 발행가액이 액면가액을 초과해서 발행되는 경우를 할증발행이라 한다. 액면가액을 초과하는 부분의 발행가액은 주식발행초과금계정에 기록하고, 재무상태표의 자본잉여금에 보고한다. 이 때 기록되는 금액은 주식의 발행시 발생한 주식발행비를 차감한 금액을 말한다.

**예제 10-2**

㈜미래는 보통주 1,000주(액면가액 ₩5,000)를 1주당 ₩6,000에 발행하고, 주식발행과 관련된 비용 ₩500,000을 차감한 금액을 현금으로 받았다.

| (차) 현　　금 | 5,500,000 | (대) 보통주자본금 | 5,000,000 |
|---|---|---|---|
| | | 주식발행초과금 | 500,000 |

### (3) 할인발행

주식의 발행가액이 액면가액보다 낮은 경우를 할인발행이라 한다. 사채의 할인발행이 자유로운데 반해, 주식의 할인발행은 상법에서 원칙적으로 금지하고 있다. 왜냐하면 발행가액이 액면가액에 못 미친다는 것은 기업의 가치가 그만큼 낮다는 것이므로 주식을 발행해서 자금을 조달할 경우 사회적 손실이 발생할 수 있기 때문이다. 따라서, 할인발행의 경우에는 일정한 요건을 갖출 경우에만 허용하고 있다.

발행가액이 액면가액에 미달하는 부분은 주식할인발행차금계정에 기록한다. 주식할인발행차금이 발생할 당시에 주식발행초과금이 있는 경우에는 주식발행초과금과 상계처리하고, 주식할인발행차금 잔액이 있는 경우에는 자본의 차감항목으로 보아 재무상태표의 자본조정에 보고한다. 주식할인발행차금은 재무구조의 건실화를 위해서 주식발행연도로부터 3년 이내의 기간에 매기 균등액을 상각하는데, 상각액은 이익잉여금의 처분항목으로 보고한다.

**예제 10-3**

㈜미래는 보통주 1,000주(액면가액 ₩5,000)를 1주당 ₩4,000에 발행하고, 대금은 당좌예금하였다. 주식발행 당시 ㈜미래의 주식발행초과금 잔액이 ₩400,000 있었으며, 결산시 1년분의 주식할인발행차금을 상각하였다.

(1) 주식발행일

| (차) 당좌예금 | 4,000,000 | (대) 보통주자본금 | 5,000,000 |
|---|---|---|---|
| 주식발행초과금 | 400,000 | | |
| 주식할인발행차금 | 600,000 | | |

(2) 결산일

| (차) 이익잉여금 | 200,000 | (대) 주식할인발행차금 | 200,000 |
|---|---|---|---|

## 제2절 자본금의 변동

### 1. 자기주식

자기주식(treasury stock)은 기업이 이미 발행하여 유통 중인 자기회사의 주식을 재발행을 통해서 이익을 얻거나 또는 소각하여 자본을 줄일 목적으로 보유하는 주식을 말한다. 상법에서는 자기주식의 취득이 시장의 건전성을 해칠 수 있어 원칙적으로 금지하고 제한적으로만 허용하고 있다. 회계에서는 자기주식을 자본의 차감으로 보아 재무상태표에 자본조정 항목으로 보고한다. 자기주식을 취득하면 취득원가로 기록하고, 처분시 처분가액이 취득원가보다 높으면 그 차이를 자기주식처분이익 계정으로 기록하고, 낮으면 그 차이를 자기주식처분이익잔액에서 차감한 후 나머지 금액은 자본조정 항목인 자기주식처분손실로 기록한다.

**예제 10-4**

(1) ㈜미래는 자기회사 발행주식 100주(액면가액 ₩5,000)를 주당 ₩7,000에 취득하였다.
(2) 자기주식 50주를 주당 ₩8,000에 매각하였다.
(3) 자기주식 50주를 주당 ₩4,000에 매각하였다.

| | 차변 | 금액 | 대변 | 금액 |
|---|---|---|---|---|
| (1) | (차) 자기주식 | 700,000 | (대) 현　　금 | 700,000 |
| (2) | (차) 현　　금 | 400,000 | (대) 자기주식 | 350,000 |
| | | | 자기주식처분이익 | 50,000 |
| (3) | (차) 현　　금 | 200,000 | (대) 자기주식 | 350,000 |
| | 자기주식처분이익 | 50,000 | | |
| | 자기주식처분손실 | 100,000 | | |

### 2. 자본금의 감소(감자)

#### (1) 실질적감자

실질적감자란 자본금의 감소로 인해 회사의 순자산이 실질적으로 감소하는 경우를 말한다. 예를 들면, 기업이 발행한 주식을 소각하기 위하여 자기주식을 매입하고, 그 대가를 현금으로 지급하는 경우이다. 이 경우 주식의 매입가액이 액면가액보다 작으면 그 차이를 감자차익 계정으로 기록하고, 자본잉여금으로 보고한다. 한편, 매입가액이 액면가액보다 큰 경우에는 그 차이를 먼저 감자차익잔액에서 상계하고, 나머지 금액은 자본조정 항목인 감자차손으로 기록한다.

**예제 10-5**

㈜미래는 기업규모를 축소시키기 위하여 주식 1,000주(액면가액 ₩5,000)를 ₩4,000에 매입하여 소각하였다.

| | | | | |
|---|---|---|---|---|
| 매입거래 : | (차) 자기주식 | 4,000,000 | (대) 현　　금 | 4,000,000 |
| 소각거래 : | (차) 자 본 금 | 5,000,000 | (대) 자기주식 | 4,000,000 |
| | | | 감자차익 | 1,000,000 |

### (2) 형식적 감자

형식적 감자란 결손금이 누적되어 있어 이를 보전하기 위하여 자본금을 감소시키는 경우를 말한다. 즉, 과거 손실의 누적으로 인한 기업의 재무적 건전성을 회복하기 위하여 자본을 감소시키고, 그 금액으로 손실을 보전하기 위해서 사용하는 방법이다. 이 경우 자본금이 감소한 대신 이익잉여금이 동일한 금액만큼 증가하였으므로 순자산은 변동이 없게 된다. 형식적 감자의 방법으로는 발행주식수는 그대로 두고 액면가액을 차감조정하는 방법과 액면가액은 그대로 두고 발행주식수를 감소시키는 방법이 있다.

**예제 10-6**

(1) ㈜미래는 이월결손금 ₩1,000,000을 보전하기 위하여 총발행주식 1,000주에 대해 주당 액면가액을 ₩5,000에서 ₩2,500으로 감액시켰다.

| | | | |
|---|---|---|---|
| (차) 자 본 금 | 2,500,000 | (대) 이월결손금 | 1,000,000 |
| | | 감자차익 | 1,500,000 |

(2) ㈜미래는 이월결손금 ₩2,000,000을 보전하기 위하여 발행주식 1,000주(액면가액 ₩5,000)에 대해 2주당 1주의 비율로 감소시켰다.

| | | | |
|---|---|---|---|
| (차) 자 본 금 | 2,500,000 | (대) 이월결손금 | 2,000,000 |
| | | 감자차익 | 500,000 |

## 3. 자본금의 증가(증자)

### (1) 유상증자

기업설립시 주식의 최초발행 이후 추가적으로 자금을 조달하기 위해서 주식을 재발행하는 경우를 증자라고 한다. 유상증자의 경우 자본금이 증가하고 현금이 발행가액만큼 증가하여 자산과 자본이 실질적으로 증가하는 것을 말한다. 유상증자는 주식의 최초발행과 동일한 회계처리가 이루어진다.

**예제 10-7**

㈜미래는 보통주 500주(액면가액₩5,000)를 1주당 ₩6,000에 발행하고 주식발행과 관련된 비용 ₩300,000을 차감한 금액을 현금으로 받았다.

| | | | |
|---|---|---|---|
| (차) 현　　금 | 2,700,000 | (대) 보통주자본금 | 2,500,000 |
| | | 주식발행초과금 | 200,000 |

### (2) 무상증자

무상증자는 자본잉여금과 이익잉여금을 재원으로 하여 자본금을 증가시키는 방법이다. 이 경우 기업의 실질적인 자산과 자본의 증가를 가져오는 것은 아니다. 단지 이익잉여금과 자본잉여금의 자본금으로의 전입으로 주식수가 증가하는 계정의 재분류에 지나지 않는다.

**예제 10-8**

㈜미래는 총발행주식수 1,000주(액면가액₩5,000)에 대하여 10%의 무상증자를 실시하기로 하였다. 무상증자의 재원은 주식발행초과금 ₩300,000과 이익준비금 ₩200,000이다.

| | | | |
|---|---|---|---|
| (차) 주식발행초과금 | 300,000 | (대) 보통주자본금 | 500,000 |
| 이익준비금 | 200,000 | | |

# 제3절 이익잉여금의 처분

## 1. 이익잉여금의 분류

이익잉여금(retained earnings)은 기업의 이익에서 현금으로 지급된 배당금과 납입자본으로 대체된 금액을 차감한 후에 기업에서 보유하고 있는 이익이다. 이익잉여금은 다음과 같이 분류된다.

〈표 10-2〉 이익잉여금의 분류

<table>
<tr><td rowspan="4">이익잉여금</td><td>법정적립금</td><td>이익준비금</td><td></td></tr>
<tr><td rowspan="2">임의적립금</td><td>적극적적립금</td><td>사업확장적립금, 해외시장개척적립금, 감채적립금</td></tr>
<tr><td>소극적적립금</td><td>배당평균적립금, 결손보전적립금, 재해손실적립금</td></tr>
<tr><td>미처분이익잉여금<br>(미처리결손금)</td><td></td><td></td></tr>
</table>

## (1) 이익준비금

이익준비금은 상법의 규정에 의하여 적립하는 법정적립금이다. 상법에 의하면 매 결산일에 금전에 의한 이익배당액의 $\frac{1}{10}$ 이상의 금액을 자본금의 $\frac{1}{2}$에 달할 때까지 적립하도록 하고 있다. 이는 이익의 사외유출을 막음으로써 기업의 자본구조를 견고히 하려는 목적이다. 따라서, 이익준비금은 결손보전과 자본전입의 목적으로만 사용할 수 있다.

## (2) 임의적립금

임의적립금은 주주총회 결의나 정관의 규정에 의하여 임의적으로 설정하는 적립금이다. 임의적립금은 사업확장이나 사채의 상환 등 특정 목적을 위하여 배당을 제한할 필요가 있을 때 설정되는 적립금이다. 임의적립금은 그 설정목적에 따라 적극적 적립금과 소극적 적립금으로 구분한다.

### 1) 적극적 적립금

적극적 적립금은 기업의 순자산을 증가시킬 목적으로 설정하는 적립금이다. 적극적 적립금은 그 특정 목적을 달성한 후에도 소멸되지 않는다. 즉, 적극적 적립금은 그 목적이 달성되면 일반목적에 사용할 수 있는 별도적립금이나 기타 임의적립금으로 대체한다. 적극적 적립금에는 사업확장적립금, 해외시장개척적립금, 감채적립금 등이 있다.

**예제 10-9**

㈜미래는 처분가능한 이익잉여금 중 ₩1,000,000을 사업확장을 위해서 적립하였다.

(차) 이익잉여금 1,000,000 (대) 사업확장적립금 1,000,000

### 2) 소극적 적립금

소극적 적립금은 장래에 발생할 손실 등으로 기업의 순자산 감소에 대비하여 설정하는 적립금이다. 소극적 적립금에는 배당평균적립금, 결손보전적립금, 재해손실적립금 등이 있다.

**예제 10-10**

㈜미래는 배당금의 지급 부족에 대비하기 위해서 처분가능한 이익잉여금 중 ₩1,000,000을 적립하였다.

| (차) 이익잉여금 | 1,000,000 | (대) 배당평균적립금 | 1,000,000 |
|---|---|---|---|

## 2. 이익잉여금의 처분

### (1) 미처분이익잉여금

미처분이익잉여금은 전기로부터 이월된 미처분이익잉여금에 당기순이익을 합한 금액이다. 이 외에도 회계정책변경누적효과, 전기오류수정손익, 중간배당액 등 이익잉여금을 변동시키는 항목을 가감한다.

### (2) 임의적립금 등의 이입액

적립금으로 처분이 이미 이루어진 이익잉여금을 처분전이익잉여금으로 환원시키는 것을 이입이라고 한다. 예를 들면, 감채적립금 등의 임의적립금으로 적립하였는데 사채의 상환으로 더 이상의 감채적립금이 필요하지 않을 경우 다시 이를 처분가능한 이익잉여금으로 환원시킬 수 있다. 따라서, 미처분이익잉여금과 임의적립금이입액을 합한 금액이 처분가능한 이익잉여금이 된다.

### (3) 이익잉여금의 처분

처분가능한 이익잉여금은 법정적립금과 임의적립금의 적립, 배당금의 지급순으로 처분이 이루어지게 되며, 이익잉여금의 처분 후 잔액은 차기이월미처분이익잉여금이 된다.

## 3. 배당

주식을 소유한 주주들에게 투자에 대한 보상(return on investment)으로 이익의 일부를 지급하는 것을 배당이라 한다. 배당의 재원은 영업활동으로 획득한 이익잉여금이 되어야 하며, 매 회계연도마다 반드시 지급되어야 하는 것은 아니다.

주식은 시장에서 활발하게 거래되며, 거래에 따라 소유주가 바뀌게 된다. 따라서 배당을 지급하기 위해서는 일정한 시점을 정해서 특정일 주식을 보유하고 있는 소유주에게 배당을 지급하게 되는데 이를 배당기준일이라 한다. 그리고, 배당금액은 주주총회에서 결정이 되며, 배당액이 결정되는 날을 배당선언일이라고 한다. 실제로 배당금의 지급은 배당선언일 이후에 이루어지므로 이에 대한 회계처리가 이루어져야 한다.

배당에는 현금배당과 주식배당이 있는데, 현금배당은 현금의 사외유출을 가져오므로 자산이 감소하게 된다. 그러나, 주식배당은 현금의 사외유출을 가져오지 않으므로 자산의 변동이 발생하지 않고 총발행주식의 수가 증가할 뿐이다.

**예제 10-11**

㈜미래는 20×1년 12월 31일 현재 액면가액 ₩5,000, 시가 ₩8,000인 보통주 1,000주가 유통되고 있다. ㈜미래는 20×2년 3월 15일 주주총회에서 20×1년 12월 31일을 기준일로 하여 10%의 배당을 하기로 하였는데 5%는 현금배당, 5%는 주식배당을 결정하고, 3월 20일에 배당을 지급하였다.

⑴ 배당선언일(20×2년 3월 15일)

| | | | | |
|---|---|---|---|---|
| (차) | 미처분이익잉여금 | 500,000 | (대) 미지급배당금 | 250,000* |
| | | | 미교부주식배당금 | 250,000* |

* 1,000주×₩5,000 = ₩5,000,000, ₩5,000,000×5% = ₩250,000

⑵ 배당지급일(20×2년 3월 20일)

| | | | | |
|---|---|---|---|---|
| (차) | 미지급배당금 | 250,000 | (대) 현 금 | 250,000 |
| | 미교부주식배당금 | 250,000 | 보통주자본금 | 250,000 |

## 4. 결손금처리와 이월결손금의 보전

미처분이익잉여금이 음(-)인 경우 즉, 미처리결손금이 발생한 경우에는 이익잉여금의 처분이 아닌 결손금의 처리가 이루어져야 한다. 기업에 당기순손실이 발생하면 이익잉여금은 감소하게 되며, 이로 인해 이익잉여금이 음(-)의 값으로 나타날 수 있다. 이처럼 결손금이 발생하면 임의적립금, 기타법정적립금, 이익준비금, 자본잉여금의 순으로 결손금의 보전에 이용된다.

# 연습문제

**01 회계상 자본의 개념이 아닌 것은?**

① 소유주지분 ② 채권자지분
③ 잔여지분 ④ 순자산

**02 다음 중 자본금이 증가하는 거래는?**

① 주식분할 ② 현금배당
③ 주식배당 ④ 이익잉여금의 적립

**03 기업이 20%의 주식배당을 선언한 경우, 자본금과 이익잉여금, 자본에 미치는 영향은?**

① 자 본 금 - 증가 이익잉여금 - 불변 자 본 - 감소
② 자 본 금 - 감소 이익잉여금 - 불변 자 본 - 증가
③ 자 본 금 - 불변 이익잉여금 - 감소 자 본 - 증가
④ 자 본 금 - 증가 이익잉여금 - 감소 자 본 - 불변

**04 다음 자료를 이용하여 계산한 ㈜미래의 자본은 얼마인가?**

재무상태표

㈜미래 20×1. 12. 31 (단위 : 원)

| 자 산 | | 부 채 | |
|---|---|---|---|
| 현금및현금성자산 | 100,000 | 매입채무 | 500,000 |
| 매출채권 | 1,000,000 | 미지급비용 | 100,000 |
| 재고자산 | 500,000 | 미지급금 | 600,000 |
| 유형자산 | 2,000,000 | 장기차입금 | 200,000 |
| 무형자산 | 1,000,000 | 자 본 | |
| | 4,600,000 | | 4,600,000 |

① ₩1,400,000 ② ₩3,000,000
③ ₩3,200,000 ④ ₩4,600,000

**05** **다음 자료는 20×1년 12월 31일 ㈜미래의 시산표에 요약된 계정잔액이다. 자본의 합계액은 얼마인가?**

| | |
|---|---:|
| ■ 보통주자본금(액면 ₩1,000) | ₩30,000,000 |
| ■ 우선주자본금(액면 ₩1,000) | 20,000,000 |
| ■ 자기주식(700주) | 6,860,000 |
| ■ 주식발행초과금(보통주) | 8,750,000 |

① ₩57,610,000
② ₩51,890,000
③ ₩35,140,000
④ ₩26,390,000

**06** **다음 중 형식적 감자는 어느 것인가?**

① 이월결손금의 보전
② 주식의 매입소각
③ 주식대금의 환급
④ 이익에 의한 주식배당

**07** **다음 중 총자산이 감소하는 경우는 어느 것인가?**

① 무상증자
② 주식분할
③ 유상감자
④ 주식배당

**08** **20×1년 10월 1일, ㈜미래는 액면가액 ₩5,000인 보통주 200주를 ₩7,500에 발행하였다. ㈜미래의 재무상태표에 표시될 자본총액(총자본)과 자본금은 각각 얼마인가? 추가 거래는 발생하지 않았다.**

① 총자본 ₩1,500,000 자본금 ₩1,500,000
② 총자본 ₩1,500,000 자본금 ₩1,000,000
③ 총자본 ₩1,000,000 자본금 ₩1,000,000
④ 총자본 ₩1,000,000 자본금 ₩ ,500,000

**09** **다음 중 자본을 감소시키는 항목이 아닌 것은 무엇인가?**

① 배당금의 지급 ② 자기주식의 취득
③ 당기순손실 발생 ④ 주식의 할인발행

**10** **다음 중 형식적 증자에 대한 설명으로 틀린 것은?**

① 자본금이 증가한다.
② 주당순자산가액이 감소한다.
③ 총자본이 증가한다.
④ 자본잉여금의 자본전입으로 이루어진다.

**11** **다음 중 혼수자본의 원인이 아닌 것은?**

① 부채의 과소계상 ② 이익의 과대계상
③ 현물출자의 과소평가 ④ 자산의 과대계상

**12** **㈜미래는 20×1년 10월 5일, 자기주식 1,000주를 주당 ₩6,000에 구입하여, 이 중 500주를 20×2년 5월 27일 주당 ₩6,300에 처분하였다. ㈜미래 주식의 시가는 20×1년 12월 31일 주당 ₩6,100, 20×2년 12월 31일 주당 ₩6,500이었다. 20×2년 5월 27일 자기주식처분에 대한 올바른 회계처리는?**

| | 차변 | 금액 | 대변 | 금액 |
|---|---|---|---|---|
| ① | (차) 현 금 | 3,150,000 | (대) 자기주식 | 3,000,000 |
| | | | 자기주식처분이익 | 150,000 |
| ② | (차) 현 금 | 3,250,000 | (대) 자기주식 | 3,050,000 |
| | | | 자기주식처분이익 | 200,000 |
| ③ | (차) 현 금 | 3,150,000 | (대) 자기주식 | 3,250,000 |
| | 자기주식처분손실 | 100,000 | | |
| ④ | (차) 현 금 | 3,150,000 | (대) 자기주식 | 3,050,000 |
| | | | 자기주식처분이익 | 100,000 |

**13** **㈜미래가 이월결손금 ₩5,000,000을 보전하기 위하여 발행주식수 3,000주(액면가 ₩5,000)를 1,500주로 감자한 경우의 회계처리는?**

| | | | | |
|---|---|---|---|---|
| ① (차) 이월결손금 | 7,500,000 | (대) 자 본 금 | 5,000,000 |
| | | 감자차익 | 2,500,000 |
| ② (차) 자 본 금 | 5,000,000 | (대) 이월결손금 | 7,500,000 |
| 감자차손 | 2,500,000 | | |
| ③ (차) 이월결손금 | 5,000,000 | (대) 자 본 금 | 7,500,000 |
| 감자차손 | 2,500,000 | | |
| ④ (차) 자 본 금 | 7,500,000 | (대) 이월결손금 | 5,000,000 |
| | | 감자차익 | 2,500,000 |

**14** **다음 자본항목 중 성격이 다른 하나는?**

① 자기주식처분이익 ② 자기주식처분손실
③ 주식할인발행차금 ④ 미교부주식배당금

**15** **다음 중 이익잉여금의 잔액을 실질적으로 변화시키는 요인으로 볼 수 없는 것은?**

① 당기순이익 ② 이익준비금의 적립
③ 주식배당의 선언 ④ 주식할인발행차금의 상각

**16** **다음 중 자본조정 항목으로 자본에 가산 또는 차감하는 형식으로 보고할 수 없는 항목은?**

① 감자차손 ② 자기주식
③ 미교부주식배당금 ④ 주식발행초과금

**17** **다음 거래 중 총자본의 증가를 가져오는 것은?**

① 자기주식을 액면금액보다 높게 매입한 경우
② 자본잉여금을 자본전입한 경우
③ 주식을 할인발행한 경우
④ 주식배당의 선언

**18** **주식회사 설립을 위해 보통주 4,000주(액면가 @₩5,000)를 주당 ₩5,500에 발행하여, 전액 당좌예입하고, 주식발행에 따른 신주발행비 ₩500,000은 현금으로 지급하였다. 올바른 회계처리는?**

| | | | | | |
|---|---|---|---|---|---|
| ① | (차) 당좌예금 | 55,000,000 | (대) 자 본 금 | 50,000,000 |
| | 창 업 비 | 500,000 | 주식발행초과금 | 5,000,000 |
| | | | 현　　금 | 500,000 |
| ② | (차) 당좌예금 | 55,000,000 | (대) 자 본 금 | 50,000,000 |
| | 신주발행비 | 500,000 | 주식발행초과금 | 5,000,000 |
| | | | 현　　금 | 500,000 |
| ③ | (차) 당좌예금 | 22,000,000 | (대) 자 본 금 | 20,000,000 |
| | | | 주식발행초과금 | 1,500,000 |
| | | | 현　　금 | 500,000 |
| ④ | (차) 당좌예금 | 22,000,000 | (대) 자 본 금 | 20,000,000 |
| | 신주발행비 | 500,000 | 주식발행초과금 | 2,000,000 |
| | | | 현　　금 | 500,000 |

**19** **액면금액 ₩5,000의 자기주식 1,000주를 ₩@4,800에 현금매입한 경우, 자기주식과 관련한 회계처리로 옳은 것은?**

| | | | | |
|---|---|---|---|---|
| ① | (차) 자 본 금 | 5,000,000 | (대) 현　　금 | 4,800,000 |
| | | | 감자차익 | 200,000 |
| ② | (차) 자기주식 | 5,000,000 | (대) 현　　금 | 4,800,000 |
| | | | 감자차익 | 200,000 |
| ③ | (차) 자기주식 | 4,800,000 | (대) 현　　금 | 4,800,000 |
| ④ | (차) 자 본 금 | 4,800,000 | (대) 현　　금 | 4,800,000 |

**20** **주식을 액면금액 이상으로 발행할 경우, 주식발행차금의 회계처리로 옳은 것은?**

① 액면금액과 함께 자본금계정에 기록한다.
② 선수수익으로 기록했다가 일정기간에 걸쳐 수익으로 인식한다.
③ 주식발행 기간에 특별이익으로 보고한다.
④ 주식발행초과금계정에 기록하고 자본잉여금으로 보고한다.

## 21 주식을 액면금액 이하로 발행할 경우, 재무제표상 주식발행차금을 어떻게 보고하여야 하는가?

① 자본금계정에서 차감하는 형식으로 보고한다.
② 선급비용으로 기록했다가 일정기간에 걸쳐 비용으로 인식한다.
③ 주식할인발행차금계정에 기록하고 자본조정으로 보고한다.
④ 주식발행 기간에 비용으로 보고한다.

## 22 현금배당선언일의 회계처리로 옳은 것은?

| | | | | |
|---|---|---|---|---|
| ① | (차) 이익잉여금 | ××× | (대) 현　　금 | ××× |
| ② | (차) 미지급배당금 | ××× | (대) 현　　금 | ××× |
| ③ | (차) 이익잉여금 | ××× | (대) 미지급배당금 | ××× |
| ④ | (차) 이익잉여금 | ××× | (대) 미교부주식배당금 | ××× |

## 23 이익이여금의 처분시 이익준비금의 최소 적립액은 얼마인가?

① 이익배당액의 1/10 이상
② 금전에 의한 이익배당액의 1/10 이상
③ 이익배당액의 1/5 이상
④ 금전에 의한 이익배당액의 1/5 이상

## 24 자본금이 ₩50,000,000인 기업이 현금배당 10%, 주식배당 10%를 결의한 경우, 이익준비금의 최저적립 한도액은 얼마인가?

① ₩500,000　② ₩1,000,000
③ ₩2,000,000　④ ₩5,000,000

## 25 다음 중 적립금에 대한 내용으로 옳은 것은?

① 감가상각누계액　② 부채 추정액
③ 수익 예상액　④ 이익처분 중 기업 내 유보액

**26** **다음 중 비밀적립금의 발생원인이 될 수 있는 것은?**

① 유형자산의 과대상각 ② 재고자산의 과대평가
③ 미지급비용의 과대계상 ④ 선수수익의 과소계상

**27** **주주총회의 결의에 따라 당기분 배당액 ₩7,000,000 중 ₩4,000,000을 금전배당한 경우, 설정해야 할 이익준비금의 법정한도액은?**

① ₩400,000 ② ₩800,000
③ ₩1,000,000 ④ ₩2,000,000

**28** **다음 자본관련 거래 중 총자산의 감소가 일어나는 경우는 어느 것인가?**

① 주식분할 ② 유상감자
③ 주식배당 ④ 이익준비금 적립

**29** **㈜미래는 20×1년 1월 1일 액면가 ₩5,000인 보통주 1,000주를 주당 ₩6,000에 발행하여 회사를 설립하였다. 20×1년 1월 20일, 자기주식 200주를 주당 ₩7,000에 취득하고, 1월 28일 자기주식 100주를 주당 ₩8,500에 처분하였다. 자기주식의 처분이 ㈜미래의 자본잉여금이나 이익잉여금에 미치는 영향으로 옳은 것은?**

① 자본잉여금 ₩150,000 감소 ② 이익잉여금 ₩150,000 감소
③ 자본잉여금 ₩150,000 증가 ④ 이익잉여금 ₩150,000 증가

**30** **주식분할과 주식배당의 영향으로 옳은 것은?**

| | 주식분할 | 주식배당 |
|---|---|---|
| ① 유통주식수 | 증가 | 증가 |
| ② 이익잉여금 | 변동없음 | 변동없음 |
| ③ 주당 액면금액 | 감소 | 증가 |
| ④ 총자본 | 증가 | 감소 |

**31** 다음은 ㈜미래의 자본관련 계정들이다. ㈜미래의 자본총액은 얼마인가?

| | | | |
|---|---|---|---|
| ■ 자기주식 | ₩ 13,000 | ■ 이익준비금 | ₩100,000 |
| ■ 주식발행초과금 | ₩ 57,000 | ■ 감자차손 | ₩ 25,000 |
| ■ 자기주식처분이익 | ₩ 80,000 | ■ 자본금 | ₩500,000 |
| ■ 미교부주식배당금 | ₩ 10,000 | ■ 사업확장적립금 | ₩ 18,000 |

① ₩727,000 ② ₩777,000
③ ₩753,000 ④ ₩803,000

**32** 주식배당, 무상증자 및 주식분할에 대한 설명으로 옳지 않은 것은?

① 주식분할을 할 경우, 발행주식수가 증가함에 따라 자본금이 증가한다.
② 무상증자를 할 경우, 총자본에는 변화가 없다.
③ 무상증자의 경우에는 주식 액면금액에 변화가 없지만, 주식분할의 경우에는 주식의 액면금액이 감소한다.
④ 주식배당의 경우 이익잉여금이 감소하지만, 무상증자나 주식분할의 경우에는 이익잉여금에 변화가 없다.

## 기출문제

**01 다음 중 자본잉여금 항목에 포함되는 것을 모두 고른 것은?** (전산회계1급 120회, 2025)

| | |
|---|---|
| 가. 미처분이익잉여금 | 나. 이익준비금 |
| 다. 매도가능증권평가이익 | 라. 감자차익 |

① 라　　② 나, 다
③ 가, 나, 다　　④ 가, 나, 다, 라

**02 다음 중 자본의 구분이 다른 것은?** (전산회계1급 119회, 2025)

① 주식할인발행차금　　② 자기주식처분손실
③ 자기주식처분이익　　④ 미교부주식배당금

**03 다음 중 자본에 대한 설명으로 틀린 것은?** (전산회계1급 118회, 2025)

① 신주발행비는 당기손익(비용)으로 처리한다.
② 주식의 할증발행시 증가하는 자본금은 주식의 액면발행 시 증가하는 자본금과 동일하다.
③ 자본은 자본거래와 손익거래로 분류된다.
④ 주식발행초과금은 자본잉여금으로 분류한다.

**04 다음의 회계처리로 인한 부채의 증가액은 얼마인가?** (전산회계1급 117회, 2024)

회사는 현금배당을 하기로 하였으며, 아래와 같이 회계처리하였다.

| | | | |
|---|---|---|---|
| (차) 이익잉여금 | 220,000원 | (대) 미지급배당금 | 200,000원 |
| | | 법정적립금 | 20,000원 |

① 부채 220,000원 증가　　② 부채 200,000원 증가
③ 부채 90,000원 증가　　④ 부채 100,000원 증가

## 05 다음 중 자본에 대한 설명으로 옳지 않은 것은? (전산회계1급 117회, 2024)

① 이익잉여금을 자본 전입하는 주식배당 시, 자본금은 증가하고 이익잉여금은 감소한다.
② 주식발행초과금은 주식의 발행가액이 액면가액을 초과하는 경우 그 초과금액을 말한다.
③ 기말 재무상태표상 미처분이익잉여금은 당기 이익잉여금의 처분사항이 반영되기 전의 금액이다.
④ 주식배당과 무상증자 시 순자산의 증가가 발생한다.

## 06 다음 중 자본에 영향을 미치지 않는 항목은 무엇인가? (전산회계1급 116회, 2024)

① 당기순이익
② 현금배당
③ 주식배당
④ 유상증자

## 07 다음의 자본 항목 중 성격이 다른 하나는 무엇인가? (전산회계1급 115회, 2024)

① 자기주식처분이익
② 감자차익
③ 자기주식
④ 주식발행초과금

## 08 다음 중 자본잉여금 항목에 포함되는 것을 모두 고른 것은? (전산회계1급 114회, 2024)

| | |
|---|---|
| 가. 주식발행초과금 | 나. 자기주식처분손실 |
| 다. 주식할인발행차금 | 라. 감자차익 |

① 가, 라
② 나, 다
③ 가, 나, 다
④ 가, 다, 라

**09** **다음은 현금배당에 관한 회계처리이다. 아래의 괄호 안에 각각 들어갈 회계처리 일자로 옳은 것은?** (전산회계1급 114회, 2024)

| | | | | |
|---|---|---|---|---|
| (가) | (차) 이월이익잉여금 | ××× | (대) 이익준비금 | ××× |
| | | | 미지급배당금 | ××× |
| (나) | (차) 미지급배당금 | ××× | (대) 보통예금 | ××× |

| | (가) | (나) |
|---|---|---|
| ① | 회계종료일 | 배당결의일 |
| ② | 회계종료일 | 배당지급일 |
| ③ | 배당결의일 | 배당지급일 |
| ④ | 배당결의일 | 회계종료일 |

**10** **㈜재무는 자기주식 200주(1주당 액면가액 5,000원)를 1주당 7,000원에 매입하여 소각하였다. 소각일 현재 자본잉여금에 감차차익 200,000원을 계상하고 있는 경우 주식소각 후 재무상태표상에 계상되는 감자차손익은 얼마인가?** (전산회계1급 109회, 2023)

① 감자차손 200,000원
② 감자차손 400,000원
③ 감자차익 200,000원
④ 감자차익 400,000원

**11** **㈜한국상사의 2023년 1월 1일 자본금은 50,000,000원(발행주식 수 10,000주, 1주당 액면금액 5,000원)이다. 2023년 10월 1일 1주당 6,000원에 2,000주를 유상증자하였을 경우, 2023년 기말 자본금은 얼마인가?** (전산회계1급 109회, 2023)

① 12,000,000원
② 50,000,000원
③ 60,000,000원
④ 62,000,000원

**12** **자기주식을 취득가액보다 낮은 금액으로 처분한 경우, 다음 중 재무제표상 자기주식의 취득가액과 처분가액의 차액이 표기되는 항목으로 옳은 것은?** (전산회계1급 108회, 2023)

① 영업외비용
② 자본잉여금
③ 기타포괄손익누계액
④ 자본조정

**13** **다음 중 계정과목과 자본 항목의 분류가 올바르게 연결된 것은?** (전산회계1급 107회, 2023)

① 주식발행초과금 : 이익잉여금 ② 자기주식처분손실 : 자본조정

③ 자기주식 : 자본잉여금 ④ 매도가능증권평가손익 : 자본조정

**14** **다음 중 자기주식과 관련하여 일반기업회계기준의 내용으로 맞지 않는 것은?** (전산세무1급 120회, 2025)

① 기업이 매입 등을 통하여 취득하는 자기주식은 취득원가를 자기주식의 과목으로 하여 자본조정으로 회계처리한다.

② 자기주식을 처분하는 경우 처분금액이 장부금액보다 크다면 그 차액을 자기주식처분이익으로 하여 자본잉여금으로 회계처리한다.

③ 처분금액이 장부금액보다 작다면 그 차액을 자기주식처분이익의 범위 내에서 상계처리하지 않고 자본조정의 자기주식처분손실로 회계처리한다.

④ 이익잉여금(결손금) 처분(처리)으로 상각되지 않은 자기주식처분손실은 향후 발생하는 자기주식처분이익과 우선적으로 상계한다.

**15** **다음 중 주식 수와 자본총계의 변동에 대한 설명으로 옳지 않은 것은?** (전산세무2급 120회, 2025)

| 구 분 | 주 식 수 | 자본총계 |
|---|---|---|
| ① 주식분할 | 증 가 | 변동없음 |
| ② 주식배당 | 증 가 | 증 가 |
| ③ 자기주식 취득 | 변동없음 | 감 소 |
| ④ 유상증자 | 증 가 | 증 가 |

**16** **다음 중 자본에 대한 설명으로 틀린 것은?** (전산세무1급 119회, 2025)

① 자본은 기업의 자산에서 모든 부채를 차감한 후의 잔여지분을 말한다.

② 주식을 이익으로 소각하는 경우에는 소각하는 주식의 취득원가에 해당하는 이익잉여금을 증가시킨다.

③ 자기주식 처분 시 처분금액이 장부금액보다 크면 자본잉여금으로 회계처리한다.

④ 현금으로 배당결의를 하는 경우 배당액은 이익잉여금에서 차감한다.

## 17 다음 중 자본에 대한 설명으로 가장 옳지 않은 것은? (전산세무1급 116회, 2024)

① 자본은 기업활동으로부터의 손실 및 소유자에 대한 배당으로 인한 주주지분 감소액을 차감한 내용을 포함하고 있다.
② 이익잉여금(결손금) 처분(처리)으로 상각되지 않은 주식할인발행차금은 향후 발생하는 주식발행초과금과 우선적으로 상계한다.
③ 기업이 현물을 제공받고 주식을 발행한 경우에는 제공받은 현물의 공정가치를 주식의 발행금액으로 하는 것이 원칙이다.
④ 지분상품을 발행하거나 취득하는 과정에서 발생하는 자본거래 비용과 중도에 포기한 자본거래 비용은 주식발행초과금에서 차감하거나 주식할인발행차금에 가산한다.

## 18 다음 중 자본에 대한 설명으로 옳지 않은 것은? (전산세무2급 116회, 2024)

① 유상증자 시 주식이 할인발행된 경우 주식할인발행차금은 자본조정으로 계상한다.
② 신주발행비는 손익계산서상의 당기 비용으로 처리한다.
③ 주식분할의 경우 주식수만 증가할 뿐 자본금에 미치는 영향은 발생하지 않는다.
④ 무상감자는 주식소각 대가를 주주에게 지급하지 않으므로 형식적 감자에 해당한다.

## 19 주식을 발행한 회사의 입장에서 주식배당을 하는 경우, 다음 중 그 효과로 적절한 것은? (전산세무1급 115회, 2024)

① 미지급배당금만큼 부채가 증가한다.
② 자본금은 증가하지만 이익잉여금은 감소한다.
③ 자본총액이 주식배당액만큼 감소하며, 회사의 자산도 동일한 금액만큼 감소한다.
④ 자본 항목간의 변동은 없으므로 주식배당은 회계처리를 할 필요가 없다.

## 20 다음 중 자본에 관한 설명으로 옳지 않은 것은? (전산세무1급 114회, 2024)

① 재무상태표상의 자본조정에는 감자차손, 주식할인발행차금, 자기주식이 포함된다.
② 자기주식을 취득하는 경우 액면금액을 자기주식의 과목으로 하여 자본조정으로 회계처리한다.
③ 자기주식처분이익이 발생한 경우 자본조정의 자기주식처분손실의 범위 내에서 상계처리하고, 미상계된 잔액은 자본잉여금의 자기주식처분이익으로 회계처리한다.
④ 자기주식 소각 시 취득원가가 액면금액보다 작은 경우에는 그 차액을 감자차익으로 하여 자본잉여금으로 회계처리한다.

## 21 다음 중 자본에 대한 설명으로 옳지 않은 것은? (전산세무2급 114회, 2024)

① 상법 규정에 따라 자본금의 1/2에 달할 때까지 금전에 의한 이익배당액의 1/10 이상의 금액을 이익준비금으로 적립하여야 한다.
② 주식배당을 하면 자본금 계정과 자본총액은 변하지 않는다.
③ 자본은 주주의 납입자본에 기업활동을 통하여 획득하고 기업의 활동을 위해 유보된 금액을 가산하고, 기업활동으로 인한 손실 및 소유자에 대한 배당으로 인한 주주지분 감소액을 차감한 잔액이다.
④ 현금으로 배당하는 경우에는 배당액을 이익잉여금에서 차감한다.

## 22 다음 중 자본조정 항목은 몇 개인가? (전산세무1급 110회, 2023)

| | | | |
|---|---|---|---|
| • 감자차손 | • 해외사업환산이익 | • 매도가능증권평가손실 | • 미처리결손금 |
| • 감자차익 | • 주식할인발행차금 | • 자기주식처분손실 | • 자기주식 |

① 1개 ② 2개
③ 3개 ④ 4개

## 23 다음 중 자본에 대한 설명으로 가장 옳지 않은 것은? (전산세무2급 110회, 2023)

① 자본금은 기업이 발행한 발행주식총수에 1주당 액면금액을 곱한 금액이다.
② 자본잉여금은 주식발행초과금과 기타자본잉여금(감자차익, 자기주식처분이익 등)으로 구분하여 표시한다.
③ 매도가능증권평가손익은 자본조정 항목으로 계상한다.
④ 미처분이익잉여금은 배당 등으로 처분할 수 있는 이익잉여금을 말한다.

**24** **다음 중 일반기업회계기준상 자본에 관한 설명으로 옳지 않은 것은?** (전산세무1급 109회, 2023)

① 기업이 현물을 제공받고 주식을 발행하는 경우에는 특별한 경우가 아니면 제공받은 현물의 공정가치를 주식의 발행금액으로 한다.
② 지분상품을 발행하거나 취득하는 과정에서 발생한 등록비 및 기타 규제 관련 수수료, 법률 및 회계자문 수수료, 주권인쇄비 및 인지세와 같은 여러 가지 비용은 당기손익으로 인식한다.
③ 청약기일이 경과된 신주청약증거금은 신주납입액으로 충당될 금액을 자본조정으로 회계처리하며, 주식을 발행하는 시점에서 자본금과 자본잉여금으로 회계처리한다.
④ 자본잉여금 또는 이익잉여금을 자본금에 전입하여 기존의 주주에게 무상으로 신주를 발행하는 경우에는 주식의 액면금액을 주식의 발행금액으로 한다.

**25** **다음 중 자본에 대한 설명으로 틀린 것은?** (전산세무2급 109회, 2023)

① 자본은 기업의 자산에서 모든 부채를 차감한 후의 잔여지분을 나타낸다.
② 주식의 발행금액이 액면금액보다 크면 그 차액을 주식발행초과금으로 하여 이익잉여금으로 회계처리한다.
③ 납입된 자본에 기업활동을 통해 획득하여 기업의 활동을 위해 유보된 금액을 가산하여 계산한다.
④ 납입된 자본에 소유자에 대한 배당으로 인한 주주지분 감소액을 차감하여 계산한다.

**26** **다음은 기말 자본의 일부분이다. 기말 재무상태표에 표시될 자본항목과 그 금액으로 틀린 것은?** (전산세무1급 108회, 2023)

| 항목 | 금액 | 항목 | 금액 |
|---|---|---|---|
| • 감자차익 | 500,000원 | • 자기주식처분이익 | 1,000,000원 |
| • 보통주자본금 | 10,000,000원 | • 매도가능증권평가이익 | 300,000원 |
| • 이익준비금 | 1,000,000원 | • 임의적립금 | 500,000원 |
| • 우선주자본금 | 5,000,000원 | • 미교부주식배당금 | 3,000,000원 |

① 자 본 금 15,000,000원
② 자본잉여금 1,500,000원
③ 자본조정 300,000원
④ 이익잉여금 1,500,000원

## 27 다음 중 주식배당에 대한 설명으로 가장 옳지 않은 것은? (전산세무2급 108회, 2023)

① 주식발행 회사의 순자산은 변동이 없으며, 주주 입장에서는 주식 수 및 단가만 조정한다.
② 주식발행 회사의 입장에서는 배당결의일에 미처분이익잉여금이 감소한다.
③ 주식의 주당 액면가액이 증가한다.
④ 주식발행 회사의 자본금이 증가한다.

## 28 다음 중 일반기업회계기준상 자본에 대한 설명으로 틀린 것은? (전산세무1급 107회, 2023)

① 자본금은 법정자본금으로 발행주식수에 액면가액을 곱하여 계산하며, 액면가액을 초과하여 주식을 발행하는 경우 그 액면을 초과하는 금액은 주식발행초과금으로 하여 자본잉여금으로 계상한다.
② 자본잉여금은 증자나 감자 등 주주와의 거래에서 발생하여 자본을 증가시키는 잉여금이다.
③ 주식배당은 미처분이익잉여금을 재원으로 한다.
④ 이익잉여금처분계산서에 표시된 배당은 재무상태표에 부채로 인식한다.

## 29 다음 중 아래 자료의 거래로 변동이 있는 자본 항목끼리 바르게 짝지어진 것은? (전산세무2급 107회, 2023)

| ㈜한국은 자기주식 300주(주당 액면금액 500원)를 주당 600원에 취득하여 200주는 주당 500원에 매각하고, 나머지 100주는 소각하였다. ㈜한국의 자기주식 취득 전 자본 항목은 자본금뿐이다. |
|---|

① 자본금, 자본잉여금
② 자본잉여금, 자본조정
③ 자본금, 자본조정
④ 자본조정, 기타포괄손익누계액

# 해답 및 풀이

## 제1장 사회와 회계

〈연습문제〉

| 1 | ④ | 2 | ④ | 3 | ① | 4 | ③ | 5 | ② | 6 | ④ | 7 | ③ | 8 | ① | 9 | ③ | 10 | ② |
|---|---|---|---|---|---|---|---|---|---|---|---|---|---|---|---|---|---|---|---|

〈기출문제〉

| 1 | ① | 2 | ② | 3 | ④ | | | | | | | | | | | | | | |
|---|---|---|---|---|---|---|---|---|---|---|---|---|---|---|---|---|---|---|---|

1. 신뢰성에 대한 설명이다.
2. 목적적합성의 하위 질적특성으로는 예측가치, 피드백가치, 적시성이 있다.
3. ④ 일반목적의 재무제표 작성을 목적으로 하며 주주, 투자자, 채권자 등이 회계정보이용자이다.
   ① 원가관리회계의 목적이다.
   ② 세무회계의 정보이용자에 해당한다.
   ③ 세무회계의 목적이다.

## 제2장 회계의 이론구조와 재무제표

〈연습문제〉

| 1 | ① | 2 | ④ | 3 | ② | 4 | ② | 5 | ④ | 6 | ① | 7 | ③ | 8 | ③ | 9 | ④ | 10 | ④ |
|---|---|---|---|---|---|---|---|---|---|---|---|---|---|---|---|---|---|---|---|
| 11 | ③ | 12 | ① | 13 | ③ | 14 | ④ | 15 | ① | 16 | ④ | 17 | ② | 18 | ② | 19 | ③ | | |

5. 설비구입자금의 차입은 수익이나 비용이 발생하지 않는 교환거래이다.
6. 건물사용에 대한 대금의 지급은 비용(임차료)을 발생시키는 손익거래이다.
7. 자본은 주식의 발행, 당기순이익이나 순손실의 발생, 배당금 지급으로 증감하나 토지의 취득과는 관련이 없다.
12. 기말자산 ₩7,000,000 - 기말부채 ₩3,250,000 = 기말자본 ₩3,750,000
    총수익 ₩3,120,000 - 총비용 ₩2,500,000 = 순이익 ₩620,000
    기초자본 $x$ + 순이익 ₩620,000 = 기말자본 ₩3,750,000
    기초자본 ₩3,130,000
13. 기본재무제표는 재무상태표, 포괄손익계산서, 자본변동표, 현금흐름표이다.
15. 일정한 기간의 경영성과에 관한 정보를 제공하는 재무보고서는 손익계산서이다.

18 미지급비용(부채)은 재무상태표에 보고된다.

19. 현금흐름표는 현금주의에 따라 작성되는 재무제표이다.

〈기출문제〉

| 1 | ③ | 2 | ③ | 3 | ① | 4 | ③ | 5 | ② | 6 | ① | 7 | ② | 8 | ① | 9 | ② | 10 | ② |
|---|---|---|---|---|---|---|---|---|---|---|---|---|---|---|---|---|---|---|---|
| 11 | ① | 12 | ③ | 13 | ③ | 14 | ③ | 15 | ① | 16 | ① | 17 | ② | 18 | ③ | 19 | ③ | 20 | ② |
| 21 | ② | 22 | ② | 23 | ① | 24 | ② | 25 | ④ | 26 | ④ | 27 | ③ | 28 | ④ | 29 | ② | 30 | ④ |
| 31 | ① | 32 | ③ | 33 | ③ | 34 | ③ | 35 | ① | 36 | ④ | 37 | ② | 38 | ④ | 39 | ② | 40 | ③ |
| 41 | ④ | 42 | ④ | 43 | ④ | 44 | ④ | 45 | ① | 46 | ② | 47 | ① | 48 | ④ | 49 | ④ | 50 | ③ |
| 51 | ③ | 52 | ② | 53 | ① | 54 | ④ | 55 | ① | 56 | ④ | 57 | ③ | 58 | ② | 59 | ② | 60 | ④ |
| 61 | ④ | 62 | ④ | 63 | ① | 64 | ① | 65 | ③ | 66 | ④ | 67 | ① | | | | | | |

1. 매출액-(기초상품재고액+당기상품매입액-기말상품재고액)-세금과공과-퇴직급여 = 영업이익
   = 2,000,000원 - (800,000원 + 500,000원 - 250,000원) - 40,000원 - 90,000원 = 820,000원
2. 비유동부채 = 임대보증금 1,000,000원 + 퇴직급여충당부채 300,000원 = 1,300,000원
3. 발생주의는 현금의 수수에 관계없이 거래가 발생된 시점에서 인식하는 기준을 말하며, 회계의 기본가정에는 해당하지 않는다.
4. 상품매출액에서 상품매출원가와 판매비와관리비를 차감하여 영업이익을 계산한다. 상품매출원가, 감가상각비, 기업업무추진비(접대비)는 영업이익에 영향을 미치나 미수금에 대한 기타의 대손상각비는 영업외비용으로서 영업이익에 영향을 미치지 않는다.
5. 손익계산서는 일정 기간 동안 기업실체의 경영성과에 대한 정보를 제공하는 재무보고서이다.
6. ② 재무상태표에 대한 설명이다.
   ③ 손익계산서에 대한 설명이다.
   ④ 현금흐름표에 대한 설명이다.
7. (1) 기말자산 = 현금(500,000원) + 상품(600,000원) + 외상매출금(500,000원)
   + 기계장치(900,000원) + 임차보증금(200,000원) = 2,700,000원
   (2) 기말부채 = 지급어음(200,000원) + 외상매입금(300,000원) + 미지급금(420,000원)
   = 920,000원
   (3) 기말자본 = 2,700,000원 - 920,000원 = 1,780,000원
   (4) 당기순이익 = 기말자본(1,780,000원) - 기초자본(1,500,000원) = 280,000원
8. 가. 급여 : 판매비와관리비
   나. 광고선전비 : 판매비와관리비
   다. 기부금 : 영업외비용
   라. 이자비용 : 영업외비용
   영업손익에 영향을 미치는 항목은 판매비와관리비 항목이다.
9. 재고자산감모손실과 이자비용은 영업외비용이다. 판매비와관리비 = 5,000,000원 + 500,000원 + 500,000원 + 400,000원 = 6,400,000원
10. 주식할인발행차금: 자본조정
    경상개발비, 교육훈련비: 판매비와관리비
11. 접대비는 판매비와관리비로 분류된다.
12. ③은 영업외비용, ①, ②, ④는 판매비와관리비로 분류된다.
    판매비와관리비는 영업이익에 영향을 미치며, 영업외비용은 영업이익에 영향을 미치지 않는다.
13. 손익계산서는 일정 기간 동안 기업의 경영성과에 대한 정보를 제공하는 재무보고서이다.

15. 손익계산서는 경영성과를 나타낼 뿐 아니라 기업의 미래현금흐름과 수익창출능력 등의 예측에 유용한 정보를 제공한다.
16. 가 : 매출원가, 나 : 매출총이익, 다 : 영업이익, 라 : 법인세비용차감전순이익
17. 임대보증금은 비유동부채에 해당된다. 임차보증금이 비유동자산이다.
18. 여비교통비 4,000,000원+복리후생비 500,000원+감가상각비 550,000원+접대비 1,100,000원 = 6,150,000원
19. 매출원가는 매출액에 대응하는 원가로서, 매출원가의 산출과정은 재무상태표가 아닌 손익계산서 본문에 표시하거나 주석으로 기재한다.
20. 자산과 부채는 원칙적으로 상계하여 표시하지 않는다.
21. 매출총이익 = 매출액 - 매출원가 = 7,000,000원 - 5,000,000원 = 2,000,000원
영업이익 = 매출총이익 - 판매비와관리비 = 2,000,000원 - (급여 500,000원 + 복리후생비 50,000원 + 광고선전비 40,000원 + 접대비 10,000원 + 수도광열비 15,000원) = 1,385,000원
기부금은 영업외비용이다.
22. 재무제표의 작성과 표시에 대한 책임은 경영진에게 있다.
23. 기초자본 = 6,000,000원 - 3,000,000원 = 3,000,000원
기말자본 = 10,000,000원 - 4,000,000원 = 6,000,000원
당기순이익 = 기말자본 - 기초자본 - 추가출자금액 = 6,000,000원 - 3,000,000원 - 2,000,000원 = 1,000,000원
24. 잡손실은 영업외비용에 해당한다.
25. 영업이익이 증가하였음에도 당기순이익이 감소하기 위해서는 영업외수익이 감소하거나 영업외비용이 증가하여야 한다.
유형자산처분손실이 영업외비용이다.
26. 회사부담분 건강보험료는 복리후생비로 회계처리한다.
28. 자기주식처분이익은 재무상태표에 나타난다.
29. 판매비와관리비 = 급여(600,000원) + 접대비(300,000원) + 수도광열비(50,000원) + 세금과공과(80,000원) = 1,030,000원
30. 잉여금은 주주와의 거래에서 발생한 자본잉여금과 영업활동에서 발생한 이익잉여금으로 구분한다.
31. 이자비용과 기부금은 영업외비용이다.
판매비와관리비 = 2,000,000원 + 500,000원 + 600,000원 + 300,000원+ 100,000원 + 270,000원 = 3,770,000원
32. 매도가능증권평가손익은 기타포괄손익으로 보고된다.
33. 매도가능증권평가손익은 자본의 구성 항목 중 기타포괄손익누계액으로 분류되는 계정으로 매도가능증권평가이익이 발생하면 자본과 기타포괄손익누계액이 증가한다.
34. 구매 예약은 회계 항목 어디에도 영향을 미치지 않는다.
35. 제조원가명세서는 재무제표에 포함하지 않는다.
36. 매입 전에 미리 지급한 계약금은 선급금(자산)으로서 '(선급금)자산의 증가 - (현금)자산의 감소'가 올바른 표시이다.
37. 상품권은 상품권 판매 후 해당 상품권을 회수하고 재화를 인도하는 시점에 수익으로 인식한다.
38. [일반기업회계기준 문단 2.44] 손익계산서는 일정 기간 동안 기업의 경영 성과에 대한 정보를 제공하는

보고서이다.

39. 기업의 자금조달방법에 따라 타인자본과 자기자본으로 구분된다. 부채는 타인자본에 해당되며, 타인으로부터 빌린 빚을 말한다.

40. 연구단계에서 발생한 지출은 당기 비용으로 처리한다.

41. 단기차입금은 유동부채에 해당한다.

42. 기업의 주된 영업활동에서 발생하는 매출액은 영업수익이다.

43. 재무제표의 기본가정 중 기간별 보고의 가정이 기말결산정리의 근거가 되는 가정이다.

44. 선수수익은 유동부채 항목이다.

45. 임차보증금은 기타비유동자산으로서 자산계정에 해당한다.

46. (차) 기계장치　27,500,000(자산 증가)　　(대) 미지급금　27,500,000(부채 증가)

47. 재무상태표는 일정 시점 현재 기업이 보유하고 있는 자산과 부채, 그리고 자본에 대한 정보를 제공하는 재무보고서이다.
    일정 기간 동안의 기업의 수익과 비용에 대해 보고하는 보고서는 손익계산서이다.
    일정 기간 동안의 현금의 유입과 유출의 정보를 제공하는 보고서는 현금흐름표이다.
    기업의 자본변동에 관한 정보를 제공하는 재무보고서는 자본변동표이다.

48. 650,000원 = 기초자본 400,000원 + 추가출자 100,000원 - 이익배당액 50,000원 + 당기순이익 200,000원
    기초자본 : 기초자산 900,000원 - 기초부채 500,000원 = 400,000원
    당기순이익 : 총수익 1,100,000원 - 총비용 900,000원 = 200,000원

49. 수익과 비용은 각각 총액으로 보고하는 것을 원칙으로 한다.

50. 자산 : 자산은 과거의 거래나 사건의 결과로서 현재 기업실체에 의해 지배되고 미래에 경제적 효익을 창출할 것으로 기대되는 자원이다.
    부채 : 부채는 과거의 거래나 사건의 결과로 현재 기업실체가 부담하고 있고 미래에 자원의 유출 또는 사용이 예상되는 의무이며, 기업실체가 현재 시점에서 부담하는 경제적 의무이다.
    비용 : 비용은 차손을 포함한다.

51. 용역제공거래의 성과를 신뢰성 있게 추정할 수 없고 발생한 원가의 회수가능성이 낮은 경우에는 수익을 인식하지 않고 발생한 원가를 비용으로 인식한다.

52. 손익계산서는 일정기간의 경영성과를 보고하는 보고서이다.

53. 재화의 소유에 따른 위험과 효익을 가지지 않고 타인의 대리인 역할을 수행하여 재화를 판매하는 경우에는 판매대금 총액을 수익으로 계상하지 않고 판매수수료만 수익으로 인식한다.

54. 당좌차월은 유동부채로 분류하고, 나머지는 당좌자산(현금및현금성자산)으로 분류한다.

55. [일반기업회계기준 제16장 수익 적용사례 16] 입장권 판매 : 행사가 개최되는 시점에 수익으로 인식한다.

56. 정보의 보고시점은 분기, 반기재무제표가 목적적합성의 사례이며, 결산재무제표는 신뢰성의 사례이다.

57. 재무제표의 중요한 항목은 본문이나 주석에 구분하여 표시하며, 중요하지 않은 항목은 성격이나 기능이 유사한 항목으로 통합하여 표시할 수 있다.

58. 사채는 비유동부채이다.

59. 나머지는 모두 목적적합성을 선택한 경우이며, 수익인식방법을 진행기준이 아닌 완성기준으로 선택하는 경우는 신뢰성을 선택한 경우이다.

60. [일반기업회계기준 문단 16.14] 용역제공거래의 성과를 신뢰성 있게 추정할 수 없고 발생한 원가의 회

수가능성이 낮은 경우에는 수익을 인식하지 않고 발생한 원가를 비용으로 인식한다.

61. [일반기업회계기준 '재무회계개념체계' 문단 45] 회계정보의 질적특성 중 목적적합성(적시성)에 대한 설명이다.
62. 종업원의 근무태도를 평가하는 것은 재무상태표의 목적이 아니다.
63. [일반기업회계기준 문단 2.6] 재무제표의 작성과 표시에 대한 책임은 경영진에게 있다.
64. 유동성이 높은 항목부터 배열하는 것을 원칙으로 한다.
65. 자산과 부채는 보고기간 종료일 현재 1년 또는 영업주기를 기준으로 유동과 비유동으로 분류하며, 정상적인 영업주기 내에 판매(소멸)되거나 사용되는 재고자산과 회수(지급)되는 매출채권(매입채무) 등은 보고기간 종료일로부터 1년 이내에 실현되지 않더라도 유동자산(유동부채)으로 분류한다.
66. [일반기업회계기준 사례 10] (2) 수출업무를 대행하는 종합상사는 판매를 위탁하는 회사를 대신하여 재화를 수출하는 것이므로 판매수수료만을 수익으로 계상해야 한다.
    [일반기업회계기준 문단 실16.16] (1) 매출수익 인식시기 : 매출수익은 물품 등을 제공 또는 판매하여 상품권을 회수한 때에 인식하며 상품권 판매시는 선수금(상품권선수금계정 등)으로 처리한다.
    [일반기업회계기준 사례 17] 수강료 : 강의기간에 걸쳐 수익으로 인식한다.
    [일반기업회계기준 사례 8] 대가가 분할되어 수취되는 할부판매 : 이자부분을 제외한 판매가격에 해당하는 수익을 판매시점에 인식한다.
67. 감가상각비는 기간 배분에 따라 비용을 인식하지만, 나머지는 당기에 즉시 비용으로 인식한다.

## 제3장 회계기록의 원리와 절차

**〈연습문제〉**

| 1 | ① | 2 | ③ | 3 | ③ | 4 | ① | 5 | ① | 6 | ① | 7 | ② | 8 | ④ | 9 | ② | 10 | ④ |
|---|---|---|---|---|---|---|---|---|---|---|---|---|---|---|---|---|---|---|---|

2. 자산계정의 감소는 부채계정의 감소, 자본계정의 감소, 자산계정의 증가, 비용계정의 증가와 동시에 발생할 수 있다.
3. 자산과 수익의 증가가 나타나는 거래로, 부채에는 영향을 미치지 않는다.
8. 수익의 인식은 자산계정의 증가, 자본계정의 증가 또는 부채계정의 감소와 동시에 발생한다.
9. 비용의 인식은 자산계정의 감소, 자본계정의 감소 또는 부채계정의 증가와 동시에 발생한다.
10. 회계등식(재무상태표 등식) : 자산 = 부채 + 자본
    자본등식 : 자산 - 부채 = 자본
    시산표등식 : 자산 + 비용 = 부채 + 자본 + 수익

**〈기출문제〉**

| 1 | ③ | 2 | ② | 3 | ② | 4 | ② | 5 | ④ | 6 | ① | 7 | ④ | 8 | ④ | 9 | ④ | 10 | |
|---|---|---|---|---|---|---|---|---|---|---|---|---|---|---|---|---|---|---|---|

1. (차) 당좌예금 ×××(자산의 증가) (대) 받을어음 ×××(자산의 감소)
2. (가) 도서인쇄비 (나) 접대비
3. (차) 외상매입금 ×××(부채의 감소) (대) 보통예금 ×××(자산의 감소)
4. 운임과 숙박비는 여비교통비, 직원 회식대는 복리후생비, 매출거래처 선물대는 접대비로 회계처리한다.

5. 일용직 직원에 대한 수당은 잡급(판)으로 처리한다. 이자수익은 영업외수익으로, 재해손실과 이자비용은 영업외비용으로 처리한다.
6. 보통예금(자산)을 건물(자산)으로 대체하는 거래로서 자본에 영향을 미치지 않는다.
7. 배당금 수익 : 배당금을 받을 권리와 금액이 확정된 날
   상품권 판매 : 상품권을 회수하고 재화를 인도한 시점
   장기할부판매 : 재화의 인도 시점
8. ①, ③ 재무상태표에만 영향을 미치는 오류
   ② 손익계산서에만 영향을 미치는 오류
9. 가. 성격이 비슷한 항목에 통합하여 표시할 수 있다.
   다. 회사가 채권과 채무를 상계할 수 있는 법적권리를 가지고 있고, 채권과 채무를 차액으로 결제하거나 동시에 결제할 의도가 있다면 상계하여 표시한다.

## 제4장 재무제표의 작성

**〈연습문제〉**

| 1 | ② | 2 | ① | 3 | ① | 4 | ② | 5 | ③ | 6 | ④ | 7 | ① | 8 | ② | 9 | ④ | | |
|---|---|---|---|---|---|---|---|---|---|---|---|---|---|---|---|---|---|---|---|

1. 집합손익계정 차변에는 비용계정, 대변에는 수익계정이 마감된다.
2. 결산시 장부마감 대상이 되는 계정은 수익과 비용, 집합손익계정이다.
3. (차) 소모품비 750 (대) 소 모 품 750
4. 기말 현재 지급하지 못한 급여의 수정분개를 수행하지 않은 경우, 비용(급여)과 부채(미지급급여)의 과소계상, 당기순이익과 자본(이익잉여금)의 과대계상이 예상된다.
5. 당기임차료 ₩50,000

임 차 료

| 8/1 | 120,000 | 12/31 | 70,000 |
|---|---|---|---|

9. 감가상각누계액은 재무상태표 항목으로 마감분개의 대상이 아니다.

**〈기출문제〉**

| 1 | ④ | 2 | ③ | 3 | ④ | 4 | ① | 5 | ③ | 6 | ② | 7 | ④ | 8 | ② | 9 | ① | 10 | ① |
|---|---|---|---|---|---|---|---|---|---|---|---|---|---|---|---|---|---|---|---|
| 11 | ③ | 12 | ③ | 13 | ② | 14 | ① | 15 | ③ | 16 | ① | | | | | | | | |

1. ① 수익의 이연 ② 비용의 이연 ③ 수익의 발생 ④ 비용의 발생
2. 자산처리 시 소모품 사용금액이 분개대상금액이 된다. 소모품 처리액 1,500,000원 - 미사용액 300,000원 = 사용액 1,200,000원
   따라서 (차) 소모품비 1,200,000원 (대) 소 모 품 1,200,000원이다.
3. 2025년 3월 1일 (차) 소모품비 400,000원 (대) 현 금 400,000원
   2025년 12월 31일 (차) 소 모 품 150,000원 (대) 소모품비 150,000원
   구입시 비용처리하면 결산시 미사용액이 분개 대상 금액이 된다.

4. 미수이자에 대한 회계처리를 한다. 4개월(2025년 9월 ~ 12월)
3,000,000원 × 10% × 4/12 = 100,000원
5. 보험료 차기이월액에 대한 회계처리를 한다.
차기 이월분 : 1,200,000원 × 9/12 = 900,000원(선급비용)
6. 결산분개 : (차) 미수수익 75,000원 (대) 이자수익 75,000원
* 경과분 이자 : 15,000,000원 × 3% × 2개월/12개월 = 75,000원
따라서, 이자수익 75,000원이 과소계상되어 당기순이익 75,000원이 과소계상된다.
7. 소모품 처리액 2,000,000원 - 미사용액 450,000원 = 사용액 1,550,000원
따라서 (차) 소모품비 1,550,000원 (대) 소모품 1,550,000원
8. ① 수익의 발생, ② 비용의 이연, ③ 수익의 이연, ④ 비용의 발생
9. (차) 소모품 200,000원 (대) 소모품비 200,000원
10. 결산분개 : (차) 미수수익 50,000원 (대) 이자수익 50,000원
* 경과분 이자: 10,000,000원 × 3% × 2개월/12개월 = 50,000원
따라서, 수익 50,000원이 과소계상되어 당기순이익 50,000원이 과소계상된다.
11. ① 비용의 이연, ② 수익의 계상, ③ 수익의 이연, ④ 비용의 계상
12. 수정 후 당기순이익 : 200,000원 + 20,000원 - 30,000원 = 190,000원
13. ① (차) 선급보험료 ××× (대) 보험료 ××× (당기순이익 증가)
② (차) 이자수익 ××× (대) 선수수익 ××× (당기순이익 감소)
③ (차) 미수수익 ××× (대) 임대료수익 ××× (당기순이익 증가)
④ (차) 소모품 ××× (대) 소모품비 ××× (당기순이익 증가)
14. 상품매출원가 = 기초상품재고액 1,100,000원 + 당기총상품매입액 4,550,000원
-기말상품재고액 2,300,000원 = 3,350,000원
결산분개 : (차) 상품매출원가 3,350,000원 (대) 상품 3,350,000원
15. 순매출액 : 총매출액 500,000원 - 매출할인 10,000원 = 490,000원
매출원가 : 기초재고 50,000원+(당기총매입액 300,000원 - 매입에누리 20,000원) = 330,000원
판매비와관리비 : 급여 20,000원+통신비 5,000원+감가상각비 10,000원+임차료 25,000원
=60,000원
영업이익 : 순매출액 490,000원 - 매출원가 330,000원 - 판매비와관리비 60,000원 = 100,000원
이자비용과 유형자산처분손실은 영업외비용, 배당금수익은 영업외수익이다.
16. 예약판매계약 : 공사결과를 신뢰성 있게 추정할 수 있을 때에 진행기준을 적용하여 공사수익을 인식한다.
할부판매 : 이자부분을 제외한 판매가격에 해당하는 수익을 판매시점에 인식한다. 이자부분은 유효이자율법을 사용하여 가득하는 시점에 수익으로 인식한다.
위탁판매 : 위탁자는 수탁자가 해당 재화를 제3자에게 판매한 시점에 수익을 인식한다.

## 제5장 재고자산(Ⅰ) - 수량의 결정

〈연습문제〉

| 1 | ④ | 2 | ③ | 3 | ① | 4 | ③ | 5 | ③ | 6 | ③ | 7 | ④ | 8 | ④ | 9 | ② | 10 | ② |
|---|---|---|---|---|---|---|---|---|---|---|---|---|---|---|---|---|---|---|---|

1. 매출원가 = 매출액 × 60% = ₩450,000
   매출액 = ₩750,000, 매출총이익 = ₩300,000
3. 매출원가 = 기초재고액 + 당기매입액 - 기말재고액 = 판매가능액 - 기말재고액
   매출원가 = 매출액 - 매출총이익
4. 선적지인도조건으로 상품을 매입하는 경우, 매입 운송비는 상품의 매입원가에 가산한다.
5. 도착지인도조건의 미착상품은 판매자, 선적지인도조건의 미착상품은 매입자의 재고자산에 포함시킨다.
7. 기말재고자산이 과소계상될 경우, 매출원가는 과대, 당기순이익은 과소계상되며, 차기의 기초재고자산이 과소계상되어 매출원가는 과소, 순이익은 과대계상된다.
8. 20×1년 : 기말재고 과대계상 ₩2,000, 매출원가 ₩2,000 과소계상
   기초재고액 ₩35,000 + 순매입액 ₩50,000 - 기말재고액 ₩25,000 + 과소계상 ₩2,000 = ₩62,000
   20×2년 : 기초재고 과대계상 ₩2,000, 매출원가 ₩2,000 과대계상, 기말재고 과소계상 ₩1,000, 매출원가 ₩1,000 과대계상
   기초재고액 ₩25,000 + 순매입액 ₩75,000 - 기말재고액 ₩30,000 - 과대계상 ₩2,000 - 과대계상 ₩1,000 = ₩67,000
9. 20×3년 : 기초재고 과소계상 ₩1,000, 매출원가 ₩2,000 과소계상
   기초재고액 ₩30,000 + 순매입액 ₩40,000 - 기말재고액 ₩20,000 + 과소계상 ₩1,000 = ₩51,000
10. 당기순매입 = 매입 + 매입운임 + 매입관련보험료 - 매입환출 - 매입에누리
    = ₩600,000 + ₩15,000 + ₩6,000 - ₩3,000 - ₩3,000 = ₩615,000
    매출원가 = ₩300,000 + ₩615,000 - ₩200,000 = ₩715,000

〈기출문제〉

| 1 | ② | 2 | ① | 3 | ④ | 4 | ② | 5 | ② | 6 | ② | 7 | ② | 8 | ④ | 9 | ② | 10 | ② |
|---|---|---|---|---|---|---|---|---|---|---|---|---|---|---|---|---|---|---|---|
| 11 | ① | 12 | ① | 13 | ① | 14 | ② | 15 | ③ | 16 | ② | 17 | ③ | 18 | ③ | 19 | ③ | | |

1. 매출액(7,000,000원) - 매출총이익(2,100,000원) = 매출원가(4,900,000원)
   기초상품재고액(1,000,000원) + 매입액(5,000,000원) - 매출원가(4,900,000원) = 기말상품재고액(1,100,000원)
2. 매입에누리는 매입한 상품에 하자나 파손이 있는 경우 가격을 할인 받는 것이고, 매입할인은 상품의 구매자가 판매대금을 조기에 지급하는 경우 약정에 의해 할인 받는 것이다.
3. 매출총이익 = 매출액 - 매출원가
   = 90,000원 - 40,000원* = 50,000원
   * 매출원가 = (200개 × 100원) + (100개 × 200원) = 40,000원

4. 순매출액(5,000,000원) - 매출총이익(800,000원) = 매출원가(4,200,000원)
기초상품재고액(500,000원) + 순매입액(4,000,000원) - 매출원가(4,200,000원)
= 기말상품재고액(300,000원)
5. 실지 재고액 20,000,000원+선적지 인도조건 5,000,000원+위탁품(적송품) 3,000,000원(수탁자가 판매 시 수익/비용을 인식한다)=28,000,000원
단, 상품권은 상품권 회수 시점에 재고자산 제외
6. 상품매출원가 : 기초재고액 1,000,000원+당기상품매입액 2,000,000원-기말재고액 500,000원=2,500,000원
매출총이익 : 상품판매액 5,000,000원-상품매출원가 2,500,000원=2,500,000원
7. 취득원가에 매입부대비용은 포함된다.
8. 병원 사업장소재지의 토지 및 건물은 병원의 유형자산이다.
9. 시용판매의 경우에는 소비자가 매입의사를 표시하는 시점에 수익을 인식한다.
10. 기말재고자산을 실제보다 과대계상한 경우, 매출원가가 실제보다 과소계상되고, 매출총이익 및 당기순이익은 과대계상되어 자본총계도 과대계상된다.
11. 예약판매계약 : 공사결과를 신뢰성 있게 추정할 수 있을 때에 진행기준을 적용하여 공사수익을 인식한다.
할부판매 : 이자부분을 제외한 판매가격에 해당하는 수익을 판매시점에 인식한다. 이자부분은 유효이자율법을 사용하여 가득하는 시점에 수익으로 인식한다.
위탁판매 : 위탁자는 수탁자가 해당 재화를 제3자에게 판매한 시점에 수익을 인식한다.
12.

상품계정

| | | | |
|---|---|---|---|
| 기초재고 | 80,000원 | 매출원가 | 190,000원 |
| 당기매입액 | 240,000원 | | |
| 매입환출 | (-)40,000원 | 타계정대체 | 10,000원 |
| 매입할인 | (-)30,000원 | 기말재고 | 50,000원 |
| 차변 합계 | 250,000원 | 대변 합계 | 250,000원 |

13. [일반기업회계기준 제7장 재고자산]
(1) 도착지 인도조건의 경우 상품 등이 도착하는 시점에 소유권이 이전되기 때문에 기말 현재 운송 중인 미착품은 판매자(거래상대방)의 재고자산에 포함된다.
(2) 담보로 제공한 저당상품은 저당권이 실행되어 소유권이 이전되기 전까지는 담보제공자(당사)가 소유권을 가지고 있으므로 기말재고자산에 포함된다.
(3) 시송품은 고객이 구매의사를 표시하기 전까지는 판매된 것이 아니므로, 기말 현재 구매의사표시가 없는 시송품은 판매자(당사)의 재고자산에 포함된다.
(4) 할부판매일 경우 인도하는 시점에 소유권이 이전되기 때문에 할부판매된 상품은 대금이 아직 회수되지 않았더라도 판매자의 재고자산에 포함되지 않는다.
∴ 기말재고자산에 포함해야 할 금액 : 6,000,000원+3,000,000원=9,000,000원
14. 시용판매를 위하여 고객에게 인도한 상품은 고객의 매입의사 표시 시점에 소유권이 이전되므로 기말재고에 포함한다. 할부판매계약에 따라 인도한 상품은 인도 시점에 대금을 모두 회수하지 않더라도 재화가 인도되었으므로 기말재고에서 제외한다.

15. 반품률 추정 불가 상품 2,000,000원+고객이 구매의사표시를 하지 않은 시송품 2,000,000원+담보제공 저당상품 9,000,000원+선적지 인도조건으로 매입한 미착상품 4,000,000원=17,000,000원
16. 창고 보관 기말재고 20,000,000원+미착매입재고 4,000,000원+미판매 적송품 3,000,000원×60%+구매의사 미표시 시용매출상품 2,000,000원-미판매 수탁상품 5,000,000원 =22,800,000원
17. 선적지인도조건 1,000,000원+도착지인도조건 3,000,000원+담보제공저당상품 5,000,000원 = 9,000,000원
18. 매출액 200,000원-매출원가 80,000원= 120,000원
매출원가=기초상품재고액 30,000원+당기매입액 100,000원-기말상품재고액 50,000원=80,000원
정상적 감모손실은 원가성이 있다고 판단하여 매출원가로 처리한다.
19. 가전제품 판매업자가 가전제품을 홍보하기 위하여 지출한 광고비는 재고자산 취득 후에 발생하는 판매관리비 성격의 비용으로 취득원가에 포함되지 않는다.

## 제6장 재고자산(II) - 재고자산의 평가

〈연습문제〉

| 1 | ④ | 2 | ③ | 3 | ④ | 4 | ③ | 5 | ② | 6 | ① | 7 | ④ | 8 | ① | 9 | ① | 10 | ② |
|---|---|---|---|---|---|---|---|---|---|---|---|---|---|---|---|---|---|---|---|
| 11 | ② | | | | | | | | | | | | | | | | | | |

1. 기말재고액 = (400개×@₩700) + (100개×@₩600) = ₩340,000
2. 기말재고액 = (400개×@₩700) + (100개×@₩450) = ₩325,000
5. 재고자산평가손실은 매출원가에 가산한다.
6. 판매가능액 ₩78,000 - 장부상 기말재고액 ₩15,000 + 정상감모 ₩450 = ₩63,450
판매가능액 ₩78,000 - 실사된 기말재고액 ₩13,500 - 비정상감모 ₩1,050 = ₩63,450
7. 매출원가 = 매출액 ₩1,500,000 × 75%= ₩1,125,000
기초재고액 ₩400,000 + 매입액 ₩1,000,000 - 기말재고액 x = 매출원가 ₩1,125,000
추정 기말재고액 ₩275,000 - 보유 재고자산 ₩47,000 = 재고자산손실 ₩228,000
8. 매출원가 = 순매출액 ₩200,000 × 70%= ₩140,000
판매가능액 ₩180,000 - 기말재고액 x = 매출원가 ₩140,000
기말재고액 = ₩40,000
9. 기말재고(판매가) = ₩14,000 + ₩50,000 - ₩54,000 = ₩10,000

$$\text{원가율} = \frac{\text{원 가}}{\text{판매가}} = \frac{\text{기초재고액 ₩12,000+순매입액 ₩36,000}}{\text{기초재고액 ₩14,000+순매입액 ₩50,000}} = 75\%$$

기말재고(원가) = ₩10,000 × 75%= ₩7,500
매출원가 = 기초재고액 ₩12,000 + 순매입액 ₩36,000 - 기말재고 ₩7,500 = ₩40,500
11. 위탁상품에 가산된 이익 ₩6,000 + 미착매입상품 ₩12,000 + 수탁상품 ₩9,000 = ₩27,000

〈기출문제〉

| 1 | ③ | 2 | ① | 3 | ③ | 4 | ② | 5 | ① | 6 | ① | 7 | ① | 8 | ② | 9 | ① | 10 | ② |
|---|---|---|---|---|---|---|---|---|---|---|---|---|---|---|---|---|---|---|---|
| 11 | ④ | 12 | ② | 13 | ② | 14 | ④ | 15 | ① | 16 | ① | 17 | ① | 18 | ① | | | | |

1. 기말재고 = (100개 × 1,300원) + (300개 × 1,200원) = 130,000원 + 360,000원 = 490,000원
2. 물가가 계속 상승하고 재고자산의 수량이 일정하게 유지된다는 가정 하에서 매출원가의 크기는 다음과 같다.
   선입선출법 〈 이동평균법 ≦ 총평균법 〈 후입선출법
3. 총평균단가 = (월초상품재고액 + 당월매입액) ÷ (월초상품수량 + 당월매입수량)
   = (30,000원 + 100,000원 + 80,000원) ÷ (300개 + 500개 + 200개) = 210원
   12월 말 상품재고액 = 월말상품수량 × 총평균단가
   = (1,000개 - 400개) × 210원 = 126,000원
4. 기말재고 = 100개 × 1,200원 = 120,000원
5. 상품매출원가 : 기초 재고 100개 중 100개(개당 매입가 100원) 판매 + 당기 매입 70개 중 40개(개당 매입가 110원) 판매 = 10,000원 + 4,400원 = 14,400원
6. [일반기업회계기준 문단 7.4] 재고자산은 취득원가를 장부금액으로 한다. 다만, 시가가 취득원가보다 낮은 경우에는 시가를 장부금액으로 한다(저가법).
7. 300,000원(실사금액) + 20,000원(주1) - 30,000원(주2) = 290,000원
   (주1)일반기업회계기준 실7.5(문단7.3)의 (1) 미착상품 : 목적지 인도조건인 경우에는 상품이 목적지에 도착하여 매입자가 인수한 시점에 소유권이 매입자에게 이전되기 때문에 매입자의 재고자산에 포함하지 않는다.
   (주2)일반기업회계기준 실7.5(문단7.3)의 (3) 적송품 : 적송품은 수탁자가 제3자에게 판매하기 전까지는 위탁자의 재고자산에 포함한다.
8. 원가 흐름의 가정 중 선입선출법은 먼저 입고된 자산이 먼저 출고된 것으로 가정하여 입고 일자가 빠른 원가를 출고 수량에 먼저 적용한다. 선입선출법은 실제 물량 흐름과 원가 흐름의 가정이 유사하다는 장점이 있으나, 수익·비용 대응의 원칙에 부적합하고, 물가 상승시 이익이 과대 계상되는 단점이 있다.
9. 매출 시점에 실제 취득원가를 기록하여 매출원가로 대응시켜 원가 흐름을 가장 정확하게 파악할 수 있는 재고자산의 단가 결정 방법은 개별법이다.
10. 재고자산의 매입원가는 매입금액에 매입운임, 하역료 및 보험료 등 취득과정에서 정상적으로 발생한 부대비용을 가산한 금액이다. 매입과 관련된 할인, 에누리 및 기타 유사한 항목은 매입원가에서 차감한다.
11. 재고자산평가손실 1,000,000원 = 비누(취득원가 75,000원 - 순실현가능가치 65,000원) × 100개
    세제의 경우 평가이익에 해당하나 최초의 취득가액을 초과하는 이익은 저가법상 인식하지 않는다.
12. 계속기록법과 실지재고조사법을 통해 기말재고자산의 수량을 결정한다.
13. 후입선출법은 일반적인 물량흐름과 일치하지 않는다.
14. 물가가 상승하는 경우 기말재고액은 선입선출법이 가장 크고 후입선출법이 가장 작으며, 매출원가는 후입선출법이 가장 크고 선입선출법이 가장 작다.
15. 상품 : 700개 × 2,500원/개 = 1,750,000원
    제품 : 2,100개 × 4,000원/개 = 8,400,000원
    재공품 : 1,000개 × 800원/개 = 800,000원

16. 매출원가 : 매출액×(1 - 매출총이익률) = 78,000,000원×(1 - 10%) = 70,200,000원
    파손 시점 기말재고 추산액 : 23,000,000원 + 56,000,000원 - 70,200,000원 = 8,800,000원
    재고자산 피해액 : 8,800,000원 - 1,800,000원 = 7,000,000원
17. 실제 물량 흐름과 원가흐름이 대체로 일치하는 것은 선입선출법에 대한 설명이다.
18. 물가가 지속적으로 상승하는 경우, 기말재고자산 금액은 후입선출법>총평균법>이동평균법>선입선출법 순으로 커진다.

## 제7장 유동자산

〈연습문제〉

| 1 | ④ | 2 | ② | 3 | ③ | 4 | ④ | 5 | ① | 6 | ① | 7 | ② | 8 | ① | 9 | ③ | 10 | ③ |
|---|---|---|---|---|---|---|---|---|---|---|---|---|---|---|---|---|---|---|---|
| 11 | ② | 12 | ② | 13 | ③ | 14 | ④ | 15 | ④ | | | | | | | | | | |

1. 취득일 기준으로 만기가 3개월 이내인 양도성예금증서는 현금및현금성자산으로 보고한다.
3. 당좌차월은 단기차입금으로 보고한다.
4. 회사측 장부상 당좌예금잔액 ₩12,500 + 미통지예금 ₩6,250 - 어음추심 수수료 ₩700 - 당좌차월이자 ₩500 = ₩17,550
5. ₩20,800(은행예금잔액 증명서상 은행측 잔액 x - 기발행미지급수표 ₩3,000 - 은행측 오류 ₩250 = ₩17,550)
8. ₩800,000 - ₩71,100 = ₩728,900
9. ₩71,100 - ₩40,000 = ₩31,100
11. 대손충당금이 과대계상되는 경우, 대손상각비(비용) 과대계상, 매출채권(자산) 과소계상, 순이익이 과소계상
13. ₩250,000 × 12% × 60/360 = ₩5,000(할인액)
    ₩250,000 - ₩5,000 = ₩245,000
15. 자산, 자본의 감소
    (차) 미 수 금　　4,300,000　　(대) 토　　지　　5,000,000
    　　토지처분손실　700,000

〈기출문제〉

| 1 | ④ | 2 | ① | 3 | ① | 4 | ① | 5 | ① | 6 | ① | 7 | ③ | 8 | ④ | 9 | ③ | 10 | ② |
|---|---|---|---|---|---|---|---|---|---|---|---|---|---|---|---|---|---|---|---|
| 11 | ④ | 12 | ① | 13 | ① | 14 | ④ | 15 | ② | 16 | ④ | 17 | ② | 18 | ② | 19 | ④ | 20 | ④ |
| 21 | ④ | 22 | ④ | 23 | ③ | 24 | ① | 25 | ② | 26 | ③ | 27 | ④ | 28 | ① | 29 | ① | 30 | ② |
| 31 | ④ | 32 | ④ | 33 | ③ | 34 | ① | 35 | ① | 36 | ① | 37 | ② | 38 | ③ | 39 | ③ | 40 | ③ |
| 41 | ① | 42 | ③ | 43 | ① | 44 | ④ | 45 | ④ | | | | | | | | | | |

2. 외상매출금과 받을어음을 통합해서 매출채권으로 표기하며, 매출채권의 대손에 대비하여 대손충당금을 설정할 때 반영하는 계정과목은 대손상각비이다.

3. 전기에 대손 처리한 외상매출금 250,000원을 당기에 보통예금으로 회수하였으므로 차변에 보통예금 250,000원, 대변에 대손충당금 250,000원으로 회계처리한다.

4. 주식을 단기매매증권으로 분류하기 위해서는 시장성과 단기 매매차익 실현 목적이라는
두 가지 조건을 모두 충족하여야 한다. 단기매매증권의 거래수수료는 당기비용으로 처리한다.
(차) 단기매매증권 6,600,000원 (대) 현 금 6,732,000원
수수료비용 132,000원

5. 대손충당금 추가설정액 = 기말대손충당금 - 결산분개 전 대손충당금
= 5,000,000원 × 1% - 10,000원 = 40,000원
(차) 대손상각비 40,000원 (대) 대손충당금 40,000원

6. 단기매매증권처분손익 596,000원 - 800,000원 = (-)204,000원이다.
(차) 보통예금 596,000원 (대) 단기매매증권 800,000원
단기매매증권처분손실 204,000원

7. 1월 1일 : 대변 160,000원은 대손충당금 전기이월액이다.
7월 6일 : 차변 50,000원은 당기 실제 대손발생액에 대한 회계처리 금액이다.
12월 31일 : 차변 130,000원은 당기 외상매출금 기말잔액에 대한 대손추정액이다. 대변 20,000원은 기말 대손충당금 추가설정 금액이다.

8. 상거래에서 발생한 매출채권에 대한 대손상각비는 판매비와관리비로 처리하고, 기타 채권에 대한 기타의대손상각비는 영업외비용으로 처리한다.
단기대여금에 대한 기타의대손상각비 = 3,000,000원 - 1,100,000원 = 1,900,000원

9. 매출채권 : 외상매출금 + 받을어음 = 1,000,000원 + 2,000,000원 = 3,000,000원
대손충당금 : 대손 설정액 = 매출채권 잔액(3,000,000원) × 대손율(2%) = 60,000원

10. (차) 현 금 1,400,000원 (대) 상품매출 3,000,000원
받 을 어 음 600,000원
외상매출금 1,000,000원
매출채권 금액 = 받을어음(600,000원) + 외상매출금(1,000,000원) = 1,600,000원

11. 매도가능증권의 취득원가는 취득금액과 취득수수료의 합계이다. 액면금액은 취득원가와 관련이 없다.
매도가능증권의 취득원가 = (700주 × 8,000원) + 560,000원 = 6,160,000원

12. 주식을 단기매매증권으로 분류하기 위해서는 시장성과 단기 매매차익 실현 목적이라는 두 가지 조건을 모두 충족하여야 한다. 단기매매증권의 거래수수료는 당기비용으로 처리하고, 매도가능증권의 거래수수료는 취득원가에 가산한다.

13. 출장비를 지급하고 그 내역이 확정되지 않은 경우에는 가지급금으로 처리한다.

14. (차) 현 금 500,000원 (대) 상품매출 6,000,000원
받 을 어 음 3,000,000원
외상매출금 2,500,000원
매출채권 금액 = 받을어음(3,000,000원) + 외상매출금(2,500,000원)

15. 상거래에서 발생한 매출채권에 대한 대손상각비는 판매비와관리비로 처리하고, 기타
채권에 대한 기타의대손상각비는 영업외비용으로 처리한다.
단기대여금에 대한 기타의대손상각비 = 2,000,000원 - 800,000원 = 1,200,000원

16. ① 취득원가 : 300,000원 (100주 × 3,000원, 취득수수료는 비용처리)
② 2022년 말 단기매매증권 장부금액은 350,000원 (100주 × 3,500원)
③ 2022년 단기매매증권평가이익 = (3,500원 - 3,000원) × 100주 = 50,000원
④ 2023년 단기매매증권처분이익 = (3,700원 - 3,500원) × 100주 = 20,000원
17. 미수금 = 기초 미수금 + 당기발생 미수금 = 100,000원 + 300,000원 = 400,000원
정수기 외상판매액은 매출채권 계정으로 처리한다.
18. 외상매출액 = 당기매출액 - 현금매출액(1,100,000원 = 1,400,000원 - 300,000원)
당기외상매출액 + 기초매출채권 - 당기매출채권회수액 = 기말매출채권
(1,100,000원 + 600,000원 - 1,300,000원 = 400,000원)
19. 장기대여금은 비유동자산이다
20. 대손예상액 = 600,000원 × 0.05 + 300,000원 × 0.1 + 200,000원 × 0.4 = 140,000원
21. 시장성을 상실하였을 경우 매도가능증권으로 재분류한다.
22. 기타채권에 대한 대손설정은 기타의대손상각비(영업외비용)로 회계처리 한다.
23. 현금및현금성자산 : 당좌예금 450,000원+타인발행수표 250,000원+자기앞수표 500,000원= 1,200,000원
현금및현금성자산에 해당하는 것은 당좌예금, 보통예금, 자기앞수표, 배당금지급통지서, 타인발행수표, 취득 당시 만기가 3개월 이내에 도래하는 유가증권 및 단기금융상품 등이다.
24. 회계처리

| | | | |
|---|---|---|---|
| (차) 대손충당금 | 1,000,000원 | (대) 외상매출금 | 1,200,000원 |
| 대손상각비 | 200,000원 | | |

25. 단기매매증권은 공정가액으로 기말 평가한다.
26. [일반기업회계기준 문단 6.12] 최초 인식 이후 공정가치로 측정하고 공정가치의 변동을 당기손익으로 인식하는 금융자산, 즉, 단기매매증권 등의 취득과 직접 관련된 거래원가는 당기비용으로 처리한다.
27. 단기매매증권 취득시 발생한 거래원가는 당기비용으로 처리한다. 만약 이를 자산으로 계상시 자산의 과대계상으로 이어지고 이는 자본 및 당기순이익의 과대계상을 초래한다.
28. 현금및현금성자산 : 현금시재액 200,000원+당좌예금 500,000원=700,000원
단기금융상품 : 정기예금 1,500,000원(보고기간 종료일로부터 1년 이내에 만기가 도래)
29. 대손충당금은 채권의 차감적 평가계정이다.
30. 매도가능증권을 취득하는 경우에 발생한 수수료는 취득원가에 가산한다.
31. 대손충당금은 자산의 채권 관련 계정의 차감적 평가항목이다.
32. 단기매매증권은 유동자산 중 당좌자산으로 분류된다.
33. 선수금을 제품매출로 인식함에 따라 유동부채가 과소계상된다.
올바른 회계처리 : (차) 현금 500,000원 (대) 선수금 500,000원
당좌자산의 금액은 차이가 없으나, 영업수익(제품매출)은 과대계상 하였으므로 당기순이익도 과대계상 된다.
34. 1년 만기 정기예금 3,000,000원+단기매매증권 4,000,000원 = 7,000,000원
현금및현금성자산 : 현금, 당좌예금, 우편환증서
매출채권 : 외상매출금
35. 선일자수표는 받을어음으로 처리한다.

36. 단기매매증권평가이익 200,000원 - 단기매매증권평가손실 100,000원 + 배당금수익 50,000원 + 단기매매증권처분이익 50,000원 = 200,000원
단기매매증권평가이익 : A주식 기말공정가액 700,000원 - 취득원가 500,000원 = 200,000원
단기매매증권평가손실 : B주식 취득원가 300,000원 - 기말공정가액 200,000원 = 100,000원
단기매매증권처분이익 : C주식 처분가액 300,000원 - 취득원가 250,000원 = 50,000원
37. 단기매매증권은 최초 인식 시 공정가치로 측정하며, 단기매매증권의 취득 관련원가(증권거래소의 수수료 등)는 당기 비용으로 인식한다.
38. 직원가불금은 단기대여금에 해당한다.
39. 단기매매증권은 최초 인식 시 공정가치로 측정하고, 후속 측정 시에도 공정가치로 평가한다.
40. 채무증권 : 단기매매증권, 매도가능증권, 만기보유증권
지분증권 : 단기매매증권, 매도가능증권, 지분법적용투자주식
41. 영업권은 무형자산에 해당한다.
42. 원칙적으로 단기매매증권, 매도가능증권은 공정가치로 평가하고, 만기보유증권은 상각후원가로 평가한다.
43. 단기매매증권으로 분류할 경우, 2023년 기말 장부가액은 190,000원이다.
44. 매출채권 1,000,000원 + 상품 2,500,000원 + 당좌예금 3,000,000원 + 선급비용 500,000원 = 7,000,000원
비유동자산 : 특허권, 장기매출채권
45. 매도가능증권처분이익은 1,000,000원, 단기매매증권처분이익 500,000원이다. 따라서 매도가능증권으로 분류한 경우의 2023년 당기순이익이 단기매매증권으로 분류하였을 때보다 500,000원 증가한다.
① 매도가능증권으로 분류할 경우 2022년 당기순이익에 미치는 영향은 없으나 단기매매증권으로 분류할 경우 500,000원이 증가한다.
② 기말 자산은 동일하다.
③ 매도가능증권처분이익은 1,000,000원이다.

## 제8장 비유동자산

**〈연습문제〉**

| 1 | ③ | 2 | ④ | 3 | ① | 4 | ② | 5 | ③ | 6 | ① | 7 | ① | | | | | | |
|---|---|---|---|---|---|---|---|---|---|---|---|---|---|---|---|---|---|---|---|

1. 수선유지 및 원상복구를 위한 지출은 수익적 지출로 처리한다.
4. 개발비는 무형자산, 연구개발비는 비용으로 보고한다.
5. 연간 감가상각비 : (취득원가 ₩450,000 - 잔존가치 ₩54,000)/8 = ₩49,500
₩49,500 × 8/12 = ₩33,000
장부금액(취득원가 ₩450,000 - 감가상각누계액 ₩330,000) - 처분금액 ₩114,000
= 처분손실 ₩6,000
6. 당기순이익 ₩200,000 × 20% = 관계기업투자이익 ₩40,000
7. 관계기업투자주식 장부금액₩1,020,000(₩1,000,000 + ₩40,000 - ₩20,000) - 처분금액 ₩1,000000 = 처분손실 ₩20,000

〈기출문제〉

| 1 | ③ | 2 | ① | 3 | ④ | 4 | ③ | 5 | ④ | 6 | ③ | 7 | ① | 8 | ④ | 9 | ③ | 10 | ① |
|---|---|---|---|---|---|---|---|---|---|---|---|---|---|---|---|---|---|---|---|
| 11 | ④ | 12 | ③ | 13 | ④ | 14 | ② | 15 | ④ | 16 | ① | 17 | ③ | 18 | ① | 19 | ② | 20 | ③ |
| 21 | ① | 22 | ② | 23 | ③ | 24 | ② | 25 | ② | 26 | ② | 27 | ① | 28 | ③ | 29 | ② | 30 | ③ |
| 31 | ③ | 32 | ② | 33 | ② | 34 | ② | 35 | ④ | 36 | ② | 37 | ① | 38 | ④ | 39 | ③ | 40 | ① |
| 41 | ④ | 42 | ③ | 43 | ③ | 44 | ③ | 45 | ② | 46 | ④ | 47 | ② | | | | | | |

1. 무형자산상각비(정액법) : 취득원가 ÷ 내용연수
   2,100,000원(취득제비용 포함) ÷ 5년 × 9개월/12개월 = 315,000원
2. 본사 건물의 중앙집중식 냉난방장치 설치는 건물의 자본적지출이므로 건물로 처리한다.
3. 무형자산상각비(정액법) : 취득원가 ÷ 내용연수
   2,100,000원(취득부대비용 포함) ÷ 5년 = 420,000원
4. 2023년 12월 31일 감가상각비 : (15,000,000원 - 0원) × 25% = 3,750,000원
   2024년 12월 31일 감가상각비 : (15,000,000원 - 3,750,000원) × 25% = 2,812,500원
5. 유형자산의 취득 후 지출이 발생하였을 때 내용연수가 연장되거나 가치가 증대되었다면 자본적지출로 보아 해당자산의 계정과목으로 처리한다.
6. 2024년 6월 30일 감가상각비 : (5,000,000원 × 1년/5년) × 6개월/12개월 = 500,000원
   (차) 현　　금　　2,700,000원　　(대) 기계장치　　5,000,000원
   　　감가상각누계액　　2,500,000원　　　　유형자산처분이익　　200,000원
7. 토지와 건설중인자산은 감가상각자산의 대상이 아니다.
8. 기계장치의 취득원가 = 10,000,000원 + 450,000원 + 300,000원 + 110,000원 = 10,860,000원
9. 연구비(500,000원) + 경상개발비(100,000원) = 600,000원
10. 유형자산의 취득 후 지출이 발생하였을 때 내용연수가 연장되거나 가치가 증대되었다면 자본적지출로 보아 해당자산의 계정과목으로 처리한다.
11. 동일한 자산이라 하더라도 보유목적에 따라 판매목적인 경우에는 재고자산, 장기간 사용할 목적인 경우에는 유형자산으로 분류한다.
12. 무형자산은 내용연수 동안 합리적으로 배분하기 위해 다양한 방법(정액법, 정률법, 연수합계법 등)을 사용할 수 있다. 다만, 합리적인 상각방법을 정할 수 없는 경우에는 정액법을 사용한다.
13. 2022년 감가상각비 : 10,000,000원 × 0.45 = 4,500,000원
    2023년 감가상각비 : (10,000,000원 - 4,500,000원) × 0.45 = 2,475,000원
14. 이종자산 교환(서로 다른 용도)으로 취득한 유형자산 : 제공한 자산의 공정가치
    동종자산 교환(동일 업종 내 유사용도)으로 취득한 유형자산 : 제공한 자산의 장부가액
15. 건설중인 자산은 감가상각의 대상이 아니다.
16. [일반기업회계기준 제11장 무형자산 문단 11.33] 무형자산의 잔존가치는 없는 것을 원칙으로 한다.
17. 2023년 감가상각비 : 취득원가 20,000,000원×0.45×6/12 = 4,500,000원
    2024년 감가상각비 : (취득원가 20,000,000원 - 감가상각누계액 4,500,000원)×0.45 = 6,975,000원
18. 무형자산의 소비되는 행태를 신뢰성 있게 결정할 수 없을 경우 정액법으로 상각한다.
19. 2023년 감가상각비 : (10,000,000원 - 1,000,000원)/5년 = 1,800,000원
    2024년 감가상각비 : (10,000,000원 - 1,000,000원)/5년×6/12 = 900,000원
    처분손실 : (10,000,000원 - 1,800,000원 - 900,000원) - 4,000,000원 = 3,300,000원

20. 건물 내부의 조명기구를 교체하는 지출은 수선유지를 위한 지출에 해당하며, 이는 자본적 지출에 해당하지 않으므로 발생한 기간의 비용으로 인식한다.
21. 무형자산의 잔존가치는 원칙적으로 '0'인 것으로 본다.
22. 취득원가 3,000,000원 - 감가상각누계액 900,000원 = 2,100,000원
    1차연도 감가상각비 : (취득원가 3,000,000원 - 잔존가치 300,000원)×5/(5+4+3+2+1) = 900,000원
23. 신제품 특허권 구입 비용 30,000,000원 + A기업의 상표권 구입 비용 22,000,000원 = 52,000,000원
    연구단계에서 발생한 비용은 기간비용으로 처리한다.
24. 내부적으로 창출한 브랜드, 고객목록과 같은 항목은 무형자산으로 인식할 수 없다.
25. 단기매매증권평가이익 300,000원 - 투자자산처분손실 200,000원 = 100,000원 증가
    결산일에 매도가능증권을 공정가치로 평가하여 발생하는 손익은 기타포괄손익누계액(자본)으로 회계처리하도록 규정하고 있다.
    단기매매증권평가이익 : 공정가치 3,300,000원 - 장부금액 3,000,000원 = 300,000원
    투자자산처분손실 : 처분금액 8,800,000원 - 장부금액 9,000,000원 = △200,000원
26. 자본적지출을 수익적지출로 잘못 처리하게 되면, 자산은 과소계상, 비용은 과대계상되므로 자본은 과소계상하게 된다.
27. 계약금은 선수금으로 회계처리하고, 타인이 발행한 당좌수표를 수취한 경우에는 현금으로 회계처리한다.
28. [일반기업회계기준 문단 11.26] 무형자산의 상각기간은 독점적·배타적인 권리를 부여하고 있는 관계법령이나 계약에 정해진 경우를 제외하고는 20년을 초과할 수 없다.
29. 기업이 보유하고 있는 토지는 보유목적에 따라 재고자산, 투자자산, 유형자산으로 분류될 수 있다.
    유형자산을 취득한 후에 발생하는 비용은 성격에 따라 당기 비용 또는 자산의 취득원가에 포함한다.
    토지와 건설중인 자산은 감가상각을 하지 않는다.
30. 자본적지출을 수익적지출로 잘못 처리했을 경우 당기 비용은 과대계상되어 당기의 당기순이익은 과소계상되고, 차기의 당기순이익은 과대계상된다.
31. 사업결합에서 발생한 영업권은 무형자산으로 규정한다.
32. 처분시 회계처리

| (차) 현 금 | 500,000 | (대) 매도가능증권 | 560,000 |
|---|---|---|---|
| 매도가능증권처분손실 | 140,000 | 매도가능증권평가손실 | 80,000 |

33. 회계변경 전 장부가액 : 100,000,000원 - 90,000,000원 = 10,000,000원
    회계변경 후 감가상각비 : (10,000,000원 - 1,000,000원)×5/15 = 3,000,000원
34. [일반기업회계기준 문단 10.40] 체감잔액법(정률법 등)과 연수합계법은 자산의 내용연수 동안 감가상각액이 매 기간 감소하는 방법이다.
35. 신규 취득한 연도의 감가상각비는 정액법보다 정률법 상각비가 더 크다. 회계담당자가 실수로 정액법을 사용하였으므로 감가상각비는 과소계상 되며, 당기순이익은 과대계상 된다. 또한 감가상각비가 과소계상되므로 기계장치의 장부가액은 과대계상된다.
36. 재고자산의 정의에 의하여 부동산매매업자가 판매목적을 위해 매입한 건물은 재고자산이다.
    재고자산 : 판매 및 생산 목적으로 취득·보유하는 자산
    투자자산 : 투자 목적으로 취득·보유하는 자산
    유형자산 : 영업 및 업무에 사용할 목적으로 취득·보유하는 자산

37. ② [일반기업회계기준 문단 11.16] 내부적으로 창출한 영업권은 원가를 신뢰성 있게 측정할 수 없을 뿐 만 아니라 기업이 통제하고 있는 식별가능한 자원도 아니기 때문에 자산으로 인식하지 않는다.

③ [일반기업회계기준 문단 11.19] 연구단계에서 발생한 지출은 무형자산으로 인식할 수 없고 발생한 기간의 비용으로 인식한다.

④ [일반기업회계기준 문단 11.26] 무형자산의 상각기간은 독점적, 배타적인 권리를 부여하고 있는 관계 법령이나 계약에 정해진 경우를 제외하고는 20년을 초과할 수 없다.

38. [일반기업회계기준 문단 10.40] 연수합계법은 자산의 내용연수 동안 감가상각액이 매 기간 감소하는 방법이다.

39. [일반기업회계기준 문단 10.18] 제공한 자산의 장부가액이 아니라 공정가치로 측정한다.

40. 자산을 비용으로 계상하면 자산과 당기순이익 및 자본이 과소계상 된다. 부채에는 영향이 없다.

41. ① 기계장치 취득원가 : 20,000,000원+300,000원+4,000,000원=24,300,000원

• 소모품 교체비는 수익적 지출로서 당기 비용으로 처리한다.

② 감가상각비 : 24,300,000원÷6년=4,050,000원

③ 감가상각누계액 : 4,050,000원×3년=12,150,000원

• 2022년, 2023년, 2024년 감가상각비의 합계액

④ 2024. 12. 31. 미상각잔액 : 24,300,000원-12,150,000원=12,150,000원

42. [일반기업회계기준 문단 11.32] 무형자산의 상각방법은 합리적인 방법을 사용하며, 합리적인 상각방법을 정할 수 없는 경우에는 정액법을 사용한다.

43. [일반기업회계기준 문단 11.32] 무형자산의 합리적인 상각방법을 정할 수 없다면 정액법을 사용한다.

44. 수익적지출을 자본적 지출로 잘못 회계처리하면 자산의 과대계상과 비용의 과소계상으로 인해 당기순이익과 자본이 과대계상된다.

45. 합리적인 상각방법을 정할 수 없는 경우에는 정액법으로 상각한다.

46. 장부가액 9,000,000원-순매각금액 7,850,000원=유형자산처분손실 1,150,000원

감가상각누계액 : (취득가액 15,000,000원-잔존가액 0원)×2/5=6,000,000원

장부가액 : 취득가액 15,000,000원-감가상각누계액 6,000,000원=9,000,000원

순매각금액 : 처분가액 8,000,000원-처분부대원가 150,000원=7,850,000원

[일반기업회계기준 문단 10.45] 유형자산의 제거 손익은 순매각금액과 장부금액의 차액으로 산정하며, 손익계산서에서 당기손익으로 인식한다.

47. (매도가능증권 취득원가 7,000원-처분가액 6,000원)×100주=매도가능증권처분손실 100,000원

| | | | | |
|---|---|---|---|---|
| 2022.03.01. | (차) 매도가능증권 | 7,000,000 | (대) 현 금 | 7,000,000 |
| 2022.12.31. | (차) 매도가능증권 | 2,000,000 | (대) 매도가능증권평가이익 | 2,000,000 |
| 2023.03.01. | (차) 현 금 | 600,000 | (대) 매도가능증권 | 900,000 |
| | 매도가능증권평가이익 | 200,000 | | |
| | 매도가능증권처분손실 | 100,000 | | |

## 제9장 부채

〈연습문제〉

| 1 | ① | 2 | ③ | 3 | ④ | 4 | ② | 5 | ① | 6 | ② | 7 | ④ | 8 | ④ | 9 | ② | 10 | ① |
|---|---|---|---|---|---|---|---|---|---|---|---|---|---|---|---|---|---|---|---|
| 11 | ③ | 12 | ② | 13 | ③ | 14 | ④ | 15 | ② | 16 | ③ | 17 | ③ | 18 | ③ | 19 | ③ | 20 | ④ |

1. 사채발행비는 사채의 발행금액에서 차감한다.
5. 이자비용 = 사채장부가액 × 유효이자율
   사채할인발행차금상각액 = 이자비용 - 현금이자
   사채를 할인발행할 경우, 사채의 장부가액이 매년 증가함에 따라 이자비용과 발행차금상각액도 증가한다.
6. 사채할증발행차금상각액 = 현금이자 - 이자비용
   사채를 할증발행할 경우, 사채의 장부가액이 매년 감소함에 따라 이자비용도 감소하며, 발행차금상각액은 매년 증가한다.
7. 20×1년 이자비용 : ₩187,703 × 10% = ₩18,770
   20×2년 이자비용 : ₩188,473 × 10% = ₩18,847
   20×3년 이자비용 : ₩189,320 × 10% = ₩18,932
   20×4년 이자비용 : ₩190,252 × 10% = ₩19,025
8. 장부금액 ₩977,874(₩975,562 + ₩2,312) - 상환금액 ₩900,000 = 상환이익 ₩77,874
10. 이자비용 ₩468,300(₩9,366,000 × 5%) - 현금이자 ₩400,000 = ₩68,300
12. (차) 사　채 26,000,000　(대) 현　금 29,000,000
    미지급이자 700,000　사채할인발행차금 600,000
    사채상환손실 2,900,000
14. 이자비용(유효이자) ₩19,000,000 × 5% - 현금이자 ₩800,000 = ₩150,000
15. 20×1년 9월 1일 ~ 20×2년 8월 31일 이자비용 = ₩270,000 × 6% = ₩16,200
    20×2년 9월 1일 ~ 20×2년 12월 31일 이자비용 = ₩271,200 × 6% = ₩5,424
    ₩270,000 + ₩1,200 + ₩424 = 장부금액 ₩271,624
16. 현금이자 ₩10,000 × 3년 + 사채할인발행차금 ₩12,000 = ₩42,000
18. 이자비용 = ₩9,653 × 10% = ₩965
    장부금액 = ₩9,653 + ₩165(₩965 - ₩800) = ₩9,818
19. 제품보증비용 = 제품보증충당부채 추정치 - 제품보증충당부채잔액
    ₩250,000 - ₩80,000 = ₩170,000
20. 할증발행일 경우, 연간 사채이자비용은 현금이자지급액보다 작다.

〈기출문제〉

| 1 | ③ | 2 | ③ | 3 | ④ | 4 | ② | 5 | ① | 6 | ③ | 7 | ④ | 8 | ③ | 9 | ④ | 10 | ② |
|---|---|---|---|---|---|---|---|---|---|---|---|---|---|---|---|---|---|---|---|
| 11 | ④ | 12 | ④ | 13 | ① | 14 | ① | 15 | ④ | 16 | ② | 17 | ④ | 18 | ② | 19 | ① | | |

1. 유동성장기부채와 부가세예수금은 유동부채, 퇴직급여충당부채와 사채는 비유동부채임
2. 임대보증금, 장기차입금은 비유동부채이며, 매도가능증권은 투자자산에 해당한다.

3. 임대보증금은 비유동부채에 포함된다.
4. 비유동부채 : 사채, 퇴직급여충당부채
   유동부채 : 유동성장기부채, 선수금
5. 사채의 액면발행, 할인발행, 할증발행 여부와 관계없이 액면이자는 매년 동일하다.
   할증발행 시 유효이자는 매년 감소한다.
   사채발행비는 사채발행가액에서 차감한다.
   할인발행 또는 할증발행 시 발행차금의 상각액 및 환입액은 매년 증가한다.
6. 일반기업회계기준 14장 문단 14.3 충당부채
   충당부채는 다음 요건을 모두 충족하는 경우에 인식한다.
   1) 과거사건이나 거래의 결과로 현재의무가 존재한다.
   2) 당해 의무를 이행하기 위하여 자원이 유출될 가능성이 매우 높다.
   3) 그 의무의 이행에 소요되는 금액을 신뢰성 있게 추정할 수 있다.
7. 현금지급 이자는 표시이자율대로 할인발행이나 할증발행 모두 일정하게 지급된다.
8. 처분이익은 고려하지 아니한다.
9. 3,000,000원+1,000,000원+3,500,000원+1,500,000원=9,000,000원
   유동부채 : 미지급금, 선수금, 외상매입금, 유동성장기부채
   비유동부채 : 장기차입금, 퇴직급여충당부채
10. 사채가 할인발행 된 경우 사채의 장부가액은 매년 증가한다.
11. 확정기여형 퇴직급여 제도에서는 운용에 관한 내용은 모두 종업원이 결정하고 책임진다.
12. 사채의 장부가액이 매년 감소하므로 사채의 실질이자도 매년 감소한다.
13. 사채할인발행차금은 사채의 액면금액에서 차감하는 형식으로 표시한다.
14. 사채할증발행차금 상각액은 매년 증가한다.
15. [일반기업회계기준 문단 21.7(1)] 확정기여형 퇴직연금에 납부해야 할 기여금은 이미 납부한 기여금을 차감한 후 부채(미지급비용)로 인식한다.
    ① [일반기업회계기준 문단 21.11] 확정급여형 퇴직연금제도에서 운용되는 자산은 기업이 직접 보유하고 있는 것으로 보아 회계처리한다.
    ② 확정급여형 퇴직연금제도는 퇴직연금 납입 외 운용수익이 발생하거나 종업원 퇴직 시에는 다음과 같은 회계처리가 필요하다.
    운용수익 발생시 : (차) 퇴직연금운용자산 (대) 퇴직연금운용수익
    퇴 사 시 : (차) 퇴직급여충당부채 (대) 퇴직연금운용자산
    ③ [일반기업회계기준 문단 21.6] 확정기여형 퇴직연금제도에서는 퇴직연금운용자산, 퇴직급여충당부채 및 퇴직연금미지급금은 인식하지 아니한다.
16. 유효이자율이 표시이자율보다 높으므로 할인발행에 해당한다. 사채 할인발행의 경우 장부가액은 매년 증가하고, 상각액과 이자비용은 매년 증가한다.
17. 사채의 조기 상환 시 현금상환액보다 장부금액이 큰 경우 사채상환이익(영업외수익)으로 처리한다.
18. 부채는 과거의 거래나 사건의 결과로 현재 기업실체가 부담하고 있고 미래에 자원의 유출 또는 사용이 예상되는 의무이다.
    부채는 1년을 기준으로 유동부채와 비유동부채로 분류한다. 다만, 정상적인 영업주기 내에 소멸할 것으로 예상되는 매입채무와 미지급비용 등은 보고기간종료일로부터 1년 이내에 결제되지 않더라도 유동부

채로 분류한다.

과거사건이나 거래의 결과에 의한 현재의무로서, 지출의 시기 또는 금액이 불확실하지만 그 의무를 이행하기 위하여 자원이 유출될 가능성이 매우 높고 또한 당해 금액을 신뢰성 있게 추정할 수 있는 의무는 충당부채로 인식한다.

19. [일반기업회계기준 문단 14.9] 명목금액과 현재가치의 차이가 중요한 경우에는 의무를 이행하기 위하여 예상되는 지출액의 현재가치로 평가한다.

## 제10장 자본

〈연습문제〉

| 1 | ② | 2 | ③ | 3 | ④ | 4 | ③ | 5 | ② | 6 | ① | 7 | ③ | 8 | ② | 9 | ① | 10 | ③ |
|---|---|---|---|---|---|---|---|---|---|---|---|---|---|---|---|---|---|---|---|
| 11 | ③ | 12 | ① | 13 | ④ | 14 | ① | 15 | ② | 16 | ④ | 17 | ③ | 18 | ③ | 19 | ③ | 20 | ④ |
| 21 | ③ | 22 | ③ | 23 | ② | 24 | ① | 25 | ④ | 26 | ③ | 27 | ① | 28 | ② | 29 | ③ | 30 | ① |
| 31 | ① | 32 | ① | | | | | | | | | | | | | | | | |

1. 채권자지분은 부채를 의미한다.
2. 주식분할, 현금배당, 이익잉여금의 적립은 자본금의 증감에 영향을 미치지 않는다.
4. 부채및자본총계 ₩4,600,000 - 부채총계 ₩1,400,000 = ₩3,200,000
5. 보통주자본금 + 우선주자본금 + 주식발행초과금 - 자기주식 = ₩51,890,000
7. 무상증자, 주식분할, 주식배당은 총자산의 변동에 영향을 미치지 않는다.
9. 배당금의 지급은 유동부채(미지급배당금)와 유동자산(현금)을 감소시킨다.
10. 형식적 증자의 경우, 총자본(순자산)은 변화없이 주식수가 증가함으로써 주당순자산가액이 감소한다.
11. 혼수자본은 자산의 과대계상, 부채의 과소계상, 이익의 과대계상 등으로 자본이 과대계상되는 것을 의미하며, 현물출자를 과소평가할 경우에는 자본이 과소계상된다.
14. 자기주식처분이익 - 자본잉여금

    자기주식처분손실, 주식할인발행차금, 미교부주식배당금 - 자본조정
15. 이익준비금의 적립은 이익잉여금의 실질적 금액에는 영향을 미치지 않는다.
16. 주식발행초과금은 자본잉여금 항목이다.
17. 자기주식은 매입가액과 관계없이 총자본을 감소시키며, 자본잉여금의 자본전입이나 주식배당의 선언은 총자본에는 변화가 없다. 주식은 액면발행, 할인발행, 할증발행 모두 총자본의 증가를 가져온다.
24. 현금배당 ₩5,000,000의 10%(1/10)
26. 비밀적립금은 자산의 과소계상, 부채의 과대계상, 이익의 과소계상 등으로 발생하게 된다.
28. 주식분할, 주식배당, 이익준비금의 적립은 총자본 및 총자산의 변화를 가져오지 않는다.
29. (₩8,500 - ₩7,000) × 100주 = ₩150,000, 자기주식처분이익(자본잉여금)이 발생한다.
30.

| | 주식분할 | 주식배당 |
|---|---|---|
| 유통주식수 | 증 가 | 증 가 |
| 이익잉여금 | 변동없음 | 감 소 |
| 주당 액면금액 | 감 소 | 변동없음 |
| 총자본 | 변동없음 | 변동없음 |

31. 자본총액 = 자본금 ₩500,000 + 주식발행초과금 ₩57,000 + 자기주식처분이익 ₩80,000 + 이익준비금 ₩100,000 + 사업확장적립금 ₩18,000 + 미교부주식배당금 ₩10,000 - 자기주식 ₩13,000 - 감자차손 ₩25,000 = ₩727,000

**〈기출문제〉**

| 1 | ① | 2 | ③ | 3 | ① | 4 | ② | 5 | ④ | 6 | ③ | 7 | ③ | 8 | ① | 9 | ③ | 10 | ① |
|---|---|---|---|---|---|---|---|---|---|---|---|---|---|---|---|---|---|---|---|
| 11 | ③ | 12 | ④ | 13 | ② | 14 | ③ | 15 | ② | 16 | ② | 17 | ④ | 18 | ② | 19 | ② | 20 | ② |
| 21 | ② | 22 | ④ | 23 | ③ | 24 | ② | 25 | ② | 26 | ③ | 27 | ③ | 28 | ④ | 29 | ③ | | |

1. 자본잉여금 : 감자차익
   이익잉여금 : 이익준비금, 미처분이익잉여금
   기타포괄손익누계액 : 매도가능증권평가이익
2. 자기주식처분이익 : 자본잉여금
   주식할인발행차금, 자기주식처분손실, 미교부주식배당금 : 자본조정
3. 신주발행비는 주식할인발행차금으로 인식한다. 단, 주식발행초과금이 있다면 해당 금액을 먼저 상계한다.
4. 이익잉여금(자본), 미지급배당금(부채), 법정적립금(이익잉여금)
5. 주식배당과 무상증자는 순자산의 증가가 발생하지 않는다.
6. ① 미처분이익잉여금을 증가시킴(자본증가)
   ② 미처분이익잉여금을 감소시킴(자본감소)
   ③ 미처분이익잉여금을 감소시킴과 동시에 자본금을 증가시킴(영향 없음)
   ④ 자본금 및 자본잉여금을 증가시킴(자본증가)
7. 자기주식은 자본조정 항목이고, 자기주식처분이익과 감자차익, 주식발행초과금은 자본잉여금 항목이다.
8. 자본잉여금 : 주식발행초과금, 감자차익
   자본조정 : 자기주식처분손실, 주식할인발행차금
10. 200주×(취득가액 7,000원 - 액면가액 5,000원) - 감자차익 200,000원 = 감자차손 200,000원
    기인식된 감자차익 200,000원을 상계하고 감자차손은 200,000원만 인식한다.
11. 기초 자본금 50,000,000원 + (2,000주 × 액면금액 5,000원) = 60,000,000원
12. 자기주식처분손실은 자본조정 항목이다.
13. 주식발행초과금 : 자본잉여금, 자기주식 : 자본조정, 매도가능증권평가손익 : 기타포괄손익누계액
14. 처분금액이 장부금액보다 작다면 그 차액을 자기주식처분이익의 범위 내에서 상계처리하고, 미상계된 잔액이 있는 경우에는 자본조정의 자기주식처분손실로 회계처리한다.
15. 주식배당은 이익잉여금을 자본금으로 변경하는 효과이므로 자본 총계는 변동 없다.
16. 주식을 이익으로 소각하는 경우에는 소각하는 주식의 취득원가에 해당하는 이익잉여금을 감소시킨다.
17. [일반기업회계기준 문단 15.5] 중도에 포기한 자본거래 비용은 당기손익으로 인식한다.
18. 신주발행비는 주식의 발행대금에서 차감한다.
19. 주식배당 시 자본금은 증가하고 이익잉여금은 감소하며 자본총액은 동일하다.
    (차) 미처분이익잉여금 ××× (대) 자 본 금 ×××

20. [일반기업회계기준 문단 15.8] 기업이 매입 등을 통하여 취득하는 자기주식은 취득원가를 자기주식의 과목으로 하여 자본조정으로 회계처리한다.
21. [일반기업회계기준 문단 15.16] 주식배당을 하면 이익잉여금 계정이 감소, 자본금 계정이 증가하고 자본총액은 변하지 않는다.
22. 감자차손, 자기주식처분손실, 자기주식, 주식할인발행차금은 자본조정에 해당한다.
자본잉여금 : 감자차익, 이익잉여금 : 미처리결손금, 기타포괄손익누계액 : 매도가능증권평가손실, 해외사업환산이익
23. 매도가능증권평가손익은 기타포괄손익누계액에 계상한다.
24. 지분상품을 발행하거나 취득하는 과정에서 등록비 및 기타 규제 관련 수수료, 법률 및 회계자문 수수료, 주권인쇄비 및 인지세와 같은 여러 가지 비용이 발생한다. 이러한 자본거래비용 중 해당 자본거래가 없었다면 회피가능하면서 자본거래에 직접 관련되어 발생한 추가비용은 주식발행초과금에서 차감하거나 주식할인발행차금에 가산한다.
25. [일반기업회계기준 문단 15.3] 주주로부터 현금을 수령하고 주식을 발행하는 경우에 주식의 발행금액이 액면금액보다 크다면 그 차액을 주식발행초과금으로 하여 자본잉여금으로 회계처리한다.
26. 자본조정(미교부주식배당금) 3,000,000원
기타포괄손익누계액 : 매도가능증권평가이익 300,000원
자본금 : 보통주자본금 10,000,000원+우선주자본금 5,000,000원=15,000,000원
자본잉여금 : 감자차익 500,000원+자기주식처분이익 1,000,000원=1,500,000원
이익잉여금 : 임의적립금 500,000원+이익준비금 1,000,000원=1,500,000원
27. 주식배당으로 주당 액면가액의 변동은 없다.
주식발행 회사의 회계처리 : 미처분이익잉여금이 감소하고 자본금은 증가한다.

| | | |
|---|---|---|
| 배당결의일 : | (차) 미처분이익잉여금 | (대) 미교부주식배당금 |
| 배당지급일 : | (차) 미교부주식배당금 | (대) 자 본 금 |

주주의 회계처리는 없다. 주식배당은 주식발행 회사의 미처분이익잉여금의 감소와 자본금의 증가로 자본 구성항목의 변동만 있을 뿐 순자산 유출은 발생하지 않아 순자산은 변동이 없다.
28. 이익잉여금처분계산서에 표시된 배당은 재무상태표에 인식하지 아니한다.
29. 변동이 있는 자본 항목은 자본금과 자본조정(자기주식, 자기주식처분손실, 감자차손)이다.

| 차변 | 금액 | 대변 | 금액 |
|---|---|---|---|
| (차) 자기주식 | 180,000 | (대) 현 금 | 180,000 |
| (차) 현 금 | 100,000 | (대) 자기주식 | 120,000 |
| 자기주식처분손실 | 20,000 | | |
| (차) 자 본 금 | 50,000 | (대) 자기주식 | 60,000 |
| 감자차손 | 10,000 | | |

## 〈부록〉

# 〈표 A-1〉 단일금액 1원의 미래가치

[미래가치]

$$F=(1+r)^n$$

| n \ r | 2% | 3% | 4% | 5% | 6% | 7% | 8% | 9% | 10% | 12% | 15% |
|---|---|---|---|---|---|---|---|---|---|---|---|
| 1 | 1.02000 | 1.03000 | 1.04000 | 1.05000 | 1.06000 | 1.07000 | 1.08000 | 1.09000 | 1.10000 | 1.12000 | 1.15000 |
| 2 | 1.04040 | 1.06090 | 1.08160 | 1.10250 | 1.12360 | 1.14490 | 1.16640 | 1.18810 | 1.21000 | 1.25440 | 1.32250 |
| 3 | 1.06121 | 1.09273 | 1.12486 | 1.15763 | 1.19102 | 1.22504 | 1.25971 | 1.29503 | 1.33100 | 1.40493 | 1.52088 |
| 4 | 1.08243 | 1.12551 | 1.16986 | 1.21551 | 1.26248 | 1.31080 | 1.36049 | 1.41158 | 1.46410 | 1.57352 | 1.74901 |
| 5 | 1.10408 | 1.15927 | 1.21665 | 1.27628 | 1.33823 | 1.40255 | 1.46933 | 1.53862 | 1.61051 | 1.76234 | 2.01136 |
| 6 | 1.12616 | 1.19405 | 1.26532 | 1.34010 | 1.41852 | 1.50073 | 1.58687 | 1.67710 | 1.77156 | 1.97382 | 2.31306 |
| 7 | 1.14869 | 1.22987 | 1.31593 | 1.40710 | 1.50363 | 1.60578 | 1.71382 | 1.82804 | 1.94872 | 2.21068 | 2.66002 |
| 8 | 1.17166 | 1.26677 | 1.36857 | 1.47746 | 1.59385 | 1.71819 | 1.85093 | 1.99256 | 2.14359 | 2.47596 | 3.05902 |
| 9 | 1.19509 | 1.30477 | 1.42331 | 1.55133 | 1.68948 | 1.83846 | 1.99900 | 2.17189 | 2.35795 | 2.77308 | 3.51788 |
| 10 | 1.21899 | 1.34392 | 1.48024 | 1.62889 | 1.79085 | 1.96715 | 2.15892 | 2.36736 | 2.59374 | 3.10585 | 4.04556 |
| 11 | 1.24337 | 1.38423 | 1.53945 | 1.71034 | 1.89830 | 2.10485 | 2.33164 | 2.58043 | 2.85312 | 3.47855 | 4.65239 |
| 12 | 1.26824 | 1.42576 | 1.60103 | 1.79586 | 2.01220 | 2.25219 | 2.51817 | 2.81266 | 3.13843 | 3.89598 | 5.35025 |
| 13 | 1.29361 | 1.46853 | 1.66507 | 1.88565 | 2.13293 | 2.40985 | 2.71962 | 3.06580 | 3.45227 | 4.36349 | 6.15279 |
| 14 | 1.31948 | 1.51259 | 1.73168 | 1.97993 | 2.26090 | 2.57853 | 2.93719 | 3.34173 | 3.79750 | 4.88711 | 7.07571 |
| 15 | 1.34587 | 1.55797 | 1.80094 | 2.07893 | 2.39656 | 2.75903 | 3.17217 | 3.64248 | 4.17725 | 5.47357 | 8.13706 |
| 16 | 1.37279 | 1.60471 | 1.87298 | 2.18287 | 2.54035 | 2.95216 | 3.42594 | 3.97031 | 4.59497 | 6.13039 | 9.35762 |
| 17 | 1.40024 | 1.65285 | 1.94790 | 2.29202 | 2.69277 | 3.15882 | 3.70002 | 4.32763 | 5.05447 | 6.86604 | 10.76126 |
| 18 | 1.42825 | 1.70243 | 2.02582 | 2.40662 | 2.85434 | 3.37993 | 3.99602 | 4.71712 | 5.55992 | 7.68997 | 12.37545 |
| 19 | 1.45681 | 1.75351 | 2.10685 | 2.52695 | 3.02560 | 3.61653 | 4.31570 | 5.14166 | 6.11591 | 8.61276 | 14.23177 |
| 20 | 1.48595 | 1.80611 | 2.19112 | 2.65330 | 3.20714 | 3.86968 | 4.66096 | 5.60441 | 6.72750 | 9.64629 | 16.36654 |
| 21 | 1.51567 | 1.86029 | 2.27877 | 2.78596 | 3.39956 | 4.14056 | 5.03383 | 6.10881 | 7.40025 | 10.80385 | 18.82152 |
| 22 | 1.54598 | 1.91610 | 2.36992 | 2.92526 | 3.60354 | 4.43040 | 5.43654 | 6.65860 | 8.14027 | 12.10031 | 21.64475 |
| 23 | 1.57690 | 1.97359 | 2.46472 | 3.07152 | 3.81975 | 4.74053 | 5.87146 | 7.25787 | 8.95430 | 13.55235 | 24.89146 |
| 24 | 1.60844 | 2.03279 | 2.56330 | 3.22510 | 4.04893 | 5.07237 | 6.34118 | 7.91108 | 9.84973 | 15.17863 | 28.62518 |
| 25 | 1.64061 | 2.09378 | 2.66584 | 3.38635 | 4.29187 | 5.42743 | 6.84848 | 8.62308 | 10.83471 | 17.00006 | 32.91895 |
| 26 | 1.67342 | 2.15659 | 2.77247 | 3.55567 | 4.54938 | 5.80735 | 7.39635 | 9.39916 | 11.91818 | 19.04007 | 37.85680 |
| 27 | 1.70689 | 2.22129 | 2.88337 | 3.73346 | 4.82235 | 6.21387 | 7.98806 | 10.24508 | 13.10999 | 21.32488 | 43.53531 |
| 28 | 1.74102 | 2.28793 | 2.99870 | 3.91013 | 5.11169 | 6.64884 | 8.62711 | 11.16714 | 14.42099 | 23.88387 | 50.06561 |
| 29 | 1.77584 | 2.35657 | 3.11865 | 4.11614 | 5.41839 | 7.11426 | 9.31727 | 12.17218 | 15.86309 | 26.74993 | 57.57545 |
| 30 | 1.81136 | 2.42726 | 3.24340 | 4.32194 | 5.74349 | 7.61226 | 10.06266 | 13.26768 | 17.44940 | 29.95992 | 66.21177 |
| 31 | 1.84759 | 2.50008 | 3.37313 | 4.53804 | 6.08810 | 8.14511 | 10.86767 | 14.46177 | 19.19434 | 33.55511 | 76.14354 |
| 32 | 1.88454 | 2.57508 | 3.50806 | 4.76494 | 6.45339 | 8.71527 | 11.73708 | 15.76333 | 21.11378 | 37.58173 | 87.56507 |
| 33 | 1.92223 | 2.65234 | 3.64838 | 5.00319 | 6.84059 | 9.32534 | 12.67605 | 17.18203 | 23.22515 | 42.09153 | 100.69983 |
| 34 | 1.96068 | 2.73191 | 3.79432 | 5.25335 | 7.25103 | 9.97811 | 13.69013 | 18.72841 | 25.54767 | 47.14252 | 115.80480 |
| 35 | 1.99989 | 2.81386 | 3.94609 | 5.51602 | 7.68609 | 10.67658 | 14.78534 | 20.41397 | 28.10244 | 52.79962 | 133.17552 |
| 36 | 2.03989 | 2.89828 | 4.10393 | 5.79182 | 8.14725 | 11.42394 | 15.96817 | 22.25123 | 30.91268 | 59.13557 | 153.15185 |
| 37 | 2.08069 | 2.98523 | 4.26809 | 6.08141 | 8.63609 | 12.22362 | 17.24563 | 24.25384 | 34.00395 | 66.23184 | 176.12463 |
| 38 | 2.12230 | 3.07478 | 4.43881 | 6.38548 | 9.15425 | 13.07927 | 18.62528 | 26.43668 | 37.40434 | 74.17966 | 202.54332 |
| 39 | 2.16474 | 3.16703 | 4.61637 | 6.70475 | 9.70351 | 13.99482 | 20.11530 | 28.81598 | 41.14478 | 83.08122 | 232.92482 |
| 40 | 2.20804 | 3.26204 | 4.80102 | 7.03999 | 10.28572 | 14.97446 | 21.72452 | 31.40942 | 45.25926 | 93.05097 | 267.86355 |

# 〈표 A-2〉 단일금액 1원의 현재가치

**화폐의 시간적 가치**

[현재가치]

$$P=\frac{1}{(1+r)^n}=(1+r)^{-n}$$

| $n$ \ $r$ | 2% | 3% | 4% | 5% | 6% | 7% | 8% | 9% | 10% | 12% | 15% |
|---|---|---|---|---|---|---|---|---|---|---|---|
| 1 | .98039 | .97087 | .96154 | .95238 | .94340 | .93458 | .92593 | .91743 | .90909 | .89286 | .86957 |
| 2 | .96117 | .94260 | .92456 | .90703 | .89000 | .87344 | .85734 | .84168 | .82645 | .79719 | .75614 |
| 3 | .94232 | .91514 | .88900 | .86384 | .83962 | .81630 | .79383 | .77218 | .75131 | .71178 | .65752 |
| 4 | .92385 | .88849 | .85480 | .82270 | .79209 | .76290 | .73503 | .70843 | .68301 | .63552 | .57175 |
| 5 | .90573 | .86261 | .82193 | .78353 | .74726 | .71299 | .68058 | .64993 | .62092 | .56743 | .49718 |
| 6 | .88797 | .83748 | .79031 | .74622 | .70496 | .66634 | .63017 | .59627 | .56447 | .50663 | .43233 |
| 7 | .87056 | .81309 | .75992 | .71068 | .66506 | .62275 | .58349 | .54703 | .51316 | .45235 | .37594 |
| 8 | .85349 | .78941 | .73069 | .67684 | .62741 | .58201 | .54027 | .50187 | .46651 | .40388 | .32690 |
| 9 | .83676 | .76642 | .70259 | .64461 | .59190 | .54393 | .50025 | .46043 | .42410 | .36061 | .28426 |
| 10 | .82035 | .74409 | .67556 | .61391 | .55839 | .50835 | .46319 | .42241 | .38554 | .32197 | .24718 |
| 11 | .80426 | .72242 | .64958 | .58468 | .52679 | .47509 | .42888 | .38753 | .35049 | .28748 | .21494 |
| 12 | .78849 | .70138 | .62460 | .55684 | .49697 | .44401 | .39711 | .35553 | .31863 | .25668 | .18691 |
| 13 | .77303 | .68095 | .60057 | .53032 | .46884 | .41496 | .36770 | .32618 | .28966 | .22917 | .16253 |
| 14 | .75788 | .66112 | .57748 | .50507 | .44230 | .38782 | .34046 | .29925 | .26333 | .20462 | .14133 |
| 15 | .74301 | .64186 | .55526 | .48102 | .41727 | .36245 | .31524 | .27454 | .23939 | .18270 | .12289 |
| 16 | .72845 | .62317 | .53391 | .45811 | .39365 | .33873 | .29189 | .25187 | .21763 | .16312 | .10686 |
| 17 | .71416 | .60502 | .51337 | .43630 | .37136 | .31657 | .27027 | .23107 | .19784 | .14564 | .09293 |
| 18 | .70016 | .58739 | .49363 | .41552 | .35034 | .29586 | .25025 | .21199 | .17986 | .13004 | .08081 |
| 19 | .68643 | .57029 | .47464 | .39573 | .33051 | .27651 | .23171 | .19449 | .16351 | .11611 | .07027 |
| 20 | .67297 | .55368 | .45639 | .37689 | .31180 | .25842 | .21455 | .17843 | .14864 | .10367 | .06110 |
| 21 | .65978 | .53755 | .43883 | .35894 | .29416 | .24151 | .19866 | .16370 | .13513 | .09256 | .05313 |
| 22 | .64684 | .52189 | .42196 | .34185 | .27751 | .22571 | .18394 | .15018 | .12285 | .08264 | .04620 |
| 23 | .63416 | .50669 | .40573 | .32557 | .26180 | .21095 | .17032 | .13778 | .11168 | .07379 | .04017 |
| 24 | .62172 | .49193 | .39012 | .31007 | .24698 | .19715 | .15770 | .12640 | .10153 | .06588 | .03493 |
| 25 | .60953 | .47761 | .37512 | .29530 | .23300 | .18425 | .14602 | .11597 | .09230 | .05882 | .03038 |
| 26 | .59758 | .46369 | .36069 | .28124 | .21981 | .17220 | .13520 | .10639 | .08391 | .05252 | .02642 |
| 27 | .58586 | .45019 | .34682 | .26785 | .20737 | .16093 | .12519 | .09761 | .07628 | .04689 | .02297 |
| 28 | .57437 | .43708 | .33348 | .25509 | .19563 | .15040 | .11591 | .08955 | .06934 | .04187 | .01997 |
| 29 | .56311 | .42435 | .32065 | .24295 | .18456 | .14056 | .10733 | .08215 | .06304 | .03738 | .01737 |
| 30 | .55207 | .41199 | .30832 | .23138 | .17411 | .13137 | .09938 | .07537 | .05731 | .03338 | .01510 |
| 31 | .54125 | .39999 | .29646 | .22036 | .16425 | .12277 | .09202 | .06915 | .05210 | .02980 | .01313 |
| 32 | .53063 | .38834 | .28506 | .20987 | .15496 | .11474 | .08520 | .06344 | .04736 | .02661 | .01142 |
| 33 | .52023 | .37703 | .27409 | .19987 | .14619 | .10723 | .07889 | .05820 | .04306 | .02376 | .00993 |
| 34 | .51003 | .36604 | .26355 | .19035 | .13791 | .10022 | .07305 | .05339 | .03914 | .02121 | .00864 |
| 35 | .50003 | .35538 | .25342 | .18129 | .13011 | .09366 | .06763 | .04899 | .03558 | .01894 | .00751 |
| 36 | .49022 | .34503 | .24367 | .17266 | .12274 | .08754 | .06262 | .04494 | .03235 | .01691 | .00653 |
| 37 | .48061 | .33498 | .23430 | .16444 | .11579 | .08181 | .05799 | .04123 | .02941 | .01510 | .00568 |
| 38 | .47119 | .32523 | .22529 | .15661 | .10924 | .07646 | .05369 | .03783 | .02673 | .01348 | .00494 |
| 39 | .46195 | .31575 | .21662 | .14915 | .10306 | .07146 | .04971 | .03470 | .02430 | .01204 | .00429 |
| 40 | .45289 | .30656 | .20829 | .14205 | .09722 | .06678 | .04603 | .03184 | .02209 | .01075 | .00373 |

# 〈표 A-3〉 정상연금 1원의 미래가치

[정상연금의 미래가치]

$$Fo = \frac{(1+r)^n - 1}{r}$$

| n \ r | 2% | 3% | 4% | 5% | 6% | 7% | 8% | 9% | 10% | 12% | 15% |
|---|---|---|---|---|---|---|---|---|---|---|---|
| 1 | 1.00000 | 1.00000 | 1.00000 | 1.00000 | 1.00000 | 1.00000 | 1.00000 | 1.00000 | 1.00000 | 1.00000 | 1.00000 |
| 2 | 2.02000 | 2.03000 | 2.04000 | 2.05000 | 2.06000 | 2.07000 | 2.08000 | 2.09000 | 2.10000 | 2.12000 | 2.15000 |
| 3 | 3.06040 | 3.09090 | 3.12160 | 3.15250 | 3.18360 | 3.21490 | 3.24640 | 3.27810 | 3.31000 | 3.37440 | 3.47250 |
| 4 | 4.12161 | 4.18363 | 4.24646 | 4.31013 | 4.37462 | 4.43994 | 4.50611 | 4.57313 | 4.64100 | 4.77933 | 4.99338 |
| 5 | 5.20404 | 5.30914 | 5.41632 | 5.52563 | 5.63709 | 5.75074 | 5.86660 | 5.98471 | 6.10510 | 6.35285 | 6.74238 |
| 6 | 6.30812 | 6.46841 | 6.63298 | 6.80191 | 6.97532 | 7.15329 | 7.33593 | 7.52333 | 7.71561 | 8.11519 | 8.75374 |
| 7 | 7.43428 | 7.66246 | 7.89829 | 8.14201 | 8.39384 | 8.65402 | 8.92280 | 9.20043 | 9.48717 | 10.08901 | 11.06680 |
| 8 | 8.58297 | 8.89234 | 9.21423 | 9.54911 | 9.89747 | 10.25980 | 10.63663 | 11.02847 | 11.43589 | 12.29969 | 13.72682 |
| 9 | 9.75463 | 10.15911 | 10.58280 | 11.02656 | 11.49132 | 11.97799 | 12.48756 | 13.02104 | 13.57948 | 14.77566 | 16.78584 |
| 10 | 10.94972 | 11.46388 | 12.00611 | 12.57789 | 13.18079 | 13.81645 | 14.48656 | 15.19293 | 15.93742 | 17.54874 | 20.30372 |
| 11 | 12.16872 | 12.80780 | 13.48635 | 14.20679 | 14.97164 | 15.78360 | 16.64549 | 17.56029 | 18.53117 | 20.65458 | 24.34928 |
| 12 | 13.41209 | 14.19203 | 15.02581 | 15.91713 | 16.86994 | 17.88845 | 18.97713 | 20.14072 | 21.38428 | 24.13313 | 29.00167 |
| 13 | 14.68033 | 15.61779 | 16.62684 | 17.71298 | 18.88214 | 20.14064 | 21.49530 | 22.95338 | 24.52271 | 28.02911 | 34.35192 |
| 14 | 15.97394 | 17.08632 | 18.29191 | 19.59863 | 21.01507 | 22.55049 | 24.21492 | 26.01919 | 27.97498 | 32.39260 | 40.50471 |
| 15 | 17.29342 | 18.59891 | 20.02359 | 21.57856 | 23.27597 | 25.12902 | 27.15211 | 29.36092 | 31.77248 | 37.27971 | 47.58041 |
| 16 | 18.63929 | 20.15688 | 21.82453 | 23.65749 | 25.67253 | 27.88805 | 30.32428 | 33.00340 | 35.94973 | 42.75328 | 55.71747 |
| 17 | 20.01207 | 21.76159 | 23.69751 | 25.84037 | 28.21288 | 30.84022 | 33.75023 | 36.97370 | 40.54470 | 48.88367 | 65.07509 |
| 18 | 21.41231 | 23.41444 | 25.64541 | 28.13238 | 30.90565 | 33.99903 | 37.45024 | 41.30134 | 45.59917 | 55.74971 | 75.83636 |
| 19 | 22.84056 | 25.11687 | 27.67123 | 30.53900 | 33.75999 | 37.37896 | 41.44626 | 46.01846 | 51.15909 | 63.43968 | 88.21181 |
| 20 | 24.29737 | 26.87037 | 29.77808 | 33.06595 | 36.78559 | 40.99549 | 45.76196 | 51.16012 | 57.27500 | 72.05244 | 102.44358 |
| 21 | 25.78332 | 28.67649 | 31.96920 | 35.71925 | 39.99273 | 44.86518 | 50.42292 | 56.76453 | 64.00250 | 81.69874 | 118.81012 |
| 22 | 27.29898 | 30.53678 | 34.24797 | 38.50521 | 43.39229 | 49.00574 | 55.45676 | 62.87334 | 71.40275 | 92.50258 | 137.63164 |
| 23 | 28.84496 | 32.45288 | 36.61789 | 41.43048 | 46.99583 | 53.43614 | 60.89330 | 69.53194 | 79.54302 | 104.60289 | 159.27638 |
| 24 | 30.42186 | 34.42647 | 39.08260 | 44.50200 | 50.81558 | 58.17667 | 66.76476 | 76.78981 | 88.49733 | 118.15524 | 184.16784 |
| 25 | 32.03030 | 36.45926 | 41.64591 | 47.72710 | 54.86451 | 63.24904 | 73.10594 | 84.70090 | 98.34706 | 133.33387 | 212.79302 |
| 26 | 33.67091 | 38.55304 | 44.31174 | 51.11345 | 59.15638 | 68.67647 | 79.95442 | 93.32398 | 109.18177 | 150.33393 | 245.71197 |
| 27 | 35.34432 | 40.70963 | 47.08421 | 54.66913 | 63.70577 | 74.48382 | 87.35077 | 102.72313 | 121.09994 | 169.37401 | 283.56877 |
| 28 | 37.05121 | 42.93092 | 49.96758 | 58.40258 | 68.52811 | 80.69769 | 95.33883 | 112.96822 | 134.20994 | 190.69889 | 327.10408 |
| 29 | 38.79223 | 45.21885 | 52.96629 | 62.32271 | 73.63980 | 87.34653 | 103.96594 | 124.13536 | 148.63093 | 214.58275 | 377.16969 |
| 30 | 40.56808 | 47.57542 | 56.08494 | 66.43885 | 79.05819 | 94.46079 | 113.28321 | 136.30754 | 164.49402 | 241.33268 | 434.74515 |
| 31 | 42.37944 | 50.00268 | 59.32834 | 70.76079 | 84.80168 | 102.07304 | 123.34587 | 149.57522 | 181.94342 | 271.29261 | 500.95692 |
| 32 | 44.22703 | 52.50276 | 62.70147 | 75.29883 | 90.88978 | 110.21815 | 134.21354 | 164.03699 | 201.13777 | 304.84772 | 577.10046 |
| 33 | 46.11157 | 55.07784 | 66.20953 | 80.06377 | 97.34316 | 118.93343 | 145.95062 | 179.80032 | 222.25154 | 342.42945 | 664.66552 |
| 34 | 48.03380 | 57.73018 | 69.85791 | 85.06696 | 104.18375 | 128.25876 | 158.62667 | 196.98234 | 245.47670 | 384.52098 | 765.36535 |
| 35 | 49.99448 | 60.46208 | 73.65222 | 90.32031 | 111.43478 | 138.23688 | 172.31680 | 215.71075 | 271.02437 | 431.66350 | 881.17016 |
| 36 | 51.99437 | 63.27594 | 77.59831 | 95.83632 | 119.12087 | 148.91346 | 187.10215 | 236.12472 | 299.12681 | 484.46312 | 1014.3457 |
| 37 | 54.03425 | 66.17422 | 81.70225 | 101.62814 | 127.26812 | 160.33740 | 203.07032 | 258.37595 | 330.03949 | 543.59869 | 1167.4975 |
| 38 | 56.11494 | 69.15945 | 85.97034 | 107.70955 | 135.90421 | 172.56102 | 220.31595 | 282.62978 | 364.04343 | 609.83053 | 1343.6222 |
| 39 | 58.23724 | 72.23423 | 90.40915 | 114.09502 | 145.05846 | 185.64029 | 238.94122 | 309.06646 | 401.44778 | 684.01020 | 1546.1655 |
| 40 | 60.40198 | 75.40126 | 95.02552 | 120.79977 | 154.76197 | 199.63511 | 259.05652 | 337.88245 | 442.59256 | 767.09142 | 1779.0903 |

# 〈표 A-4〉 정상연금 1원의 현재가치

[정상연금의 현재가치]

$$P_0 = \frac{1-\frac{1}{(1+r)^n}}{r}$$

| n \ r | 2% | 3% | 4% | 5% | 6% | 7% | 8% | 9% | 10% | 12% | 15% |
|---|---|---|---|---|---|---|---|---|---|---|---|
| 1 | .98039 | .97087 | .96154 | .95238 | .94340 | .93458 | .92593 | .91743 | .90909 | .89286 | .86957 |
| 2 | 1.94156 | 1.91347 | 1.88609 | 1.85941 | 1.83339 | 1.80802 | 1.78326 | 1.75911 | 1.73554 | 1.69005 | 1.62571 |
| 3 | 2.88388 | 2.82861 | 2.77509 | 2.72325 | 2.67301 | 2.62432 | 2.57710 | 2.53129 | 2.48685 | 2.40183 | 2.28323 |
| 4 | 3.80773 | 3.71710 | 3.62990 | 3.54595 | 3.46511 | 3.38721 | 3.31213 | 3.23972 | 3.16987 | 3.03735 | 2.85498 |
| 5 | 4.71346 | 4.57971 | 4.45182 | 4.32948 | 4.21236 | 4.10020 | 3.99271 | 3.88965 | 3.79079 | 3.60478 | 3.35216 |
| 6 | 5.60143 | 5.41719 | 5.24214 | 5.07569 | 4.91732 | 4.76654 | 4.62288 | 4.48592 | 4.35526 | 4.11141 | 3.78448 |
| 7 | 6.47199 | 6.23028 | 6.00205 | 5.78637 | 5.58238 | 5.38929 | 5.20637 | 5.03295 | 4.86842 | 4.56376 | 4.16042 |
| 8 | 7.32548 | 7.01969 | 6.73274 | 6.46321 | 6.20979 | 5.97130 | 5.74664 | 5.53482 | 5.33493 | 4.96764 | 4.48732 |
| 9 | 8.16224 | 7.78611 | 7.43533 | 7.10782 | 6.80169 | 6.51523 | 6.24689 | 5.99525 | 5.75902 | 5.32825 | 4.77158 |
| 10 | 8.98259 | 8.53020 | 8.11090 | 7.72173 | 7.36009 | 7.02358 | 6.71008 | 6.41766 | 6.14457 | 5.65022 | 5.01877 |
| 11 | 9.78685 | 9.25262 | 8.76048 | 8.30641 | 7.88687 | 7.49867 | 7.13896 | 6.80519 | 6.49506 | 5.93770 | 5.23371 |
| 12 | 10.57534 | 9.95400 | 9.38507 | 8.86325 | 8.38384 | 7.94269 | 7.53608 | 7.16073 | 6.81369 | 6.19437 | 5.42062 |
| 13 | 11.34837 | 10.63496 | 9.98565 | 9.39357 | 8.85268 | 8.35765 | 7.90378 | 7.48690 | 7.10336 | 6.42355 | 5.58315 |
| 14 | 12.10625 | 11.29607 | 10.56312 | 9.89864 | 9.29498 | 8.74547 | 8.24424 | 7.78615 | 7.36669 | 6.62817 | 5.72448 |
| 15 | 12.84926 | 11.93794 | 11.11839 | 10.37966 | 9.71225 | 9.10791 | 8.55948 | 8.06069 | 7.60608 | 6.81086 | 5.84737 |
| 16 | 13.57771 | 12.56110 | 11.65230 | 10.83777 | 10.10590 | 9.44665 | 8.85137 | 8.31256 | 7.82371 | 6.97399 | 5.95423 |
| 17 | 14.29187 | 13.16612 | 12.16567 | 11.27407 | 10.47726 | 9.76322 | 9.12164 | 8.54363 | 8.02155 | 7.11963 | 6.04716 |
| 18 | 14.99203 | 13.75351 | 12.65930 | 11.68959 | 10.82760 | 10.05909 | 9.37189 | 8.75563 | 8.20141 | 7.24967 | 6.12797 |
| 19 | 15.67846 | 14.32380 | 13.13394 | 12.08532 | 11.15812 | 10.33560 | 9.60360 | 8.95011 | 8.36492 | 7.36578 | 6.19823 |
| 20 | 16.35143 | 14.87747 | 13.59033 | 12.46221 | 11.46992 | 10.59401 | 9.81815 | 9.12855 | 8.51356 | 7.46944 | 6.25933 |
| 21 | 17.01121 | 15.41502 | 14.02916 | 12.82115 | 11.76408 | 10.83553 | 10.01680 | 9.29224 | 8.64869 | 7.56200 | 6.31246 |
| 22 | 17.65805 | 15.93692 | 14.45112 | 13.16300 | 12.04158 | 11.06124 | 10.20074 | 9.44243 | 8.77154 | 7.64465 | 6.35866 |
| 23 | 18.29220 | 16.44361 | 14.85684 | 13.48857 | 12.30338 | 11.27219 | 10.37106 | 9.58021 | 8.88322 | 7.71843 | 6.39884 |
| 24 | 18.91393 | 16.93554 | 15.24696 | 13.79864 | 12.55036 | 11.46933 | 10.52876 | 9.70661 | 8.98474 | 7.78432 | 6.43377 |
| 25 | 19.52346 | 17.41315 | 15.62208 | 14.09394 | 12.78336 | 11.65358 | 10.67478 | 9.82258 | 9.07704 | 7.84314 | 6.46415 |
| 26 | 20.12104 | 17.87684 | 15.98277 | 14.37519 | 13.00317 | 11.82578 | 10.80998 | 9.92897 | 9.16095 | 7.89566 | 6.49056 |
| 27 | 20.70690 | 18.32703 | 16.32959 | 14.64303 | 13.21053 | 11.98671 | 10.93516 | 10.02658 | 9.23722 | 7.94255 | 6.51353 |
| 28 | 21.28127 | 18.76411 | 16.66306 | 14.89813 | 13.40616 | 12.13711 | 11.05108 | 10.11613 | 9.30657 | 7.98442 | 6.53351 |
| 29 | 21.84438 | 19.18845 | 16.98371 | 15.14107 | 13.59072 | 12.27767 | 11.15841 | 10.19828 | 9.36961 | 8.02181 | 6.55088 |
| 30 | 22.39646 | 19.60044 | 17.29203 | 15.37245 | 13.76483 | 12.40904 | 11.25778 | 10.27365 | 9.42691 | 8.05518 | 6.56598 |
| 31 | 22.93770 | 20.00043 | 17.58849 | 15.59281 | 13.92909 | 12.53181 | 11.34980 | 10.34280 | 9.47901 | 8.08499 | 6.57911 |
| 32 | 23.46833 | 20.38877 | 17.87355 | 15.80268 | 14.08404 | 12.64656 | 11.43500 | 10.40624 | 9.52638 | 8.11159 | 6.59053 |
| 33 | 23.98856 | 20.76579 | 18.14765 | 16.00255 | 14.23023 | 12.75379 | 11.51389 | 10.46444 | 9.56943 | 8.13535 | 6.60046 |
| 34 | 24.49859 | 21.13184 | 18.41120 | 16.19290 | 14.36814 | 12.85401 | 11.58693 | 10.51784 | 9.60857 | 8.15656 | 6.60910 |
| 35 | 24.99862 | 21.48722 | 18.66461 | 16.37419 | 14.49825 | 12.94767 | 11.65457 | 10.56682 | 9.64416 | 8.17550 | 6.61661 |
| 36 | 25.48884 | 21.83225 | 18.90828 | 16.54685 | 14.62099 | 13.03521 | 11.71719 | 10.61176 | 9.67651 | 8.19241 | 6.62314 |
| 37 | 25.96945 | 22.16724 | 19.14258 | 16.71129 | 14.73678 | 13.11702 | 11.77518 | 10.65299 | 9.70592 | 8.20751 | 6.62881 |
| 38 | 26.44064 | 22.49246 | 19.36786 | 16.86789 | 14.84602 | 13.19347 | 11.82887 | 10.69082 | 9.73265 | 8.22099 | 6.63375 |
| 39 | 26.90259 | 22.80822 | 19.58448 | 17.01704 | 14.94907 | 13.26493 | 11.87858 | 10.72552 | 9.75696 | 8.23303 | 6.63805 |
| 40 | 27.35548 | 23.11477 | 19.79277 | 17.15909 | 15.04630 | 13.33171 | 11.92461 | 10.75736 | 9.77905 | 8.24378 | 6.64178 |

## | 저자약력

### 박기석

약력
경북대학교 대학원(경영학석사)
경북대학교 대학원(경영학박사)
현) 국립경국대학교 회계세무학전공 교수

수상경력
경남대학교 산업경영연구소 우수논문상
한국세무회계학회 우수논문상

### 이연희

약력
경북대학교 대학원(경영학석사)
경북대학교 대학원(경영학박사)
현) 계명대학교 회계세무학과 교수

수상경력
한국세무회계학회 우수논문상, 인용지수상
한국경영교육학회 우수논문상



## 이해하고 적용하는 회계원리

| | |
|---|---|
| 초판 발행 | 2025년 8월 20일 |
| 저자 | 박기석·이연희 |
| 발행처 | 나눔에이엔티 |
| 발행인 | 이윤근 |
| 주소 | 서울시 성북구 보문로35길 39 |
| 전화 | 02-924-6545 |
| 팩스 | 02-924-6548 |
| 등록 | 제307-2009-58호 |
| 홈페이지 | www.nanumant.com |
| ISBN | 978-89-6891-443-0 (13320) |
| 정가 | **20,000원** |